普通高等院校"十三五"规划应用型系列教材

U0754149

会计信息系统

——基于用友 ERP–U8 10.1 版

主 编 刘 宁

立信会计出版社

LIXIN ACCOUNTING PUBLISHING HOUSE

图书在版编目(CIP)数据

会计信息系统:基于用友 ERP-U8 10.1 版/刘宁主
编.—上海:立信会计出版社,2017.1(2025.1 重印)
(普通高等院校"十三五"规划应用型系列教材)
ISBN 978 - 7 - 5429 - 5117 - 5

Ⅰ.①会… Ⅱ.①刘… Ⅲ.①会计信息—信息管理
系统 Ⅳ.①F232

中国版本图书馆 CIP 数据核字(2016)第 314671 号

策划编辑 张巧玲
责任编辑 陈 旻
封面设计 南房间

会计信息系统——基于用友 ERP-U8 10.1 版

KUAIJI XINXI XITONG JI YU YONGYOU ERP-U8 10.1 BAN

出版发行	立信会计出版社			
地 址	上海市中山西路 2230 号	邮政编码	200235	
电 话	(021)64411389	传 真	(021)64411325	
网 址	www.lixinaph.com	电子邮箱	lixinaph2019@126.com	
网上书店	http://lixin.jd.com	http://lxkjcbs.tmall.com		
经 销	各地新华书店			
印 刷	常熟市人民印刷有限公司			
开 本	787 毫米×1092 毫米	1/16		
印 张	20.25			
字 数	486 千字			
版 次	2017 年 1 月第 1 版			
印 次	2025 年 1 月第 9 次			
书 号	ISBN 978 - 7 - 5429 - 5117 - 5/F			
定 价	45.00 元			

如有印订差错 请与本社联系调换

普通高等院校"十三五"规划
应用型系列教材
编写委员会

主　任　姜　波

副主任　羌　薇　吕　桦　赵选民　张　丹　蔡鑫磊

编委会成员(排名不分先后)

孙　犇　李　廉　白一晅　司　艳　田　菁

王　珏　蒿建华　郝北平　董春诗　韦发有

张　蓉　孟　君　屈　佳　张立军　冯芙蓉

吴振荣　宋天妹　朱胜利

总　序

　　中共十八届五中全会从"十三五"时期党和国家发展全局的高度对教育工作作出了重大部署,明确提出"优化学科专业布局和人才培养机制,鼓励具备条件的普通本科高校向应用型转变"。引导部分地方本科高校转型发展是党中央、国务院作出的重大决策,是我国高等教育大众化过程中与经济社会发展调试、对焦的过程,是解决高等教育人才培养与行业、企业需求结构性错位问题的根本举措。

　　西安培华学院作为西部首家获得学士学位授予权的民办本科高校,至今有88年办学历史,学校高度重视转型发展要求,致力于转型发展示范建设。校企合作是转型发展的关键,西安培华学院在转型发展中进一步加强与行业、企业的联系合作,引行业、企业专家进校园,成立转型发展专家委员会,并全面启动了应用技术型课程的改革研究与建设工作。

　　教材是课程改革思想的载体与课程建设成果的展示平台,通过总结课程研究与建设的经验成果进行教材的设计与编写,对于切实、深入推动学校转型发展有直接促进作用。本"普通高等院校'十三五'规划应用型系列教材"是在"陕西省综合改革试点专业""陕西省特色专业""陕西省重点扶持专业"——会计学本科专业前期建设基础上,全面结合所进行的转型发展与课程改革研究成果,及时总结经验组织编写的。该系列教材除了涵盖财会类专业的学科基础课程、专业基础课程、专业核心课程外,还包括了专业特色方向课程,以期全面支持人才培养改革,推动转型发展与专业特色建设,进而提高人才培养质量与学生就业质量。

　　感谢学校各级教职工在该系列教材编写过程中付出的努力,感谢合作企业对教材文稿的建议与意见,感谢立信会计出版社在教材出版过程中的支持。地方本科院校转型是大势所趋,学校在转型的发展过程中会进一步加强研究、建设与总结,不断更新、丰富探索成果,希望通过我们的努力能为社会培养更多适用人才,期望能与社会各界进行广泛交流与合作。

本系列教材全面反映了学校在转型发展中的成果,适用于应用型院校财会类本科专业学生的教学与自学参考。

蒋波

2017 年 1 月

前　言

　　伴随着互联网+、云计算、物联网、大数据、工业4.0、中国制造2025等新一代信息技术和我国现代制造业和生产性服务业的融合,促进了国民经济体制增效转型,为我国经济发展注入新的动力。为了适应新形势的需求,财政部《会计改革和发展"十三五"规划》中提出了"以建设管理会计体系为抓手,引导、推动管理会计广泛应用;探索会计信息资源有效利用机制,进一步推动各单位会计信息化水平不断提高;加强政策引导、经验交流,不断强化会计工作在信息利用、资本运营、价值管理、内部控制、风险防范等方面的职能作用"。由此可见,会计信息化工作在企业管理方面的要求越来越高,会计工作从内容到形式也在发生着深刻变化,企业会计电算化和ERP等系统的推广应用,对会计人员的学习能力和适应变化能力提出了更高的要求,会计电算化工作人员的素质要求也越来越高了。

　　随着用友ERP-U8 10.1版在各大中专院校推广使用,各高校教材还是老版本居多,如U8 8.72等。为了能适应会计信息化平台的提升,为培养应用型、复合型人才,为大学生提供一个了解企业实际经济业务运行的环境,锻炼学生参与企业的工作能力,使其掌握会计信息系统的基本原理,熟练掌握财务软件的主要功能及其业务处理流程,运用财务软件对企业业务进行会计处理,并从实际应用的角度出发,对学生进行理论联系实际的训练,为学生今后从事会计工作和通用应用软件的使用与维护打下坚实的基础,本教材应运而生了。

　　"会计信息系统"作为财会类、经管专业的专业核心课程,同时,又是我国会计从业资格考试必考内容之一。本教材解决了目前教学中既兼顾学历课程教学需求,又与会计证书应试要求相衔接的难题;帮助学生准确理解和掌握会计证书无纸化考试的内容,突出操作题中应知应会的内容;关注会计实务操作,强调从业要求,重视会计基础知识的介绍和业务处理能力的培养。本教材还可以满足目前全国大学生会计信息化技能大赛的要求,使全国广大在校学生在信息化管理技能方面更好地展示自身能力,为其顺利走上工作岗位或创新创业的道路打下良好的基础。

　　本教材内容包括会计信息系统概述、电算化会计核算基本流程、用友ERP-U8 10.1财务软件操作技术、会计软件实战训练、企业会计信息化工作规范五个部分。

第一部分(第一章)主要阐述企业信息化环境下会计信息系统的基本知识,包括认识会计信息系统的理论基础,会计信息化发展及 XBRL 知识,会计核算软件的分类及产品介绍,详细介绍会计信息系统实施的过程。

第二部分(第二章)分析电算化会计核算的流程,为实现企业从业务到财务全面信息化奠定基础。

第三部分(第三～第九章)以用友 ERP-U8 10.1 为蓝本,主要阐述从系统初始化、日常业务处理、期末业务、编制会计报表、工资核算、固定资产核算、采购与应付核算、销售与应收核算,其中每一部分均包括知识讲解、例题、课后习题、上机实验等四项内容。课后习题是理论知识方面的训练;此外,还设计了上机实验任务 17 个,与企业会计信息系统核算应用相一致,以满足实践知识的训练。本部分设计了两个账套:西安神州领先有限公司和黄河有限责任公司,每个账套都包含了完整的所有模块的主要业务。

第四部分(第十章)会计软件实战训练——西安铭威科技有限公司。本部分模拟会计无纸化考试环境,将业务分两部分:初始化部分(不用作答)和实战答题部分,实战答题涉及大多数无纸化考试考点,并给出评价标准和操作示范,以便读者能够自我检验答题结果。

第五部分(附录)配备了《企业会计信息化工作规范》,这是目前指导会计信息化工作的一部重要法规。

本书具有以下特色。

学考结合。当前大学生就业成为整个社会关注的焦点。如何在就业难的浪潮中突出重围,探索出财会类大学生就业的路子,是摆在教育工作者面前的一个重要课题。经过对多年教学经验的总结,那些在大一或大二就考取从业资格的学生的就业信心明显要比其他同学高,而且较早地取得从业资格,还能提前考取会计技术职称,这些对就业是很有帮助的。本书就是基于这种目标,在大学学历课程教学的同时,为帮助学生考取从业资格而编纂的。

题量充分。会计信息系统课程学习的主要方法是实践。本教材每章配有课后习题和上机实验,从理论到实践充分得到训练。在教材最后一章,还配备了综合实战训练,有助于学生全面认识会计信息系统整体业务环节。本书配备 3 套企业数据:西安神州领先有限公司、黄河有限责任公司和西安铭威科技有限公司,满足学生熟练操作会计软件的要求。

结构新颖。从第三章开始,每章前面都配备该章业务模块的结构和操作流程。这些模型能帮助学生全面认识操作的过程。

在内容上,每章有典型题目解析和同步练习,互动练习和上机实验。学和练,实例和练习紧密结合,容易理解,特别适合自学。

内容丰富。本教材介绍了 XBRL 相关知识,用友和金蝶软件产品,电算化会计人员素质要求以及《企业会计信息化工作规范》等的知识,内容丰富,图文并茂,实验数据新颖。

本教材可作为普通高等院校财务会计、财务管理、信息管理等专业"会计信息系统""会计电算化""会计信息化"课程的教材,也可作为"全国大学生会计信息化技能大赛"辅导用书,以及会计从业人员培训、企事业单位内部培训、会计信息系统实施人员的参考资料。

本教材由刘宁主编,西安培华学院会计学院段晖编写第三、第四章第二节和第六章;西安培华学院会计学院倪莉萍编写了第七至第九章;西安培华学院会计学院何丽婷编写了第四章第三、第四节;刘宁和何丽婷合作编写了第五章,刘宁编写了第一、第二、第十章及第三至第九章的第一节,并编写了每章的习题和上机实验,做了全书的审定和统稿工作。

主编刘宁副教授、高级工程师、国家级系统分析师,有从事二十多年的会计电算化教学实践经验,在某大型国企担任过信息化主管、财务负责人,参与开发会计软件,出版图书五部,发表论文十余篇。

编者衷心希望本教材能为读者在会计信息化学习道路上和无纸化上机考试方面提供帮助。

限于作者水平,书中疏漏之处,欢迎读者批评指正。

编　者

2017 年 1 月

目　录

第一章　会计信息系统概述

通过本章学习,应掌握:

1. 会计电算化、会计信息化的概念。
2. 会计信息化经历四个发展阶段及每个阶段的特征。
3. 会计核算软件、会计信息系统的概念。
4. ERP(企业资源计划)的定义及核心思想。
5. 会计核算软件分类。
6. 专用会计核算软件和通用会计核算软件的优缺点。
7. 会计电算化的实施内容。
8. 企业选择商品化会计软件。
9. 计算机代替手工记账。

第一节　会计电算化简介

当前,信息技术发展日新月异,全球互联网正在向下一代迅速推进,云计算、物联网、智慧地球等一系列新技术、新概念不断为信息化发展注入新动力,信息资源日益成为重要生产要素、无形资产和社会财富,信息化对经济社会发展的影响日益深刻,信息化必将成为我国经济社会发展的显著趋势和重要推动力量。

信息是企业获得成功的原动力,是推动企业不断发展的关键所在。会计人员的主要职责之一,是将企业发生的业务活动,用会计技术加以解释,生成会计信息,从而为企业决策服务。比如,企业的销售业务发生过程中有大量的数据产生,会计人员从大量的数据中抽取出销售业务的本质信息,用会计术语加以解释:

借:应收账款
　贷:主营业务收入
　　　应交税费——应交增值税——销项税额

借:主营业务成本
　贷:库存商品

产生诸如这样的数据后,通过财务报告,提供给企业管理者,据此为决策服务。伴随着我国经济的高速发展,企业产生的信息量越来越大,越来越复杂,再加上企业管理要求越来越高,这就需要能够快速、准确、及时地为决策提供信息。

计算机并不是为处理信息诞生的,但应用于信息的处理已成为计算机最重要的功能,会计信息的处理应用了计算机,就可以达到及时、准确、快速的效果。计算机在会计中的应用工作称为会计电算化。

会计电算化是会计操作技术从手工处理过渡到计算机处理的必然发展阶段。1954 年,美国通用电气公司第一次使用计算机计算职工工资,从而引起了会计处理的变革,标志着电算化会计信息系统模式的开始。

一、会计电算化概念

1981 年 8 月,在财政部、原第一机械工业部和中国会计学会的支持下,中国人民大学和长春第一汽车制造厂联合召开了财务、会计、成本应用电子计算机专题学术讨论会,正式提出了会计电算化的概念。这次会议是我国会计电算化理论研究的一个里程碑。

会计电算化是指计算机应用于会计业务的简称。随着我国会计电算化事业的发展,会计电算化的内容也在不断丰富。会计电算化的概念一般认为有狭义和广义之分。狭义的会计电算化,是指利用会计软件"指挥"计算机设备替代手工来完成会计工作的过程。广义的会计电算化,是指与实现会计工作电算化有关的所有工作,包括会计电算化软件的开发和应用、会计电算化人才的培训、会计电算化的宏观规划、会计电算化的制度建设和会计电算化软件市场的培育与发展等。

会计电算化工作横向扩展,将形成会计信息化,会计信息化是企业信息化的突破口,企业信息化是国家信息化的重要基础,只有实现了国家信息化,我国强国复兴之梦才能得以实现。会计电算化横向扩展示意图,如图 1-1 所示。

图 1-1　会计电算化横向扩展示意图

会计电算化工作纵向发展可分为三个不同的阶段:会计核算电算化、会计管理电算化和会计决策电算化。会计电算化纵向扩展示意图,如图 1-2 所示。

会计核算电算化是会计电算化的初级阶段,这一阶段信息量大,从业人数多。这一阶段主要是运用计算机代替手工核算,完成日常会计核算业务。其主要工作内容包括:设置会计科目、填制会计凭证、登记会计账簿、成本核算和编制会计报表等。

会计管理电算化是在会计核算电算化的基础上,利用会计核算提供的数据和其他有关信息,借助计算机会计管理软件提供的功能和信息,帮助财会人员合理地筹措和运用资金,以达到节约生产成本和费

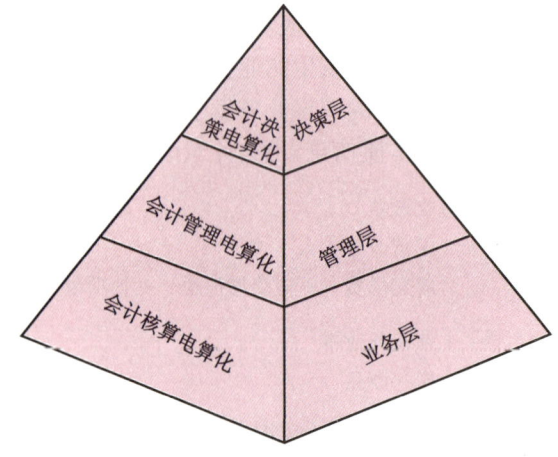

图 1-2　会计电算化纵向扩展示意图

用开支,提高经济效益的目的。会计管理电算化的主要任务是进行会计预测、编制财务计划、进行财务控制和开展会计分析等。

会计决策电算化是会计电算化的高级阶段,是在会计核算电算化和会计管理电算化的基础上进一步发展而来的,其操作平台为会计决策支持系统。它是一种以计算机为工具的、人—机交互式的,帮助决策者利用数据和模型来解决决策问题的信息系统,如生产决策、销售决策和财务决策等。决策支持系统是一种辅助决策人员进行决策的系统,它不是代替人决策,而是以现代信息技术为手段,为决策者提供所需的各类信息,提供种种科学方法和数学模型,帮助决策者能够选择到最佳方案,以减少或避免决策失误,降低决策风险。

会计电算化是会计信息化的初级阶段,是会计信息化的基础工作。信息化已经成为当今世界发展的必然趋势,会计信息化是实现我国由会计大国到会计强国跨越首先需要实现的突破;会计信息化也已成为会计改革发展的一项重要工作,在整个会计工作中具有穿针引线、上下联通的关键作用。

二、会计信息化定义

会计信息化是会计与信息技术的结合,是信息社会对企业财务信息管理提出的一个新要求,是企业会计顺应信息化浪潮所作出的必要举措。它是网络环境下企业领导者获取信息的主要渠道,有助于增强企业的竞争力,解决会计电算化存在的“孤岛”现象,提高会计管理决策能力和企业管理水平。

会计信息化是指将会计信息作为管理信息资源,全面运用计算机、网络通信为主的信息技术对其进行获取、加工、传输和应用等处理,为企业经营管理、控制决策和经济运行提供充足、实时、全方位的信息。会计信息化是信息社会的产物,是未来会计的发展方向。会计信息化不仅仅是将计算机、网络和通信等先进的信息技术引入会计学科,与传统的会计工作相融合,在业务核算、财务处理等方面发挥作用,它还包含有更深的内容,如会计基本理论信息化、会计实务信息化、会计教育的信息化和会计管理信息化等。

《会计改革和发展“十二五”规划》中要求,在会计管理“十二五规划”中,会计信息化平台建设的目标,即“逐步构建以企事业单位标准化会计信息为基础的统一相关会计信息平台,以详细标记的企业会计信息为基础,促进监管信息互联互通、信息共享,向社会公众提供简单经济、易于理解、方便使用的企业报告数据,并为宏观经济管理和财政科学化、精细化管理提供支持”,并将此目标写入会计“十二五”规划,作为会计管理工作在今后以及未来相当长时期的一项重要内容。

《企业会计信息化工作规范》已于 2014 年 1 月 6 日起实施,自规范施行之日起,1994 年颁布的《会计核算软件基本功能规范》和 1996 年颁布的《会计电算化工作规范》将不再适用于企业及其会计软件。1994 年颁布的《商品化会计核算软件评审规则》和《会计电算化管理办法》同时废止。这也是我国会计信息化快速发展的又一重大事件。

三、会计信息化发展

随着社会经济、科学技术的发展,会计也在随之变化,但收集、处理和提供会计信息的核心始终没有改变,改变的是会计信息处理与提供的技术和方式,以及分析与利用会计信息的能力和程度。会计信息化是将信息技术运用于会计核算、提升会计信息处理能力和增加会计信息及时性的过程,加强会计信息化工作对于加快会计工作方式转变、提高会计信息的及时性和准确性、提升会计服务经济社会的能力具有重要意义。

我国会计信息化工作经历了模拟手工记账的探索起步阶段、与企业其他业务相结合的推广发展阶段、为适应会计准则和制度的发展要求引入会计专业判断的渗透融合阶段,以及与内部控制相结合建立企业资源计划(ERP)系统的集成管理阶段。会计信息化四个发展阶段,如表1-1所示。

表1-1　会计信息化四个发展阶段

阶段	年代	基本特征	标志、成果	制度
模拟手工记账的探索起步阶段	20世纪80年代	1. 采用相应的数据库管理系统,并开发企业自身的"账务处理系统" 2. 本阶段只将计算机作为高级计算工具用于会计领域,无法实现信息共享与其他企业信息系统有效融合	在企业内部形成信息"孤岛"	1989年年底和1990年7月颁布了《会计核算软件管理的几项规定(试行)》和《关于会计核算软件评审问题的补充规定(试行)》
与企业其他业务相结合的推广发展阶段	20世纪90年代	1. 企业开始将单项会计核算业务电算化整合、扩展为全面电算化 2. 在企业组织内部实现会计信息和业务信息的一体化,并在两者之间实现无缝联结,消除信息孤岛	消除信息"孤岛"	1994年和1996年财政部先后颁发《关于发展我国会计电算化事业的意见》《会计电算化管理办法》《会计电算化工作规范》
为适应会计准则和制度的发展要求,引入会计专业判断的渗透融合阶段	在我国社会主义市场经济发展的新要求和经济国际化、全球化的新形势下	1. 将各种确认、计量、记录、报告要求渗透融合进企业的会计电算化系统和管理信息系统 2. 企业建立了以会计电算化为核心的管理信息系统和企业资源计划(ERP)	本阶段的实质还是会计电算化阶段,即构建会计信息系统的初中级阶段	
与内部控制相结合,建立企业资源计划(ERP)系统的集成管理阶段	现代企业制度的建立和内部管理的现代化,企业逐步向与流程管理相结合的ERP系统方向发展	企业为适应建立和实施内部控制的新要求,依托会计电算化系统,构建与内控机密结合的ERP系统,将企业的管理工作全面集成,从而实现会计管理和会计工作的信息化	如将报表编制工作集中到总部一级;专门用于财务报告编制、披露和使用的计算机语言——可扩展业务报告语言XBRL	《企业内部控制基本规范》《企业会计准则通用分类标准编报规则》

四、XBRL 简介

XBRL 国际组织网站中发布的 XBRL 定义:XBRL(eXtensible Business Reporting Language,可扩展业务报告语言)是业务和财务数据电子化交流的一种语言,是用来改革全世界业务报告的语言,它有助于业务信息的编制、分析和交流,为产生和使用财务数据的所有人提供低成本、高效率的服务以及可靠而准确的业务信息。

2007 年国家标准化管理委员会和财政部共同颁布的《可扩展商业报告语言 XBRL 技术规范系列国家标准》和《企业会计准则通用分类标准》的 XBRL 定义：XBRL 是一种可扩展标识语言 XML 的业务报告技术标准。它通过给财务报告等业务报告中的数据增加特定标记，使计算机能够"读懂"这些报告，并进行符合业务逻辑的处理。

XBRL 国际组织成立于 1998 年，是负责制定 XBRL 技术规范并致力于支持和推动其应用的非营利国际组织，由全球 650 多家机构和公司组成。该组织同时负责测试其成员制定发布的分类标准是否符合技术规范，并予以认证。

进入 21 世纪后，可扩展业务报告语言（XBRL）作为一种基于互联网、跨平台操作、专门应用于财务报告编制、披露和使用的计算机语言，在全球范围内迅速得到应用。这种语言能从根本上实现数据的集成与最大化利用，会计信息数出一门、资料共享将成为现实。

财政部非常重视 XBRL 对会计信息化的影响，一直密切跟踪国际发展趋势。经过几年的相关研究，财政部于 2006 年在中国会计准则委员会下设立了 XBRL 组织，致力于开发基于我国企业会计准则的 XBRL 国家层面分类标准。2008 年，财政部联合工信部等部委、企业、中介机构和科研院所成立了 XBRL 中国地区组织，并于 2010 年成为 XBRL 国际组织的正式国家地区组织成员。目前，我国在该组织理事会和技术委员会中都已拥有席位，具有一定影响力。

2010 年 10 月，国家标准化管理委员会发布了财政部牵头起草的 XBRL 技术规范系列国家标准《XBRL 技术规范系列国家标准（GB/T 25500）》，财政部发布了企业会计准则通用分类标准。

自 2011 年起，企业会计准则通用分类标准陆续在部分境内外上市公司、大型国有企业和银行业金融机构实施。截至目前，共有 17 个省、自治区、直辖市的 82 家地方国有大中型企业、18 家银行业金融机构（包括我国所有上市银行）和 14 家大型中央企业（其中 12 家为在美上市公司），遵循通用分类标准编制和报送 XBRL 格式财务报告。企业会计准则通用分类标准的制定和实施对于统一我国电子财务报告数据标准，提升财务报告数据质量和利用效率，全面推动我国企业会计信息化水平发挥了重要作用。

2012 年 12 月，可扩展商业报告语言国际组织宣布，我国企业会计准则通用分类标准通过其认证，这标志着我国企业会计准则通用分类标准取得了"国际通行证"，正式成为一项国际性电子财务报告标准。

第二节 会计信息系统

会计信息化工作中，会计信息系统是基础。会计信息系统在一定程度上代表了会计信息化的发展水平。没有繁荣的会计软件市场，没有大批功能齐备和技术先进的会计软件，就不可能有真正意义上的会计信息化。

一、会计信息系统的概念

会计信息系统（Accounting Information System，简称 AIS）是指利用信息技术对会计数据进行采集、存储和处理，完成会计核算任务，并提供会计管理、分析与决策相关会计信息的系统,其实质是将会计数据转化为会计信息的系统,是企业管理信息系统的一个重要子系统。广义的会计信息系统,包含计算机硬件、软件、用户及规章制度等,是一个人机结合的系统。狭义的会计信息系统,是指目前 ERP 系统中,用于完成会计核算、会计管理和会计决策的软件系统,又称会计信息系统。

对于应用会计信息系统的用户而言,会计核算软件是入门的必由之路,不会核算就谈不上利用软件来进行管理和决策。

二、会计核算软件的概念

财政部最新的《企业会计信息化工作规范》中指出,会计软件是指企业使用的,专门用于会计核算、财务管理的计算机软件、软件系统或者其功能模块。会计软件具有以下一种或者多种功能:①为会计核算、财务管理直接提供数据输入;②生成凭证、账簿、报表等会计资料;③对会计资料进行转换、输出、分析、利用。

会计核算软件是指专门用于会计核算工作的计算机应用软件,它是由一系列指挥计算机执行会计数据处理工作的程序代码和有关的文档技术资料组成。凡是具备相对独立完成会计数据输入、处理和输出功能模块的软件,如账务处理、固定资产核算、工资核算软件等均可视为会计核算软件。ERP 系统中,用于处理会计核算数据部分的模块,也是会计核算软件的范畴。

三、会计核算软件的发展

会计核算软件的发展经历了面向会计事务处理阶段、面向企业整体管理系统阶段和面向企业资源集成化管理系统阶段三个阶段。

1. 面向会计事务处理阶段

20 世纪 80 年代至 90 年代初,在会计核算中还没有一种能够解决全部基本功能的成熟的软件产品,只有单一功能的会计核算软件,如账务处理软件、固定资产管理软件和工资管理软件等。这些软件功能主要是模仿手工会计数据处理方式和程序,着重解决数据量大、计算简便但重复次数多的单项会计业务,各单项会计核算软件间不能进行数据传输和数据共享。

比如这一时期出现了万能账务处理软件、用友账务处理软件和金蜘蛛固定资产管理软件等。

2. 面向企业整体管理系统阶段

20 世纪 90 年代,随着计算机技术的发展和会计电算化工作的深入开展,单项用于处理某项会计业务的软件造成了越来越多的严重问题,会计工作效率提高不明显等,这些均难以适应企业管理的需要。因此,其后开发的会计核算软件,开始将会计部门内部的所有单项应用软件进行有机整合,逐步形成一个完整处理会计业务的会计信息系统,一般包括总账管理、报表生成、工资管理、固定资产管理、材料核算、销售管理、库存管理等模块。

比如这一时期出现了用友财务核算系统和金蝶财务核算系统等。

3. 面向企业资源集成化管理系统阶段

21 世纪以来,计算机及网络技术在企业中已经广泛应用,企业管理的主要任务转向资源管理,相应的会计工作的主要任务是为资源管理提供分析与决策信息。随着管理信息系统的发展及其在企业中的应用的不断深入,会计信息开始与业务信息相互渗透和结合,我国会计软件从核算型进入了管理型时代。这一阶段的重要发展成果之一就是 ERP(企业资源计划)系统的推广和应用。

ERP 集信息技术与先进的管理思想于一体,将企业物流、资金流、信息流三流紧密地集成起来,实现了企业内部资源和企业相关的外部资源的整合,使企业资源得到优化和共享,全面提升了企业的市场应变能力和整体竞争力,成为企业在信息时代生存、发展的运行模式。

在这种发展趋势下,传统意义上的会计电算化不复存在,取而代之的是在全面企业管理中的财务管理模块,原有的单一财务软件已不能满足企业经营管理的需要。企业管理从材料的采购、销售、存货的管理,到会计核算、应收应付账款的管理,以及企业固定资产、流动资金和成本费用的管理,财务分析预测等实现一体化,业务发生时,自动执行会计业务子模块,能够在业务发生时实时采集详细的业务或财务信息,执行处理和控制规则等,进而实现对整个企业资源的规划。所以,将现有的总账管理系统,成本管理系统,报表、固定资产、资金管理系统等软件实现数据转换接口,保障各软件系统内部的数据能方便地进行交换与重组,实现财务业务信息一体化。

ERP 系统中集成了非常重要的会计信息系统子系统。ERP 系统中的会计信息系统包括了财务会计和管理会计两个子系统。其中,财务会计子系统处理日常的财务作业,并以企业实体为单位对外出具规定格式的各种会计报表;而管理会计子系统则以企业内部管理为目标,可以灵活设置核算对象从财务角度为管理提供信息。ERP 系统中,用于处理会计核算数据部分的模块,也是会计核算软件的范畴。

比如自 2004 年以来,我国的用友、金蝶等软件公司推出了 ERP 软件,实现了物流、资金流和信息流管理的一体化,会计电算化只是作为 ERP 软件的一部分,为企业信息化提供了技术基础。现有的会计信息系统发展成 ERP 系统,才能适应企业信息化管理的需要。

四、会计核算软件的分类

企业配备会计软件,应当根据自身技术力量以及业务需求,考虑软件功能、安全性、稳定性、响应速度、可扩展性等要求,合理选择不同类别会计核算软件。会计核算软件按照不同的适用范围,可分为通用型会计核算软件和专用型会计核算软件。

1. 专用会计核算软件(定点开发的软件)

专用会计核算软件一般是指由使用单位根据自身会计核算与管理的需要自行开发或委托其他单位开发,供本单位使用的会计核算软件。

专用会计核算软件按软件开发者的主体不同,可划分为本单位自行开发、委托其他单位开发和与其他单位联合开发的会计核算软件三种类型。

专用会计核算软件在特殊行业、特殊单位中,更适合企业的实际需要,可能比通用会计核算软件发挥更大的作用。但由于其花费较大、开发周期长、对企业自身开发力量要求较高等原因,目前多数企业均采用在通用会计核算软件的基础上开发专用模块的方式来适应某些特殊的行业和企业的需要,又称二次开发。但要注意,企业通过委托外部单位开发的方式配备会计软件,应当在有关合同中约定操作培训、软件升级、故障解决等服务事项,以及软件供应商对企业信息安全应当担负的责任。

2. 通用会计核算软件(商品化会计软件)

通用会计核算软件一般是指由专业软件公司研制,公开在市场上销售,能适应不同行业、不同单位会计核算与管理基本需要的会计核算软件。目前,我国通用会计核算软件以商品化软件为主,如用友系列、金蝶系列等会计核算软件。

用友的系列产品如下:

用友 NC——目标是集团型企业及其分子公司、跨行业、跨地区经营的企业。NC 解决方案包括集团管控和行业化管理两部分。集团管控包括集团集中财务、资产、HR 管理,集团内控和协同管理。行业化应用包括大型、集团化流程制造产供销一体化的全面应用。

用友 U9——2008 年 4 月正式发布。适合多公司、多分销点、多制造厂的企业应用,目前最适合的是汽配行业。U9 以"多工厂协作、供应链协同、国际化应用"为关键应用,完全基于 SOA 架构,实现按服务组装和按需部署。目前,U9 签约价格没有低于 300 万元的,它是用友直接面向 SAP、ORACLE 国际厂商的中高端 ERP 竞争产品。

用友 U8——基于标准、行业、个性的应用特征,目前成为国内应用最广、用户最多的管理软件。范围涵盖财务、供应链、生产制造、HR、分销、OA 等,目前已形成电子、机械、医药、汽配、服装、食品、连锁零售等行业应用。本教材采用的就是该系列软件的 U8 10.1 版。

用友通 T3——2004 年开始正式在国内大范围销售和推广,是面向中小成长型企业的最佳软件,价格便宜,使用方便,用户能够很快上手。实际上也是目前用友较为普及的软件。

金蝶的系列产品如下:

金蝶 EAS——面向中大型企业。适用于资本管控型、战略管控型及运营管控型的集团企业。

金蝶 K/3——面向中小型企业。融合先进管理模式与业务模型的中小企业 ERP,快速配置、快速实施、快速应用、快速见效。

金蝶 KIS——面向小型企业。全面覆盖小型企业管理的五大关键环节:老板查询、财务管理、采购管理、销售管理、仓存管理。

金蝶移动商务——商务变得无处不能。

金蝶 BOS——让 ERP 随需应变。能够为企业灵活而迅速地设计、构建、实施和执行一套随需应变的 ERP 系统,并能够与现有的 IT 基础设施无缝协同运作。为不同行业、不同企业的不同的应用阶段,构建随需应变的 ERP 解决方案。

金蝶中间件 Apusic——金蝶中间件拥有完善的基础平台产品体系,涵盖 JAVA 中间件、SOA 解决方案以及云计算平台,包括应用服务器、消息中间件、企业服务总线、门户平台、业务流程管理、主数据管理、统一身份管理、云计算的 PaaS 平台等。

在我国,通用会计核算软件的历史还不长,只有 20 多年的时间,但发展却十分迅速。随着计算机技术的发展,会计工作的标准化和我国会计改革的深入推进,人们逐渐认识到,会计工作有比较严格的工作规范和比较统一的工作方法,只要采用先进的计算机技术,认真研究会计工作流程和会计工作方法的规律、共性和特性,会计核算软件是完全可以实现通用化的。

通用会计核算软件虽然具有较强的适应性,但在实际运用中也存在许多不足之处:会计核算软件越通用,系统初始化的工作量就越大,计算机系统的资源占用和浪费就越严重,用户的某些特殊核算要求难以得到满足等。

针对上述问题,会计核算软件市场出现了针对特定行业开发并在一定范围内适用的软件解决方案。例如,针对行政机关的行政单位会计软件解决方案;针对事业单位的事业单位会计核算软件解决方案;针对加工制造业的工业企业会计核算软件解决方案;针对贸易流通行业的商品流通企业会计核算软件解决方案等。

与专用会计核算软件相比,通用会计核算软件具有以下优点:适用范围广,软件开发水平较高,购置成本比较低,维护量小并且维护有保障,实施周期较短。但企业若需要软件扩充与修改时,决定权却在开发者手里,所以很难把握主动。另外,通用软件也存在迫使企业接受一些与本单位业务无关的闲置功能,有些特殊需求却无法满足的情况。

不过,随着市场竞争的日益激烈,部分会计软件开发商开始注重产品的专业通用性,在深入了解某一行业特殊性的基础上,将原产品进一步扩充和修改。推出专用性更强的通用产品,这也是会计软件市场发展的必然趋势。因此,大多数中小企业包括大型企业都选择通用软件产品成为主流趋势。

第三节　会计信息化的实施

为保证会计信息化后会计工作的质量,一定要重视会计信息化的实施。一套会计信息系统再好,若实施不到位,同样发挥不出应有的作用。会计信息化实施步骤,如图1-3所示。

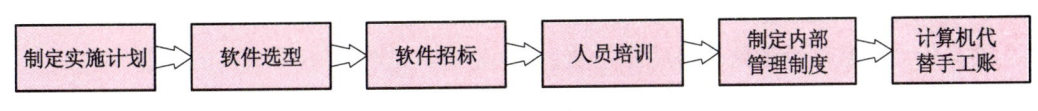

图1-3　会计信息化实施步骤

一、制订会计信息化实施计划

俗话说:凡事预则立,不预则废。电算化会计信息系统的建立是一项系统工程,涉及单位内部的各个方面,需要较多的人力、物力和财力,必须由单位领导或总会计师亲自作为决策者和领导者,并负责和指挥会计信息系统实施工作。单位的财务会计部门承担电算化会计信息系统的具体组织和实施工作。

在会计信息化具体实施过程中,必须制订一个详细的实施计划,对在一定时期内要完成的工作有一个具体安排。这样才能使整个工作有计划、按步骤地进行,有利于合理安排人力、财力和物力,有利于会计信息化工作的实施与检查。

二、会计核算软件的选型

近年来,我国会计软件市场已初具规模,国内通过财政部评审的商品化会计软件已近40家,如用友、金蝶软件,而通过地方财政部门评审的软件达到200多家,外国的财务软件也纷纷进入中国市场,如SAP、甲骨文等。面对为数众多的商品化会计软件,企业如何选择,应该着重从以下几个方面考虑。

1. 软件的功能是否满足本企业的业务需求

现在大部分商品化软件均针对特定行业有特定的解决方案,所以,先考虑本企业所处行业,再根据不同软件支持的不同行业来进一步考虑软件功能。当然,商品化软件的基本功能都相似,选功能时应看满足自身特殊需求和细节功能上是否到位。如财政及行政事业单位管理软件、汽车行业管理软件、烟草行业管理软件等,作为中小成长型企业可以选择"用友U8 10.1"。

2. 所选软件的技术指标是否能够满足需要

选择商品化会计软件时,必须明确该软件的运行环境,了解其性能指标。

(1)硬件环境,有计算机、网络架构等。企事业单位选择的会计软件应与其硬件相匹配。

(2)软件环境,有操作系统、数据库系统。商品化会计软件是一种应用软件,在操作系统管理下运行,如果操作系统不支持的话,商品化会计软件就无法安装运行,如用友U8 8.72只能安装在 Windows XP 或 Windows vista 32 位操作系统下。U8 10.1 可以安装在 Win7 及高版本的 Windows 平台上。

3. 软件的安全性和可靠性需要

数据的录入、修改、会计报表的描述和算法设置应简便、科学、合理,在全屏幕编辑时功能键应当尽量一致。一旦出现误操作,不允许出现系统故障、数据紊乱等情况。

4. 软件的开放性、可扩展性的需要

一个软件不可能对未来的发展都考虑全面周到,但要看其是否有发展的余地或者是否有继续发展的可能,如能否根据会计的发展不断进行版本的更新等。

5. 售后服务的质量

商品化会计软件经销商的售后服务质量,也是选购软件时不可忽视的问题。这既是企事业单位会计软件正常运行的保障条件之一,也是会计软件开发经营单位的营销策略。目前,我国会计人员的计算机应用水平还较低,自身无法排除会计软件在运行过程中发生的故障,主要依靠会计软件开发或经营单位承担日常维护工作;会计软件的应用标志着会计核算方法和手段发生了根本性的变化,用户必须接受培训,熟悉其基本操作方法和技巧,如软件安装、系统初始化等,才能有效地从事电算化环境下的会计核算工作;联合用户进行商品化会计软件的二次开发,或者结合用户的特点对会计软件进行适当的修改和调整,或者为用户的二次开发和修改提供技术支持,都是售后服务的重要内容。企事业单位应结合本单位会计人员的计算机知识水平、计算机应用的实际情况等对各种商品化会计软件的售后服务进行综合分析,作出正确的选择。

6. 是否有同类企业成功地运用了该种软件

企事业单位在选择软件时不仅要听取经销商的介绍,还要考察是否有同类企业已成功地运用了该会计软件,这样能更真实地反映出软件的实用性及其他各方面情况。

三、会计软件的招标

当企业对多家商品化软件公司调研后,可以通过招标的方式来获取不同企业提供的软件信息,以便能优选出满足企业的会计软件。招标书的内容如下:

(1)投标须知。

(2)背景说明:包括公司简介、机构分布、财务软件使用情况和网络建设情况。

(3)技术要求:包括体系结构、运行环境、数据库要求、数据传输要求、与其他系统的接口要求,系统安全性、健壮性、数据一致性要求,运行界面要求,开发环境,其他要求。

（4）功能要求：总体需求,应用需求,会计核算功能需求,财务报告功能需求,管理需求。

（5）工程实施及售后服务：工程实施,售后服务,技术协作要求,产权。

（6）附件格式。

四、会计信息化人员的培训

1. 会计信息化对会计人员的素质要求

（1）要学习更多的企业管理知识。随着会计电算化的深入发展,企业会计人员的职能也从核算型转变成管理型,所以,要求会计人员不单熟练掌握会计知识,更多地要求学习好管理学相关知识,如企业管理、财务管理、生产管理、人力资源管理和成本管理等。

（2）要补充信息技术相关知识,如通信、网络、多媒体、计算机安全等。

（3）要具有系统化思想,了解企业运作、市场及客户发展等知识,为财务与业务结合作贡献。

（4）具有良好的沟通能力。会计人员不仅能为决策者提供信息,更重要的是能与管理者交换信息,以做到有的放矢。

（5）建立持续学习、终身学习的信念。这样,不单是为了从业资格认证,更重要的是能在日新月异的信息时代保持立于不败之地。

（6）恪守职业道德,坚持会计职业的原则性和客观性。防范内部工作人员道德问题给会计核算系统带来风险,俗话说：正人先正己。

2. 企事业单位会计电算化人员的培训可分为初级、中级、高级三个层次

初级：大部分会计人员要通过初级培训,掌握计算机和会计核算软件的基本操作技能。我国会计从业考试要求从业人员达到该级要求。上机操作人员应具备会计电算化初级以上的专业知识和操作技能,取得财政部门核发的有关培训合格证书。

中级：一部分会计人员要通过中级培训,能够对计算机系统环境进行一般维护,对会计电算化软件进行参数设置,以及对会计核算信息进行简单的分析和利用。

高级：一少部分会计人员要通过高级培训,能够进行会计电算化软件的分析和设计。

五、制定会计信息化内部管理制度

管理制度是信息化顺利实施的保证因素。会计信息化实施后,不仅核算手段发生了重大变化,而且还改变了大量的手工管理习惯和方法,为了让信息化能发挥出应有的作用,制定管理制度是必需的。

会计信息化内部管理是指对已建立的会计信息化系统进行全面管理,保证系统的安全和正常运行,它是保证单位会计工作和会计信息化工作有序进行的重要措施。会计信息化的内部管理制度主要包括《建立会计信息化岗位责任制》《会计信息化日常操作管理》《会计信息化的计算机软件和硬件系统的维护管理》和《会计信息化系统的会计档案管理》等。

六、计算机代替手工记账

计算机替代手工记账是指会计业务手工处理方式向计算机处理方式的过渡阶段,即脱离手工会计核算的过程。其主要工作包括：数据转换（即在计算机系统中建立企业账套、设

置各项基础档案数据、输入期初数据)、计算机与手工并行和甩账验收的过程。

1. 数据转换

(1) 整理手工会计业务数据。重新核对各类凭证和账簿,做到账证、账账、账实相符;整理各账户余额;清理往来账户和银行账户。

(2) 建立会计科目体系。会计科目体系是会计核算的基础,必须按要求建立会计科目体系并进行编码。

为便于反映会计科目间的上下级关系、便于计算机系统识别和处理、减少输入工作量、提高输入速度、促进会计核算的规范化和标准化,需对会计科目进行编码。

编码时,一级会计科目编码按财政部规定(三位编码,新会计制度规定为四位编码)的编码方案执行;明细科目编码按照具体编码规则设置。一般情况下,会计科目编码采用科目全编码方案,即:本级科目全编码=上一级科目全编码+本级科目编码。

(3) 统一证、账、表的格式,要全面考虑各类会计资料的规范性,格式分清必须修改与必须保留的内容,使重新确认的会计账、证、表的格式更适于计算机处理。

例如,记账凭证的类别,可以采用一种记账凭证或收、付、转三种凭证的形式;也可以在收、付、转三种凭证的基础上,按照经济业务和会计软件功能模块的划分进一步细化,以方便记账凭证的输入和保存。

(4) 规定操作过程和核算方法。会计核算过程自动化程度很高,要求预先确定同一模块内和不同模块间数据传递的次序,重新确定各种会计核算方法,充分体现计算机的优点。

会计部门还要结合计算机特点,重新确定各种会计核算方法,如成本计算方法、折旧计提方法、工资分类汇总口径等,要充分体现计算机的特点。如在手工方式下,直线法提取折旧,均采用综合折率,这是为了节约工作量。而在信息化方式下,能够很方便地单项计算固定资产的折旧额,因此,可以采用个别折旧率分别进行计算,以便提高计算的精确度。

(5) 会计软件初始化。会计软件初始化是确定会计软件核算规则与输入基础数据的过程,即根据使用单位的业务性质,对会计软件进行的具体限定以及输入基础数据等一系列准备工作,用来完成将通用会计软件转化为适合本单位实际情况的专用会计软件,以及从手工处理方式转换成会计信息化方式的过程。

例如,账务处理初始化的主要内容包括:系统总体参数的设置(设置核算单位、启用日期、编码规则等)、设置凭证类别、设置会计科目、输入初始余额、设置自动转账分录,以及其他初始设置等。工资核算初始化的主要内容包括:设置部门编码、设置职工类型、设置工资项目、设置运算关系。成本核算初始化的主要内容则包括:设置产品目录代码,输入期初在产品成本、定额资料等。报表处理初始化通常包括:报表注册、设置报表格式、设置计算公式和审核公式等。

2. 计算机与手工并行

计算机与手工并行是指系统转换过程中,人工与计算机同时进行会计业务处理的过程。其主要任务:一是检验两种方式下核算结果一致性;二是检查新系统是否充分满足要求;三是完善各项会计信息化管理制度。

并行起始时间应放在年初或季初等特殊会计时期,并行时间长度为至少 3 个月。并行阶段,通过两种方式下的数据对比,主要检查各种核算方法的正确性、检验会计科目体系的正确性和完整性、考查操作熟练程度、纠正业务处理流程错误。并行期间的会计档案应以手工方式下会计档案为主,计算机的会计档案为辅。如果计算机与手工核算结果不一致,要查明原因,纠正错误,并及时总结、分析,为新系统的正式运行积累经验。

并行期间还要适当安排好实施进度、定期检查、及时总结,如果实施效果不理想,应向软件公司或有关方面的专家咨询,修订实施方案。及时发现解决问题,缩短并行时间。

3. 甩账验收

计算机与手工核算的数据一致,软件运行安全可靠后,便可以甩掉手工账,进入信息化系统的正式运行阶段,在运行过程中还要不断地进行维护。

本 章 小 结

本章主要探讨了会计信息系统的理论基础和会计核算软件的相关知识,为后期会计软件的操作学习奠定了基础。并且,学生学会了会计信息化的实施方法,也为走上工作岗位,成为企业信息化咨询顾问提供了条件。

典型题目及解析

【例题·单选题】　狭义地说,会计电算化是指(　　)。

A. 电子计算机技术在会计工作中的应用　　B. 会计软件的开发

C. 会计电算化人才的培训　　D. 会计电算化制度建设

【答案及解析】　A

狭义的会计电算化,是指以电子计算机为主体的当代电子信息技术在会计工作中的应用。故选 A。

【例题·多选题】　广义的会计电算化是指与实现会计工作电算化有关的所有工作,包括(　　)。

A. 会计电算化软件的开发和应用

B. 会计电算化人才的培训

C. 会计电算化的宏观规划、市场的培育与发展

D. 会计电算化的制度建设

【答案及解析】　ABCD

广义的会计电算化,是指与实现会计工作电算化有关的所有工作,包括会计电算化软件的开发和应用,会计电算化人才的培训,会计电算化的宏观规划,会计电算化的制度建设,会计电算化软件市场的培育与发展等。

【例题·多选题】　按照会计电算化的服务层次和提供信息的深度,可以分为(　　)不同的发展阶段。

A. 会计核算电算化　　B. 会计管理电算化

C. 会计决策电算化　　D. 会计智能电算化

【答案及解析】　ABC

按照会计电算化的服务层次和提供信息的深度,可以分为三个不同的发展阶段,即会计核算电算化、会计管理电算化和会计决策电算化。会计核算电算化是会计电算化的初级阶段。会计管理电算化的主要任务是进行会计预测、编制财务计划、进行财务控制和开展会计分析等。会计决策电算化是会计电算化的高级阶段,它是在会计管理电算化系统提供信息的基础上,结合其他的数据和信息,借助于决策支持系统的理论和方法,帮助决策者制定科学的决策方案。故选ABC。

【例题·单选题】 (   )是会计信息化的初级阶段,是会计信息化的基础。

A. 物料需求计划 MRP   B. 企业资源计划 ERP
C. 制造资源计划 MRPⅡ   D. 会计电算化

【答案及解析】 D

会计电算化是会计信息化的初级阶段,是会计信息化的基础工作。

【例题·单选题】 信息"孤岛"是出现在(   )阶段。

A. 模拟手工记账的探索起步阶段

B. 与企业其他业务相结合的推广发展阶段

C. 适应会计准则和制度的发展要求引入会计专业判断的渗透融合阶段

D. 与内部控制相结合建立 ERP 系统的集成管理阶段

【答案及解析】 A

模拟手工记账的探索起步阶段:采用相应的数据库管理系统,并开发企业自身的"账务处理系统"。在企业内部形成信息"孤岛"。

【例题·多选题】 1994年6月财政部颁布的会计电算化法规是(   )。

A.《会计电算化管理办法》

B.《商品化会计核算软件评审规则》

C.《会计核算软件基本功能规范》

D.《会计核算软件管理的几项规定(试行)》

【答案及解析】 ABC

财政部1994年6月同时发布的三个有关会计电算化管理的文件,即《会计电算化管理办法》《商品化会计核算软件评审规则》和《会计核算软件基本功能规范》。

【例题·判断题】 企业资源计划(简称 ERP)软件中用于处理会计核算部分的模块不属于会计核算软件的范畴。(   )

【答案及解析】 错

ERP 软件中用于处理会计核算部分的模块属于会计核算软件的范畴。

【例题·单选题】 下列关于 ERP 说法错误的是(   )。

A. ERP 的中文含义是企业资源计划

B. ERP 系统的信息集成要求数据来源唯一

C. ERP 软件即会计信息系统软件

D. ERP 系统集成了信息技术与先进管理思想

【答案及解析】 C

会计信息系统只是 ERP 系统的一个子系统,因此 ERP 软件不等同于会计信息系统软件。故选C。

【例题·多选题】 企业在选择商品化会计软件时必须考虑的因素有( )。

A. 应从本单位的实际需求出发

B. 软件开发单位的规模、声誉和发展能力

C. 软件功能的适用性、完备性及易用性

D. 软件的售后服务和维护保障

【答案及解析】 ABCD

《企业会计信息化工作规范》指出："选择通用会计软件应注意软件的合法性、安全性、正确性、可扩充性和满足审计要求等方面的问题,以及软件服务的便利,软件的功能应该满足本单位当前的实际需要,并考虑到今后工作发展的要求。"还有售后服务的可靠性和软件公司的实力。这是企业在选择商品化会计软件时应遵循的原则。

【例题·多选题】 下列属于专用会计核算软件的特点的是( )。

A. 通用性强 　　　　　　　　　B. 受使用范围和时间限制

C. 系统只适用于个别单位 　　　D. 软件开发水平较高

【答案及解析】 BC

专用会计核算软件也称为定点开发核算软件。其特点是把使用单位的会计核算规则,如会计科目、报表格式、工资项目、固定资产项目等编入会计软件,非常适合本单位的会计核算,使用起来简便易行。但其缺点是受使用范围和时间限制,系统只适用于个别单位。故选 BC。

【例题·单选题】 商品化会计软件的缺点是( )。

A. 成本高 　　　　　　　　　　B. 见效慢

C. 维护没有保障 　　　　　　　D. 有些功能不能满足企业的需要

【答案及解析】 D

商品化会计软件的优点是见效快、成本低、安全可靠、维护有保障,其缺点是不能全部满足企业的各种核算与管理要求,同时对于会计人员要求较高。故选 D。

【例题·单选题】 现在单位获得会计核算软件的最主要的方式是( )。

A. 自行开发 　　　　　　　　　B. 合作开发

C. 等待上级主管部门配发 　　　D. 在市场上购买商品化会计核算软件

【答案及解析】 D

现在单位获得会计核算软件的最主要的方式是在市场上购买商品化会计核算软件。故选 D。

【例题·多选题】 下列属于手工会计与电算化会计共同点的有( )。

A. 系统目标一致

B. 遵循的会计法规、会计准则和会计制度一致

C. 信息处理流程大体一致

D. 保存会计档案载体一致

【答案及解析】 ABC

会计核算软件与手工会计核算的相同点:目标一致,遵守共同的会计准则和会计制度,会计数据处理流程大体一致,遵守共同的基本会计理论和会计方法。

【例题·单选题】 企业建立会计电算化系统,首先要做的工作是( )。

A. 培训人员　　　　　　　　　　　　B. 制定规划

C. 购买硬件　　　　　　　　　　　　D. 购买软件

【答案及解析】 B

在会计电算化具体实施过程中,必须首先制定一个详细的实施计划,对在一定时期内要完成的工作有一个具体安排。这样才能使整个工作有计划、按步骤地进行,有利于合理安排人力、财力和物力,有利于会计电算化工作的实施与检查。

【例题·多选题】 下列条件中,(　　)是企业选择商品化会计软件时必须考虑到的因素。

A. 应从本企业的实际需求出发

B. 软件开发单位的规模、声誉和发展能力

C. 软件功能的适用性、完备性及易用性

D. 软件的售后服务和维护保障

【答案及解析】 ACD

企业选择商品化会计软件时必须考虑到的因素:(1)所选软件的技术指标是否能够满足需要;(2)会计软件的功能是否能充分满足和保证企事业单位的特殊需求;(3)售后服务的质量;(4)是否有同类企业成功地运用了该种软件。软件开发单位的规模、声誉和发展能力不是选择软件的必要条件。

【例题·多选题】 计算机代替手工记账主要工作包括(　　)。

A. 数据转换　　　　　　　　　　　　B. 计算机手工并行

C. 直接转换　　　　　　　　　　　　D. 验收甩账

【答案及解析】 ABD

计算机代替手工记账主要工作包括:数据转换、计算机与手工并行和甩账验收的过程。直接转换不包含其中。

课 后 习 题

一、单项选择题

1. 会计电算化一词最早是(　　)年财政部和中国会计学会正式提出的。
   A. 1987　　　　　B. 1989　　　　　C. 1981　　　　　D. 1983

2. 属于会计电算化的初级阶段的是(　　)。
   A. 会计管理电算化　　　　　　　　B. 会计核算电算化
   C. 会计决策电算化　　　　　　　　D. ERP

3. (　　)是会计信息化的初级阶段,是会计信息化的基础。
   A. 物料需求计划MRP　　　　　　　B. 企业资源计划ERP
   C. 制造资源计划MRPⅡ　　　　　　D. 会计电算化

4. 会计电算化是通过(　　)替代手工完成或手工很难完成的会计工作。
   A. 会计软件　　　　　　　　　　　B. 计算机
   C. 会计软件指挥计算机　　　　　　D. 系统软件指挥计算机

5. 企业资源计划(ERP)属于(　　)。

    A. 系统软件　　　　B. 应用软件　　　　C. 专用语言　　　　D. 以上都不对

6. 实现会计电算化后,提高了工作效率,财会人员可以有更多的时间和精力来(　　)。

    A. 对账、查账　　　　　　　　　　B. 打印账簿

    C. 进行账务分析、参与经营管理　　D. 学习微机操作

7. "信息孤岛"出现在(　　)阶段。

    A. 模拟手工记账的探索起步

    B. 与企业其他业务相结合的推广发展

    C. 适应会计准则和制度的发展要求引入会计专业判断的渗透融合

    D. 与内部控制相结合建立 ERP 系统的集成管理

8. 实现会计信息系统与业务信息系统一体化,并在两者之间实现无缝联结,这是会计信息化(　　)阶段的特征。

    A. 模拟手工记账的探索起步

    B. 与企业其他业务相结合的推广发展

    C. 适应会计准则和制度的发展要求引入会计专业判断的渗透融合

    D. 与内部控制相结合建立 ERP 系统的集成管理

9. 企业建立起以会计电算化为核心的 ERP 系统,将企业管理工作全面集成是(　　)阶段的特征。

    A. 模拟手工记账的探索起步

    B. 与企业其他业务相结合的推广发展

    C. 适应会计准则和制度的发展要求引入会计专业判断的渗透融合

    D. 与内部控制相结合建立 ERP 系统的集成管理

10. 引入会计专业判断的渗透融合阶段,其实质是(　　)。

    A. 会计信息化的初中级阶段　　　　B. 会计信息化的中高级阶段

    C. 会计信息化的高级阶段科学化　　D. 会计电算化的初中级阶段

11. 下列不属于会计管理电算化主要任务的是(　　)。

    A. 进行会计预测　　　　　　　　　B. 编制财务计划

    C. 进行财务控制和开展财务分析　　D. 进行人事计划管理

12. (　　)是一种基于互联网、跨平台操作、专门应用于财务报告编制、披露和使用的计算机语言。

    A. HTML　　　　　　B. SQL SERVER　　C. XBRL　　　　　D. JAVA

13. 商品化会计软件比自行开发的会计软件(　　)。

    A. 维护量小,购置成本高　　　　　B. 通用性强,开发水平高

    C. 成本高,开发水平高　　　　　　D. 通用性差,维护量大

14. 企业实现会计电算化以后,(　　)是保障会计电算化工作顺利进行的最重要一环。

    A. 建立各种管理制度　　　　　　　B. 会计核算软件

    C. 代替手工记账　　　　　　　　　D. 试运行

15. 商品化会计核算软件开发经销单位在售出软件后应承担售后服务工作,在下列工作中,(　　)不是软件开发销售商必须提供的。

A. 对用户进行软件使用前的培训　　　　B. 对用户的软件进行维护

C. 对用户的硬件进行维护　　　　　　　D. 对用户的软件版本进行更新

16. 商品化会计软件与定点开发会计软件的最大区别在于(　　)。

　　A. 是否准确　　　B. 是否通用　　　C. 是否迅速　　　D. 是否安全

17. 一般来说,中小企业实施会计电算化的合理做法是(　　)。

　　A. 购买商品化会计软件　　　　　　　B. 本单位定点开发软件

　　C. 使用国外会计软件　　　　　　　　D. 从其他企业复制取得会计软件

18. 将会计软件划分为通用会计软件和专用会计软件的依据是(　　)。

　　A. 按照会计信息系统的服务层次　　　B. 按照会计软件不同的适用范围

　　C. 按会计信息的共享功能　　　　　　D. 以上都不是

19. 在会计核算系统中,(　　)是核心。

　　A. 账务处理系统　　　　　　　　　　B. 工资核算系统

　　C. 固定资产核算系统　　　　　　　　D. 报表管理系统

20. 下列不属于通用会计核算软件特点的是(　　)。

　　A. 一次开发,多单位多次使用　　　　B. 成本低

　　C. 维护有保障　　　　　　　　　　　D. 维护量大

二、多项选择题

1. 实行会计电算化后广大会计人员从繁琐的(　　)中解放出来。

　　A. 记账　　　　　B. 算账　　　　　C. 对账　　　　　D. 编制报表

2. 会计核算电算化是会计电算化的初级阶段,其主要工作内容包括(　　)。

　　A. 设置会计科目　　　　　　　　　　B. 填制会计凭证

　　C. 登记会计账簿　　　　　　　　　　D. 编制会计报表

3. 广义的会计电算化包括(　　)。

　　A. 会计电算化软件的开发和应用　　　B. 会计电算化人才的培训

　　C. 登记会计账簿电算化　　　　　　　D. 会计电算化的制度建设

4. 下列(　　)模块是会计核算软件的功能模块。

　　A. 账务处理　　　　　　　　　　　　B. 工资核算

　　C. 人事管理　　　　　　　　　　　　D. 固定资产核算

5. 会计核算软件按适用范围不同,分为(　　)。

　　A. 专用会计核算软件　　　　　　　　B. 通用会计核算软件

　　C. 单用户和多用户会计核算软件　　　D. 特殊会计核算软件

三、判断题

1. 会计电算化是电子计算机在会计工作中的应用的简称。　　　　　　　　(　　)

2. 实现会计电算化可以提高经营管理水平,使财务会计管理由事后控制向事中、事先预测转变,为管理信息化打下基础。　　　　　　　　　　　　　　　　　　　(　　)

3. 会计电算化是一个不断发展的过程,随着电子计算机技术的飞速发展,会计软件的不断更新,会计电算化的发展程度也必将日益完善。　　　　　　　　　　　　　(　　)

4. 会计电算化将提高会计核算的水平和质量。　　　　　　　　　　　　　(　　)

5. 我国会计电算化是从20世纪70年代起步的。　　　　　　　　　　　　(　　)

6. 我国会计电算化起步时,就已经确立其是企业信息化建设的重要组成部分。 （ ）

7. 20世纪90年代后,我国企业会计电算化的特征是这一时期开发的会计核算软件,实质上是将电子计算机作为一个高级的计算工具用于会计领域。 （ ）

8. 会计核算软件属于计算机系统软件的范畴。 （ ）

9. 企业资源计划(简称ERP)软件中用于处理会计核算数据部分的模块不属于会计核算软件的范畴。 （ ）

10. 虽然采取了电算化,但记账和编制报表还需要人工处理。 （ ）

11. 商品化会计核算软件通用性强,不需要在会计部门进行任何调整即可使用。 （ ）

12. 账务处理系统是整个电算化会计信息系统的关键和核心部分,企业所有能以货币表现的经济业务都要经过账务处理系统的处理。 （ ）

13. ERP的一个重要思想就是"集成",其中的信息集成要求数据"来源多样,实时共享"。 （ ）

14. 可以在通用会计核算软件的基础上开发专用模块以适应某些特殊的行业和企业。 （ ）

15. 目前大多数大中型企业使用的是单用户会计核算软件。 （ ）

第二章　电算化会计核算基本流程

　　了解各模块的功能,为以后详细学习各模块奠定基础。同时了解各模块之间关系,宏观地认识模块在财务核算中的数据和控制关系。

第一节　会计核算软件系统结构

　　会计核算软件中账务处理模块是会计核算软件的核心模块,该模块以记账凭证为接口与其他功能模块有机地连接在一起,构成完整的会计核算系统。一个典型的会计核算软件结构,如图 2-1 所示。

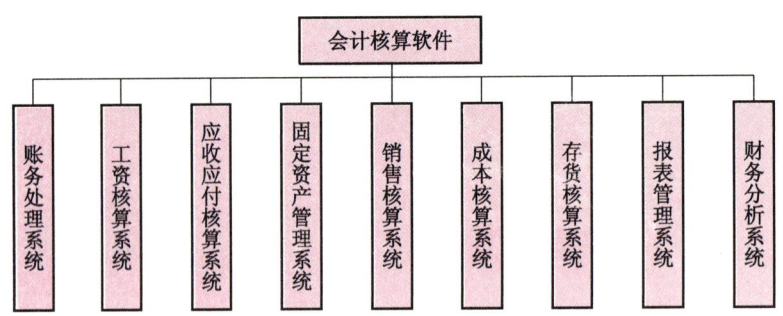

图 2-1　典型的会计核算软件系统模块构成

下面介绍会计核算软件各功能模块的主要功能。

1. 账务处理模块

账务处理模块是会计核算软件的核心,其他职能模块必须直接或间接与它发生联系。账务处理模块以会计凭证为原始数据,通过凭证的输入和处理,完成记账、对账、转账、结账、账簿查询及记账数据管理并生成和输出日记账、明细账、总分类账以及部分固定格式的报表。

账务处理模块都提供系统初始化功能,目的是将手工会计账簿资料录入会计核算系统,同时,还提供系统维护、权限设置、数据备份和系统日志等功能。

此外,为了更好地完成账务处理工作,账务处理模块一般还提供记账凭证汇总、银行对账、清理往来账、部门核算和项目核算等辅助功能。

2. 报表处理模块

报表处理在会计核算软件中能够完成企业对外、对内各种会计报表的编制、生成、浏览、打印、分析等功能。即根据事先定义好的格式和数据生成公式,由计算机自动从账务处理系统中的账簿数据库中获取核算数据,完成各种报表的编制与汇总工作,生成各种内部报表、外部报表及汇总报表,并根据报表数据生成各种分析图等。

会计报表的设计和生成功能应该使会计人员能够灵活地定义报表格式和报表数据来源(定义取数公式)与报表的勾稽关系,由计算机自动生成所需的会计报表。企业会计报表发生变化时,只需要修改或重新定义报表格式和取数公式即可。

3. 应收/应付账款核算模块

在会计业务活动中,应收/应付账款均为往来业务科目,因此,一般也称应收/应付账款的核算为往来账管理核算模块。应收/应付账款日常处理与账务处理相同。事实上,其凭证、账簿本身就是账务处理子系统的有机组成部分,因此,过去常把这一子系统包含在账务处理子系统中,单设这一子系统主要是为了加强客户信息和结算资金的管理。

应收/应付账款核算模块主要根据应收应付业务的有关凭证,完成应收账款、应付账款等往来业务的日常登记、核销等工作;动态反映各往来客户的信息;处理企业在进行资金往来结算过程中发生的各种结算票据,尤其是各种应收/应付票据的登记、利息计算等;进行应收账款的账龄分析和坏账估计;自动勾对往来账款;生成应收、应付账款明细表、账龄分析表等;自动编制有关凭证并传递到账务处理模块。有的会计核算软件将应收/应付款核算模块单独分离出来,而形成应收账款核算功能模块和应付账款核算功能模块两个独立的模块。

4. 工资核算模块

工资核算模块主要完成职工工资的计算,并根据工资用途完成工资的分配入账工作。根据工资数据的特点,一般可把工资数据分为基本不变和变动数据两大类。其中,基本不变数据(如姓名、部门、参加工作时间、基本工资等)在系统启用时一次输入,平时根据是否发生变化进行修改;变动数据(如出勤天数、加班天数等)则因每月变动需要每月输入,并据此计算删除职工的月工资。

工资核算模块以职工个人的工资原始数据为基础,完成职工工资的计算;工资费用的汇总和分配;计算个人所得税;查询、统计和打印各种工资表;自动编制工资费用分配转账凭证并传递给账务处理模块等功能。

5. 固定资产管理模块

固定资产管理模块主要用来反映单位固定资产的增减变动及折旧计提情况。与手工处理类似,软件也通过固定资产卡片来管理固定资产的增减变动情况。对于折旧计提则是通过设置自定义转账凭证的方式每月由计算机自动完成。固定资产管理模块主要完成两个功能:一是固定资产增减变动情况的登记;二是根据各种折旧计算方法计算固定资产折旧。同时,其还提供固定资产卡片的定义和计提折旧方法的定义、折旧计算和折旧入账等功能,以完成固定资产的折旧计算和折旧入账工作。自动编制固定资产增减凭证和折旧凭证传递给账务处理模块等功能。

6. 存货核算功能模块

存货核算功能模块主要是对存货的收、发、存业务进行会计核算。通过输入各种收、发货凭证,详细记录和反映存货的收入、发出、结存情况,自动完成存货发出的计价;根据材料的领用情况自动分配材料费用,可以生成与存货有关的转账凭证,输出各种存货的明细账,以及盘盈、盘亏等相关的明细表。由于存货核算与企业的生产计划、物料管理密切相关,因此是一个较为复杂的子系统。

7. 销售核算功能模块

销售核算功能模块是根据有关销售凭证及销售费用等数据完成产品的销售收入、销售费用、销售税金、销售利润的核算;合同辅助管理;生成产成品收发结存汇总表等表格;生成产品销售收入、销售成本明细账;可灵活地查询、统计和打印各种销售报表。

8. 成本核算功能模块

成本核算子系统的基本任务是归集和分配各种成本费用,及时计算产品的总成本和单位成本,计算和结转成本差异,输出成本核算的有关信息,并自动编制机制转账凭证传递给账务处理子系统。

9. 财务分析功能模块

财务分析功能模块是能够利用会计核算数据进行会计管理和分析的功能模块。一般来说,可以完成比率分析(如资产管理比率分析、负债比率分析等)、结构分析(如资产负债结构分析、损益结构分析、各项收入和各项费用结构分析等)、对比分析(如本年与上年同期对比分析、实际数与计划数对比分析等)和趋势分析(如任意会计科目各期变动情况分析等)。

随着会计电算化水平的提高,会计核算软件正在由核算型向管理型方向发展。管理型的会计信息系统与核算型的电算化会计核算软件系统的主要区别在于各子系统除了有核算功能外,还增加了预测、计划制定、控制、评价和决策支持等管理上的功能,因此,各子系统的名称也将随着功能的变化而改变。

第二节　账务处理模块基本流程

账务处理模块基本流程,如图 2-2 所示。

1. 系统初始化

通用会计核算软件一般都设计有系统"初始化"功能,用户在首次使用通用会计核算软件时,首先使用"初始化"功能,对本单位的所有会计核算规则进行设置,从而把一个通用会计核算软件转化为一个适合本单位核算情况的专用会计核算软件。所以,在会计电算化工作中,为了使通用会计核算软件专用化,通常把输入单位会计核算规则的工作称为系统初始化。

2. 填制凭证

编制记账凭证可以采用以下几种方式:

(1)手工编制记账凭证后录入计算机。

(2)根据原始凭证直接在计算机上编制记账凭证。采用这种方式应当在记账前打印出会计凭证并由经办人签章。

(3)由账务处理模块以外的其他核算模块自动生成会计凭证数据。例如,由固定资产核算模块根据预定的折旧资料自动生成的计提折旧凭证。采用这种方式应当在记账前打印出会计凭证并由经办人签章。

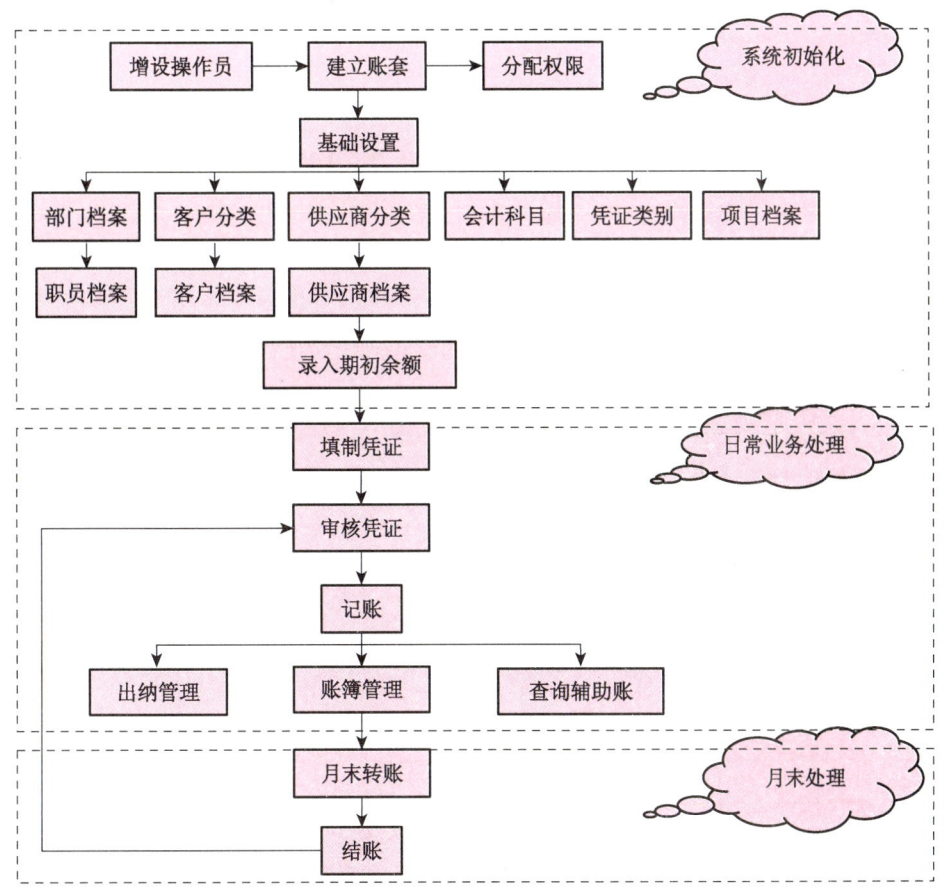

图 2-2　账务处理模块基本流程

3. 凭证审核

在电算化环境下,凭证审核是由负责审核的会计人员在计算机中对生成的记账凭证进行审查(无论是手工输入的记账凭证还是机制凭证,都需要进行审核,以确保其正确性),对审查通过的记账凭证作审核确认。会计核算软件可根据审核情况进行自动控制。已通过审核的凭证,不能再由凭证录入人员进行修改。未通过审核的凭证,不能进行记账。

4. 记账

电算化会计核算流程中的记账有以下特点:

(1) 记账是按下一个功能按键后由计算机自动完成相关账簿登记。

(2) 同时登记总账、明细账和日记账。

(3) 各种会计账簿的数据都来源于记账凭证数据,记账只是对记账凭证作记账标记,不产生新的会计核算数据。

记账的另一个目的是为了保证会计数据的安全和正确,对于已记账的会计数据只能使用留有痕迹的修改方法。

5. 结账和编制会计报表

手工会计核算流程中,结账和编制会计报表是两个工作环节,工作量大且复杂。电算化会计核算中,结账和编制报表是作为一个步骤由计算机在较短时间内同时自动完成。编制报表在专门的报表系统中完成。

第三节　各功能模块之间的联系

账务处理子系统是电算化会计核算软件系统的核心部分。工资核算、固定资产核算、存货核算、成本核算、应收/应付核算子系统均实现了相应的各项会计业务的明细分类核算,并将生成的凭证传入账务处理子系统中。各功能模块之间联系图,如图2-3所示。

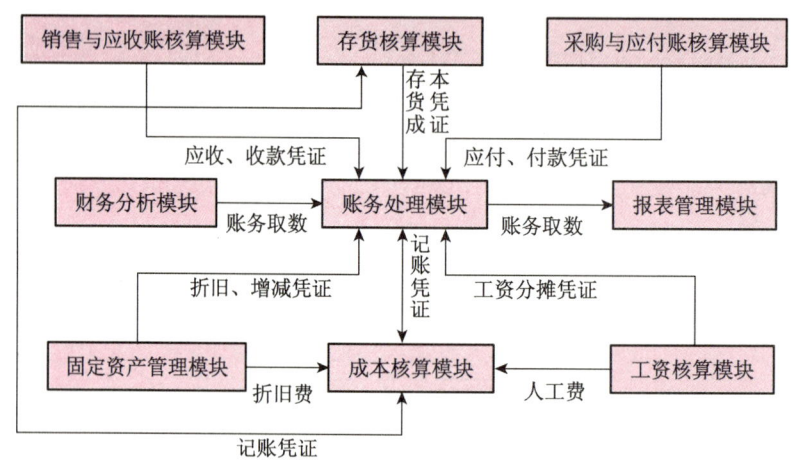

图 2-3　各功能模块之间联系图

在这里,我们只举几个典型的系统为例,来说明各核算子系统与账务处理系统之间的关系:

(1)销售与应收账款子系统产生的销售发票与收款单、利润分配与结转等数据,都要以记账凭证的形式传递给账务处理子系统。账务处理子系统将收到的预收货款、销售费用等数据传递给销售与应收账款子系统。

(2)采购与应付账款核算子系统应将采购数据及付款单、材料费用分配、材料成本差异分配等数据,以记账凭证的形式传送给账务处理子系统;采购与应付账款核算子系统应将材料费用汇总分配表、材料成本差异分配表等数据传送给成本核算子系统。

(3)工资核算子系统每月必须将工资费用分配表传递给成本核算子系统;工资核算子系统每月必须将工资费用表、职工福利费用分配表以转账凭证的形式传递给账务处理子系统。

(4)固定资产子系统每月要将计提的折旧费用分配表传递给成本核算子系统;固定资产子系统每月要将固定资产增减变动、计提的折旧费用分配表等数据,以记账凭证的形式转给账务处理子系统。

(5)报表处理子系统一定要同账务处理子系统发生联系,因为,资产负债表、利润表和现金流量表等统一报表都必须从账务处理子系统的总账中读取各种科目的余额、发生额、累计发生额数据,甚至从凭证中临时汇总数据。如果各个业务核算子系统的数据结构定义得比较规范,报表生成子系统也可以从这些子系统读取数据以生成企业管理所需要的报表。报表子系统的数据,则一般是通过用户自定义的取数公式,自动从账务处理子系统中提取生成。综上所述,也就形成了会计核算系统整体流程,如图 2-4 所示。

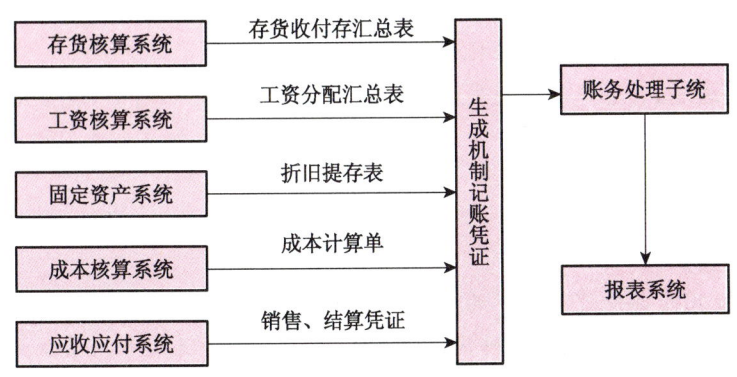

图 2-4　各功能模块处理流程图

<h1 style="text-align:center">本 章 小 结</h1>

本章着重介绍了会计信息系统的工作流程,了解了各模块的数据关系,为后期操作会计软件奠定了基础。账务处理子系统是电算化会计核算软件系统的核心部分。工资核算、固定资产核算、存货核算、成本核算、应收/应付核算子系统承担着具体的核算对象,会计信息系统均实现了相应的各项会计业务的明细分类核算,并将生成的凭证传入账务处理子系统中。

<h1 style="text-align:center">典型题目及解析</h1>

【例题·单选题】　实行电算化后,记账凭证的生成有(　　　)种途径。

A. 一　　　　　　　B. 两　　　　　　　C. 三　　　　　　　D. 四

【答案及解析】　C

在电算化环境下,编制记账凭证可以采用以下方式:(1)手工编制完成记账凭证后录入计算机;(2)根据原始凭证直接在计算机上编制记账凭证;(3)由账务处理系统以外的其他核算模块自动生成会计凭证数据。

【例题·单选题】　关于记账操作,下列说法中错误的是(　　　)。

A. 记账工作由计算机自动进行数据处理

B. 记账一般采用向导方式,使记账过程更加明确

C. 未经审核的凭证也可记账

D. 第一次记账时,若期初余额试算不平衡,不能记账

【答案及解析】　C

未经审核的凭证不能记账。故 C 选项符合题意。

【例题·单选题】 为了体现通用的特点,通用会计核算软件一般都设置(   )模块。

A. 初始化　　　B. 账务处理　　　C. 工资　　　D. 报表

【答案及解析】 A

通用会计软件都具有系统初始化功能。故选 A。

【例题·单选题】 用户可以使用账务处理模块中的(   )功能,建立适合本单位的会计核算规则、方法和基础数据,将一个通用账务处理软件转化为适合本单位具体情况的专用账务处理系统。

A. 凭证录入　　　B. 账簿打印　　　C. 银行对账　　　D. 初始设置

【答案及解析】 D

用户可以使用账务处理模块中的初始设置功能,建立适合本单位的会计核算规则、方法和基础数据,这是一个将通用软件转化为适合本单位具体情况的专用系统的必要工作。故选 D。

【例题·多选题】 会计核算软件的功能模块一般可以划分为(   )。

A. 账务处理　　　　　　　　B. 工资核算

C. 固定资产管理　　　　　　D. 生产制造

【答案及解析】 ABC

结合会计核算软件的功能模块图可以看出,生产制造不属于会计核算软件的功能模块。故选 ABC。

【例题·单选题】 会计核算软件中,(   )模块是核心。

A. 材料　　　B. 账务处理　　　C. 报表　　　D. 成本计算

【答案及解析】 B

账务处理模块是整个会计核算软件的核心。

【例题·单选题】 账务处理系统与工资核算系统之间的数据通过(   )自动完成。

A. 自动转账凭证　　　　　　B. 报表传递

C. 自动转账功能　　　　　　D. U 盘传递

【答案及解析】 A

账务处理系统与会计核算子系统之间的数据都是通过自动转账凭证联系的。

【例题·单选题】 会计核算软件各功能模块是通过(   )以机制记账凭证为接口连接起来的。

A. 固定资产管理模块　　　　B. 工资核算模块

C. 账务处理模块　　　　　　D. 成本核算模块

【答案及解析】 C

账务处理模块是会计核算软件的核心模块,该模块以机制记账凭证为接口与其他功能模块有机地连接在一起,构成完整的会计核算系统。

【例题·单选题】 计算机进行会计业务处理与手工会计业务处理的方法和流程(   )。

A. 完全相同　　　　　　　　B. 完全不相同

C. 不完全相同　　　　　　　D. 都不对

【答案及解析】 C

由于计算机程序设计的特点和控制手段的不同,使用计算机处理会计业务与手工会计业务处理的方法和流程肯定不会完全相同。故选C。

课 后 习 题

一、单项选择题

1. 会计核算系统主要包括(　　)。

    A. 账务处理系统　　　　　　　　　　B. 报表系统

    C. 工资核算系统　　　　　　　　　　D. 以上全部

2. 会计电算化系统中核心子系统是(　　)子系统。

    A. 账务处理　　　B. 存货　　　　C. 报表处理　　　D. 工资

3. 专门用于会计记账、算账、报账工作的会计软件为(　　)。

    A. 会计核算软件　　　　　　　　　　B. 会计管理软件

    C. 会计预测软件　　　　　　　　　　D. 会计决策软件

4. 账务处理模块与其他核算软件模块间的联系主要表现在(　　)。

    A. 无联系　　　　　　　　　　　　　B. 相互控制信息传递

    C. 凭证数据传递　　　　　　　　　　D. 以上都不对

二、多项选择题

1. 下列(　　)模块是会计核算软件的功能模块。

    A. 账务处理　　　　　　　　　　　　B. 工资核算

    C. 人事管理　　　　　　　　　　　　D. 固定资产核算

2. 关于账务系统的功能,下列各项中,正确的有(　　)。

    A. 填制和审核凭证　　　　　　　　　B. 出纳管理

    C. 输出各种日记账、明细账和分类账　　D. 成本计算和编制报表

3. 报表处理模块的主要功能有(　　)。

    A. 定义报表格式　　　　　　　　　　B. 定义报表公式

    C. 生成报表数据　　　　　　　　　　D. 报表数据分析

4. 固定资产核算模块的主要功能包括(　　)。

    A. 登记固定资产增减变动情况

    B. 计算各类固定资产的折旧

    C. 编制固定资产折旧分配表

    D. 编制折旧分配的记账凭证并传入账务系统

5. 工资核算模块的主要功能包括(　　)。

    A. 输入各类工资数据

    B. 进行工资计算

    C. 进行工资分配

    D. 编制工资分配的记账凭证并传入账务系统

6. 应收/应付账款核算模块的主要功能包括( )。

A. 输入应收/应付票据

B. 进行各类往来票据的结算

C. 进行往来账款的账龄分析

D. 生成往来款项的记账凭证,传入账务系统

三、判断题

1. 固定资产模块与账务处理模块是两个没有联系的模块。 ( )

2. 会计软件必须具备系统初始化的基本功能,系统初始化是用来完成将专用会计软件转化为适合本单位实际情况的通用会计软件。 ( )

3. 账务处理子系统,不仅可以直接处理来自记账凭证的信息,而且可以接收来自各核算子系统的自动转账凭证。 ( )

4. 会计核算软件的功能模块,是指会计核算软件中能够相对独立完成会计数据输入、处理和输出功能的各个部分。 ( )

5. 工资核算系统可以编制工资分配的记账凭证传递给账务处理模块。 ( )

6. 固定资产系统可以编制固定资产折旧计提的记账凭证传递给账务处理模块。 ( )

第三章　系统级初始化

　　系统地学习系统管理的主要功能和操作方法,理解系统管理在用友 ERP-U8 系统中的重要地位。理解企业应用平台在用友 ERP-U8 管理软件中的作用。

　　1. 掌握在系统管理中设置用户。

　　2. 建立企业账套和设置用户权限的方法。

　　3. 熟悉账套输出和引入的方法。

　　4. 掌握在企业应用平台中设置系统启用。

　　5. 建立各项基础档案。

　　6. 进行数据权限设置的方法。

　　7. 理解各项基础档案在系统中所起的作用及各项目的含义。

第一节　系统级初始化的流程

　　系统初始化是指会计电算化系统在初次使用时,根据单位的实际情况进行参数设置的过程,将通用会计软件转成专用会计软件。系统初始化分为系统级初始化和模块级初始化。系统级初始化就是设置 ERP 系统的公共部分基础数据,不涉及专门模块,如建立账套、设置操作员及权限、公共基础档案等。模块级初始化涉及每个核算模块的基础数据设置,如模块控制参数设置、模块基础档案、模块的期初数据等。

　　系统级初始化操作通常包括设置账套、设置操作员及权限、基础设置等。模块级初始化操作通常包括设置会计科目、设置各辅助核算项目、设置外币币种及汇率、录入科目期初余额、科目余额试算平衡、设置凭证类别等。这里要说明一点:有些模块级初始化工作也算系统级初始化,如会计科目、结算方式等,因此,我们没必要将初始化工作割裂开来,整体对待初始化工作,能为日常业务核算奠定基础就可以了。系统初始化业务的流程,如图 3-1 所示,该图从上到下,从左至右看,表示初始化业务的流程。

　　当然,会计软件其他子系统也需要进行模块级初始化,如应收/应付款系统使用之前进行的设置,包括凭证科目、单据类型、账龄区间等设置。工资核算系统使用前要建立工资账套、设置部门档案、设置工资类别、设置工资项目、设置工资项目的计算公式和设置人员档案等。固定资产管理系统初始化设置包括建立固定资产参数设置、基础设置和输入期初固定资产卡片。这些模块级初始化工作,我们将在以后各章节中向读者一一介绍。

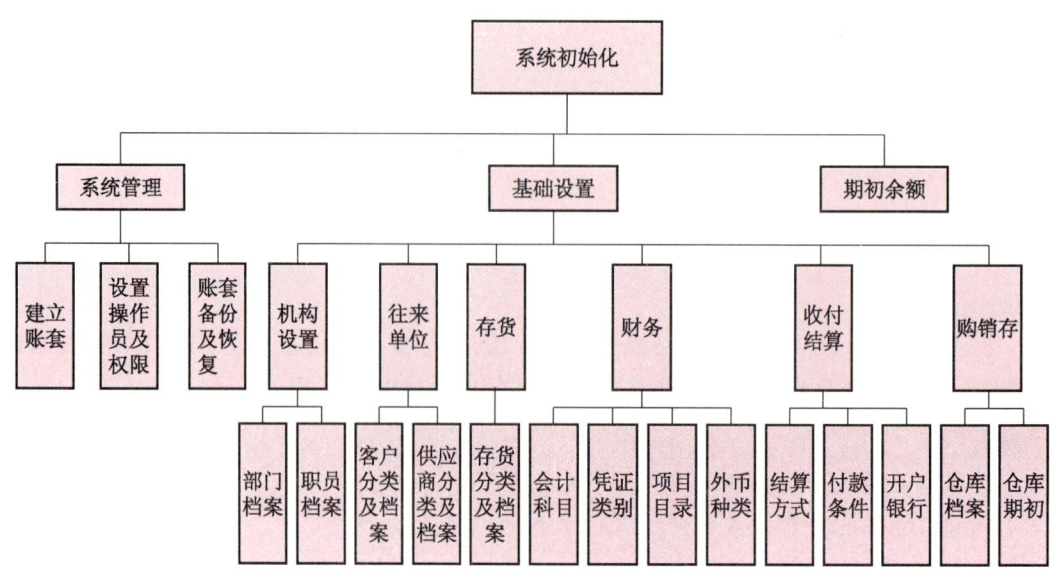

图 3-1　系统初始化业务的流程

第二节　系统管理

　　系统平台是为企业管理系统的正常运行提供基本支撑的。会计信息系统作为企业管理系统中不可或缺的部分,本身也是由多个子系统组成,各个子系统服务于企业的不同层面,为不同的管理需要服务。子系统本身既具有相对独立的功能,彼此之间又具有紧密的联系,它们共用一个企业数据库,拥有公共的基础信息、相同的账套和年度账,为实现企业财务、业务的一体化管理提供了基础条件。在财务、业务一体化管理应用模式下,系统平台为各个子系统提供了一个公共平台,用于对整个系统的公共任务进行统一管理,如基础信息及基本档案的设置、企业账套的管理、操作员的建立、角色的划分和权限的分配等,企业管理系统中任何产品的独立运行都必须以此为基础,系统平台主要由两部分组成:系统管理和企业应用平台。

　　系统管理是用友 ERP-U8 管理软件中一个非常特殊的组成部分,它的主要功能是对用友 ERP-U8 管理软件的各个产品进行统一的操作管理和数据维护,具体包括账套管理、年度账管理、操作员及权限的集中管理、系统数据及运行安全的管理等方面。

一、以系统管理员身份登录系统管理

操作步骤:

　　(1)执行"开始"→"程序"→"用友 U8 V10.1"→"系统服务"→"系统管理"命令,进入"用友 U8[系统管理]"窗口。

　　(2)执行"系统"→"注册"命令,打开"登录"系统管理对话框。

（3）系统中预先设定了一个系统管理员 admin，第一次运行时，系统管理员密码为空，如图 3-2 所示。单击"登录"按钮，以系统管理员身份进入系统管理。

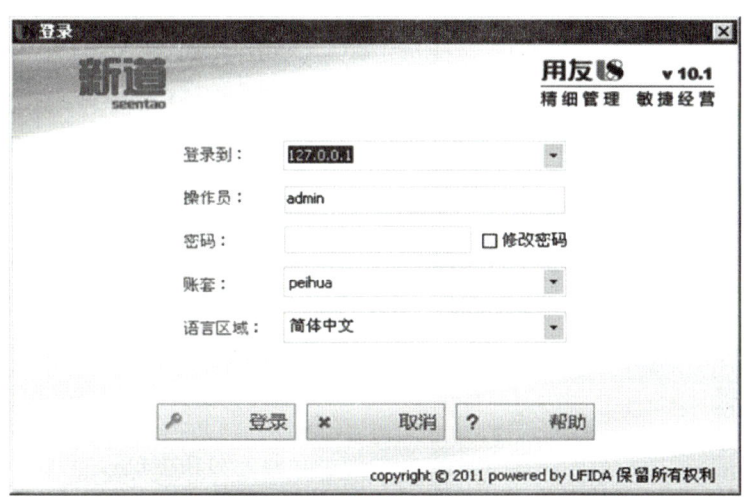

图 3-2　以系统管理员身份登录系统管理

注意事项：

● 系统管理员的初始密码为空。为了保证系统运行的安全性，在企业实际应用中应及时为系统管理员设置密码。在教学过程中，由于多人共用一套系统，为了避免由于他人不知道系统管理员密码而无法以系统管理员身份进入系统管理的情况出现，建议不要给系统管理员设置密码。

二、增加用户

知识讲解

用户是指有权限登录系统，对系统进行操作的人员，即通常意义上的"操作员"。每次注册登录系统，都要进行用户身份的合法性检查，只有设置了具体的用户之后，才能进行相关的操作。

角色是指在企业管理中拥有某一类职能的组织，这个角色组织可以是实际的部门，也可以是由拥有同一类职能的人构成的虚拟组织。例如，实际工作中最常见的会计和出纳两个角色（既可以是同一个部门的人员，也可以分属不同的部门，但工作职能是一样的）。在设置了角色后，就可以定义角色的权限，当用户归属某一角色后，就相应地拥有了该角色的权限。设置角色的方便之处在于可以根据职能统一进行权限的划分，以便于授权。

用户和角色的设置可以不分先后顺序，但对于自动传递权限来说，应该首先设定角色，然后分配权限，最后进行用户的设置。这样在设置用户的时候，选择其归属哪一个角色，则其自动具有该角色的权限，包括功能权限和数据权限。一个角色可以拥有多个用户，一个用户也可以分属于多个不同的角色。

【例 3-1】 依次增加操作员李建，编号 701，密码 001，所属角色为账套主管；王军，编号 702，密码 002；李强，编号 703，密码 003。

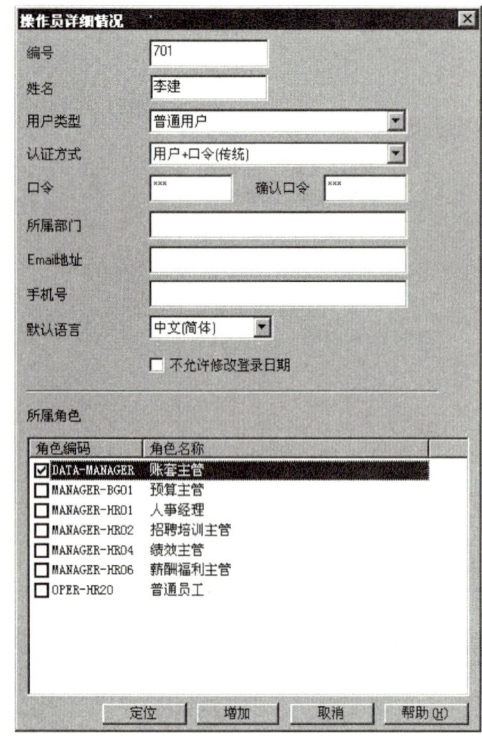

图 3-3 增加用户

操作步骤:

(1) 以系统管理员身份登录系统管理,执行"权限"→"用户"命令,打开"用户管理"对话框。

(2) 单击"增加"按钮,打开"增加用户"对话框,录入编号"701"、姓名"李建"、认证方式"用户＋口令(传统)"、口令及确认口令"001"、所属部门"财务部",在所属角色列表中选中"账套主管"前的复选框,如图 3-3 所示。

(3) 单击"增加"按钮,依次设置其他操作员。设置完成后单击"取消"按钮退出。

注意事项:

• 只有系统管理员(admin)才能进行增加用户的操作。

• 在增加用户时可以直接指定用户所属角色。如李建的角色为"账套主管"。由于系统中已经为预设的角色赋予了相应的权限,因此,如果在增加用户时就指定了相应的角色,则其就自动拥有了该角色的所有权限。如果该用户所拥有的权限与该角色的权限不完全相同,可以在"权限"→"权限功能"中进行修改。

• 如果已设置用户为"账套主管"角色,则该用户也是系统内所有账套的账套主管。

• 用户启用后将不允许删除。如果用户使用过系统又被调离单位,应在用户管理窗口中单击"修改"按钮,在"修改用户信息"对话框中单击"注销当前用户"按钮,最后单击"修改"按钮返回系统管理。此后该用户无权再进入系统。

三、建立账套

知识讲解

账套指的是一组相互关联的数据。一般来说,可以为企业中每一个独立核算的单位建立一个账套。在系统中,可以为多个企业(或企业内多个独立核算的部门)分别建账。账套管理功能一般包括账套的建立、修改、删除、引入和输出等。用友 ERP-U8 管理软件中最多允许建立 999 套账,不同的账套数据之间彼此独立,没有丝毫关联。

年度账与账套是两个不同的概念,一个账套中包含了企业所有的数据。把企业数据按年度划分,称为年度账。用户不仅可以建立多个账套,而且每个账套中还可以存放不同年度的年度账。这样,对不同核算单位、不同时期的数据,就可以方便地进行操作。

【例 3-2】 根据以下账套资料建立新账套。

账套号:700

单位名称:西安神州领先有限公司;单位简称:神州领先公司;单位地址:西安市长安区培华南路 1 号;法人代表:陈光明;邮政编码:710035;税号:610011010255689

启用会计期:2016 年 1 月

企业类型:工业　行业性质:2007 新会计制度科目

账套主管:李建

基础信息:对客户存货进行分类

分类编码方案(科目编码级次:4222 客户分类编码级次:123 部门编码级次:122)

操作步骤:

(1) 以系统管理员身份注册进入系统管理,执行"账套"→"建立"命令,打开"创建账套"对话框。

(2) 选择"新建空白账套"单击"下一步"按钮,打开"账套信息"对话框。

(3) 录入账套号"700",账套名称"西安神州领先有限公司";启用会计期"2016 年 1 月",如图 3-4 所示。

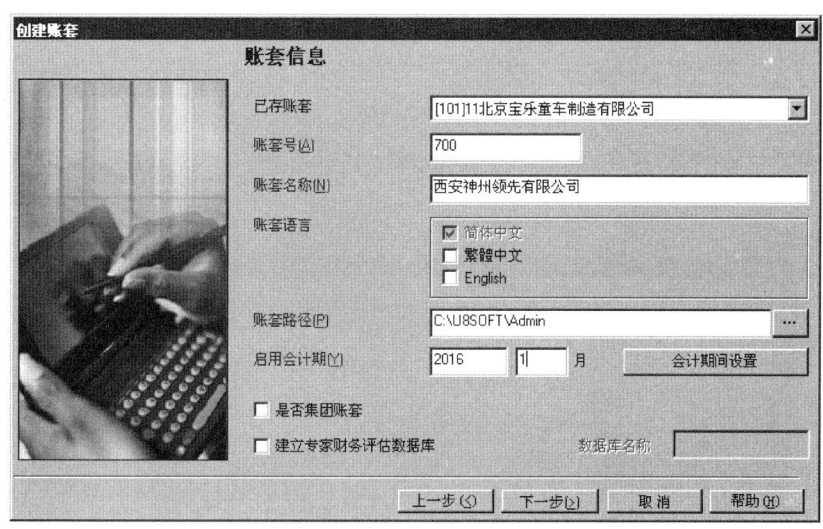

图 3-4　账套信息

注意事项:

• 账套号是账套的唯一标识,可以自行设置 3 位数字,但不允许与已存账套的账套号重复,账套号设置后将不允许修改。

• 账套名称是账套的另外一种标识方法,它将与账套号一起显示在系统正在运行的屏幕上。账套名称可以自行设置,并可以由账套主管在修改账套功能中进行修改。

• 系统默认的账套路径是用友 ERP-U8 的安装路径,可以进行修改。

• 建立账套时系统会将启用会计期自动默认为系统日期,应注意根据所给资料修改,否则将会影响到企业的系统初始化及日常业务处理等内容的操作。

(4) 单击"下一步"按钮,打开"单位信息"对话框,录入单位信息,如图 3-5 所示。

注意事项:

• 单位信息中只有"单位名称"是必须录入的。必须录入的信息以蓝色字体标识(以下同)。

• 单位名称应录入企业的全称,以便打印发票时使用。

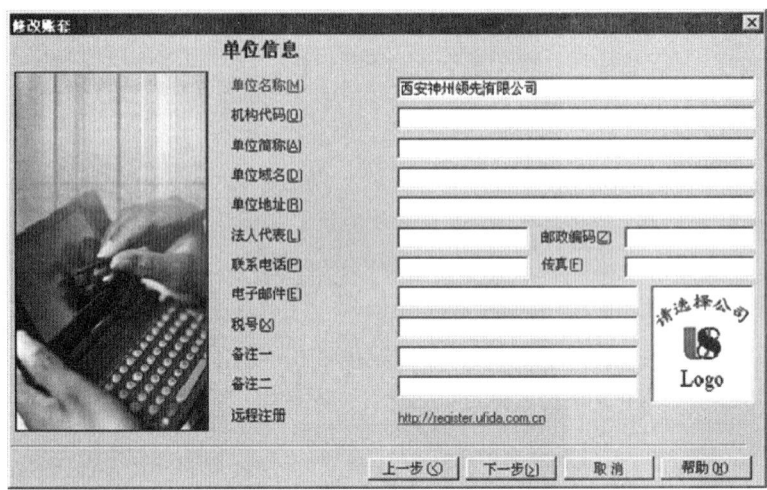

图 3-5　设置单位信息

（5）单击"下一步"按钮，打开"核算类型"对话框。

（6）单击"账套主管"栏的下三角按钮，选择"[701]李建"，其他采用系统默认，如图 3-6 所示。

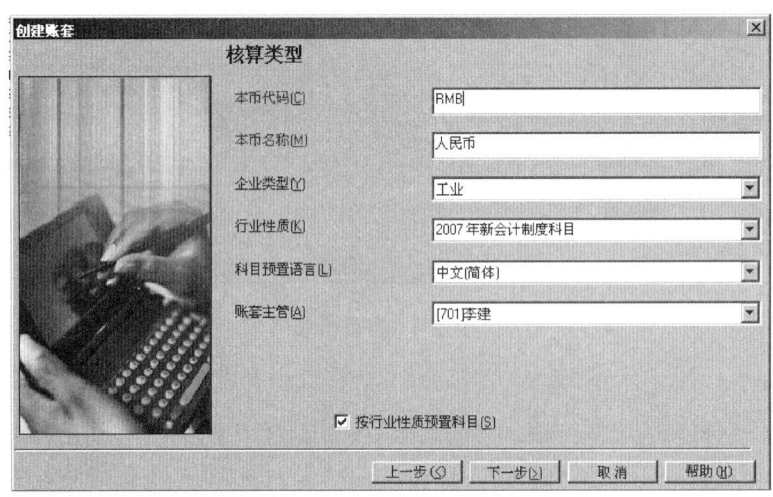

图 3-6　设置核算类型

注意事项：

• 行业性质将决定系统预置科目的内容，必须选择正确。

• 如果事先增加了用户，则可以在建账时选择该用户为该账套的账套主管。如果建账前未设置用户，建账过程中可以先选一个操作员作为该账套的主管，待账套建立完成后再到"权限"功能中进行账套主管的设置。

• 如果选择了按行业性质预置科目，则系统根据您所选择的行业类型自动装入国家规定的一级科目及部分二级科目。

（7）单击"下一步"按钮，打开"基础信息"对话框。分别选中"存货是否分类"及"客户是否分类"前的复选框,如图 3-7 所示。

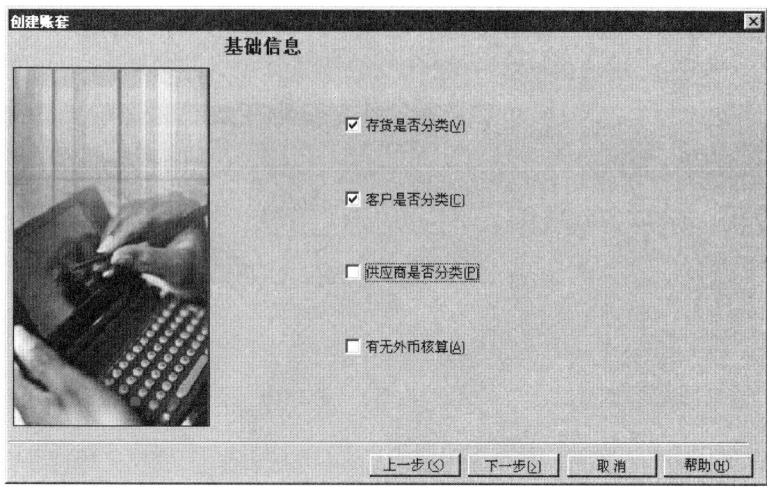

图 3-7 设置基础信息

注意事项:

- 本企业要求对存货、客户进行分类,不对供应商进行分类,且无外币核算。
- 是否对存货、客户及供应商进行分类将会影响到其档案的设置。有无外币核算将会影响到基础信息的设置及日常能否处理外币业务。
- 如果基础信息设置错误,可以由账套主管在修改账套功能中进行修改。

(8) 单击"下一步"按钮,打开"开始创建账套"对话框。

(9) 单击"完成"按钮,弹出系统提示"可以创建账套了么?"。单击"是"按钮,系统自动进行创建账套的工作。稍候一段时间,弹出"编码方案"对话框,按所给资料修改分类编码方案,如图 3-8 所示。

注意事项:

- 编码方案的设置,将会直接影响到基础信息设置中相应内容的编码级次及每级编码的位长。
- 删除编码级次时,必须从最后一级向前依次删除。

(10) 单击"确定"按钮,再单击"取消"按钮,打开"数据精度"对话框,如图 3-9所示。

(11) 默认系统预置的数据精度的设置,单击"确定"按钮,稍等片刻,系统弹出信息提示框,如图 3-10 所示。

图 3-8 修改编码方案

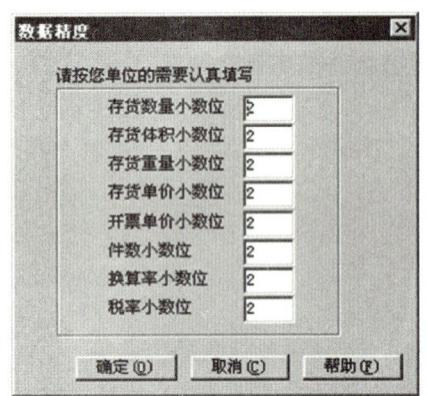

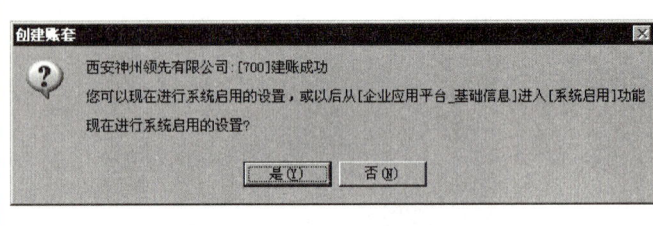

图 3-9 "数据精度"对话框   图 3-10 是否进行系统启用提示

注意事项：

• 如果选择"是"按钮,则可以直接进行"系统启用"的设置;也可以单击"否"按钮先结束建账过程,之后再在企业应用平台中的基础信息中进行系统启用设置。

(12) 单击"否"按钮,结束建账过程。系统弹出"请进入企业应用平台进行业务操作!"提示,单击"确定"按钮返回,单击"退出"按钮完成建账过程。

四、设置用户权限

知识讲解

为了保证系统及数据的安全与保密,系统管理提供了操作员及操作权限的集中管理功能。通过对系统操作分工和权限的管理,一方面,可以避免与业务无关的人员进入系统;另一方面,可以对系统所含的各个模块的操作进行协调,以保证各负其责,流程顺畅。操作员管理包括操作员的增加、修改、删除等操作。操作员权限的管理包括操作员权限的增加、修改、删除等操作。

设置用户权限的工作,应由系统管理员(admin)或该账套的主管在系统管理中的权限功能中完成。在权限功能中,既可以对角色赋权,也可以对用户赋权。如果在设置账套时已经正确地选择了该账套的主管,则此时可以查看;否则,可以在权限功能中设置账套主管。如果在设置用户时已经指定了该用户的所属角色,并且该角色已经被赋权,则该用户已经拥有了与所选角色相同的权限;如果经查看后发现该用户的权限并不与该角色完全相同,则可以在权限功能中进行修改;如果在设置用户时并未指定该用户所属的角色,或虽已指定该用户所属的角色,但该角色并未进行权限设置,则该用户的权限应直接在权限功能中进行设置,或者应先设置角色的权限再设置用户并指定该用户所属的角色,则角色的权限就自动传递给用户了。

【例 3-3】 为王军和李强赋权:王军为财务会计;李强为出纳,具体权限为总账管理系统中出纳签字及出纳的所有权限。

操作步骤:

◆ 为王军赋权

（1）在"操作员权限"窗口中，选中"702"号操作员王军。

（2）单击"修改"按钮。

（3）在右侧窗口中，单击"财务会计"前的复选框，如图 3-11 所示。

图 3-11　增加和调整用户权限 1

（4）单击"保存"按钮返回。

◆ 为李强赋权

（1）在操作员权限窗口中，选中"703"号操作员李强，从右侧窗口中可以看出，李强此时没有任何权限。

（2）单击"修改"按钮。

（3）单击"总账"前的"＋"标记，依次展开"总账""凭证"前的"＋"号标记。

（4）单击"出纳签字"前的复选框，再单击"出纳"前的复选框，如图 3-12 所示。

（5）单击"保存"按钮返回。

注意事项：

• 只有系统管理员（admin）才有权设置或取消账套主管。而账套主管只有权对所辖账套进行操作员的权限设置。

• 设置权限时，应注意分别选中"账套"及相应的"用户"。

• 如果此时查看到 700 账套主管前的复选框为未选中状态，则可以单击该复选框将其选中，设置该用户为 700 账套的账套主管。

• 账套主管拥有该账套的所有权限，因此无须为账套主管另外赋权。

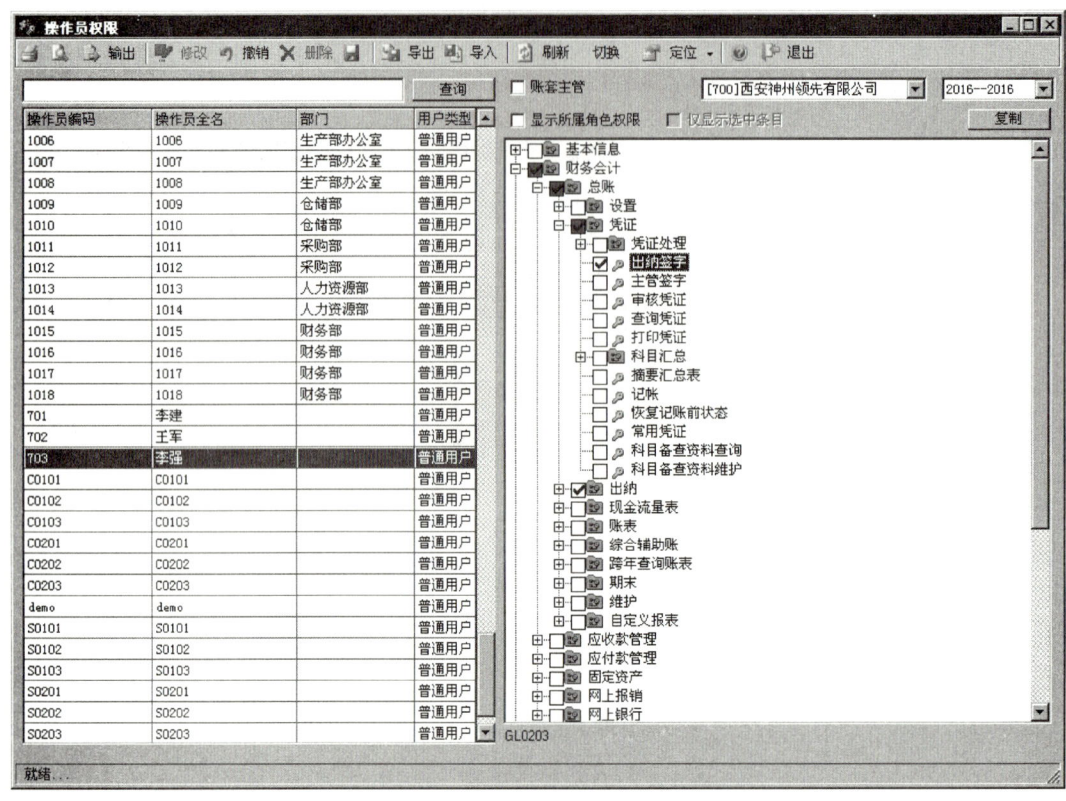

图 3-12　增加和调整用户权限 2

- 一个账套可以有多个账套主管。如果已经设置了出纳角色且为该角色赋予了相应权限,那么,只需要给李强指定出纳角色即可拥有相应权限。角色权限比较,如表 3-1 所示。

表 3-1　角色权限比较

系统管理员与账套主管	
可增加操作员	无权增加操作员
可指定操作员角色	可设置操作员明细权限
可建账和导入、导出账套	可查、改账套,进行年度处理
可指定账套主管	是系统管理员设定的较高权限的操作员
一般操作员与账套主管	
具有单一角色的操作权限	具有账套业务操作的全部权限
可被账套主管限定明细权限	可设置一般操作员的明细权限

五、修改账套

知识讲解

　　修改账套的工作应由账套主管在系统管理中的"账套"→"修改"功能中完成。在修改时,账套号码和启用日期不能修改,另外已经使用的账套资料也不能修改。

【例 3-4】　修改该账套,添加法人代表"李明",并修改联系电话"83515612"。

操作步骤:

(1) 执行"系统"→"注册"命令,打开"登录"系统管理对话框。

注意事项:

• 如果此时已由其他操作员注册了系统管理,则应先通过"系统"→"注销"命令注销当前操作员后,再由账套主管重新注册。

(2) 录入操作员"701"(或李建),密码"001",单击"账套"栏的下三角按钮,选择"[700] peihua 西安神州领先有限公司",如图 3-13 所示。

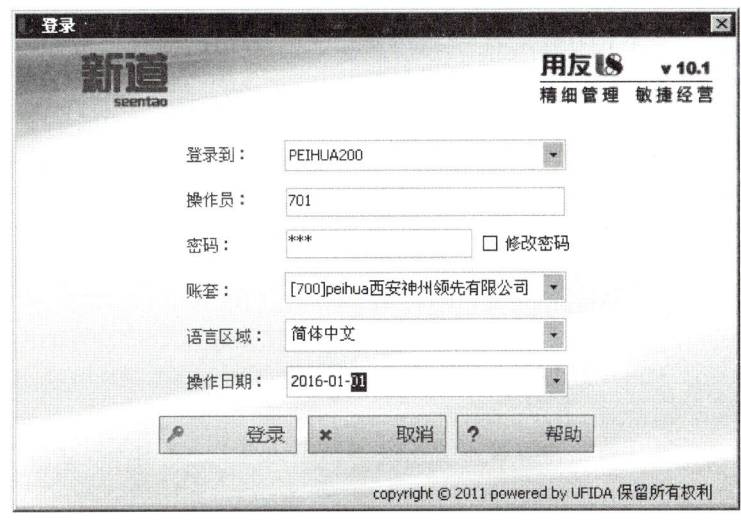

图 3-13　账套主管登录系统管理

(3) 单击"登录"按钮,以账套主管身份登录系统管理。

(4) 执行"账套"→"修改"命令,打开"修改账套"对话框。

(5) 单击"下一步"按钮,打开"单位信息"对话框。

(6) 单击"下一步"按钮,打开"核算类型"对话框。

(7) 单击"下一步"按钮,打开"基础信息"对话框。

(8) 单击选中"有无外币核算"前的复选框。

(9) 单击"完成"按钮,系统弹出提示"确认修改账套了么?"。

(10) 单击"是"按钮,并在"编码方案"和"数据精度"窗口中分别单击"取消"和"确定"按钮后确定修改成功。

六、账套的引入和输出

知识讲解

引入和输出即通常所指的数据的恢复和备份。引入账套功能是指将系统外某账套数据引入本系统中。对集团公司来说,可以将子公司的账套数据定期引入到母公司系统中,以便进行有关账套数据的分析和合并工作。

注意事项：

• 如果需要定期将子公司的账套数据引入到总公司系统中，最好预先在建立账套时就进行规划，为每一个子公司设置不同的账套号，以避免引入子公司数据时因为账套号相同而覆盖其他账套的数据。

• 账套输出时，输出两个文件。UfErpAct.Lst 为账套信息文件；UFDATA 是账套数据文件。输出账套功能是指将所选的账套数据做一个备份。对年度账数据来说，也有引入和输出操作，其含义和操作方法与账套的引入和输出是相同的，所不同的是年度账引入和输出的操作对象不是针对整个账套，而是针对账套中的某一年度的年度账。

【例 3-5】 输出当前新建账套。

操作步骤：

(1) 在 E:盘中新建"700 账套备份"文件夹，再在"700 账套备份"文件夹中新建"(1-1)系统管理"文件夹。

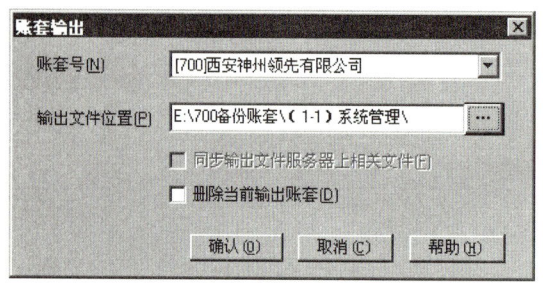

图 3-14　"账套输出"对话框

(2) 由系统管理员注册系统管理，执行"账套"→"输出"命令，打开"账套输出"对话框。

(3) 单击"账套号"栏的下三角按钮，选择"[700]西安神州领先有限公司"，在输出文件位置选择"E:\700 账套备份\(1-1)系统管理\"，如图 3-14 所示。

(4) 单击"确认"按钮，系统进行账套数据输出，完成后，弹出"输出成功"信息提示框，单击"确定"按钮返回。

注意事项：

• 利用账套输出功能还可以进行"删除账套"的操作。其方法是在账套输出对话框中选中"删除当前输出账套"复选框，单击"确认"按钮，系统在删除账套前同样要进行账套输出，当输出完成后系统提示"真要删除该账套吗?"单击"是"按钮则可以删除该账套。

• 只有系统管理员(admin)有权进行账套输出和引入。

• 正在使用的账套可以进行账套输出而不允许进行账套删除。

• 备份账套时，应先建立一个备份账套的文件夹，以便将备份数据存放在目标文件夹中。

第三节　基础设置

为了使用友 ERP-U8 管理软件能够成为连接企业员工、用户和合作伙伴的公共平台，使系统资源能够得到高效、合理的使用，在用友 ERP-U8 管理软件中设立了企业应用平台。通过企业应用平台，系统使用者能够从单一入口访问其所需的个性化信息，定义自己的业务工作，并设计自己的工作流程。基础设置是为系统的日常运行做好基础工作，主要包括总账系统的启用、设置部门档案、人员类别和档案、客户分类和档案、供应商分类和档案、设置数据权限和单据设计。

一、设置部门档案

知识讲解

基础档案是系统日常业务处理必需的基础资料,是系统运行的基石。一个账套总是由若干个子系统构成,这些子系统共享公用的基础档案信息。在启用新账套之前,应根据企业的实际情况,结合系统基础档案设置的要求,事先做好基础数据的准备工作,基础档案内容包括人员、客户和供应商信息。

【例3-6】 按照表3-2资料增加企业部门档案。

表3-2 企业部门档案

部门编码	部门名称
1	综合部
2	财务部
3	市场部
301	采购部
302	销售部
4	加工车间

操作步骤:

(1)在"基础设置"选项卡中,执行"基础档案"→"机构人员"→"部门档案"命令,进入"部门档案"窗口。

(2)单击"增加"按钮,录入部门编码"1"、部门名称"综合部",如图3-15所示。

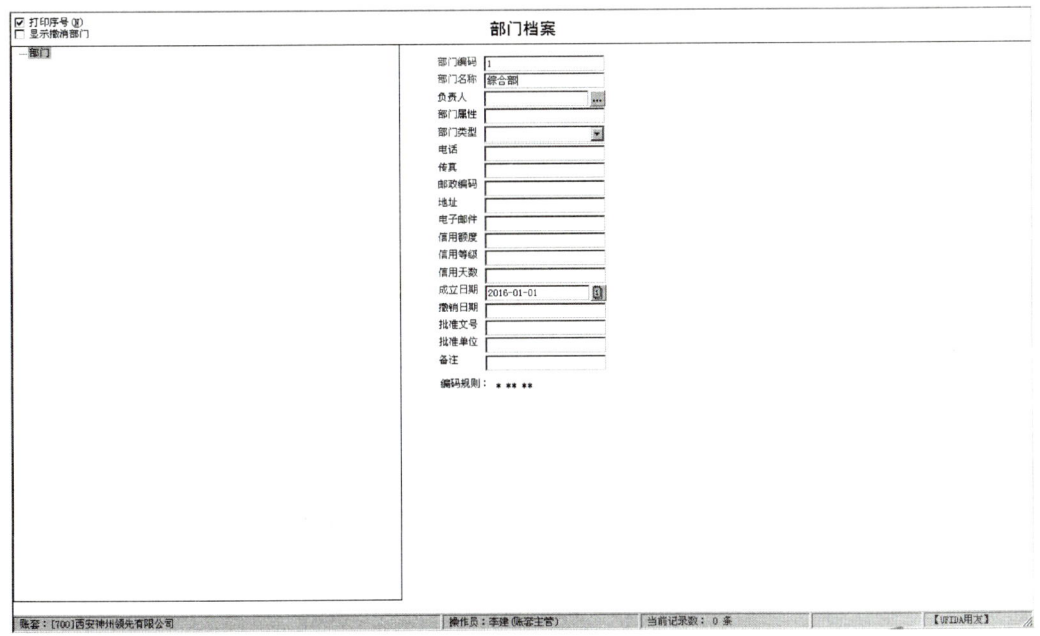

图3-15 部门档案

（3）单击"保存"按钮。以此方法依次录入其他的部门档案。

注意事项：

- 部门编码必须符合在分类编码方案中定义的编码规则。
- 由于此时还未设置"人员档案"，因此部门中的"负责人"暂时不能设置。如果需要设置，必须在完成"人员档案"设置后，再回到"部门档案"中以修改的方式补充设置。

二、设置人员类别

【例 3-7】 按照表 3-3 资料增加企业人员类别。

表 3-3 企业人员类别

人员类别编码	人员类别名称
1011	企业管理人员
1012	采购人员
1013	销售人员
1014	其他人员

操作步骤：

（1）在"基础设置"选项卡中，执行"基础档案"→"机构人员"→"人员类别"命令，进入"人员类别"窗口。

（2）单击"增加"按钮，按实验资料在正式工下增加人员类别，如图 3-16 所示。

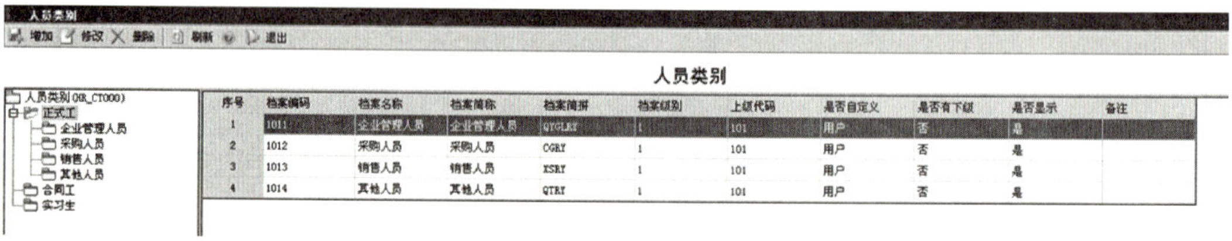

图 3-16 增加人员类别

注意事项：

- 人员类别与工资费用的分配、分摊有关，工资费用的分配及分摊是薪资管理系统的一项重要功能。人员类别设置的目的是为工资分摊生成与凭证设置相应的入账科目做准备，可以按不同的入账科目需要设置不同的人员类别。
- 人员类别是人员档案中的必选项目，需要在人员档案建立之前设置。
- 人员类别名称可以修改，但已使用的人员类别名称不能删除。

三、设置人员档案

【例 3-8】 按照表 3-4 资料增加企业人员档案。

表 3-4　企业人员档案

人员编码	人员姓名	性别	行政部门	人员类别	是否业务员	是否操作员
0000000001	张宏	男	综合部	企业管理人员	是	是
0000000002	江涛	男	综合部	企业管理人员	是	是
0000000003	李建	男	财务部	企业管理人员	是	是
0000000004	王军	男	财务部	企业管理人员	是	是
0000000005	宋风	男	采购部	采购人员	是	是
0000000006	张伟	男	销售部	销售人员	是	是

操作步骤：

（1）在"基础设置"选项卡中，执行"基础档案"→"机构人员"→"人员档案"命令，进入"人员列表"窗口。

（2）单击左侧窗口中"部门分类"下的"综合部"。

（3）单击"增加"按钮，按实验资料输入人员信息，如图 3-17 所示。

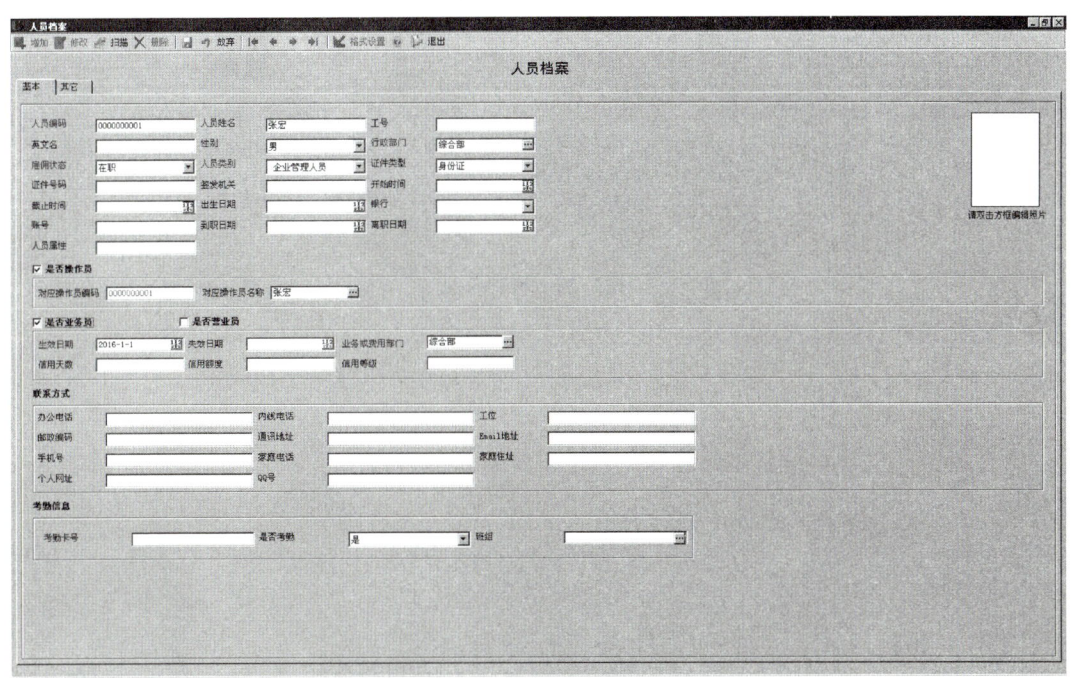

图 3-17　增加人员档案

（4）单击"保存"按钮。

（5）同理依次输入其他人员档案。

注意事项：

• 此处的人员档案应该包括企业所有员工。

• 人员编码必须唯一，行政部门只能是末级部门。

• 如果该员工需要在其他档案或其他单据的"业务员"项目中被参照，需要选中"是否业务员"选项。

四、设置客户分类

【例3-9】 按照表3-5资料设置企业的客户分类。

表3-5　企业客户分类

类别编码	类别名称
1	本地
2	外地

操作步骤：

（1）在"基础设置"选项卡中，执行"基础档案"→"客商信息"→"客户分类"，进入"客户分类"窗口。

（2）单击"增加"按钮，按实验资料输入客户分类信息，如图3-18所示。

图3-18　客户分类

（3）单击"保存"按钮。

（4）依次录入其他的客户分类。

注意事项：

- 客户是否需要分类应在建立账套时确定。
- 客户分类编码必须符合编码规则。

五、设置客户档案

【例3-10】 根据表3-6资料增加企业的客户档案。

表3-6　企业客户档案

客户编码	客户简称	所属分类
01	强盛公司	本地
02	通达公司	本地
03	毅力公司	外地
04	银非公司	外地

操作步骤:

(1) 在"基础设置"选项卡中,执行"基础档案"→"客商信息"→"客户档案"命令,打开"客户档案"窗口。窗口分为左右两部分,左窗口显示已经设置的客户分类,单击鼠标选中某一客户分类,右窗口中显示该分类下所有的客户列表。

(2) 单击"增加"按钮,打开"增加客户档案"窗口。窗口中共包括 4 个选项卡,即"基本""联系""信用"和"其他",用于对客户不同的属性分别归类记录。

(3) 按实验资料输入"客户编码""客户名称""客户简称""所属分类码""税号""分管部门"和"分管业务员"等相关信息,如图 3-19 所示。

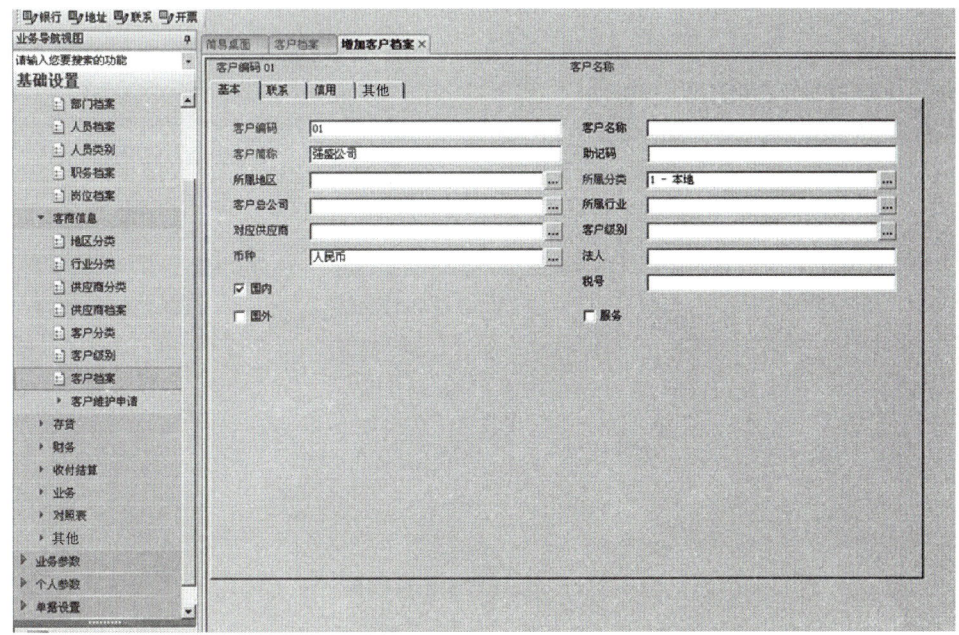

图 3-19 增加客户档案

(4) 单击"保存"按钮。

(5) 以此方法依次录入其他的客户档案。

注意事项:

• 之所以设置"分管部门""分管业务员",是为了在应收应付款管理系统填制发票等原始单据时能自动根据客户显示部门及业务员信息。

六、设置供应商档案

【例 3-11】 根据表 3-7 的资料增加企业的供应商档案。

表 3-7 企业供应商档案

供应商编码	供应商简称	所属分类
01	丽兴公司	00
02	广明公司	00

操作步骤：

（1）在"基础设置"选项卡中，执行"基础档案"→"客商信息"→"供应商档案"命令，打开"供应商档案"窗口。窗口分为左右两部分，左窗口显示供应商无分类，右窗口中显示所有的供应商列表。

（2）单击"增加"按钮，打开"增加供应商档案"窗口，按实验资料输入供应商信息，如图3-20所示。

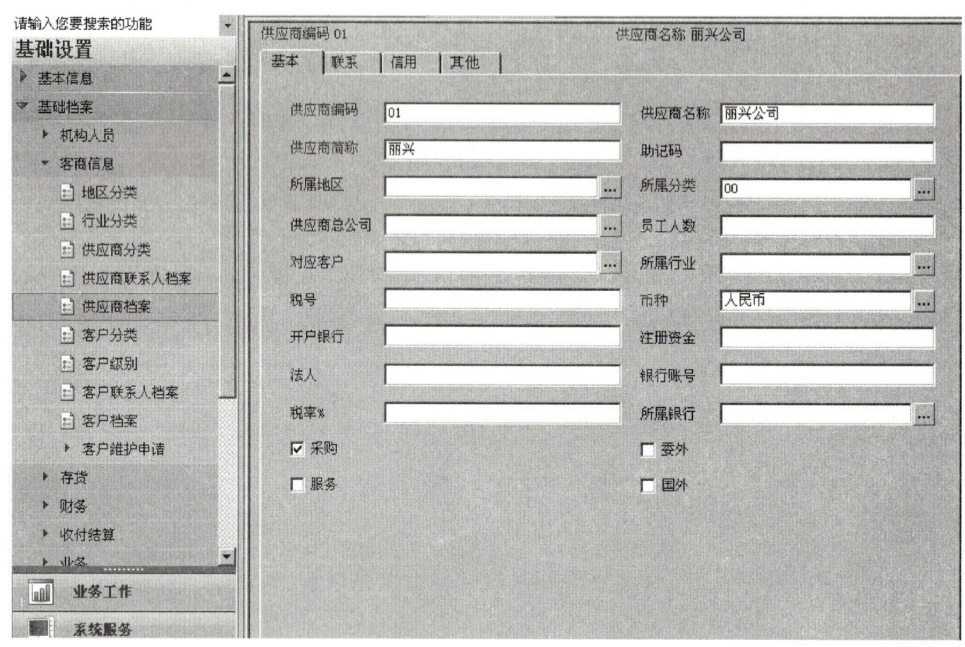

图3-20　增加供应商档案

（3）依次录入其他的供应商档案。

注意事项：

• 在录入供应商档案时，供应商编码及供应商简称必须录入。

• 由于该账套中并未对供应商进行分类，因此，所属分类为无分类。

• 供应商是否分类应在建立账套时确定，此时不能修改，如若修改只能在未建立供应商档案的情况下，在系统管理中以修改账套的方式修改。

• 供应商编码必须唯一。

七、设置数据权限

知识讲解

用友ERP-U8管理软件中，提供了三种不同性质的权限管理：功能权限、数据权限和金额权限。

功能权限在系统管理中进行设置，主要规定了每个操作员对各模块及细分功能的操作权限。数据权限是针对业务对象进行的控制，可以选择对特定业务对象的某些项目和某些记录进行查询和录入的权限控制。金额权限的主要作用体现在两个方面：一是设置用户在填制凭证时,对特定科目允许输入的金额范围;二是设置用户在填制采购订单时,允许输入的采购金额范围。

【例 3-12】　设置操作员江涛有权对李强及李建所填制的凭证的查询、删改、审核、弃审以及关闭的权限。

操作步骤:

(1) 在"系统服务"选项卡中,执行"权限"→"数据权限分配"命令,进入"权限浏览"窗口。

(2) 在左侧的"用户及角色"列表中选择"0000000002 江涛",再单击"授权"按钮,打开"记录权限设置"对话框。

(3) 单击"业务对象"栏的下三角按钮,选择"用户"。

(4) 单击">"按钮将"703 李强"从"禁用"列表中选择到"可用"列表中,以此方法选择"701 李建",如图 3-21 所示。

(5) 单击"保存"按钮,系统弹出"保存成功"信息提示框,单击"确定"按钮。

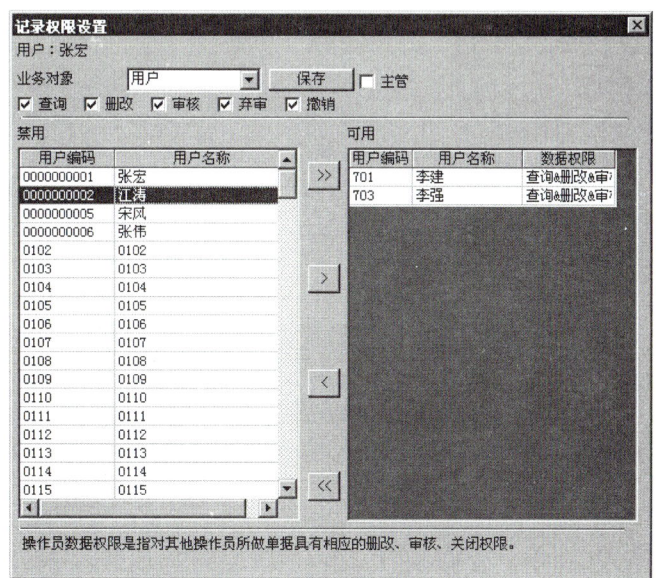

图 3-21　记录权限设置

注意事项:

• 必须在系统管理中定义角色或用户,并在分配完功能级权限后才能进行数据权限分配。

• 数据权限包括记录级权限和字段级权限,可以分别进行授权。

• 可以在"数据权限控制设置"中选择需要进行设置的数据权限。

八、单据设计

知识讲解

不同企业在各项业务处理中使用的单据可能存在细微的差别,用友 ERP-U8 管理软件中预置了常用单据模板,而且允许用户对各单据类型的多个显示模板和多个打印模板进行设置,以定义本企业需要的单据格式。

【例 3-13】　利用单据设计功能将"应收单"表头中的"币种"项目和"汇率"项目删除。

操作步骤:

(1) 在"基础设置"选项卡中,执行"单据设置"→"单据格式设置"命令,进入"单据格式设置"窗口。

(2) 在左侧窗口中执行"应收款管理"→"应收单"→"显示"→"应收单显示模板"命令,进入"应收单"格式设置窗口,如图 3-22 所示。

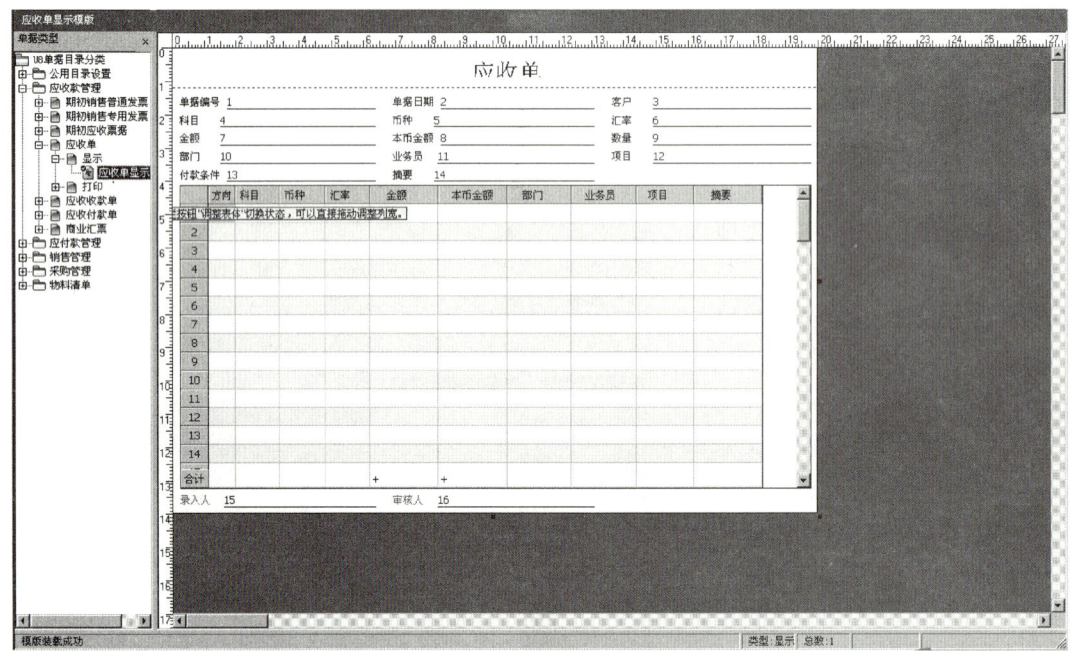

图 3-22　应收单显示模板

（3）单击表头项目按钮，打开"表头"对话框，去掉"22 币种"和"23 汇率"选中标记。

（4）单击"确定"按钮，系统弹出"模板已修改，是否保存？"信息提示框，单击"是"返回。

注意事项：

• 单据设计只能在"企业应用平台"中进行。

• 只有在启用了"应付""应收"系统或其他业务系统时，在"企业应用平台"的单据目录分类中才会列出与启用系统相对应的单据分类及内容。

• 单据设计功能可以分别进行不同模块中不同单据的显示格式和打印格式的设置。

• 可以分别就单据的显示格式和打印格式进行设置，包括单据属性设计、表头项目设计、表体项目设计、单据项目属性设计、单据标题属性设计。

本 章 小 结

　　本章主要说明建账和初始设置相关的概念、方法及其之间的联系。建账和初始设置是会计核算工作由手工方式向计算机方式过渡的必须的准备工作，是正式使用会计电算化系统替代手工会计核算的基础。

典型题目及解析

【例题·多选题】下列属于系统级初始化设置的内容有（　　　　）。

A. 总账期初余额　　B. 记账本位币　　　　C. 会计期间　　　　　D. 操作员及其权限

【答案及解析】　BCD

系统级初始化主要包括建立账套、设置记账本位币和会计期间、设置操作员和权限,总账模块初始化包括设置外币币种及汇率、设置计量单位、设置会计科目、设置辅助核算项目、设置凭证类别、录入初始余额等。故选BCD。

【例题·判断题】　系统初始化工作未完成,系统将拒绝执行日常使用操作。　　（　　）

【答案及解析】　错

用友账务系统日常使用操作包括凭证录入、审核、修改、查询、记账、结账工作。系统初始化工作未完成,可以编制、修改、审核记账凭证,但不能记账、结账。故本题叙述错误。

【例题·单选题】　（　　）有权在系统中建立企业账套。

A. 企业老总　　　　B. 系统管理员　　　　C. 账套主管　　　　D. 销售总监

【答案及解析】　B

系统管理员就是admin。以系统管理员身份注册进入,可以进行账套的建立、引入和输出,设置操作员和地套主管,设置和修改操作员的密码及其权限等。

【例题·单选题】　以账套主管的身份注册系统管理时,不能进行的操作是（　　）。

A. 建立账套　　　　B. 修改账套　　　　C. 年度账清空　　　　D. 年度账引入

【答案及解析】　A

admin可以建立、删除、备份、恢复账套,账套主管只能修改账套和对年度账的管理包括创建、清空、引入、输出。

【例题·单选题】　新建账套时不需要输入的信息是（　　）。

A. 账套号　　　　B. 账套名称　　　　C. 账套路径　　　　D. 取数公式

【答案及解析】　D

新建账套时必须输入的内容有账套号、账套名称、账套路径。取数公式是在定义报表或自动转账定义时使用。故选D。

【例题·判断题】　某账套一旦启用后,启用会计期将不能修改。　　　　　　（　　）

【答案及解析】　对

账套一旦启用,启用日期不能更改,同时账套号和本位币信息也不能更改。

【例题·单选题】　有会计科目编码如此定义3322,一级为3位,二级为3位,三级为2位,四级为2位,请问编码5210011009表示的是（　　）级代码。

A. 四　　　　　　B. 三　　　　　　C. 五　　　　　　D. 六

【答案】　A

【例题·多选题】　若某企业的编码规则为3432,则下列编码正确的有（　　）。

A. 1110331　　　B. 1110331332　　　C. 11103332　　　D. 111033133201

【答案】　ABD

【例题·判断题】　某企业的科目编码规则是332,则这个的二级科目最多有99个。

（　　）

【答案及解析】　错

若科目编码规则是332,则二级科目有3位,最多能编999个代码。

【例题·单选题】　账务系统中,下列关于系统操作员说法正确的是（　　）。

A. 系统管理员可以给每一个操作员设置一个初始口令

B. 账套主管可以修改操作员的登录口令

C. 操作员可以修改自己的操作权限

D. 账套主管可以查看操作员的登录口令

【答案及解析】 A

系统管理员组成员有权进行用户管理,包括新建用户组和用户,并为其赋权,可以删除、禁用用户;其他用户具有修改自己口令的权限,无权更改自己和他人的操作权限。故选 A。

【例题·单选题】 会计核算软件中采用的( )会计科目名称、编码方法,必须符合国家统一会计制度的规定。

A. 总分类账　　　B. 明细分类账　　　C. 二级账　　　D. 日记账

【答案及解析】 A

会计核算软件的一级会计科目必须符合国家会计制度规定,明细科目的确定要根据各企业情况自行确定。

课 后 习 题

一、单项选择题

1. 企业在启用会计软件的时间安排上,如选择( )正式投入运行,系统初始化设置工作量将最小。

A. 年初　　　　　B. 6月　　　　　C. 7月　　　　　D. 年末

2. 系统最多可以建立( )套账。

A. 996　　　　　B. 997　　　　　C. 998　　　　　D. 999

3. 以账套主管的身份注册系统管理时,不能进行的操作是( )。

A. 建立账套　　　B. 修改账套　　　C. 年度账清空　　　D. 年度账引入

4. 部门编码级次为2-2-2,则下列部门编码中正确的是( )。

A. 办公室 101　　　　　　　　　　B. 办公室 01001

C. 办公室 0101　　　　　　　　　　D. 办公室 0100101

5. 有会计科目编码如此定义,一级为3位,二级为3位,三级为2位,四级为2位,请问编码5210011009表示的是( )级代码。

A. 四　　　　　B. 三　　　　　C. 五　　　　　D. 六

6. 若会计科目的编码方案为4-2-2-2,则某会计科目的三级科目全编码为( )。

A. 100101　　　　　　　　　　B. 10010102

C. 1001010101　　　　　　　　D. 0101

7. 账套主管可以对( )的操作员进行权限指定。

A. 所有账套　　　B. 所管辖账套　　　C. 001 账套　　　D. 999 账套

二、多项选择题

1. admin用户在系统管理中可以进行的操作有( )。

A. 增加操作员　　　　　　　　　B. 建立年度账

C. 建立账套　　　　　　　　　　D. 设主管权限

2. 系统允许用户以( )身份注册进入系统管理。
　　A. admin　　　　　　　　　　　B. 财务主管
　　C. 账套主管　　　　　　　　　　D. 财务总监
3. 建立账套完成之后,( )不能在账套修改功能中修改。
　　A. 账套号　　　　　　　　　　　B. 账套名称
　　C. 启用会计期　　　　　　　　　D. 账套主管

三、判断题
1. 任何操作员都可以在账务处理系统中添加操作员。　　　　　　（　）
2. 设定人员分工情况并给出权限是会计核算软件初始化工作中的必要环节。（　）
3. 一个账套可以设定多个账套主管。　　　　　　　　　　　　　（　）
4. 输入客户档案时,不用选择客户分类,可直接输入客户档案。　（　）
5. 某企业的科目编码规则是332,则这个的二级科目最多有99个。（　）

上机实验一　系统管理

【操作准备】
修改系统时钟日期:2016-01-01。

【操作要求】
1. 建立账套
2. 设置操作员
3. 设置权限

【操作数据】
1. 账套数据
账套代码:008
账套名称:黄河有限责任公司
单位名称:黄河有限责任公司,简称黄河公司
本币代码:RMB;本币名称:人民币
启用会计期:2016 年 01 月
企业类型:工业;行业性质:2007 年新会计准则,按行业性质预置科目
账套主管:默认值
存货、客户、供应商需要分类核算,外币核算
会计科目编码:4-2-2-2
客户分类编码:2-2;收发类别编码:1-1
部门编码:2-2;存货分类编码:1
结算方式编码:1-2
供应商分类编码:2-2,其他编码采用系统默认值;数据精度定义:2
系统启用:启用总账,启用时间为 2016-01-01

2. 操作员及权限

表 3-8　企业操作员及权限

编号	姓名	口令	职责	权限
LW	刘伟	1	负责系统日常运行管理	账套主管
LFP	李飞鹏	1	负责总账、工资管理、固定资产管理和报表	公用目录设置、总账、工资管理及固定资产所有权限
ZS	张顺	1	负责收付款凭证进行核对、管理日记账、日报、对账、编调节表	出纳以及"总账"中的明细权限:出纳签字、查询凭证、日记账查询

上机实验二　基础设置

【操作准备】

可以引入"上机实验一"的备份数据,将系统日期改为 2016 年 1 月 1 日,由操作员"LW 刘伟(密码 1)"注册企业应用平台。

【操作要求】

1. 设置部门档案

2. 设置职员档案

3. 设置客户、供应商分类

4. 设置客户、供应商档案

【操作数据】

1. 部门档案

部门档案,如表 3-9 所示。

表 3-9　部门档案

部门编码	部门名称	部门编码	部门名称
01	行政部	0201	一车间
0101	厂办	03	市场部
0102	财务部	0301	采购部
02	生产部	0302	销售部

2. 职员档案

职员档案,如表 3-10 所示。

表 3-10　职员档案

职员编号	职员姓名	性别	所属部门	雇佣状态	人员类别	是否业务员	是否操作员
001	王鹏飞	男	厂办	在职	正式工	—	—
002	李东升	男	厂办	在职	正式工	—	—

（续表）

职员编号	职员姓名	性别	所属部门	雇佣状态	人员类别	是否业务员	是否操作员
003	刘伟	男	财务部	在职	正式工	—	是
004	张顺	男	财务部	在职	正式工	—	是
005	李飞鹏	男	财务部	在职	正式工	—	是
006	杨帆	女	财务部	在职	正式工	—	—
007	李铭	女	一车间	在职	正式工	是	—
008	王翠洁	女	一车间	在职	正式工	是	—
009	曾清玥	女	一车间	在职	正式工	是	—
010	杨柳	女	采购部	在职	正式工	是	—
011	赵小静	女	采购部	在职	正式工	是	—
012	王涛	男	销售部	在职	正式工	是	—
013	李海波	男	销售部	在职	正式工	是	—

3. 客户分类

客户分类，如表 3-11 所示。

表 3-11 客户分类

分类编码	名称
01	省内客户
02	省外客户
03	国外客户

4. 供应商分类

供应商分类，如表 3-12 所示。

表 3-12 供应商分类

分类编码	名称
01	原材料供应商
02	半成品供应商
03	辅料供应商

5. 客户档案

客户档案，如表 3-13 所示。

表 3-13 客户档案

代码	名称	简称	分类码	开户行	账号	税号
01	陕西汉江公司	汉江公司	01	工行西安分行雁塔路分理处	610177889900（默认账号）	610110021234567

（续表）

代码	名称	简称	分类码	开户行	账号	税号
02	山东宝蓝公司	宝蓝公司	02	工行济南市分行清泉分理处	142233445566（默认账号）	145122224567011
03	北京长虹公司	长虹公司	02	工行北京市分行航天分理处	101133456756（默认账号）	102256780000123

6. 供应商档案

供应商档案，如表 3-14 所示。

表 3-14　供应商档案

代码	名称	简称	分类码	开户银行	银行账号	税号
01	上海黄河公司	上海黄河	01	建行上海分行普陀分理处	201265432222（默认账号）	201199998888012
02	西安天地公司	天地公司	02	建行西安分行莲湖分理处	234566661234（默认账号）	610022998888123
03	天山公司	天山公司	01	建行乌市分行海默分理处	401122224444（默认账号）	401466668888001

第四章　账务处理模块

知 识 目 标

　　学生通过总账系统学习,掌握总账系统初始化、日常业务处理和期末业务处理的工作原理和操作方法。本章要求了解总账内容及作用,掌握总账系统初始化中设置会计科目、录入期初余额及设置各种分类、档案资料的方法;掌握总账系统日常业务处理的凭证处理和记账的方法,包括制单、审核(出纳签字审核、审核员审核)、记账、查询分析利用会计信息(账簿管理与内部管理报表生成)等;熟悉出纳管理的内容和处理方法;了解期末业务的内容和处理方法。

实 践 目 标

　　1. 掌握总账系统初始化中设置会计科目、录入期初余额及设置相关分类、档案资料的方法。

　　2. 掌握总账系统日常业务处理中凭证管理、出纳管理的基本操作方法。

　　3. 掌握自动转账、期末结账的基本操作方法。

第一节　账务处理模块的流程

　　总账管理系统是财务业务一体化管理软件的核心系统,适合于各行各业进行账务核算及管理工作。总账管理系统既可独立运行,也可同其他系统协同运转。总账系统的任务就是利用建立的会计科目体系,输入和处理各种记账凭证,完成记账、结账以及对账工作,输出各种总分类账、日记账、明细账和有关辅助账。总账系统主要提供凭证处理、账簿处理、出纳管理和期末转账等基本核算功能,并提供个人、部门、客户、供应商、项目核算等辅助管理功能。在业务处理过程中,可以随时查询包含未记账凭证的所有账表,充分满足管理者对信息及时性的要求。

一、日常账务处理系统结构图

　　日常账务通常分为:凭证业务、账簿业务、出纳业务。日常账务处理结构,如图 4-1 所示。

二、日常账务处理系统流程图

　　日常账务处理系统流程,如图 4-2 所示。图 4-2 中"其他子系统传来的机制凭证"是指固定资产子系统传来的折旧凭证、资产增减凭证等,工资子系统传来的工资费用分摊凭证,销售与应收子系统传来的销售应收凭证和收款凭证,采购和应付子系统传来的采购应付凭证和付款凭证等。要强调的是,这些机制凭证在总账系统中不能修改,只能在生成该凭证的子系统中修改。

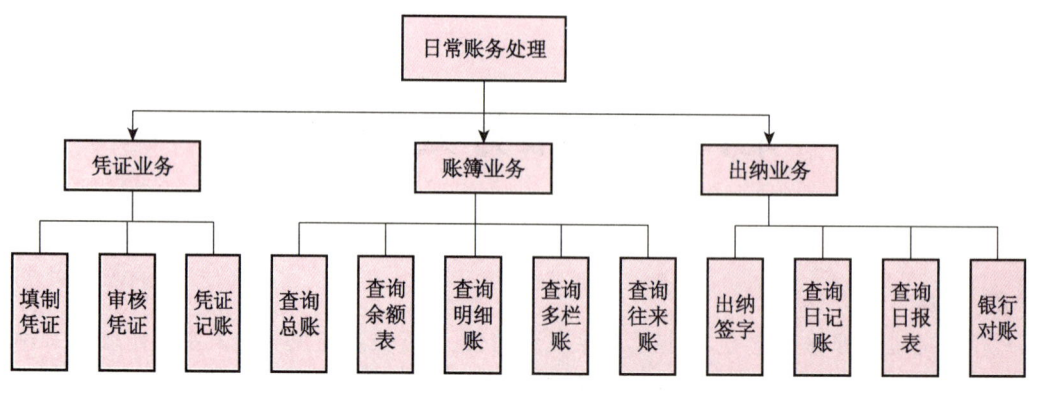

图 4-1　日常账务处理结构

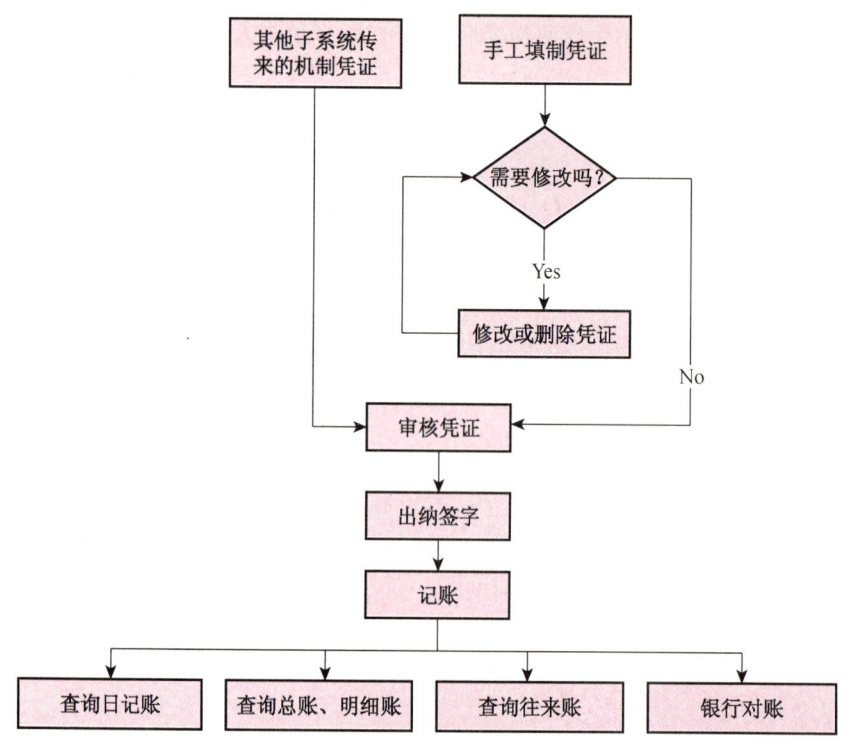

图 4-2　日常账务处理系统流程

第二节　账务处理系统初始化

　　账务处理系统初始化是为总账系统日常业务处理工作所做的准备,由用户根据本企业的需要建立财务应用环境,将用友通用账务处理系统变成适合本单位实际需要的专用系统,主要工作包括设置系统参数、设置会计科目、设置项目目录、设置凭证类别、输入期初余额,以及设置结算方式等。

一、启用总账模块

知识讲解

用友 ERP-U8 管理系统分为财务会计、管理会计、供应链、生产制造、人力资源、集团应用、决策支持和企业应用集成等产品组，每个产品组中又包含若干模块，它们中大多数既可以独立运行，又可以集成使用，但两种用法的流程是有差异的。一方面，企业可以根据本身的管理特点选购不同的子系统。另一方面，企业也可能采取循序渐进的策略有计划地先启用一些模块，一段时间之后再启用另外一些模块。系统启用为企业提供了选择的便利，它可以表明企业在何时启用了哪些子系统，只有设置了系统启用的模块才可以登录。

启用系统有两种方法，一种是系统管理员在建立账套时直接启用，另一种是账套主管在企业应用平台的基本信息中进行系统启用。700 账套并没有在账套建立后直接启用任何系统，现在在企业应用平台中分别启用总账、应付及应收系统。

【例 4-1】　在企业应用平台中，启用总账系统、应收款管理系统和应付款管理系统。

操作步骤：

（1）执行"开始"→"程序"→"用友 U8 V10.1"→"企业应用平台"命令，打开"登录"对话框。

（2）录入操作员"701"（或李建），密码"001"，单击"账套"栏的下三角按钮，选择"［700］peihua 西安神州领先有限公司"，如图 4-3 所示。

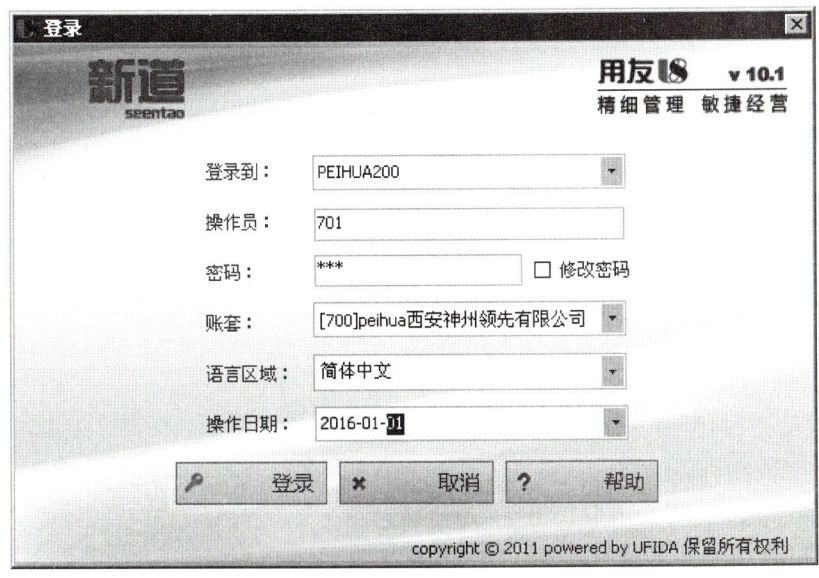

图 4-3　登录企业应用平台

（3）单击"登录"按钮，进入"企业应用平台"窗口。

（4）在"基础设置"选项卡中，执行"基本信息"→"系统启用"命令，打开"系统启用"对话框。

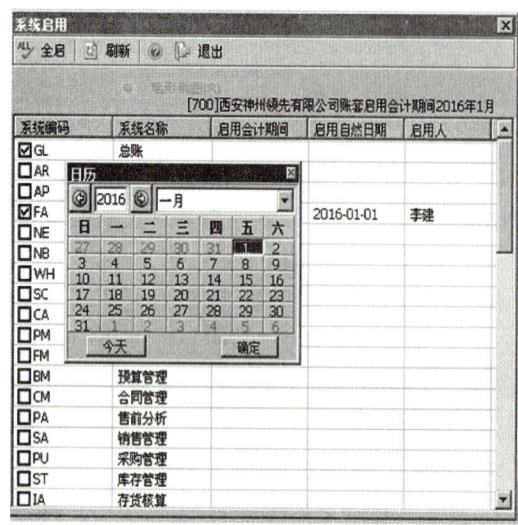

图 4-4 启用总账

（5）选中"GL 总账"前的复选框，弹出"日历"对话框。

（6）选择"日历"对话框中的"2016 年 1 月 1 日"，如图 4-4 所示。

（7）单击"确定"按钮，系统弹出"确实要启用当前系统吗?"信息提示框，单击"是"按钮，完成总账系统的启用。

（8）依此类推，分别启用"应收款管理"和"应付款管理"系统。

注意事项：

• 只有账套主管才有权在企业应用平台中进行系统启用。

• 各系统的启用时间必须大于或等于账套的启用时间。

二、设置系统参数

知识讲解

设置控制参数是对总账管理系统的一些系统选项进行设置，以便为总账管理系统配置相应的功能或设置相应的控制。

【例 4-2】 700 账套总账管理系统的参数如下：不允许修改、作废他人填制的凭证；可以使用应收受控科目；可以使用应付受控科目。按照以上要求设置控制参数。

操作步骤：

（1）在企业应用平台"业务工作"选项卡中，执行"财务会计"→"总账"命令，打开总账系统。

（2）在总账系统中，执行"设置"→"选项"命令，打开"选项"对话框，单击"编辑"按钮。

（3）在"凭证"选项卡中选中"可以使用应收受控科目"复选框和"可以使用应付受控科目"复选框。

（4）在"权限"选项卡中取消选中"允许修改、作废他人填制的凭证"复选框，如图 4-5 所示。

（5）单击"确定"按钮保存并返回。

注意事项：

• 总账系统的参数设置将决定

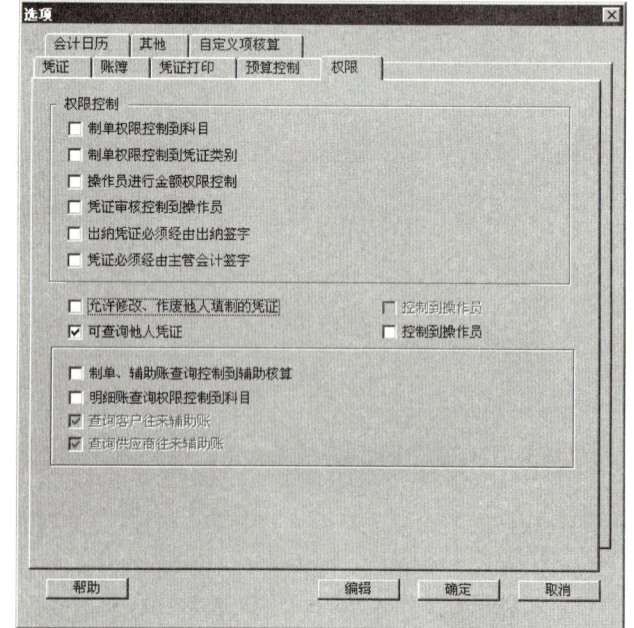

图 4-5 设置选项

总账系统的输入控制、处理方式、数据流向、输出格式等,设定后一般不能随意改变。

三、设置会计科目

知识讲解

会计科目是对会计对象具体内容进行分类核算的标志或项目,是对会计要素具体内容进行的科学分类。在会计电算化实务中,狭义的会计对象设置包括指定会计科目、增加和修改会计科目,广义的还包括在此基础上依据科目编码方案整理形成科目代码表,这里主要讨论狭义的会计科目的设置。

(一) 指定会计科目

指定会计科目,也就是指定现金、银行存款总账科目,以供出纳签字操作、查询现金日记账、查询银行存款日记账等使用。因此,在进行这些操作前,必须指定现金、银行存款一级科目。

【例4-3】 指定"库存现金(1001)"为现金总账科目,"银行存款(1002)"为银行总账科目。

操作步骤:

(1) 在企业应用平台的"基础设置"选项卡中,执行"基础档案"→"财务"→"会计科目"命令,进入"会计科目"窗口。

(2) 执行"编辑"→"指定科目"命令,打开"指定科目"对话框。

(3) 单击">"按钮将"1001库存现金"从"待选科目"窗口选入"已选科目"窗口。

(4) 单击选择"银行科目"选项,单击">"按钮将"1002 银行存款"从"待选科目"窗口选入"已选科目"窗口,如图4-6所示。

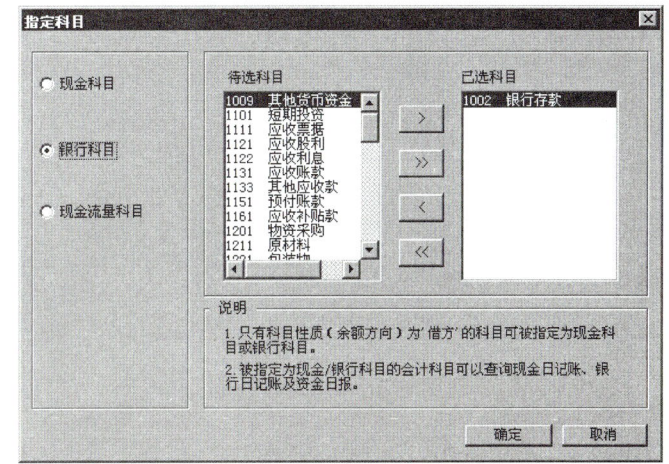

图4-6 指定科目

注意事项:

• 被指定的"现金总账科目"及"银行总账科目"必须是一级会计科目。

• 只有指定现金及银行总账科目才能进行出纳签字的操作。

• 只有指定现金及银行总账科目才能查询现金日记账和银行存款日记账。

(5) 单击"确定"按钮。

(二) 增加会计科目

【例4-4】 按照表4-1的资料为企业增加会计科目。

操作步骤:

(1) "会计科目"窗口中,单击"增加"按钮,打开"新增会计科目"对话框。

(2) 录入科目编码"100201"→科目名称"工行存款",如图4-7所示。

表 4-1　企业需增设的会计科目

科目编码	科目名称	辅助账类型
100201	工行存款	日记账银行账
122101	职工借款	个人往来
660201	办公费	部门核算
660202	差旅费	部门核算
660203	工资	部门核算
660204	折旧费	部门核算
660205	其他	
221101	应付工资	
221102	应付福利费	

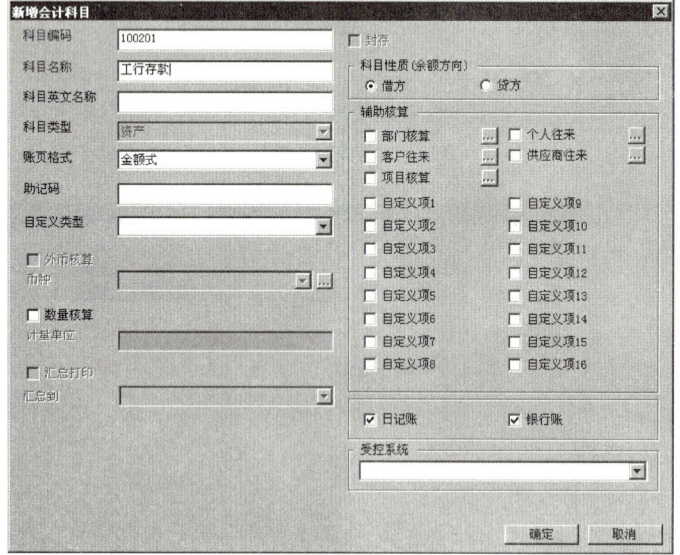

图 4-7　新增会计科目

（3）单击"确定"按钮。

（4）同理，依次增加其他的会计科目。

注意事项：

• 由于预置科目"1002"已经被设置为"日记账"及"银行账"，所以新增科目"100201"自动被识别为"日记账"及"银行账"。

• 会计科目编码应符合编码规则。

• 如果科目已经使用，则不能被修改或删除。

• 设置会计科目时应注意会计科目的"账页格式"，一般情况下应为"金额式"，也有可能是"数量金额式"等，如果是数量金额式还应继续设置计量单位，否则，仍不能同时进行数量金额的核算。

• 如果新增科目与原有某一科目相同或类似，则可采用复制的方法。

（三）修改会计科目

【例 4-5】　按照以下要求修改企业的会计科目：

"应收账款（1122）"科目辅助账类型为"客户往来"（受控系统为应收管理系统）。

"应付账款（2202）"科目辅助账类型为"供应商往来"（受控系统为应付管理系统）。

"应收票据（1121）"科目辅助账类型为"客户往来"（受控系统为应收管理系统）。

"应付票据（2201）"科目辅助账类型为"供应商往来"（受控系统为应付管理系统）。

"预付账款（1123）"科目辅助账类型为"供应商往来"（受控系统为应付管理系统）。

"工程物资（1605）"科目及所属明细科目辅助账类型为"项目核算"。

操作步骤：

（1）在"会计科目"窗口中，双击"1122 应收账款"，或在选中"1122 应收账款"后单击"修改"按钮,打开"会计科目_修改"对话框。

（2）单击"修改"按钮,选中"客户往来"前的复选框,受控系统为"应收系统",如图4-8所示。

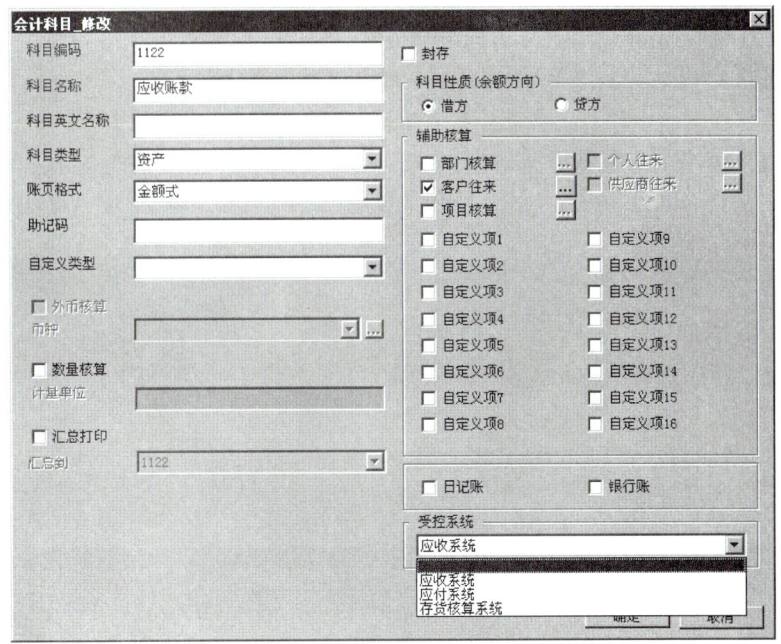

图4-8　修改会计科目

（3）单击"确定"按钮。

（4）同理,修改其他科目。

注意事项：

- "无受控系统"即该账套不使用"应收"及"应付"系统,"应收"及"应付"系统业务均以辅助账的形式在总账系统中进行核算。

- 在会计科目使用前,一定要先检查系统预置的会计科目是否能够满足需要,如果不能满足需要,则以增加或修改的方式增加新的会计科目及修改已经存在的会计科目,如果系统预置的会计科目中有一些是并不需要的,可以采用删除的方法去掉这些会计科目。

- 凡是设置有辅助核算内容的会计科目,在填制凭证时都需填制具体的辅助核算内容。

四、设置项目目录

知识讲解

　　一个单位项目核算的种类可能多种多样,如在建工程、对外投资、技术改造、融资成本、在产品成本、课题、合同订单等,为此,应允许企业定义多个种类的项目核算。可以将具有相同特性的一类项目定义成一个项目大类,一个项目大类可以核算多个项目。为了便于管理,还可以对这些项目进行分类管理,可以按以下步骤定义项目。

　　（1）设置科目辅助核算：在会计科目设置功能中先设置相关的项目核算科目,如对生产成本及其下级科目设置项目核算的辅助账类。

　　（2）定义项目大类：即定义项目核算的分类类别,如增加生产成本项目大类。

（3）指定核算科目：即具体指定需按此类项目核算的科目。一个项目大类可以指定多个科目，一个科目只能指定一个项目大类，如将直接材料、直接工资和制造费用指定为按生产成本项目大类核算的科目。

（4）定义项目分类：为了便于统计，可将同一项目大类下的项目进一步划分，如将生产成本项目大类进一步划分为自行开发项目和委托开发项目。

（5）定义项目目录：是将各个项目大类中的具体项目输入系统。

【例 4-6】 按照下列资料设置项目目录：项目大类为"一号工程"，核算科目为"工程物资"及明细科目，项目内容为"办公楼"和"商务楼"，其中，"办公楼"包括"1 号楼"和"2 号楼"两项工程。

操作步骤：

第一步　新增项目大类

（1）在企业应用平台"基础设置"选项卡中，执行"基础档案"→"财务"→"项目目录"命令，打开"项目档案"对话框。

（2）单击"增加"按钮，打开"项目大类定义_增加"对话框。

（3）录入新项目大类名称"一号工程"，如图 4-9 所示。

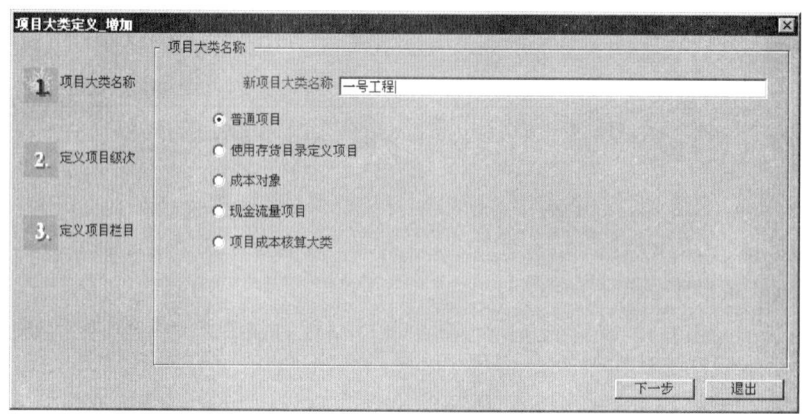

图 4-9　定义项目大类名称

（4）单击"下一步"按钮，打开"定义项目级次"对话框，如图 4-10 所示。

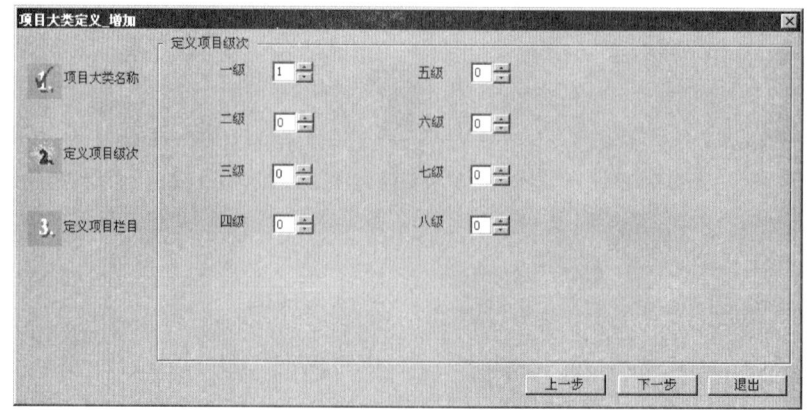

图 4-10　定义项目级次

（5）默认系统设置，单击"下一步"按钮，打开"定义项目栏目"对话框，如图 4-11 所示。

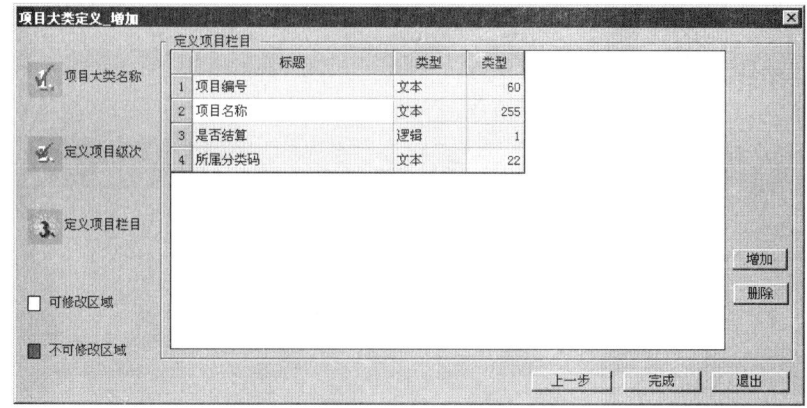

图 4-11　定义项目栏目

（6）在"定义项目栏目"对话框中，单击"完成"按钮，返回"项目档案"窗口。

第二步　指定项目核算科目

（1）单击"项目大类"栏的下三角按钮，选择"一号工程"项目大类。

（2）单击"核算科目"选项卡。

（3）单击"〉〉"按钮，将"工程物资"及其下级明细科目从"待选科目"列表中选入"已选科目"列表，如图 4-12 所示。

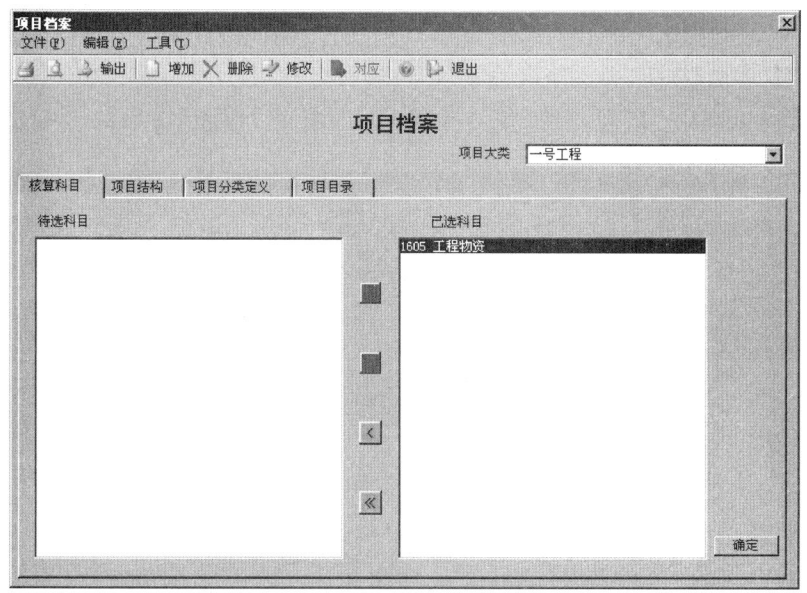

图 4-12　指定项目核算科目

（4）单击"确定"按钮确认。

第三步　项目分类定义

（1）单击"项目分类定义"选项卡。

（2）录入分类编码"1"→分类名称"办公楼"，单击"确定"按钮。同理，增加"商务楼"，并单击"确定"按钮，如图 4-13 所示。

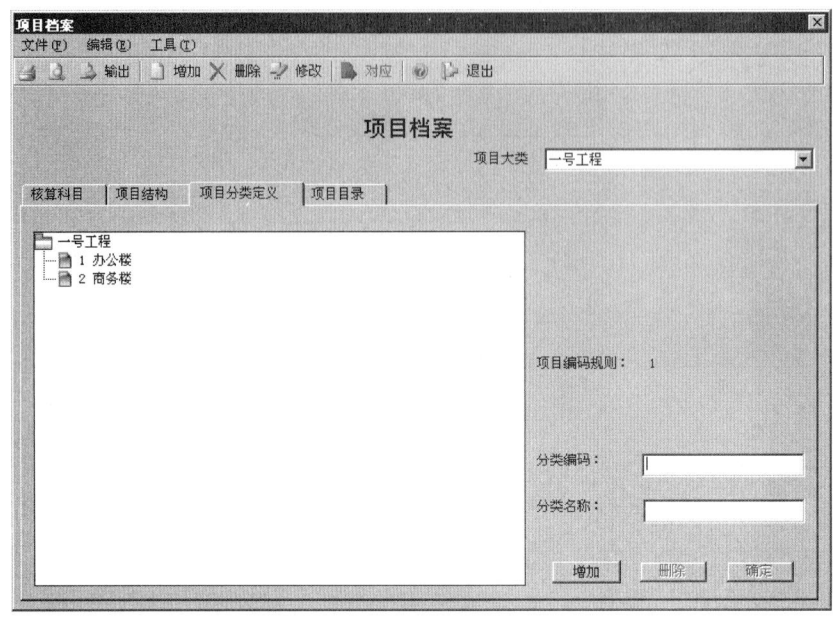

图 4-13　项目档案-项目分类定义

第四步　项目目录维护

（1）选中"项目目录"选项卡，单击"维护"按钮，进入"项目目录维护"窗口。

（2）单击"增加"按钮，录入项目编号"1"→项目名称"1 号楼"，单击"所属分类码"栏参照按钮，选择"办公楼"。同理，增加"2 号楼"工程，如图 4-14 所示。

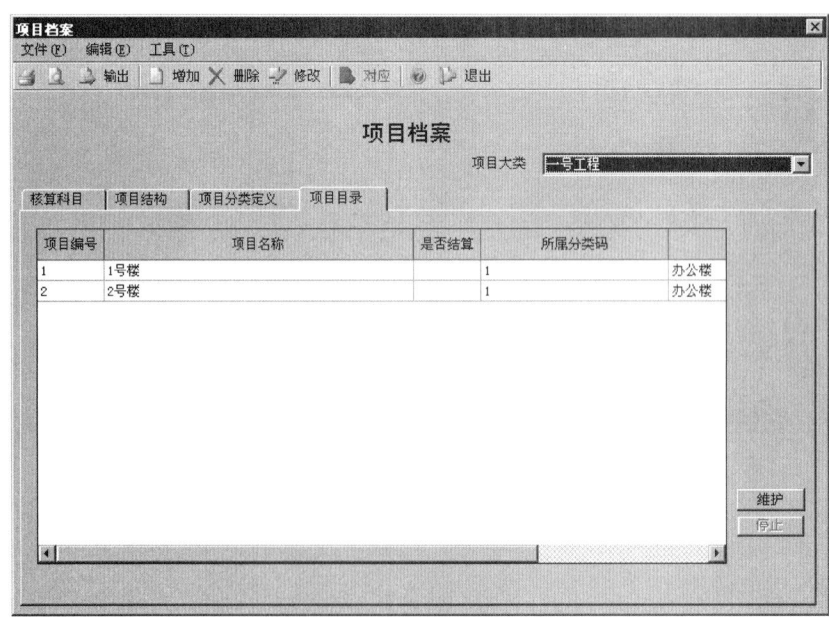

图 4-14　项目目录维护

（3）单击"退出"按钮。

注意事项：

- 一个项目大类可以指定多个科目，一个科目只能属于一个项目大类。
- 在每年年初应将已结算或不用的项目删除。
- 标识结算后的项目将不能再使用。

五、设置凭证类别

知识讲解

系统提供了五种常用分类方式供企业选择。对选择的凭证分类可以在制单时设置对科目的限制条件，系统有五种限制类型供选择。

借方必有：制单时，此类凭证借方至少有一个限制科目发生。

贷方必有：制单时，此类凭证贷方至少有一个限制科目发生。

凭证必有：制单时，此类凭证无论借方还是贷方至少有一个限制科目发生。

凭证必无：制单时，此类凭证无论借方还是贷方不可有一个限制科目发生。

无限制：制单时，此类凭证可使用所有合法的科目。

限制科目由用户输入，可以是任意级次的科目，科目之间用逗号分开，数量不限，也可参照输入，但不能重复录入。若限制科目为非末级科目，则在制单时，其所有下级科目都将受到同样的限制。

【例 4-7】 按照表 4-2 资料设置企业的凭证类别。

表 4-2　企业凭证类别

类别名称	限制类型	限制科目
收款凭证	借方必有	1001，1002
付款凭证	贷方必有	1001，1002
转账凭证	凭证必无	1001，1002

操作步骤：

（1）在企业应用平台的"基础设置"选项卡中，执行"基础档案"→"财务"→"凭证类别"命令，打开"凭证类别预置"对话框。

（2）选中"收款凭证　付款凭证　转账凭证"前的单选按钮，如图 4-15 所示。

（3）单击"确定"按钮，打开"凭证类别"对话框。

（4）单击"修改"按钮，双击"收款凭证"所在行的"限制类型"栏，出现下三角按钮，从下拉列表中选择"借方必有"，在"限制科目"栏录入"1001，1002"，或单击限制科目栏参照按钮，分别选择"1001"及"1002"。同理，完成对付款凭证和转账凭

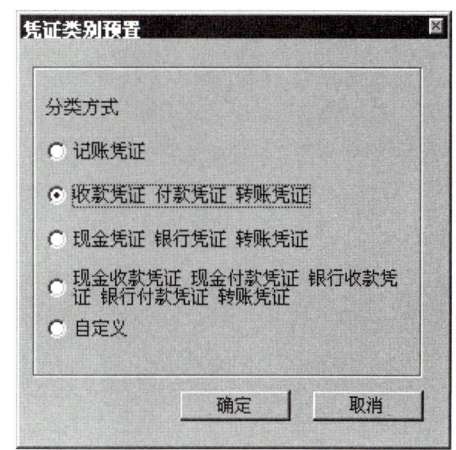

图 4-15　凭证类别设置

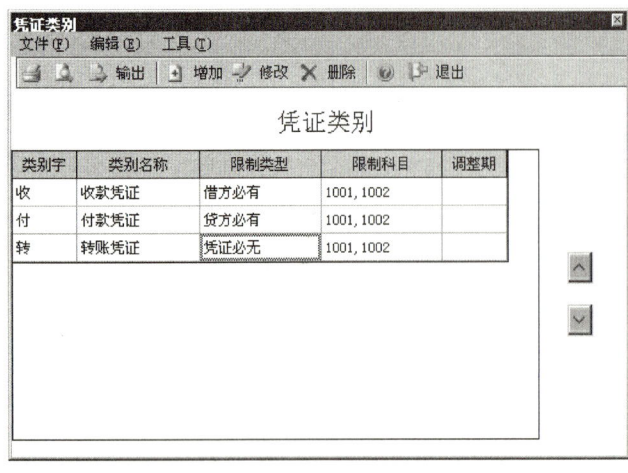

图4-16 设置凭证类别

证的限制设置,如图4-16所示。

(5)单击"退出"按钮。

注意事项:

· 已使用的凭证类别不能删除,也不能修改类别字。

· 如果收款凭证的限制类型为借方必有"1001,1002",则在填制凭证时系统要求收款凭证的借方一级科目至少有一个是"1001"或"1002",否则系统会判断该张凭证不属于收款凭证类别,不允许保存。付款凭证及转账凭证也应满足相应的要求。

· 如果直接录入科目编码,则编码间的标点符号应为英文状态下的标点符号,否则系统会提示科目编码有错误。

六、输入期初余额

知识讲解

在开始使用总账管理系统时,应将经过整理的手工账目的期初余额录入计算机。假如企业是在年初建账,则期初余额就是年初数;假如是年中启用总账管理系统,则应先将各账户此时的余额和年初到此时的借贷方累计发生额计算清楚。例如,某企业2016年4月开始启用总账管理系统,那么,应将该企业2016年3月末各科目的期末余额及1~3月的累计发生额计算出来,准备作为启用系统的期初数据录入总账管理系统中,系统将自动计算年初余额。若科目有辅助核算,还应整理各辅助项目的期初余额,以便在期初余额中录入。期初余额的录入分两部分:总账期初余额录入和辅助账期初余额录入。

【例4-8】 按照下列数据资料录入企业的期初余额。

库存现金:14 000(借)。

工行存款:196 000(借)。

职工借款——宋风:10 000(借)。

库存商品:60 000(借)。

短期借款:60 000(贷)。

实收资本:820 000(贷)。

固定资产:870 000(借)。

累计折旧:65 259(贷)。

利润分配——未分配利润:204 741(贷)。

操作步骤:

(1)在总账系统中,选择"设置"→"期初余额"选项,进入"期初余额录入"窗口。

(2)白色的单元为末级科目,可以直接输入期初余额。如库存现金14 000、银行存款——工行存款 196 000、库存商品 60 000、短期借款 60 000、实收资本 820 000、固定资产 870 000、累计折旧 65 259、利润分配——未分配利润 204 741,如图 4-17 所示。

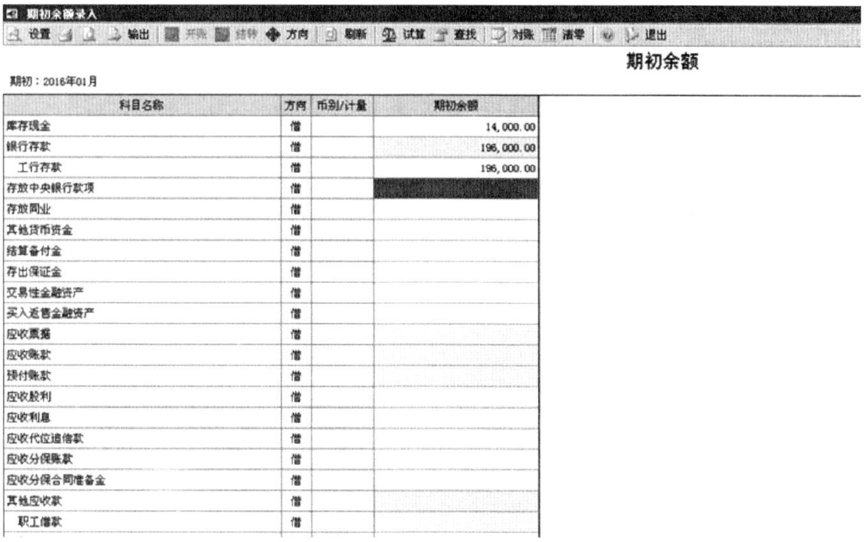

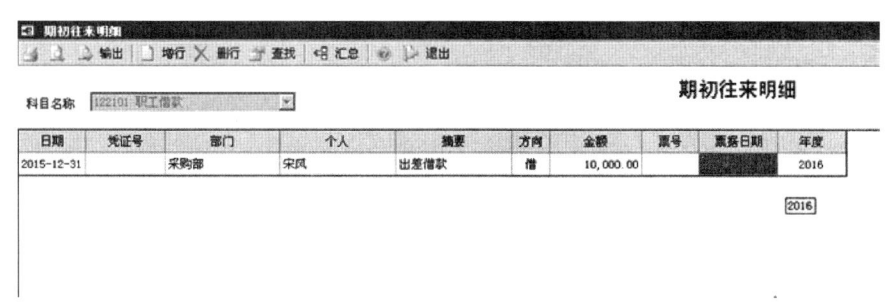

图 4-17　期初余额录入

注意事项:

• 灰色的单元为非末级科目,不允许录入期初余额,待下级科目余额录入完成后自动汇总生成。

(3) 黄色的单元代表对该科目设置了辅助核算,不允许直接录入余额,需要在该单元格中双击进入辅助账期初设置,在辅助账中输入期初数据,完成后自动返回总账期初余额表中。如双击"应收职工借款"所在行的"期初余额"栏,进入"辅助期初余额"窗口。

(4) 单击"往来明细"按钮,进入"期初往来明细"窗口。单击"增行"按钮;单击"个人"栏参照按钮,选择"宋风";在"摘要"栏录入"出差借款",在"金额"栏录入"10 000",如图 4-18 所示。

图 4-18　个人往来期初

(5) 单击"汇总"按钮,提示"完成了往来明细到辅助期初表的汇总!"单击"确定"按钮后,再单击"退出"按钮。

(6) 同理,录入其他带辅助核算的科目余额。

(7) 单击"试算"按钮,系统进行试算平衡。试算结果,如图 4-19 所示。

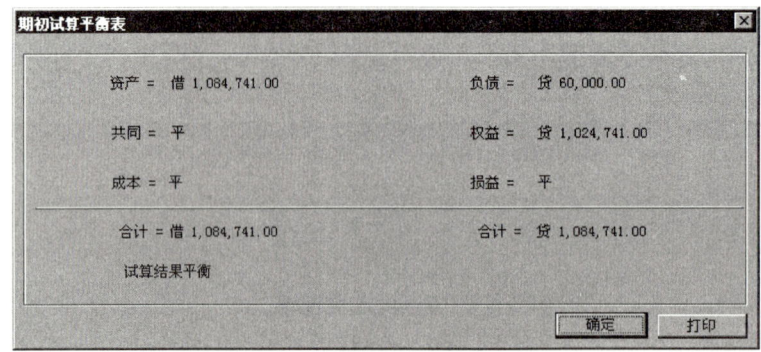

图 4-19　期初试算平衡表

（8）单击"确定"按钮。

注意事项：

- 只需输入末级科目的余额，非末级科目的余额由系统自动计算生成。
- 如果要修改余额的方向，可以在未录入余额的情况下，单击"方向"按钮改变余额的方向。
- 总账科目与其下级科目的方向必须一致，如果所录明细余额的方向与总账余额方向相反，则用"－"号表示。
- 如果录入余额的科目有辅助核算的内容，则在录入余额时必须录入辅助核算的明细内容，而修改时也应修改明细内容。
- 如果某一科目有数量（外币）核算的要求，则录入余额时还应输入该余额的数量（外币）。
- 如果年中某月开始建账，需要输入启用月份的月初余额及年初到该月的借贷方累计发生额（年初余额由系统根据月初余额及借贷方累计发生额自动计算生成）。
- 系统只能对月初余额的平衡关系进行试算，而不能对年初余额进行试算。
- 如果期初余额不平衡，可以填制凭证但是不允许记账。
- 凭证记账后，期初余额变为只读状态，不能再修改。

七、设置结算方式

知识讲解

该功能用来建立和管理企业在经营活动中所涉及的结算方式。它与财务结算方式一致，如现金结算、支票结算等。

【例4-9】 按照表4-3资料设置企业的结算方式。

表4-3　企业结算方式

结算方式编码	结算方式名称	是否票据管理
1	现金结算	
2	现金支票结算	是
3	转账支票结算	是
4	商业承兑汇票结算	

操作步骤：

（1）在企业应用平台的"基础设置"选项卡中，执行"基础档案"→"收付结算"→"结算方式"命令，进入"结算方式"窗口。

（2）单击"增加"按钮，录入结算方式编码"1"，录入结算方式名称"现金结算"，单击"保存"按钮。以此方法继续录入其他的结算方式，如图4-20所示。

（3）单击"退出"按钮。

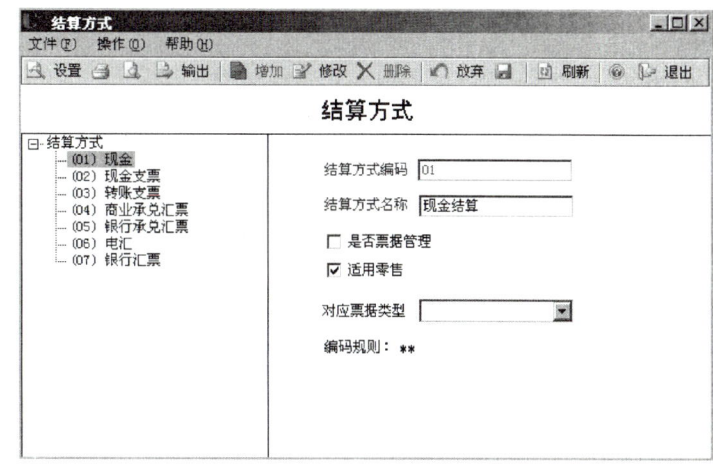

图4-20　设置结算方式

注意事项：

• 在总账系统中，结算方式将会在使用"银行账"类科目填制凭证时使用，并可作为银行对账的一个参数。

八、设置常用摘要

知识讲解

企业发生的会计业务都有其规范性，在日常填制凭证的过程中，经常会有许多摘要完全相同或大部分相同，如果将这些常用摘要存储起来，在填制会计凭证时可随时调用，必将大大提高业务处理效率。

【例4-10】　按照表4-4资料设置企业的常用摘要。

表4-4　企业常用摘要

摘要编码	摘要内容
1	报销差旅费
2	提现金
3	业务借款

操作步骤：

（1）在企业应用平台的"基础设置"选项卡中，执行"基础档案"→"其他"→"常用摘要"命令，进入"常用摘要"窗口。

（2）单击"增加"按钮，录入摘要编码"1"，录入摘要内容"报销差旅费"，以此方法继续录入其他的常用摘要。

（3）单击"退出"按钮。

第三节　日常业务处理

在总账系统初始化完成以后,就可以进行日常业务处理了。在进行日常业务处理之前,还要求检查期初余额试算平衡和操作员权限控制。日常业务处理主要包括凭证管理、出纳管理和账簿查询,其中,凭证管理主要包括凭证的录入、修改、审核、记账和查询。出纳管理主要包括出纳账簿管理和银行对账管理。账簿查询主要涉及会计信息的综合利用与分析。

一、凭证管理

凭证管理包括的内容,如图 4-21 所示。

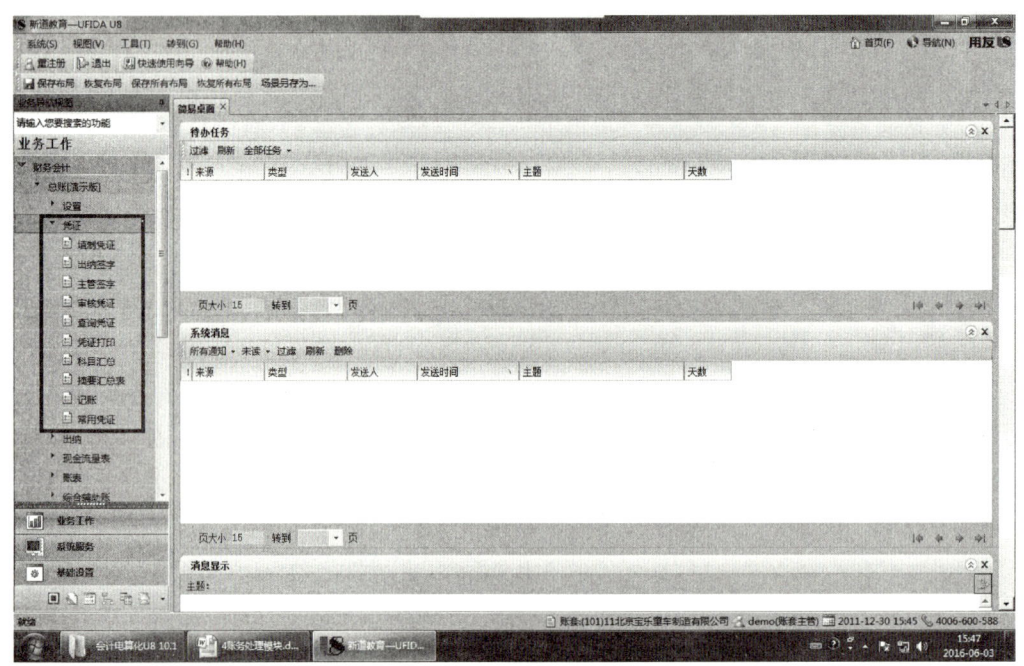

图 4-21　凭证管理包括的内容

(一)凭证录入

知识讲解

填制记账凭证又称制单,即手工操作中的编制记账凭证。日常账务处理是会计业务处理的核心,而编制记账凭证是一个完整会计循环的第一个环节,通常也是各项财务数据进入系统环境的唯一入口。相关操作内容包括:输入记账内容、修改和删除记账凭证、冲销记账凭证以及查询与打印记账凭证。

制单工作是日常核算账务处理中业务最大、最频繁的工作。没有合法、完整的凭证就不能处理业务,登记账簿以及编制报表。凭证记载会计信息的正确与否是决定系统所反映信息正确与否的关键。在电算化会计信息系统中,电子账簿的准确与完整完全依赖于记账凭证,因而在实际工作中,必须准确、完整地录入记账凭证。

记账凭证内容概括来讲由凭证头、分录(正文)和辅助项等三部分组成,具体内容包括:

(1)凭证类别。记账凭证类别是在系统初始化时设定的,在此只能按照初始设定选择凭证类别,可以使用系统提供的引导功能进行选择使用(可选项如收款凭证、付款凭证、转账凭证等)。

(2)凭证编号。凭证编号是凭证的唯一标识。凭证编号为必填内容,可以自动生成,也可以手工输入。在一般软件中,将记账类别与凭证编号作为两个项目来管理,即凭证字按"收""付""转"等分设,每一凭证类型范围内再对凭证按顺序编号,如"收字第5号""付字第6号"等。在日常账务处理中,凭证类别与类别代码一般由操作员输入,而顺序编号则由软件自动按递减规则产生。

(3)制单日期。即填制会计凭证的日期。注意一定要使凭证日期随计算机系统日期的递增而递增。

(4)附单据数。该记账凭证所附原始凭证张数。

(5)摘要。在会计电算系统中,凭证中每一行都有一个摘要,以反映该笔经济业务。

(6)会计科目。由操作员输入科目名称或科目编码,也可采用引导功能来输入会计科目。要求只录末级科目。

(7)发生金额。可选择直接输入或计算产生。直接输入是在屏幕指定位置键入会计业务的发生额;计算产生是对于有数量、外币核算要求的科目,根据屏幕提示输入数量、外币等信息,由计算机根据初始设置时确定的方法及用户输入的数量、单价或外币、汇率等自动计算产生发生金额。

(8)辅助项。指动态显示在凭证左下方的结算方式、部门、客户、供应商、个人等信息,这些内容与手工会计有着较大区别,如图4-22所示。

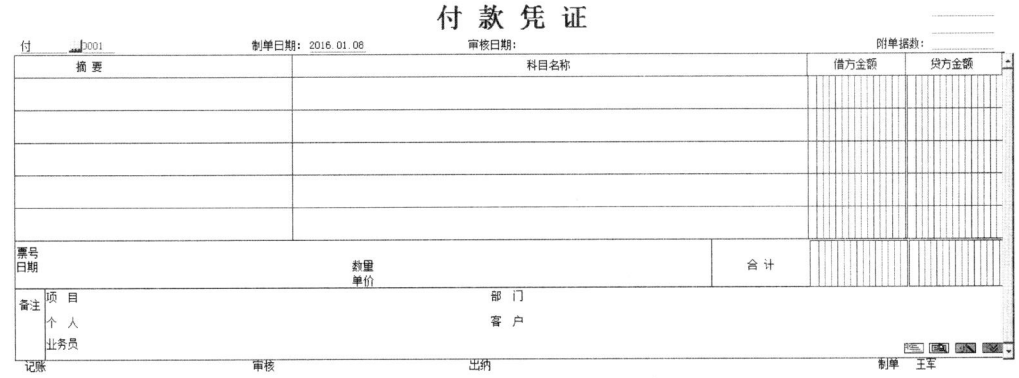

图 4-22 记账凭证样式

【例 4-11】 填制凭证。1月8日,以现金支付办公费800元。

操作步骤:

(1)以王军(会计)的身份注册进入系统,单击"业务工作"→"财务会计"→"总账"→"凭证"→"填制凭证",进入填制凭证的界面,如图4-23所示。

(2)单击" 增加"按钮或按F5键,增加一张新的凭证。

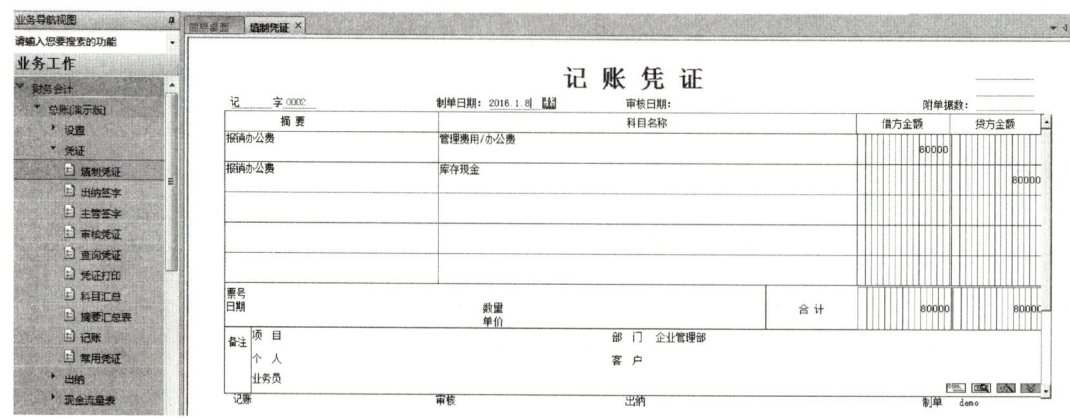

图 4-23　填制凭证

（3）输入凭证头的相应内容，包括：凭证类型、凭证编号（自动产生）、制单日期、附件张数等，可通过双击凭证头行上的相应软件进入输入状态。

（4）输入凭证分录（或正文）的相应内容，包括：摘要、科目、借方金额、贷方金额等，可直接单击相应单元格进行输入；输入科目时，一般要求输入科目码，且必须是末级科目。

（5）输入凭证辅助项的相应内容，包括：结算方式、票号、发生日期、部门、职员、客户等；"辅助项"对话框通常会动态出现，其是否出现则依赖于分录科目本身性质及科目设置情况。

（6）单击"保存"，或单击"增加"，以便开始输入下一张。

注意事项：

• 摘要：每行都不能空，但可不同，按回车键会自动复制当前行摘要内容到下行，摘要要求简洁明了，言简意赅。

• 科目：通常为末级科目的科目编码。

• 金额：不能为零，红字时可输入"－"，调整借贷方向可按空格键，外币本位币自动折合，修改时需按 F11 键。

• 使用"＝"可计算差额。

• 分录行：增加单击"增行"，删除单击"删行"。

• 凭证编号：在一般情况下，由系统分类按月自动编制，即每类凭证每月都从 0001 号开始。

• 附单据数：在"附单据数"处输入原始单据张数，输完后按"Enter"键。

• 输入的结算方式、票号和发生日期将在进行银行对账时使用。

• 填制记账凭证的相关操作，应由具有"制单"及其相关科目使用权限的会计人员进行。

（二）凭证修改

知识讲解

会计处理操作错误在所难免，因此，一般的会计软件都提供有限条件的凭证修改功能。例如，当凭证处于"已输入、保存，但未审核"状态时，允许制单人进行修改；否则，修改会被限制。凭证的修改主要有以下几种不同的情况。

修改未审核或审核标错的凭证。对未审核的凭证或审核标错的凭证,可以由填制人直接进行修改并保存。审核标错的凭证在修改正确后,出错的标记会消失。凭证可以修改的内容主要有摘要、科目、金额及方向等。凭证类别、编号不能修改,制单日期的修改也会受到限制。

修改已审核未记账凭证。应该由审核人员首先在审核模块取消审核标志,使凭证恢复到未审核状态,然后由制单人员对凭证进行修改。

修改已经记账的凭证。凭证输入后,已审核,已记账,发现有错误,可采用红字冲销法与补充登记法的方法进行修改。

在账务处理过程中,已记账的记账凭证发现有误时,可以进行"留有痕迹"的修改,即冲销记账凭证处理,以配合审计工作的需要。冲销记账凭证处理,实际上是基本自动形成一张与原凭证内容"同科目、同方向、红字金额"的记账凭证。

【例4-12】 修改凭证。

操作步骤:

(1)确认相关制单人注册进入系统,进入填制凭证界面。

(2)单击"查询",并确定凭证查询条件。

(3)查找并显示欲改凭证。

(4)直接修改正文部分;双击修改辅助项部分。

(5)单击"保存"。

注意事项:

• 凭证头的内容一般不允许修改;修改辅助项前必须先单击有关科目使得辅助项显示在凭证左下方,再双击辅助项。

【例4-13】 删除凭证。

操作步骤:

(1)确认相关制单人注册进入系统,进入填制凭证界面。

(2)单击"查询",并确认凭证查询条件。

(3)查询并显示欲删除的记账凭证。

(4)单击"作废/恢复",出现"作废"标记时即表示逻辑删除,如图4-24所示。

图4-24 删除凭证的工具按钮

(5)如果需要再单击"整理凭证",即可物理删除。

注意事项:

• 凭证"作废/恢复"具有双态功能;被逻辑删除的凭证,可恢复还原凭证;被逻辑删除的凭证,不需要审核便可作为空凭证参与记账;在实务工作中,应尽量避免删除凭证,尤其是物理删除。

【例4-14】 冲销凭证。

操作步骤:

(1)确认相关制单人注册进入系统,进入填制凭证界面。

（2）选择"冲销凭证"，如图4-25所示。

（3）输入欲冲销凭证号进行操作，注意红字凭证的摘要内容可填写为"冲销某某号凭证"，金额为原金额的负数，如图4-25所示。

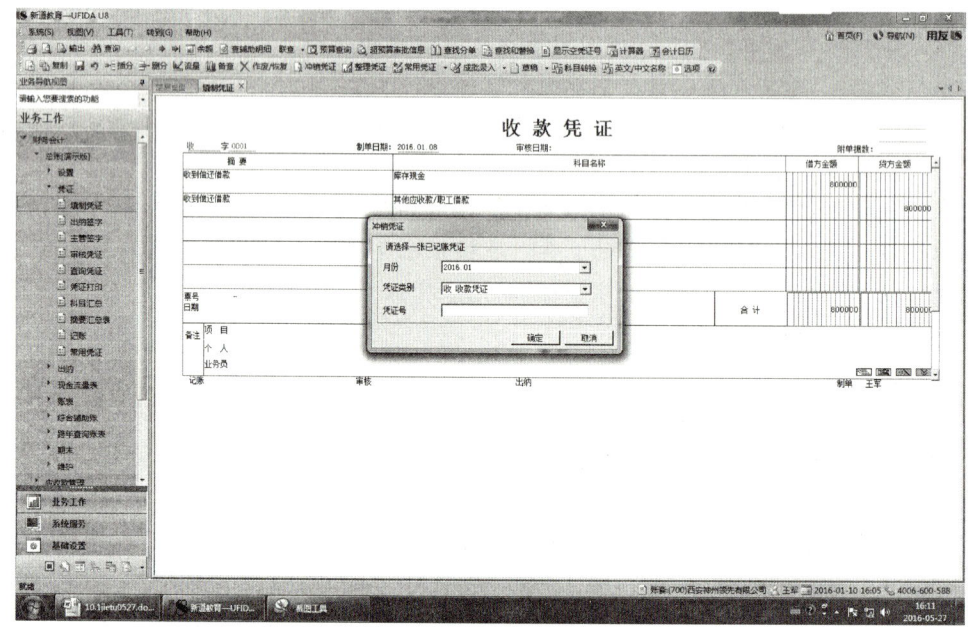

图4-25　冲销凭证

（三）凭证审核

知识讲解

凭证审核是指具有审核权限的操作员，对制单人所填记账凭证的合法性与合理性进行审核并签字，旨在防止舞弊。凭证审核一般包括出纳签字审核和审核员审核两个环节，具体审核则包括逐张审核和成批审核两种方式。

（1）审核操作包括"出纳签字"和"凭证审核"两个部分，前者对所有涉及现金、银行存款的收付款凭证而言，后者对全部凭证而言。

（2）根据有关规定，记账凭证必须经过审核才能据以记账。

（3）为加强内部管理，凭证审核员与制单员不能同为一人，以达到互相牵制的作用。

（4）审核员审查认为错误或有异议的凭证，应交填制人员修改后，再审核。未经审核签字的凭证不得记账。

对现金与银行存款的收入与支出凭证，可以事先通过系统基础参数设置授予出纳签字的职权，在初始设置时给出纳员指定可签字的科目，一般为"库存现金""银行存款"。出纳员可依权限对有"库存现金"科目与"银行存款"科目的凭证进行审核，审查认为错误或有异议的凭证，应交填制人员修改后再核对，以加强对企业现金收入与支出的管理。

【例4-15】　出纳签字。

操作步骤：

（1）以李强（出纳）的身份注册进入系统，单击"业务工作"→"财务会计"→"总账"→"凭证"→"出纳签字",进入出纳签字的界面。

（2）进入"出纳签字",屏幕显示出纳凭证选择条件窗口。

（3）输入出纳凭证的条件后,屏幕显示出纳签字列表,如图4-26所示。

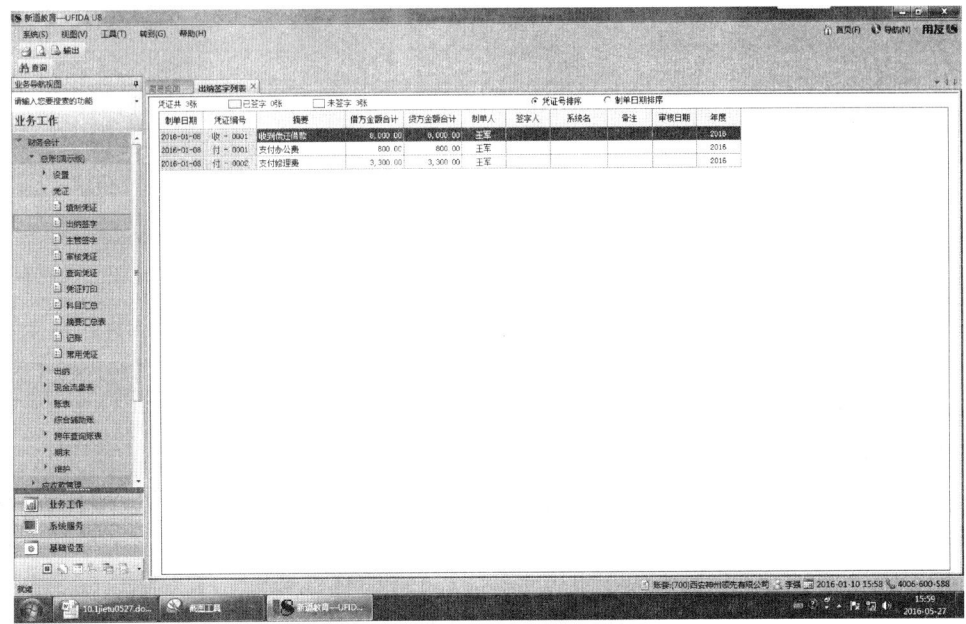

图 4-26　出纳签字列表

（4）在出纳签字列表中用鼠标双击某张凭证,则屏幕显示此张凭证,进入该凭证出纳签字界面,如图4-27所示。

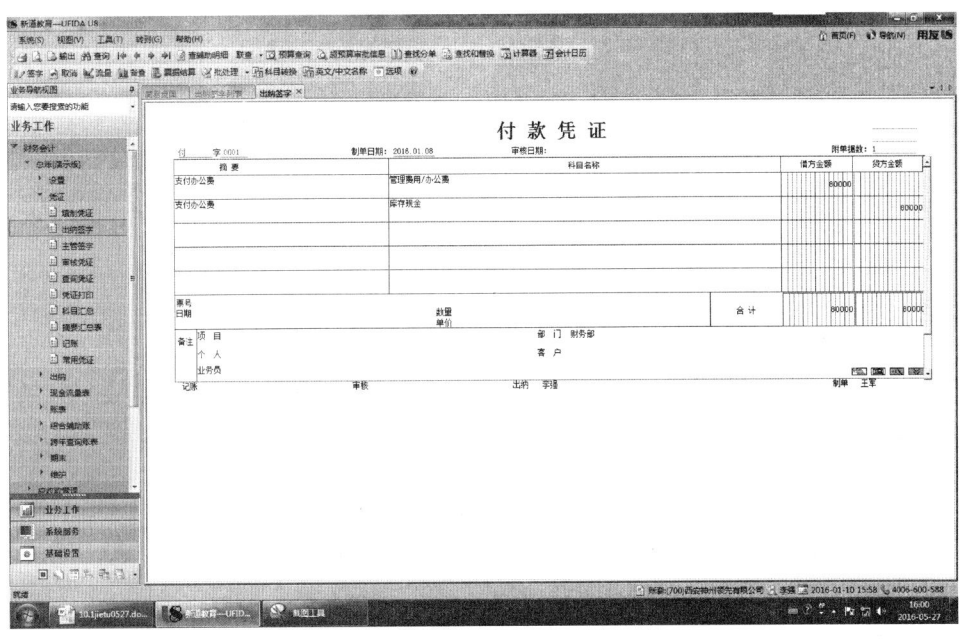

图 4-27　出纳签字

（5）当屏幕显示待签字凭证时，出纳可进行签字，通过菜单"查看"下的"科目转换"可切换显示科目编码和科目名称，用"↑"或"↓"键在分录中移动时，凭证下将显示当前分录的辅助信息。

（6）出纳人员在确认该张凭证正确后，用鼠标单击"签字"将在出纳处自动签上出纳人员名字。

若想对已签字的凭证取消签字，可用鼠标单击"取消"来取消签字。也可成批进行出纳签字，操作过程如下：

（1）单击"凭证"→"出纳签字"。

（2）输入凭证选择的条件，单击"确认"。

（3）单击"签字"→"成批出纳签字"。

注意事项：

• 如果出纳签字审核过程中，不能正常进行"出纳签字"操作，则需检查财务分工、设置核算规则、指定会计科目等初始化环节是否正确完成。

【例4-16】 审核凭证。

操作步骤：

（1）以李建（审核）的身份注册进入系统，单击"业务工作"→"财务会计"→"总账"→"凭证"→"审核凭证"，进入审核凭证的界面。

（2）进入"审核凭证"，屏幕显示审核条件窗口，如图4-28所示。

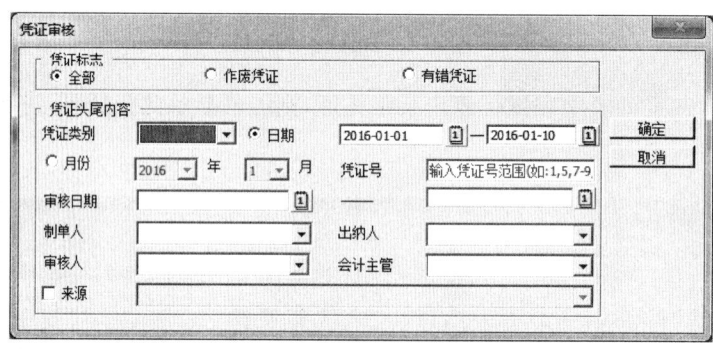

图4-28 凭证审核条件

（3）输入审核凭证的条件后，屏幕显示审核凭证一览表。

（4）在凭证一览表中用鼠标双击某张凭证，则屏幕显示此张凭证，进入该凭证审核界面，如图4-29所示。

（5）当屏幕显示待审核凭证时，用户可进行审核，通过菜单"查看"下的"科目转换"可切换显示科目编码和科目名称，用"↑"或"↓"键在分录中移动时，凭证下将显示当前分录的辅助信息。

（6）审核人员在确认该张凭证正确后，用鼠标单击"审核"按钮将在审核处自动签上审核人员名字，该张凭证审核完毕，系统自动显示下一张待审核凭证。

（7）若审核人员发现该凭证有错误，可按"标错"按钮，对凭证进行标错，以便制单人可以对其进行修改。

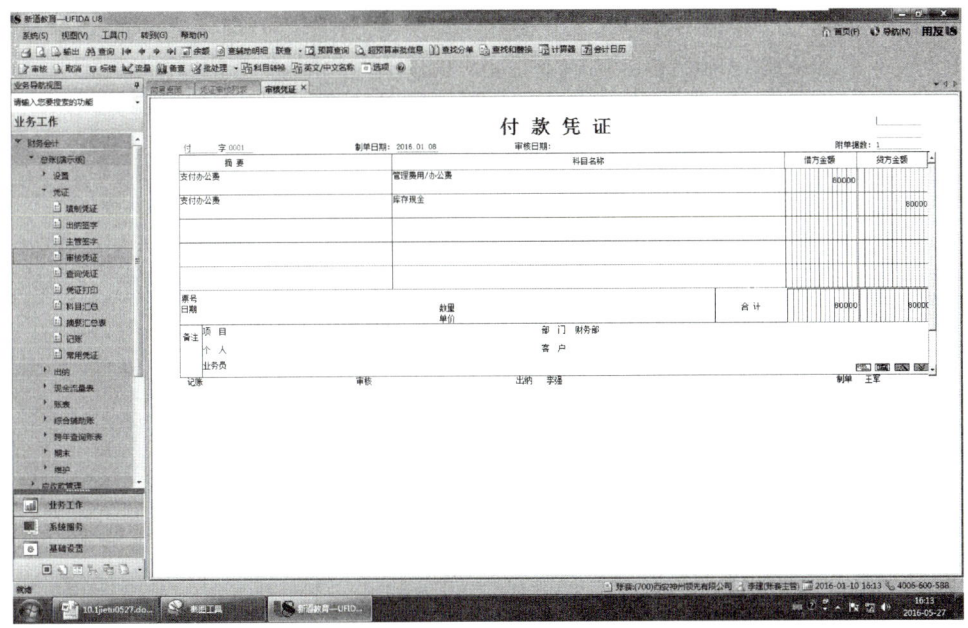

图 4-29 凭证审核

若想对已审核的凭证取消审核,可用鼠标单击"取消"取消审核。也可成批进行审核签字,将未审核凭证打印输出,由审核员逐一审核,待审查工作完成后,再在系统内使用成批审核功能予以一次性签章。具体操作步骤如下:

(1) 单击"凭证"→"审核签字"。

(2) 输入凭证选择条件,单击"确认"。

(3) 确认无误后,单击"签字"→"成批审核签字"。

注意事项:

• 如果审核员审核过程中,不能正常进行"审核员签字"操作,则需检查财务分工、设置核算规则、设置明细权限等初始化条件是否正确完成。

(四)凭证记账

知识讲解

记账凭证经过审核之后,便可据以登记会计账簿。登记会计账簿,在会计信息系统中是指依据审核过的记账凭证,由审核员或会计人员在逻辑上完成、形成各类账簿记录,整个过程由系统自行进行。在手工方式下,记账是会计人员根据已经审核的记账凭证及所附的原始凭证逐笔或汇总后登记有关的总账和明细账。在电算化方式下,记账是由记账权限的操作员发出记账指令,由计算机按照预先设计的记账程序自动进行合法性检查、科目汇总并登记账簿的过程。

【例 4-17】 凭证记账。

操作步骤:

(1) 以王军(会计)的身份注册进入系统,单击"业务工作"→"财务会计"→"总账"→"凭证"→"记账",进入凭证记账的界面,如图 4-30 所示。

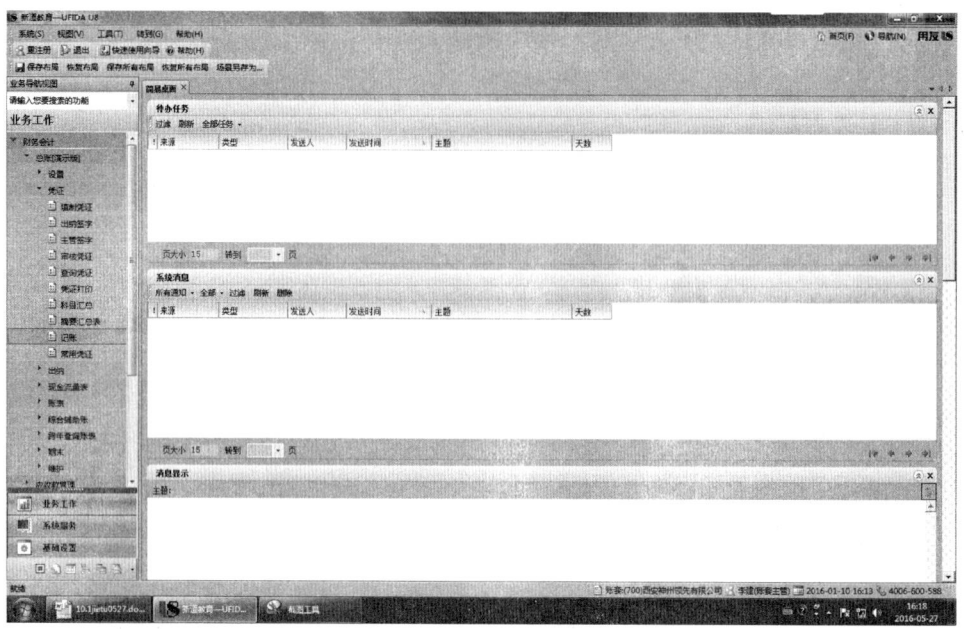

图 4-30　凭证记账

（2）屏幕上列出各期间的未记账凭证范围清单，并同时列出其中的空号与已审核凭证范围，若编号不连续，则用逗号分隔，若显示宽度不够，可用鼠标拖动表头调整列宽查看，如图 4-31 所示。

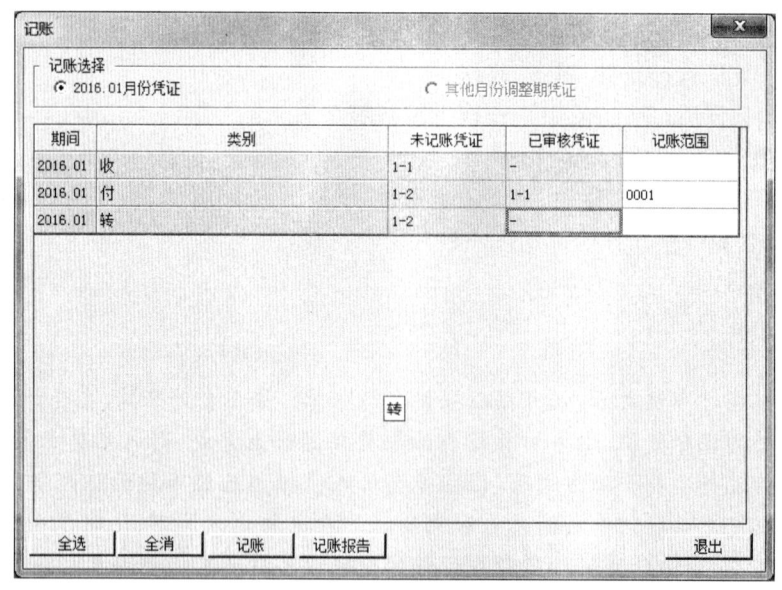

图 4-31　记账范围

（3）选择完成后，有鼠标点击"下一步"，系统先对凭证进行合法性检查，如果发现不合法凭证，系统将提示错误，如果未发现不合法凭证，屏幕显示所选凭证的汇总表及凭证的总数，以供核对。如果需要打印汇总表，用鼠标单击"打印"按钮即可。

（4）核对无误后，用鼠标单击"下一步"，单击"记账"，系统开始登录有关的总账和明细账，包括：总账，明细账；数量总账与明细账；外币总账与明细账；项目总账与明细账，部门总账与明细账；个人往来总账与明细账，银行往来账等有关账簿，如图4-32所示。

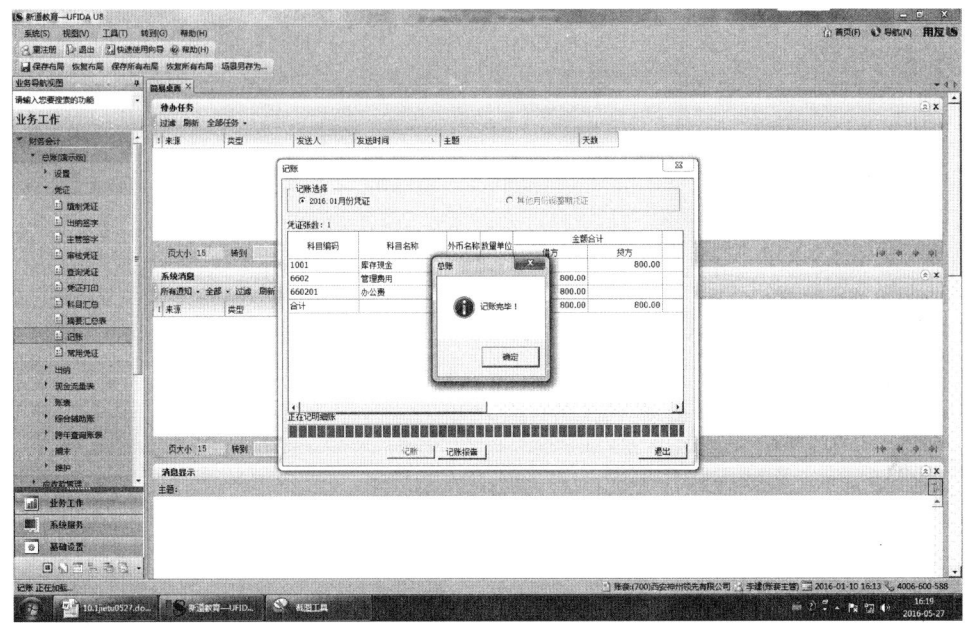

图4-32 记账结果

注意事项：

- 第一次记账时，若期初余额试算不平衡，系统将不允许记账。
- 所选范围内的凭证如有未经审核的，系统将自动提示已记账凭证或重选记账范围。
- 关于每月什么时候记账、可以登记多少次等，像手工会计系统一样，没有任何限制。但考虑到会计电算化系统的速度较快、实时查询科目并不依赖是否及时记账等原因，实务工作中，习惯上在期末结账处理前需要进行一次登记操作。

【例4-18】 取消记账。

操作步骤：

（1）确认账套主管或相关会计人员进入系统，单击"业务工作"→"财务会计"→"总账"→"期末"→"对账"，进入凭证对账的界面。

（2）按组合键"Ctrl＋H"。

（3）屏幕显示"恢复记账前状态功能已被激活"，单击"确定"→"退出"，如图4-33所示。

（4）单击"凭证"→"恢复记账前状态"。

（5）选择"最近一次"或"月初"，并单击"确定"。

经过如上操作，可使凭证恢复到之前最近一次记账或月初的状态。

注意事项：

- 已结账月份数据不能取消记账。
- "Ctrl＋H"属于双态功能操作，首次压健时即可激活"凭证"菜单的"恢复记账前状态"菜单项，再压时将隐藏此菜单项。

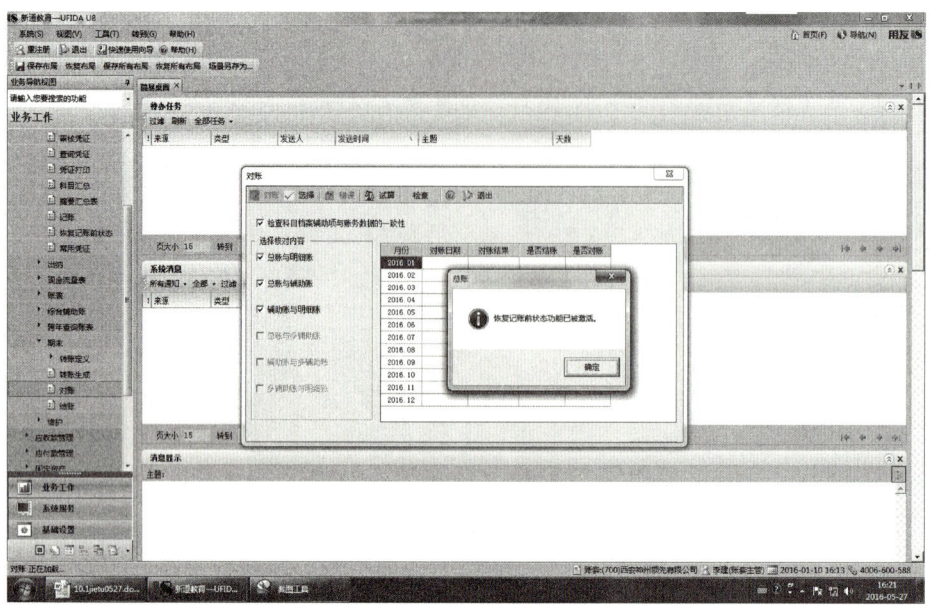

图 4-33　恢复记账功能激活

• 在实务中,应慎用反记账操作,其主要原因在于:反记账具有一定风险、与相关法规相悖等。

二、出纳管理

出纳管理是一套为出纳人员提供的管理工具,它主要可以完成现金和银行存款日记账的输出、支票登记簿的管理,进行银行对账以及对长期未达账提供审计报告,如图 4-34 所示。

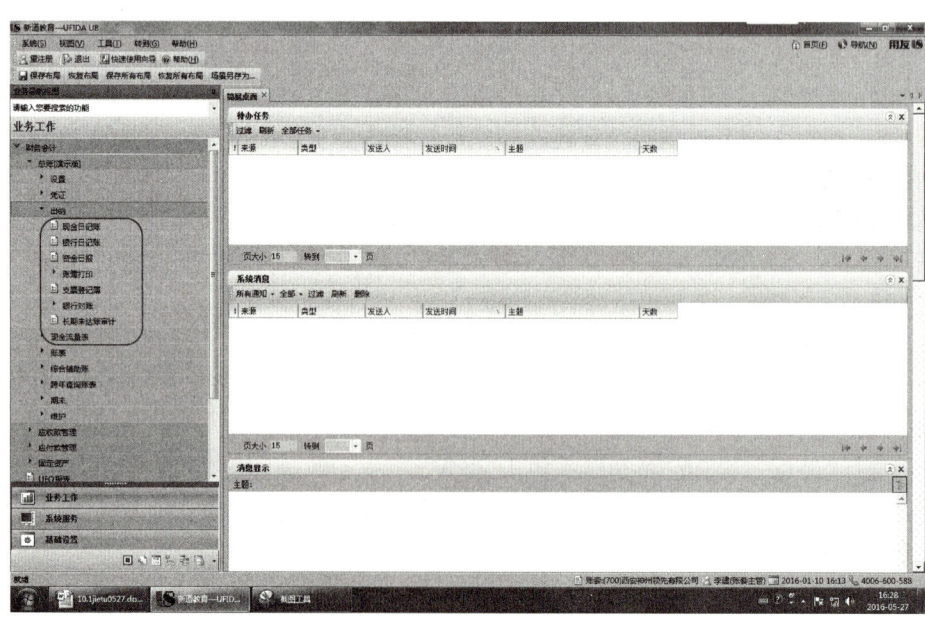

图 4-34　出纳管理

(一) 查询现金、银行账

知识讲解

出纳账簿管理,是指查询与输出现金账与银行账,资金日报及支票登记簿等,由出纳人员完成相关操作。"账证联查"技术是指在查询明细账记录时,可以通过单击记录行、单击"凭证"按钮跳到相应的凭证窗口,直接查询凭证后,在凭证查询窗口,还可以通过单击分录行、单击"明细"按钮或者直接单击"退出"按钮再返回到明细账查询窗口。

【例 4-19】 查询现金日记账和银行存款日记账。

操作步骤:

(1) 以李强(出纳)的身份注册进入系统,单击"业务工作"→"财务会计"→"总账"→"出纳"→"现金日记账",进入工作界面。

(2) 输入现金日记账查询条件(可显示满足条件的记录),如图 4-35 所示。

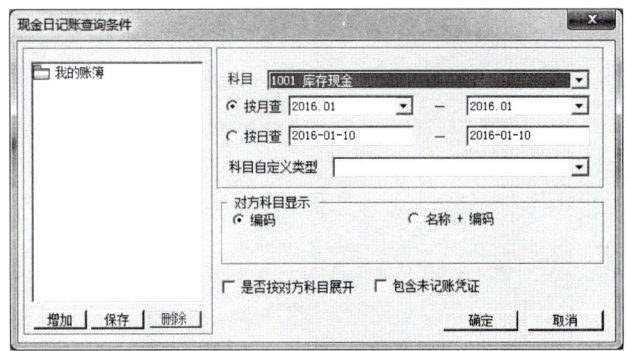

图 4-35 现金日记账查询条件

操作步骤:

(1) 单击"出纳"→"银行日记账",进入工作界面。

(2) 输入银行日记账查询条件,如输入查询日期,并单击"确认",如图 4-36 所示。

(3) 将查询到的现金日记账的 9 月份的账页记录内容,采用". xsl"格式保存起来。确认显示查询结果;单击工作栏上"输出"按钮;在"另存为"窗口,选择文件夹,并输入文件名字、类型等;单击"保存"即可。

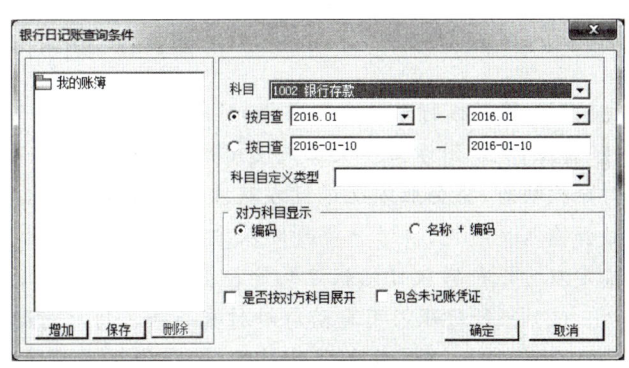

图 4-36 银行日记账查询条件

(二) 银行对账

知识讲解

银行对账是银行进行货币资金管理的主要内容,也是企业出纳人员的基本工作之一。企业的结算业务大部分是通过银行进行结算,但由于企业与银行的账务处理和入账时间不一致,往往会发生账面不一致的情况,即所谓的"未达账项"。为了能够准确掌握银行存款的实际余额,了解实际可以动用货币资金数额,判断银行记账记录是否正确,企业必须定期进行银行对账处理。

银行对账处理,是企业定期将银行存款日记账与银行对账单进行核对(勾对),并编制银行余额调节表,以检查银行存款收付及结存情况是否一致。进行勾对的主要依据是"结算方式＋结算号＋方向＋金额"。

银行对账处理的操作由出纳进行。首次进行银行对账时,需要执行银行对账期初功能模块,即初始化;正常使用时,每月月末结账前,需要先录入银行对账单;自动勾对并辅以人工勾对,最后输出银行存款余额调节表,如图4-37所示。

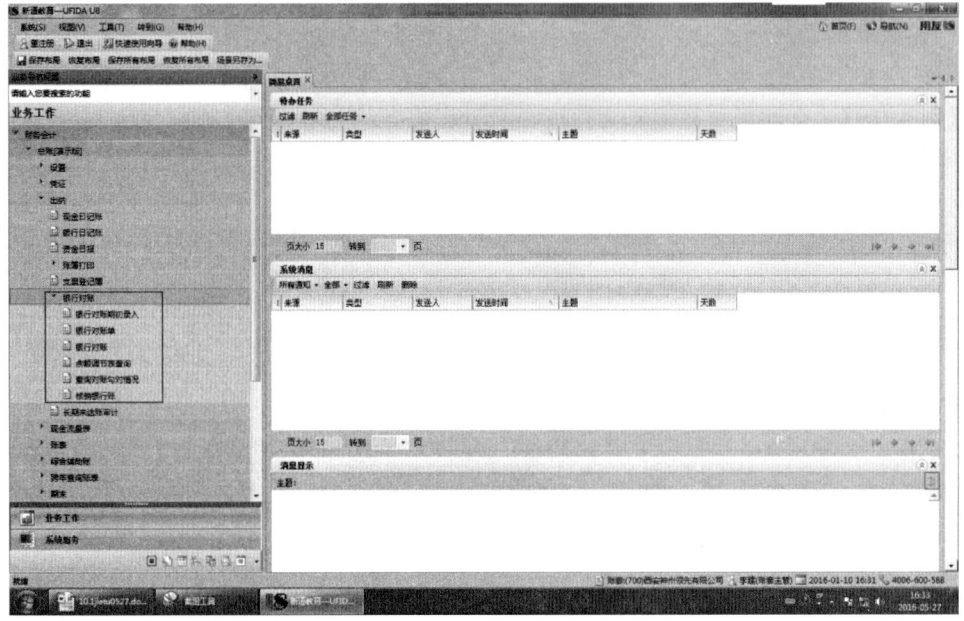

图4-37 银行对账

(1)设置银行对账期初数据,可以理解为"银行对账"子系统的初始化工作,具有"一次性"特点,既适用于第一次正式使用银行对账模块前,必须做而且仅需做一次;正式使用银行对账模块前,将企业方及银行方双方银行存款日记账的期初余额(调整前余额)、未达账项等数据输入系统内,并进一步判断双方期初余额调节后是否平衡。如果平衡,则可从技术角度确定双方银行存款日记账记录是否正确,并可进入正式使用银行对账工作阶段。

(2)银行对账采用自动勾对对账与手工勾对对账相结合的方式。

自动勾对对账,或者自动对账,对账依据通常是"结算方式＋结算号＋方向＋金额"或"方向＋金额"。对于已核对上的银行业务,系统将自动在银行存款日记账和银行对账单记录双方写上两清标记"O",并视为已达账项;对于在两清栏未写上两清符号的记录,系统会视为未达账项。

由于自动对账是以银行存款日记账和银行对账单未达账项为基础,以双方对账依据完全相同为条件,所以为了自动对账的正确与彻底,必须保证对账数据的规范合理。

手工对账,是对自动对账的补充。采用自动对账后,为了保证对账更彻底正确,可通过手工对账方式强行进行调整勾销。手工对账两清的记录标记为"Y"。

下面四种情况中,只有第一种情况能够自动勾对,后三种情况均需要通过手工对账来强行勾对:

◆ 对账单文件中一条记录和银行日记账未达账项文件中一条记录完全相同。

◆ 对账单文件中一条记录和银行日记账未达账项文件中多条记录完全相同。

◆ 对账单文件中多条记录和银行日记账未达账项文件中一条记录完全相同。

◆ 对账单文件中多条记录和银行日记账未达账项文件中多条记录完全相同。

（3）进行勾对后，便可输出"银行存额调节表"，并据以判断银行存款记录是否有误。

（4）已达账项核销。

【例 4-20】 银行对账。

期初数据：单位日记账余额为 195 000 元，银行对账单期初余额为 200 000 元，有银行已收而企业未收的未达账（2015 年 12 月 20 日）5 000 元，如表 4-5 所示。

表 4-5　2016 年 1 月份的银行对账单

单位：元

日　期	结算方式	票号	借方金额	贷方金额	余　额
2016-01-08	转账支票	1122		3 000	197 000
2016-01-22	转账支票	1234	6 000		203 000

第一步　设置银行对账期初数据

操作步骤：

（1）确认李强（出纳）已注册登录进入总账子系统。

（2）单击"出纳"→"银行对账"→"银行对账期初"命令，以便打开"银行科目选择"对话框，如图 4-38 所示。

（3）选择科目"100201 工行存款"，单击"确定"按钮，以便进入"银行对账期初"窗口。

（4）确认启用日期"2016-01-01"。

（5）输入单位日记账的调整前余额"195 000"；输入银行对账单的调整前余额"200 000"。

（6）输入银行方期初未达账项：单击"日记账期初未达账项"按钮，进入"企业方期初"窗口，单击"增加"按钮……单击"保存"→"退出"按钮。

（7）输入企业方期初未达账项：单击"对账单期初未达项"按钮，进入"银行方期初"窗口，单击"增加"按钮……单击"保存"→"退出"按钮。

（8）单击"退出"按钮。

注意事项：

• 第一次使用银行对账功能前，系统要求录入日记账及对账单未达账项，银行对账之后不允许再录入未达账项。

• 在录入双方期初未达账项后，一般不能随意调整启用日期，尤其是向前调，这样可能会造成启用日期后的期初数不能再参与对账。

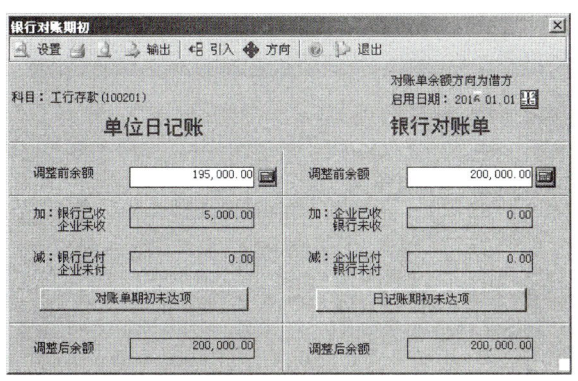

图 4-38　银行对账期初

第二步　输入当期银行对账单

操作步骤：

（1）确认李强（出纳）已注册登录进入总账子系统。

(2) 单击"出纳"→"银行对账"→"银行对账单"命令,以便打开"银行科目选择"对话框。

(3) 选择科目"100201 工行存款",单击"确认"按钮以便进入"银行对账单"窗口。

(4) 单击"增加"按钮。

(5) 逐行输入银行对账单数据,最后,单击"保存"按钮。

(6) 单击"退出"按钮。

第三步 自动勾对与手工辅助勾对

操作步骤：

(1) 确认李强(出纳)已注册登录进入总账子系统。

(2) 单击"出纳"→"银行对账"→"银行对账"命令,以便打开"银行科目选择"对话框。

(3) 选择科目"100201 工行存款",单击"确认"按钮,以便进入"银行对账"窗口。

(4) 单击"对账"按钮,以便打开"自动对账"条件对话框,如图 4-39 所示。

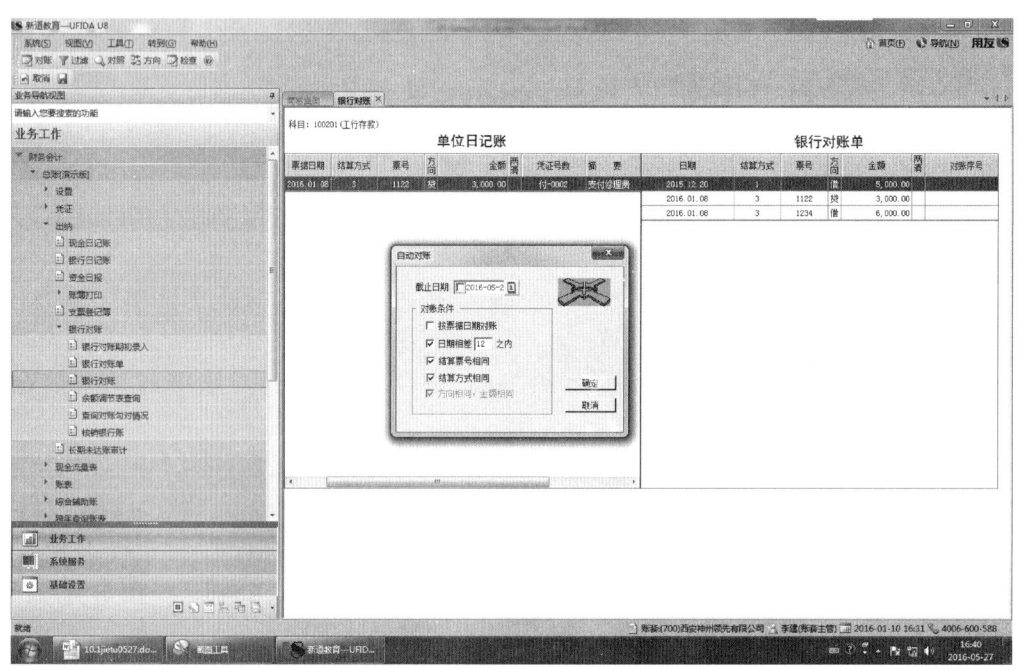

图 4-39 银行对账条件

(5) 确认或输入截止日期,默认系统提供的其他对账条件。

(6) 单击"确定"按钮,将显示自动对账结果。

注意事项：

• 对于已达账项,系统自动在银行存款日记账和银行对账单双方的"两清"栏打上圆圈标志。

第四步 输出银行存款余款调节表

操作步骤：

(1) 确认李强(出纳)已注册登录进入总账子系统。

(2) 单击"出纳"→"银行对账"→"银行存款余额调节表"命令,以打开"银行存款余额调节表"窗口。

（3）双击科目"100201 工行存款"行上任意单元格（或先单击相应行，再单击"查看"按钮）即可显示该银行账户的银行存款余额调节表，如图 4-40 所示。

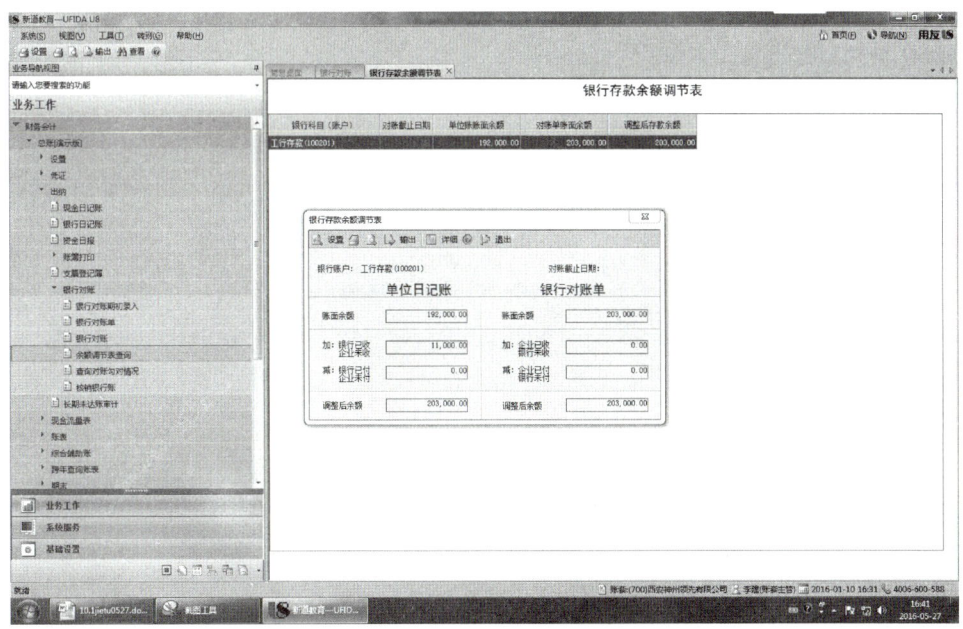

图 4-40　银行存款余额调节表

注意事项：

如果余额调节表显示账面余额不平，可查看以下几处：

- "银行期初录入"中的相关项目是否平衡？
- "日记账期初未达项"→"银行对账单期初未达项"录入是否正确？
- "银行对账"中勾对是否正确？对账是否平衡？如不正确，则进行调整。

三、账簿查询

完成制单、审核及记账活动后，日常核算需要得到的信息资料已全部形成，并以"账簿"（现金账、银行账、明细分类账、总分类账、辅助账）的构架形式进行存储，这时，便可通过"账簿管理"的方式来查询分析利用会计信息，从而实现支持日常会计管理及决策目的。

账簿查询具体包括科目账查询和辅助账查询。

（一）科目账查询

"科目账"目录中，包括查询"总分类账""明细分类账"等。

1. 总分类账查询

总账查询不但可以查询各总账科目的年初余额、各月发生额合计和月末余额，而且还可查询明细科目的年初余额、各月发生额合计和月末余额。

操作步骤：

在总账系统中，单击"账簿"→"总账"，弹出"总账查询条件"窗口，手工或参照输入要查询的总账科目并选择科目级次，单击"确认"，即可进行相应总账科目的查询，如图 4-41 和图4-42 所示。

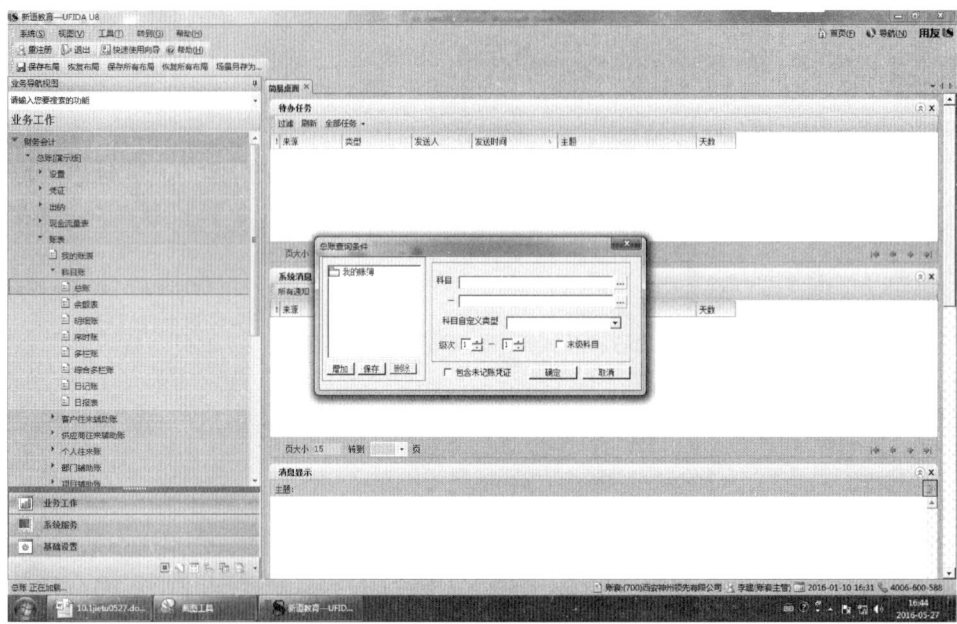

图 4-41　总账查询

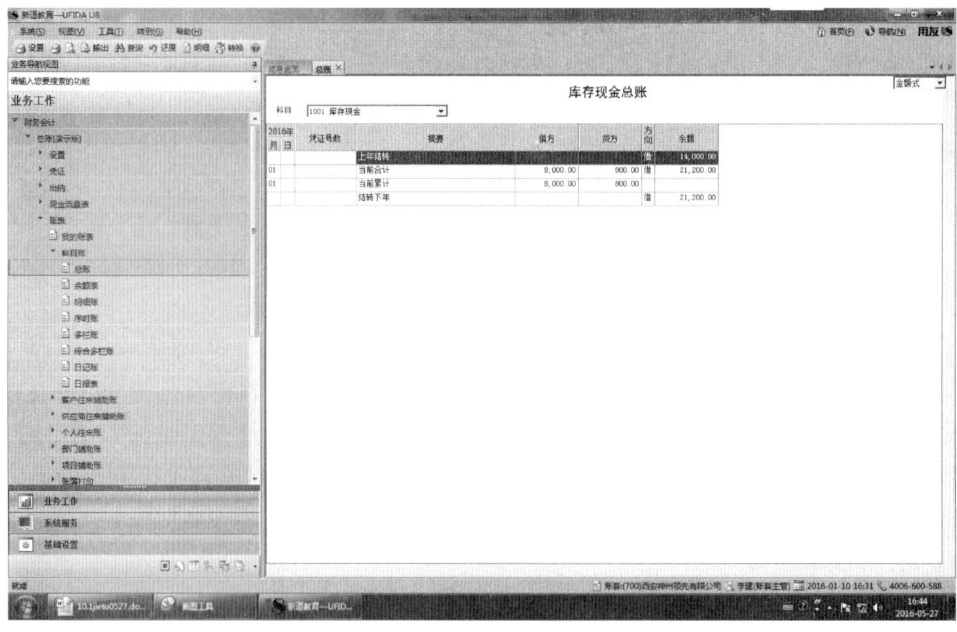

图 4-42　"库存现金"总账

注意事项:

- 科目范围:可输入起止科目范围,为空时,系统认为是所有科目。
- 科目级次:在确定科目范围后,可以按该范围内的某级科目,如将科目级次输入为 1-1,则只查一级科目,如将科目级次输为 1-3,则只查一至三级科目。如果需要查所有末级科目,则用鼠标选择"末级科目"即可。

2. 明细账查询

若要查询各账户的明细发生情况,系统提供了三种明细账的查询格式:普通明细账、按科目排序明细账是按非末级科目查询,按其发生的末级科目排序的明细账;月份综合明细账是按非末级科目查询,包含非末级科目总账数据及末级科目明细数据的综合明细账。

注意事项:

- 科目范围:可输入起止科目范围,为空时,系统认为是所有科目。
- 月份范围:选择起止月份,当只查某个月时,应将起止月都选择为同一月份,如查2016 年 1 月,则月份范围应选择为 2016.01—2016.01.若要查询包含未记账凭证的明细账,可选择"包含未记账凭证"。查询结果中的未记账业务将用颜色加以区别。
- 若希望在查询未分级科目明细账时,能看到该科目的明细账分别按其下末级科目分别列示,则可选择"按科目排序"。若同时查看某月份末级科目的明细账及其上级科目的总账数据,则可选择"月份综合明细账"。具体操作步骤为:在总账系统中,单击"账簿"→"明细账",弹出"明细账查询条件"窗口;手工或参照输入需要查询的明细科目,单击"确认"即可查询,如图 4-43 所示。

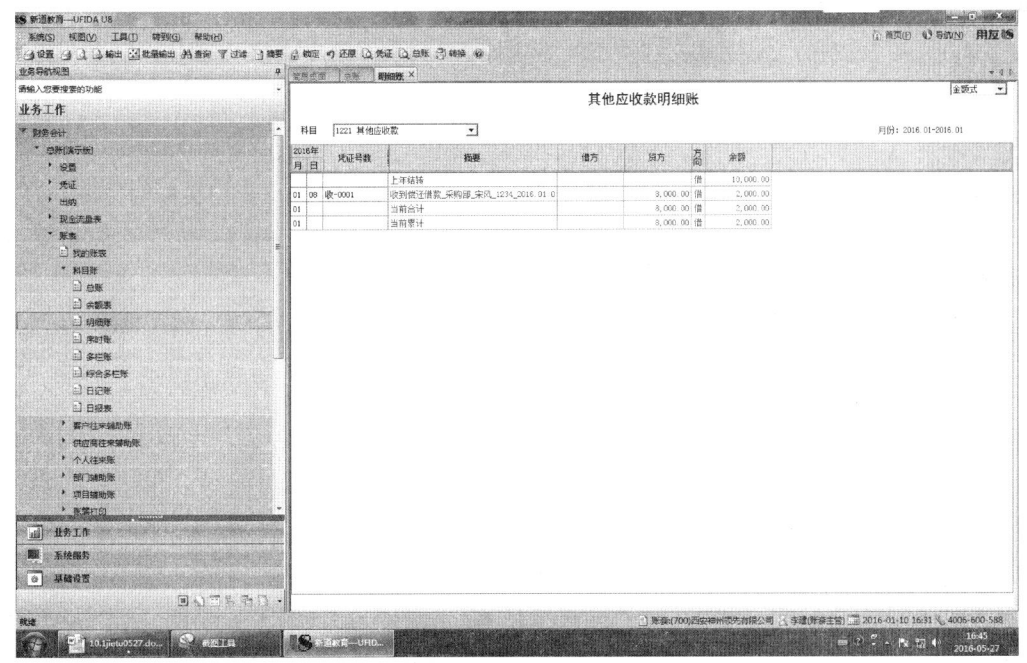

图 4-43　"其他应收款"明细账

3. 余额表查询

在总账系统中,单击"科目账"→"余额表"。弹出"发生额及余额查询条件",手工或参照输入要查询余额与发生额的科目,单击"确认",如图 4-44 所示。

4. 多栏式账页的设置与查询

多栏式账,即在账户的借、贷双方分设若干专栏进行明细核算的账簿格式。因其账页格式相对于一般三栏式账页而言比较特殊,一般需要会计人员根据需要先进行设置或定义多栏式账页格式,之后才能进行查询。

图4-44 发生额及余额表

多栏式账页设置的基本思想是:如果科目A包含有下一级明细科目a1,a2,a3…作为多栏式账户A的栏目。例如,应交增值税(222101)多栏式账户下的栏目可以包括其明细科目:进项税额(22210101)、销项税额(22210102)、出口退税(22210103)、已交税金(22210104)等。各栏目借、贷性质的确定,按照会计基本原理,资产、费用栏目多设置在借方,而负债、收入类栏目多设置在贷方,并允许用户适当调整。

【例4-21】 "应交增值税"多栏式查询。

操作步骤:

(1)单击"科目账"→"多栏账"。

(2)单击"增加"按钮。

(3)输入"核算科目"值,如222101应交增值税。

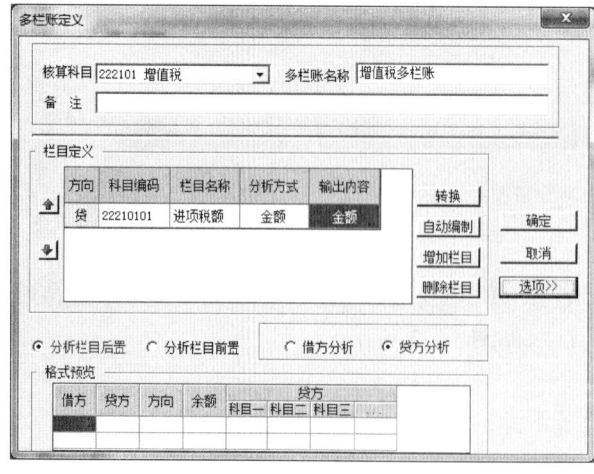

图4-45 多栏账的定义

(4)单击"自动编制"按钮,以便自动指定"核算科目"所属的下一级明细科目都作为其栏目,如22210101、22210102、22210103、22210104等,如图4-45所示。

(5)单击"选项"按钮,并单击"分析栏目设置"单选按钮,以便进入方向调整状态,选择"分析栏目前置"项。

(6)单击"方向"属性与相应栏目的交叉处,适当调整栏目借、贷方向。

(7)单击"确定"按钮,即可。

到此,已经完成了"核算科目"

(222101)多栏式账页的设置,同时在"多栏账"窗口可以看到显示条目(如"应交增值税多栏账……")。

完成多栏式账页的设置后,如果需要进一步查询多栏式账页,可以继续操作:

(1)单击"账簿"→"多栏账"。

(2)单击"应交增值税多栏账"。

(3)单击"查询"按钮等,如图 4-46 所示。

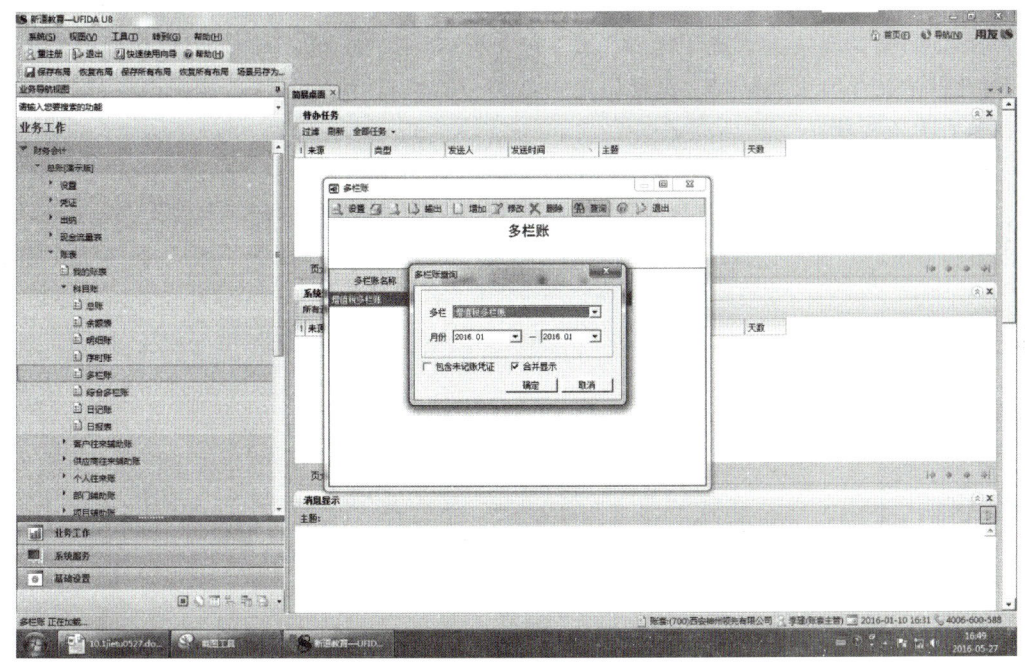

图 4-46　多栏账的查询

(二) 辅助账查询

知识讲解

辅助账是指在正常账户之外根据部门、客户、供应商、个人和项目等而设立的用于进行相应辅助核算的"账簿"。如果某科目设置时选择了相应"辅助核算"(复选框),则系统对进行科目核算的同时会自动按部门、客户等"辅助核算"账户进行核算,即提供横向、纵向的查询统计功能,可为企业管理者提供各种辅助管理方面的会计信息,真正体现管理为决策服务的功能。

部门核算辅助账主要包括:部门辅助明细账及部门辅助总账的查询、打印,以及部门收支分析表的形成。部门总账,主要用于按部门查询其业务收支的明细情况。收支分析表是部门辅助核算的核心,是分部门(列方向)、分科目(行方向)对应汇总指定期间内的收入情况和支出情况,旨在对所有部门辅助合算的科目(如管理费用等)的发生额、余额按部门(如综合部等)进行统计分析,加强对各部门收支情况的管理。

企业往来款项,包括客户往来款项、供应商往来款项、个人往来款项、源于赊销和赊购而形成的借款等。加强企业往来款项管理是一项不容忽视的工作。ERP 总账子系统通过往来辅助账管理,提供了较强的企业往来款项管理功能。下面着力讨论客户往来辅助账管理功能,关于供应商及个人往来款项的功能请读者自己学习了解。

客户往来辅助账管理,包括客户往来账龄分析、明细账、余额表、两清、催款单等。客户往来账龄分析,是对企业应收账款(客户拖欠账款)、时间期限(从往来业务发生之日到结清之日的时间)进行整理、归类、汇总等分析。客户往来明细账作为辅助账,主要反映客户欠款、还款明细记录情况,包括客户明细账、客户业务员明细账、客户地区分类明细账等。客户往来余额表,包括客户余额表、客户科目余额表、客户部门余额表和客户业务员余额表等。客户往来两清,是指采用自动勾对和手工勾对方式,按照部门两清、项目两清、票号两清等依据,对已结清业务打上"标记"。客户往来催款单,是以对账单方式,告知客户检查付款情况,督促客户清还欠款。

【例 4-22】 "部门收支分析表"查询。

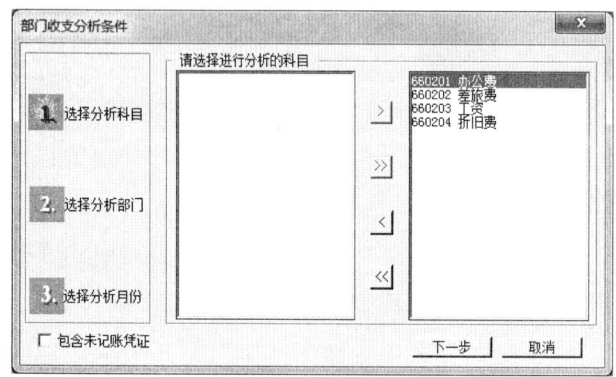

图 4-47 部门收支分析条件

操作步骤:

(1) 单击"账表"→"部门辅助账"。

(2) 单击"部门收支分析"。

(3) 选择分析科目,并单击"下一步"。

(4) 选择分析部门,并单击"下一步",如图 4-47 所示。

(5) 选择分析月份,即输入起始月份、终止月份。

(6) 单击"完成"。

【例 4-23】 "客户往来账龄分析表"查询。

操作步骤:

(1) 单击"账表"→"客户往来辅助账"。

(2) 单击"客户往来账龄分析"。

(3) 确认或输入客户往来账龄分析相关参数,如截止日期等,并单击"确定"。

(4) 在"往来账龄分析"分析窗口,单击"详细"按钮,可查各个客户账龄的详细情况。

(5) 在"往来账龄分析"分析窗口,单击"比率"按钮,可查客户账龄区间段的金额占总额的百分比情况,如图 4-48 所示。

在操作过程中,如果需要改变账龄区间,可以进行如下操作:

(1) 确认显示"客户往来账龄分析"对话框窗口。

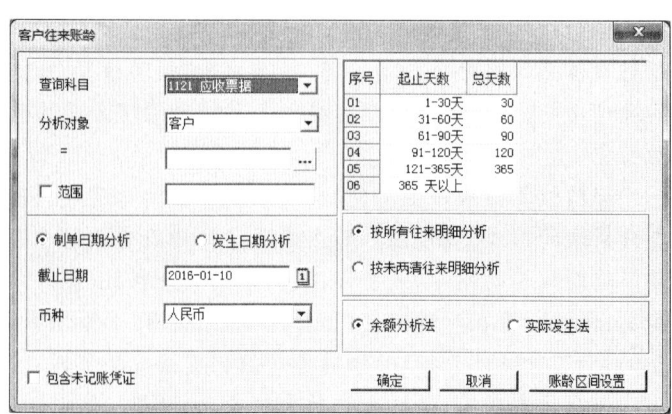

图 4-48 客户往来账龄分析条件

（2）单击选择"天数"值，如"100"。

第四节 期末业务处理

完成日常核算业务处理之后，便可进入期末结账业务处理阶段。期末结账业务，包括计提、分摊、结转、对账和转账等，具有数量不多、种类繁杂、时间紧迫等特点。期末结账业务处理，是指会计部门在将本月所发生的经济业务全部登记入账后的一系列会计活动。期末结账业务处理的操作，在 ERP 会计信息系统环境下，主要包括：转账设置、转账生成以及结账等。

一、自动转账

自动转账是指依据提前设置的转账分录，把某些科目中的余额或本期发生额结转到另一个或多个会计科目中。由 ERP 会计信息系统自动生成总账系统内的转账记账凭证称为自动转账。如果把自动转账看作一个相对独立的业务处理模块，则应该有其初始设置（初始化）的工作内容——转账设置或定义转账，同时也应该有其正常使用（或正式使用）的工作内容——转账生成。因此，自动转账操作由转账定义和转账生成两部分构成。

（一）转账定义

知识讲解

转账定义是指设置或者定义转账记账凭证的编制方法，包括其借、贷方分录的摘要、科目、金额计算公式等，是进行转账生成的基础或者依据，也是实现自动转账的"初始化"工作。

转账定义的类型包括：自定义转账设置、对应转账设置、销售成本结账设置、汇兑损益转账设置和期间损益结转设置等。

（1）自定义转账设置，是指进行转账设置时，必须输入借方分录、贷方分录等怎样编制凭证的完整信息，且由会计人员自己来灵活决定。该功能可以完成的转账业务包括："费用分配"的结转，如工资分配等；"费用分摊"的结转，如制造费用等；"税金计算"的结转，如增值税等；"提取各项费用"的结转，如提取福利费、计提短期借款利息等；各项辅助核算的结转。如果启动了应收款、应付款管理系统，则在总账系统中，只能按科目总数进行结转，而不能按客户、供应商辅助项进行结转。

（2）对应转账设置，是指进行两个科目一对一的结转的转账设置，或者一对多结转的转账设置。对应结转的科目可为上级科目，但其下级科目的科目结构必须一致（相同明细科目），如有辅助核算，则两个科目的辅助账类也必须一一对应。该功能只结转期末余额，若结转发生额，需在自定义结转中设置。

（3）销售成本结转设置，是指将月末商品（或产成品）销售数量乘以库存商品（或产成品）的平均单价，计算各类商品的销售成本，并进行结转设置。在总账系统中，建立会计科目时，如果"库存商品""主营业务收入"和"主营业务成本"等科目下的所有明细科目都有数量核算，且这三个科目的下级科目的结构均一一对应，输入完成后，系统自动计算出所有商品的销售成本。

其中：

数量＝"商品销售收入"科目下某商品的贷方数量

单价＝"库存商品"科目下某商品的月末金额÷月末数量

金额＝单价×数量

（4）汇总损益转账设置，主要确定期末如何自动计算外币账户的汇兑损益，并进行相应转账设置。汇兑损益只处理外汇存款账户，外币现金账户，外币结算的各种债权、债务；不包括所有者权益类账户、成本类账户和损益账户。为了保证汇兑损益计算正确，填制某月的汇兑损益凭证时，必须先将本月的所有未记账凭证先记账。

（5）期间损益结转设置，主要用于设置在一个会计期间终止时，将损益类科目的余额结转到"本年利润"中，如管理费用、销售费用、财务费用、销售收入、营业外收支等损益类科目。损益类科目结转中将列出所有的损益类科目。如果希望某损益类科目参与期间损益的结转，则应在该科目所在行的"本年利润"科目栏填写"本年利润"科目代码，若为空，则将不结转此损益类科目的余额。

第一次使用总账系统，应先进行"转账定义"，即设置自动转账分录。定义完转账分录后，在以后各月只需要调用"转账生成"功能，即可快速生成转账凭证。但当某转账凭证的转账公式有变化时，需先在"转账定义"中修改转账凭证内容，然后再转账。

转账设置的关键在于如何设计金额的计算公式，尤其是自定义转账设置。计算公式是由算术运算符将常量、变量、函数等对象连接起来形成的式子，这里的函数多指 U8 中的账务函数。

账务函数的格式，一般为：

函数名(科目编码，会计期间，方向，辅助项 1，辅助项 2)

例如，QM("2101"，月，贷)表示取 2101 科目当月贷方期末余额；JG()表示取对方科目计算结果。

转账设置的操作，一般会计主管或会计在"总账"→"期末"→"转账定义"中进行。

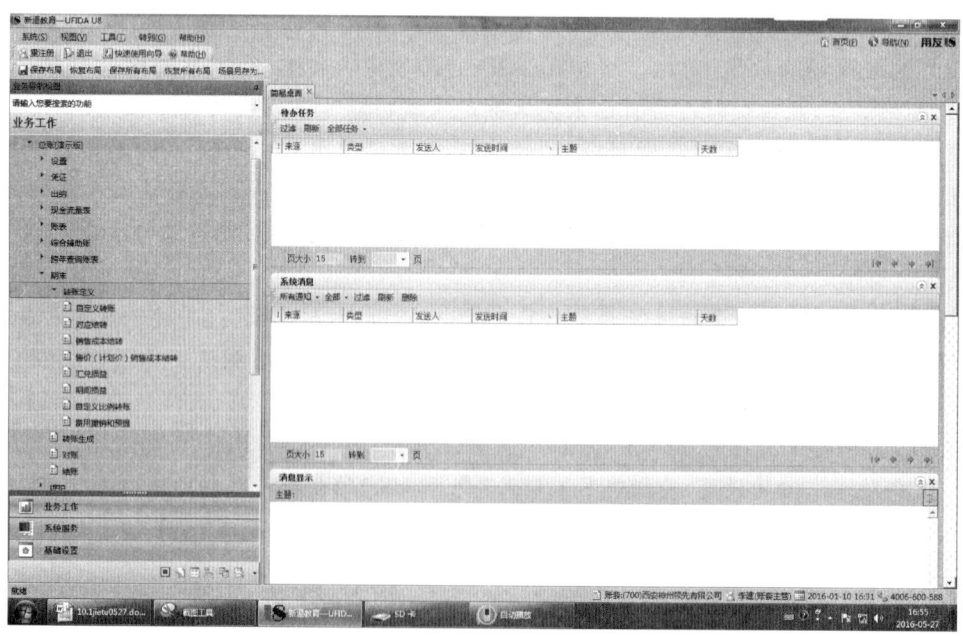

图 4-49　转账定义

【例4-24】 转账业务:计提短期借款利息。

操作步骤:

(1) 以王军(会计)的身份注册进入系统,单击"业务工作"→"财务会计"→"总账"→"期末"→"转账定义"→"自定义转账",进入工作界面。

(2) 单击"增加"按钮,以便进入"转账目录"对话框窗口。

(3) 输入"转账目录"内容:序号、说明、凭证类别,如0003、计提短期借款利息转账凭证;再单击"确认"按钮。如图4-50所示。

(4) 设置借方分录信息:科目"6603",方向"借",金额公式"QM(2001,月) * 0.06/12",如图4-51所示。

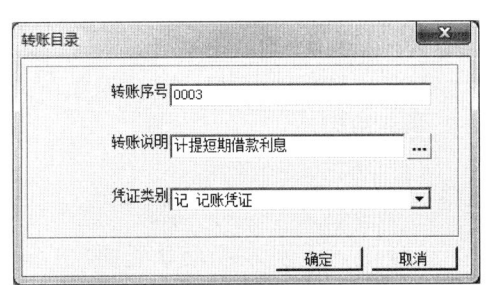

图4-50 自定义结转设置

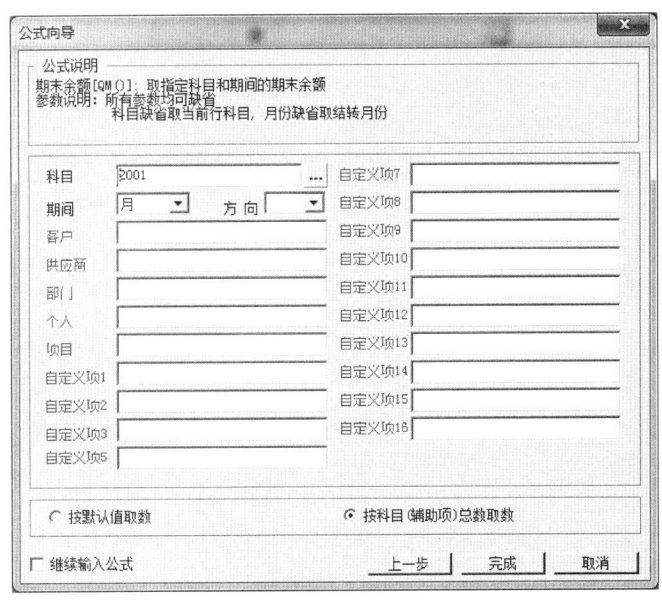

图4-51 函数公式向导

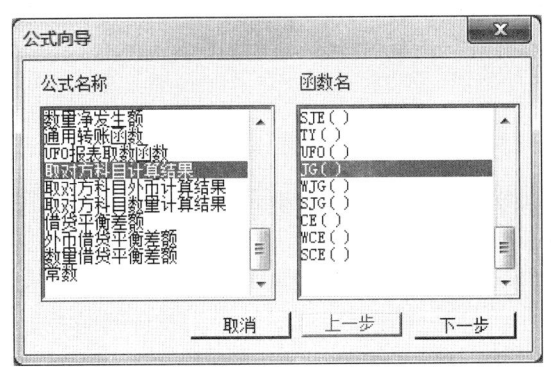

图4-52 取对方科目计算结果

(5) 单击"增行"按钮。

(6) 设置贷方分录信息:科目"2231",方向"贷",金额公式"JG()",如图4-52所示。

(7) 单击"保存"→"退出",即可,如图4-53所示。

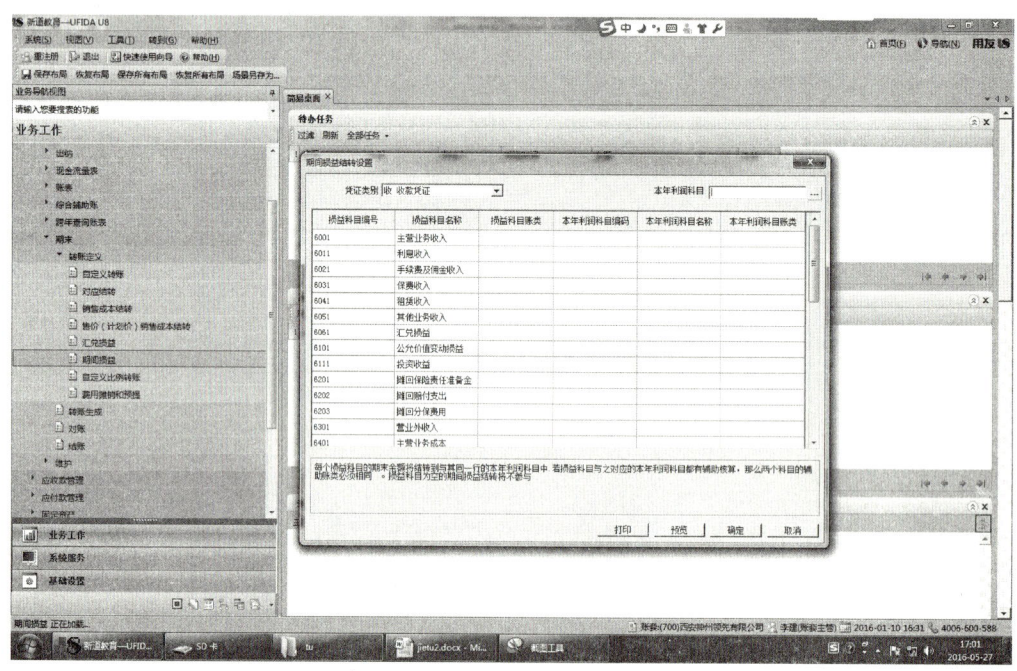

图 4-53　转账分录设置完成

【例 4-25】　期间损益结转设置。

操作步骤：

（1）以王军（会计）的身份注册进入系统，单击"业务工作"→"财务会计"→"总账"→"期末"→"转账定义"→"期间损益"，进入工作界面，如图 4-54 所示。

（2）确认凭证类别"转账凭证"→"本年利润"科目"4103"。

（3）单击"确认"按钮。

图 4-54　期间损益结转设置

（二）转账生成

知识讲解

完成自动转账的初始化工作→转账设置（或转账定义）后，每月月末便可由 ERP 会计信息系统自动生成相应的转账记账凭证，即进行转账生成。

转账生成是自动转账的正常使用阶段的工作，是期末时基于"转账设置"，由系统自动生成相应的转账记录凭证。此转账凭证通常称为机制记账凭证，用以区分人工填制的记账凭证。

机制记账凭证，仍需审核并据以记账，之后才是真正完成了结转工作。由于转账是按照已记账的数据进行计算的,所以,在进行月末转账工作之前,务必先将当期所有未记账凭证记账;否则,生成的转账凭证数据可能会出现错误。

特别强调:对于一组"转账生成"而言,必须按照顺序进行转账生成、审核和记账;同时,一般"期间损益结转"的转账生成、凭证审核、记账,应安排在所有转账生成之后;对于同一"转账设置",每一期期末不得重复进行转账生成。

【例4-26】 自定义转账凭证的生成。

操作步骤:

(1)以王军(会计)的身份注册进入系统,单击"业务工作"→"财务会计"→"总账"→"期末"→"转账生成",进入工作界面。

(2)确认或单击"自定义转账"→"全选"→"确定"单选按钮。即可显示机制转账凭证,如图4-55所示。

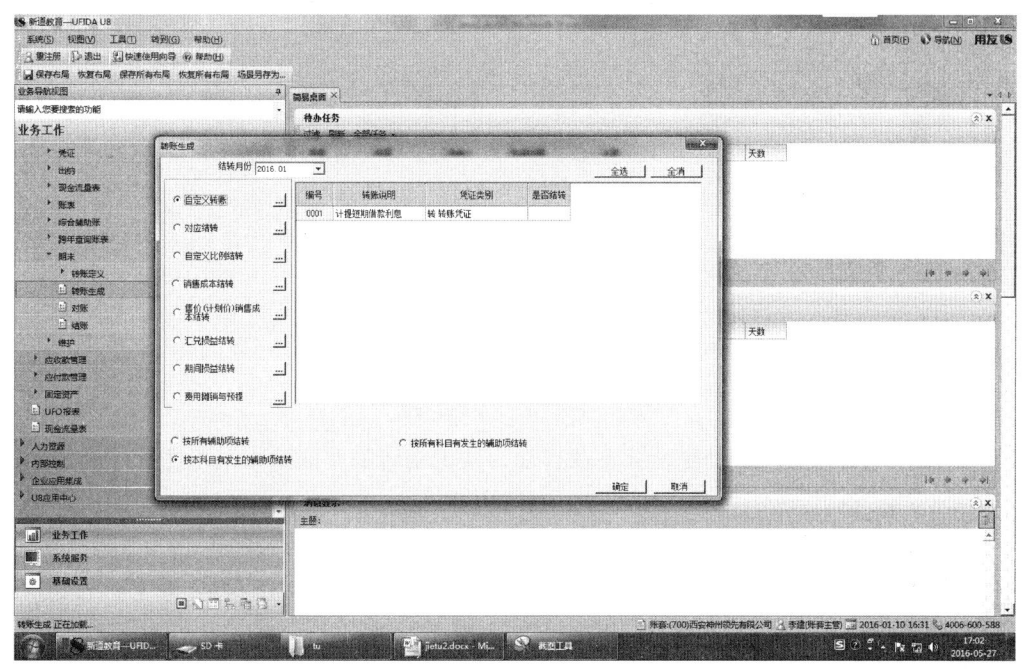

图4-55　自定义结转生成

(3)单击"保存"按钮,以便系统自动追加当期机制转账凭证到未记账凭证库中。

(4)单击"退出"按钮。

(5)由李建(审核)审核刚生成的机制转账凭证,并进行记账处理。

到此,自定义结转转账凭证(计提短期借款利息)已经生成,并进行了审核、记账处理。

注意事项:

• 转账生成之前,注意转账月份为当前月份。

• 进行转账生成之前,先将相关经济业务的记账凭证登记入账。

• 转账凭证每月只生成一次。

• 若使用应收、应付系统,则总账系统中,不能按客户、供应商进行结转。

• 生成的转账凭证,仍需审核,才能记账。

【例 4-27】 期间损益结转转账凭证的生成。

操作步骤：

（1）以王军（会计）的身份注册进入系统，单击"业务工作"→"财务会计"→"总账"→"期末"→"转账生成"，进入工作界面。

（2）确认或单击"期间损益结转"→"全选"→"确定"单选按钮。即可显示机制转账凭证，如图 4-56 所示。

图 4-56 期间损益结转生成

（3）单击"保存"按钮，以便系统自动追加当期机制转账凭证到未记账凭证库中。

（4）单击"退出"按钮。

（5）由李建（审核）审核刚生成的机制转账凭证，并进行记账处理。

注意事项：

· 期间损益结转，既可以按收入类科目、支出类科目分别结转，也可以全部类型同时结转。

· 生成期间损益结转凭证之前，应先将所有未记账凭证审核记账；否则，生成的凭证数据可能有遗漏。

二、期末结账

知识讲解

期末结账是指结算（计算）各账户发生额和期末余额；将账户本期期末余额转入下期期初；终止账户本期账务处理，同时开始下期账务处理。在会计信息系统中，由计算机自动完成结账。

期末结账过程中，经常用到以下概念：

（1）试算平衡。试算平衡是指将系统中设置的所有科目的期末余额按会计平衡公式"借方余额＝贷方余额"进行平衡检验，并输出科目余额表及是否平衡信息。

（2）对账。对账是对各个账簿数据进行核实，以便检查各个对应记账数据是否正确和账簿是否平衡。它主要通过核算总账与明细账、总账与辅助账数据来完成账账核对。

（3）结账。每月月底都要进行结账处理，结账实际上就是计算和结算各账簿的本期发生额和期末余额，并终止本期的账务处理工作。结账是一种成批数据处理，每月只结账一次，主要是对当月日常处理限制和对下月账簿的初始化，由计算机自动完成。

（4）反结账。反结账又称"倒结账"或"环境恢复"，就是将已复核记账并已结账下月的会计账簿恢复到以前月份各会计账簿的发生额和余额的状态。

结账之后，如果出现由于非法操作或计算机病毒等原因造成数据被破坏的情况，可以使用反结账功能，取消结账。在"结账-开始结账"对话框中，选择要反结账的月份，按"CTRL＋SHIFT＋F6"键即可取消结账。

在会计电算化方式下，在结账之前要进行下列检查：

（1）检查本月业务是否全部记账，有未记账凭证不能结账。

（2）检查上月是否已结账，上月月末结账，则本月不能记账。

（3）核对总账与明细账、主体账与辅助账、总账管理系统与其他子系统数据是否一致，不一致不能结账。

（4）损益类账户是否全部结账完毕，否则本月不能结账。

（5）若与其他子系统联合使用，其他子系统是否已经结账；若没有，则本月不能结账。

结账前要进行数据备份，结账后不得再录入本月凭证，并终止各账户的记账工作；计算本月各账户发生额合计和本月账户期末余额并将余额结账至下月月初。

如果结账以后发现错误，可以进行"反结账"，取消结账标志，然后进行修正，再进行结账工作。

【例4-28】 对账处理。

操作步骤：

（1）以李建（账套主管）的身份注册进入系统，单击"业务工作"→"财务会计"→"总账"→"期末"→"对账"，进入工作界面。

（2）单击选择欲对账月份，并单击"选择"按钮，如图4-57所示。

图 4-57 对账处理

(3) 单击"对账"按钮,即可开始自动对账,并显示对账结束。

(4) 单击"试算"按钮,可以对各科目类别余额进行试算平衡。

(5) 单击"确认"按钮。

【例 4-29】 期末结账处理。

操作步骤:

(1) 以李建(账套主管)的身份注册进入系统,单击"业务工作"→"财务会计"→"总账"→"期末"→"对账",进入工作界面。

(2) 单击"期末"→"结账"。

(3) 单击要结账月份"2016-01",单击"下一步"按钮。

(4) 单击:"对账"按钮,系统对要结账的月份进行账账核对。

(5) 单击"下一步"按钮,系统显示"1月工作报告"。

(6) 查看工作报告后,单击"下一步"按钮。

(7) 单击"结账"按钮,系统将进行结账,如图 4-58 所示。

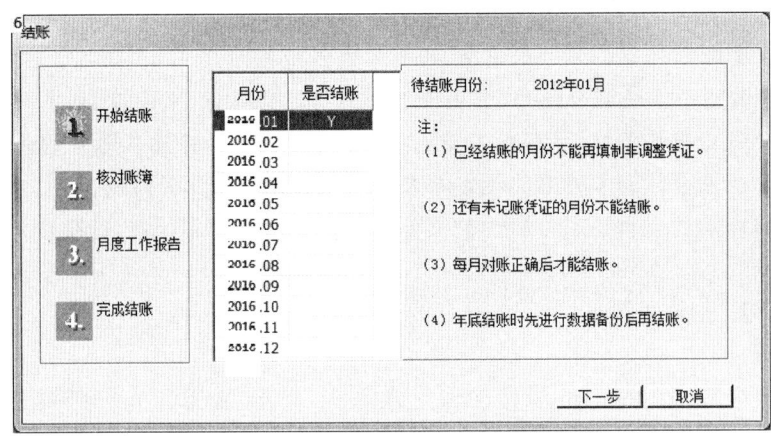

图 4-58 结账处理

注意事项:

- 结账只能由有结账权限的人进行。
- 本月还有未记账凭证时,本月不能结账。
- 结账必须按月连续进行,上月未结账,则本月不能结账。
- 若总账与明细账不符,则不能结账。
- 如果与其他系统联合使用,其他子系统未全部结账,则本月不能结账。
- 结账前,要进行数据备份。

【例 4-30】 拓展训练:取消结账。

操作步骤:

(1) 以李建(账套主管)的身份注册进入系统,单击"业务工作"→"财务会计"→"总账"→"期末"→"结账",进入工作界面。

(2) 单击要反结账月份"2016-01"。

(3) 按组合键"Ctrl+Shift+F6"键激活"取消结账"功能。

（4）输入账套主管口令，单击"确认"按钮。

（5）单击"取消"按钮。

本章小结

日常业务处理，主要包括凭证管理、出纳管理和账簿查询等工作，具有很强的综合性。期末处理主要包括自动转账、对账与期末结账等工作。

凭证管理具体包括凭证录入、修改、审核、记账、查询等。由于辅助项凭证内容受到高度关注，相对于手工会计而言，会计信息系统中制单操作实际上更为科学，只要进行合理的设置，就可提供管理所需的"交叉立体"信息。

记账凭证的审核在会计信息系统中，一般包括出纳员审核和审核员审核两个环节，审核操作得以顺利进行的关键是：前提条件（财务分工等）必须设置正确到位。

记账操作，与手工会计中有较大差别，不管是记账程序、结果，还是记账方式，都有所不同。反记账是记账的逆操作，应当谨慎使用。

出纳管理，具体包括出纳账簿管理和银行对账管理。

账簿查询，包括科目账查询和辅助账查询。账簿管理中查询分析信息技术主要包括：账证联查、导出查询结果、多栏式账页的生成及查询、部门收支分析表等内部管理报表的生成等。账簿查询及输出在系统中变得灵活多样，可以随时输出各个科目在某个时期的发生额及各科目的余额，也可以按部门、按科目等统计汇总相关数据。

与日常业务相比，数量不多，但业务种类繁杂且时间紧迫。在会计电算化环境下，由于各会计期间的许多期末业务具有较强的规律性，且方法很少改变，如费用计提、分摊的方法等，由计算机来处理这些有规律的业务，不但减少会计人员的工作量，也可以加强财务核算的规范性。

转账凭证的定义包括自定义转账凭证、对应结转、结转销售成本以及结转期间损益等。转账定义完成后，每月月末只需执行转账生成功能即可快速生成转账凭证。

会计业务都要求日清月结，因此，总账系统中设有结账功能，要正确地完成结账工作必须符合系统对结账工作的要求。计算机会计信息系统中的记账、结账的概念和手工处理系统中的记账、结账的概念有了较大区别。

典型题目及解析

一、账务系统初始化

【例题·单选题】 关于科目编码的描述错误的是（　　　）。

A. 同级科目按顺序排列，以序号作为本级科目编码

B. 如明细账户数量不超过 100 个，可定义编码位数为 2 位

C. 总账科目按制度规定编码位数为 4 位

D. 会计科目编码最多分 4 级

【答案及解析】 D

会计科目编码的级数不止4级,可以达多级。

【例题·单选题】 "管理费用"科目通常设置( )辅助核算。

A. 部门　　　　B. 个人往来　　　C. 客户往来　　　D. 供应商往来

【答案及解析】 A

设置辅助核算,也叫辅助账类。用于说明本科目是否有其他核算要求,系统除完成一般的总账、明细账核算外,并提供部门核算、个人往来核算、客户往来核算、供应商往来核算、项目核算四种专项核算功能供选用。一般"管理费用"设部门核算;"生产成本"设项目核算;"应收账款"设客户往来;"应付账款"设供应商往来。

【例题·多选题】 在财务软件的账务系统可产生哪几种账簿格式,如金额式、( )。

A. 数量金额式　　　　　　　B. 数量外币式

C. 多栏式　　　　　　　　　D. 外币式

【答案及解析】 ABD

设置账页格式,系统提供了金额式、外币金额式、数量金额式、外币数量式四种账页格式。

【例题·多选题】 关于建立会计科目的叙述,错误的是( )。

A. 对有多种辅助核算要求的科目,需设定多种辅助核算标志

B. 对有数量核算要求的科目,必须有数量计量单位

C. 对有外币核算要求的科目,必须设定外币币名

D. 对有数量核算要求的科目,无须有数量计量单位

【答案】 ABC

【例题·多选题】 在账务系统中,关于增加和删除会计科目下列描述正确的有( )。

A. 已使用的科目及其上级科目都不能修改或删除

B. 先删除或修改下一级科目,然后再删除或修改本级科目

C. 已经使用的科目可以修改或删除

D. 有发生额的科目不能删除

【答案及解析】 BD

未使用的科目直接修改和删除;已使用科目,不能删除该科目但可以修改,如要删除该科目必须先删除有关该科目的凭证,并将该科目及其下级科目余额清零,再删除。

【例题·单选题】 关于删除会计科目,下边描述不正确的是( )。

A. 会计科目建立后,不能删除

B. 科目输余额后,可通过将余额设置为零后,删除

C. 科目的删除应自下至上进行

D. 已有发生额的科目不能删除

【答案】 A

【例题·单选题】 职员档案建立时,以下描述错误的是( )。

A. 编码应符合编码规则

B. 必须增加在末级部门下

C. 对于建立好的职员档案在未使用前可以修改与删除

D. 职员编码及职员名称必须唯一

【答案及解析】　D

职员编码必须唯一,职员名称可以重复。

【例题·单选题】　通常,(　　)科目需由出纳签字,应该在会计科目设置时进行指定科目。

A. 库存现金、银行存款　　　　　　B. 应收、应付

C. 负债类　　　　　　　　　　　　D. 资产类

【答案及解析】　A

指定科目指指定出纳专管科目,"库存现金""银行存款"应该在会计科目设置时进行指定科目。

【例题·单选题】　建立会计科目时,辅助账设置在(　　)。

A. 任何科目上　　　　　　　　　　B. 上级科目上

C. 末级科目和上级科目上　　　　　D. 末级科目上

【答案及解析】　D

辅助账设置一般建立在末级科目。

【例题·单选题】　在系统中保存收字1号凭证时,系统提示"凭证不符合借方必有的限制",是由于(　　)基础资料中设置了限制条件。

A. 会计科目　　　　B. 凭证字　　　　C. 币别　　　　D. 核算项目

【答案及解析】　B

如果在凭证字设置时设置了科目限制条件,则在填制完制记账凭证保存时系统会自动检查所填凭证是否符合所选凭证字的科目范围,若不符合限制条件,则给出提示。故选B。

【例题·单选题】　若凭证类别只设置一种,通常为(　　)。

A. 记账凭证　　　　B. 收款凭证　　　　C. 现金凭证　　　　D. 银行凭证

【答案及解析】　A

凭证类别一般可分为收款凭证、付款凭证和转账凭证,或只采用"记账凭证"一种凭证类别。

【例题·多选题】　年中启用的会计核算软件,科目初始数据需要录入的内容有(　　)。

A. 期初余额　　　　　　　　　　　B. 启用前累计借方发生额

C. 启用前累计贷方发生额　　　　　D. 本月借贷方发生额

【答案及解析】　ABC

录入科目初始数据有两种情况:一是用户年初启用会计核算软件,只需录入各科目的年初余额;二是用户年中启用会计核算软件,除了录入各科目的期初余额外,还要录入启用前的借、贷方累计发生额。故选ABC。

【例题·多选题】　下列关于年中启用账套时科目年初余额计算公式正确的有(　　)。

A. 借方年初余额＝期初余额＋本年累计贷方发生额－本年累计借方发生额

B. 借方年初余额＝期初余额－本年累计贷方发生额＋本年累计借方发生额

C. 贷方年初余额＝期初余额－本年累计借方发生额＋本年累计贷方发生额

D. 贷方年初余额＝期初余额＋本年累计借方发生额－本年累计贷方发生额

【答案及解析】　AD

在实际操作中,如果年中启用财务软件,可以录入启用月的月初余额和启用月前各科目的借、贷方累计发生额,由系统自动根据其推算出年初余额。依据的公式分别为:年初借方余额＋借方累计发生额－贷方累计发生额＝期末借方余额;年初贷方余额＋贷方累计发生额－借方累计发生额＝期末贷方余额;某月的期末余额即为下月的期初余额。故选 AD。

【例题·单选题】 如果启用日期是某年的 7 月份,那么在输入期初余额时应该(   )。

A. 在年初余额中输入 7 月份的期初余额

B. 输入 7 月份的月初余额及 1~6 月份的借贷方累计发生额。

C. 必须把前 6 个月份的余额一同输入

D. 输入年初余额及前 6 个月份的借贷发生额

【答案及解析】 B

账套的启用时间是年中,除录入各会计科目的期初余额外,还需录入启用前的借、贷方累计发生额。

二、日常业务处理

【例题·单选题】 凭证正文部分必须有摘要、方向、金额和(   )。

A. 数量和单价　　　　　　　　B. 会计科目

C. 单位代码　　　　　　　　　D. 结算方式和票号

【答案及解析】 B

在账务系统中,记账凭证需录入的内容包括两部分:凭证头和凭证正文部分。1.凭证头内容主要包括凭证字、凭证号、业务日期、制单日期和附件数;2.凭证正文内容主要包括:摘要、会计科目和金额。

【例题·单选题】 填制凭证,计算机自动检查借贷双方是否平衡,不平衡的凭证(   )。

A. 不能保存　　B. 可强行保存　　C. 不能退出　　D. 不能放弃

【答案及解析】 A

填制凭证时,计算机自动检查借贷双方是否平衡,不平衡的凭证不能保存,这样才能防止将错误输入电脑。

【例题·单选题】 输入凭证时,对金额的要求是(   )。

A. 不能为小数　　　　　　　　B. 输入金额时,可以是任意数

C. 金额不能为零　　　　　　　D. 金额不能为负数

【答案及解析】 C

输入凭证时金额不能为零,金额可以为负数,负数就是红字金额。

【例题·多选题】 在账务处理系统中,记账凭证的编号(   )。

A. 由系统自动生成　　　　　　B. 可由操作员输入

C. 可以不从 1 开始　　　　　　D. 可以不连续

【答案及解析】 AB

在账务处理系统中,记账凭证的编号有两种输入方式:由系统自动生成;可由人工输入。

【例题·多选题】 填制凭证时,输入方向和金额正确的限制有(   )。

A. 一张凭证中至少有一个方向,明细科目不能有多个

B. 金额不能为"零",红字以"—"(负号)表示

C. 分录的一条记录其金额只有一个方向

D. 凭证必须有借方和贷方科目,借贷双方金额必须相等

【答案及解析】　BCD

一张凭证中至少有借和贷方,明细科目可以有多个。

【例题·多选题】　采用序时控制时,凭证日期(　　)。

A. 不受限制　　　　　　　　　　　B. 应大于系统启用日期

C. 应小于系统启用日期　　　　　　D. 可以超过业务日期

【答案及解析】　BD

录入制单日期即填制凭证的日期。有以下规定:(1)系统自动取进入账务系统前输入的业务日期为记账凭证填制的日期;(2)凭证日期应大于系统启用日期;(3)凭证日期应大于等于业务日期。

【例题·多选题】　凭证中不同行输入的摘要(　　)。

A. 可以不同　　　B. 可以相同　　　C. 可以为空　　　D. 不能为空

【答案及解析】　ABD

输入本笔分录摘要的规则:要求简洁明了,不能为空。

【例题·单选题】　账务系统中每张凭证的借贷方数据的平衡关系是由(　　)校对的。

A. 手工+自动　　B. 计算机自动　　C. 制单人手动　　D. 审核员手动

【答案及解析】　B

在用友系统中凭证录入的正确性控制由计算机系统自动进行。凭证保存时软件自动检查借贷总额是否相等,如不相等,不允许保存。故选B。

【例题·多选题】　检查录入凭证是否正确,可以用的方法有(　　)。

A. 科目存在检查　　　　　　　　　B. 非法对应科目关系检查

C. 非末级科目检查　　　　　　　　D. 借贷平衡检查

【答案及解析】　ABCD

会计科目控制有:(1)存在性检查。(2)符合性检查。(3)是否最低级科目检查:只有末级明细科目才能输入。金额控制有:(1)金额不能为0。(2)有借必有贷,借贷必相等。

【例题·单选题】　关于凭证修改的正确叙述是(　　)。

A. 操作员只能修改自己填制的凭证但凭证编号不能修改

B. 已经审核的凭证不能再修改

C. 修改未审核的机内凭证,保留线索

D. 修改已记账的机内凭证,不保留线索

【答案及解析】　A

未审核凭证由制单人员直接修改,不留痕迹。已审核、未记账凭证不能直接修改。由审核员取消审核,由制单人员修改,不留痕迹;已记账凭证,采用冲销凭证或补充凭证的方法进行更正,留有痕迹。

【例题·单选题】　下面说法正确的是(　　)。

A. 要删除凭证可以先作废凭证再整理凭证

B. 已过账凭证可以直接删除

C. 删除的凭证可以记账

D. 经过审核的凭证可以删除

【答案及解析】 A

用友系统中要删除凭证可先作废凭证再整理凭证。

【例题·单选题】 在财务系统中,下列只能进行冲销修改的凭证是( )。

A. 已过账的凭证 B. 未审核的凭证

C. 未过账的凭证 D. 已结账的凭证

【答案及解析】 A

用友系统提供了"冲销"命令。对于已经过账的凭证,如果发现它不符合企业的财务规则,即可"冲销"功能,生成一张红字冲销凭证。

【例题·单选题】 在账务系统中,下列本人能直接审核的凭证是( )。

A. 自己录入的凭证 B. 已过账的凭证

C. 已作废的凭证 D. 未过账的他人凭证

【答案及解析】 D

对同一张凭证审核人和录入人不能为同一个人,已作废和已过账凭证不需审核。

【例题·单选题】 关于凭证审核的正确叙述是( )。

A. 常用的审核方法是将凭证打印出来进行检查

B. 凭证审核是指按照会计制度规定,对制单人填制的记账凭证进行检查

C. 审核人发现凭证错误可以直接修改

D. 制单人可以取消审核进行凭证修改

【答案及解析】 B

凭证一经审核,就不能被修改、删除,只有被取消审核签字后才对以进行修改或删除,取消审核签字只能由审核人自己进行。审核人不能直接修改他人填制的凭证。

【例题·多选题】 关于审核凭证,下列说法正确的是( )。

A. 凭证审核人可以取消审核 B. 审核后的凭证不能被修改、删除

C. 会计主管可以取消他人审核的凭证 D. 可以批审核

【答案及解析】 ABD

取消审核签字只能由审核人自己进行,审核方式分为单张审核或成批取消审核。

【例题·单选题】 下列关于记账操作,错误的是( )。

A. 记账可以在月中进行 B. 每月记账可以多次

C. 每月记账只能一次 D. 未审核的凭证不能记账

【答案及解析】 C

每月系统允许多次记账。

【例题·多选题】 辅助核算账簿包括以下( )哪些账簿。

A. 个人往来辅助账 B. 客户往来辅助账

C. 供应商往来辅助账 D. 项目核算辅助账

【答案及解析】 ABCD

有哪些辅助核算,就有哪些辅助核算账簿,包括个人往来辅助账、客户往来辅助账、供应商往来辅助账、项目核算辅助账、部门核算辅助账等。

三、期末业务

【例题·单选题】 期末账务处理的顺序是(　　)。

A. 自动转账→自动结转期间损益→自动结转汇兑损益→结账

B. 自动转账→自动结转汇兑损益→自动结转期间损益→结账

C. 结账→自动转账→自动结转期间损益→自动结转汇兑损益

D. 自动结转期间损益→自动转账→自动结转汇兑损益→结账

【答案及解析】　B

期末账务处理流程中必须先将自动转账、自动结转汇兑损益、对应结转等完成后,才能进行结转期间损益,否则容易漏转。结账要在最后进行。

【例题·单选题】 在账务系统中,进行期末结账的前提是该月已完成月末转账且(　　)。

A. 无未记账凭证　　B. 凭证均已审核　　C. 无转账凭证　　　D. 凭证号必须连续

【答案及解析】　A

在账务系统中,账务系统结账的条件是:当月全部经济业务均编制记账凭证并登记入账,当月不存在未记账的凭证。

【例题·单选题】 下列(　　)业务可作为期末账务由计算机系统自动来处理。

A. 采购材料　　　　B. 支付货款　　　　C. 提取现金　　　D. 结转销售成本

【答案及解析】　D

期末,账务系统可以自动结转账户余额,如结转销售成本、结转损益等。

【例题·单选题】 期末自动结转期间损益不涉及下列(　　)科目。

A.“所得税”　　　B.“本年利润”　　　C.“利润分配”　　D.“管理费用”

【答案】　A

【例题·多选题】 期末账务处理至少包括(　　)功能。

A. 自动转账　　　　　　　　　　　　B. 自动结转期间损益

C. 结账　　　　　　　　　　　　　　D. 自动结转汇兑损益

【答案及解析】　ABCD

期末账务处理包括:自动转账、自动结转期间损益、自动结转汇兑损益、结账。

【例题·多选题】 正确定义的自动转账分录,在期末不能机制凭证的原因是(　　)。

A. 日常编制的凭证未全部记账　　　B. 本月未结账

C. 本月账账核对不一致　　　　　　D. 借贷方取数结果为0

【答案】　ACD

【例题·多选题】 下面的条件中(　　)会造成月末结账不成功。

A. 本月无未记账的凭证　　　　　　B. 本月无未审核的凭证

C. 本月月末损益科目余额不为 0　　D. 本月有作废凭证

【答案及解析】　CD

损益类账户应全部结转完毕,否则本月不能结账。本月有作废凭证,本月不能结账,应先整理凭证。

【例题·判断题】 在自定义转账中,只有用户定义了自动转账分录,系统才能机制凭证。   （   ）

【答案及解析】 对

只有用户定义了自动转账分录，系统才能根据自动转账分录中的公式生成机制凭证。

【例题·判断题】 只要建立了"复币式"的会计科目，系统就能实现自动结转汇兑损益。
                                                                     （   ）

【答案及解析】 对

复币式即外币核算。

【例题·判断题】 所有期末结转凭证可以一次成批生成。   （   ）

【答案及解析】 错

在生成转账凭证时，应先生成自定义结转凭证并记账后，最后生成结转损益凭证，否则会漏掉数据。

【例题·判断题】 记账和结账都属于成批数据处理过程，因此在操作之前应进行数据备份。   （   ）

【答案及解析】 错

记账在操作之前不进行数据备份，结账在操作之前应进行数据备份。

课后习题 1——账务模块初始化

一、单项选择题

1. "应收账款"科目通常设置(   )辅助核算。
   A. 部门   B. 个人往来   C. 客户往来   D. 供应商往来

2. 设置会计科目编码时，必须输入该科目的(   )。
   A. 科目全码   B. 明细科目编码   C. 一级科目编码   D. 助记码

3. 关于删除会计科目，下列描述不正确的是(   )。
   A. 会计科目建立后，不能删除
   B. 科目输入余额后，可通过将余额设置为零后，删除
   C. 科目的删除应自下至上进行
   D. 已有发生额的科目不能删除

4. 指定会计科目是指定(   )专管科目。
   A. 会计   B. 账套主管   C. 出纳   D. 系统管理员

5. 若希望某类凭证的借方必须出现某一科目，可选择(   )限制类型。
   A. 凭证必有   B. 借方必有   C. 贷方必有   D. 凭证必无

6. 收付款凭证必有的科目是(   )。
   A. 收款凭证贷方必有 1001、1002   B. 付款凭证借方必有 1001、1002
   C. 收付款凭证必有 1001 或 1002   D. 转账凭证也可有 1001、1002

7. 某科目既有一级科目，又有二级科目和三级科目，在录入科目期初余额时(   )。
   A. 输入哪一级科目的都可以   B. 只需输入一级科目的期初余额
   C. 只需输入三级科目的期初余额   D. 每级都需输入

二、多项选择题

1. 关于总账系统中增加和删除会计科目,下列描述中,正确的有( )。
   A. 科目已在输入凭证时使用,只能增加同级科目,而不能再增设下级科目
   B. 先删除或修改下一级科目,然后再删除或修改本级科目
   C. 科目已经使用,还允许修改或删除该科目
   D. 有发生额的科目不能删除,但可修改科目

2. 关于总账系统科目编码的输入,下列描述中,正确的有( )。
   A. 编码长度小于总长度可以后面用零补齐或右对齐
   B. 本级科目全编码=上一级科目编码+本级科目编码
   C. 不能只有下级科目而没有上级科目
   D. 科目已在输入凭证中使用,不允许在某个末级科目下增设下一级科目

3. 系统提供的凭证限制类型包括( )。
   A. 借方必有   B. 借方必无   C. 贷方必有   D. 贷方必无

4. 关于期初余额录入,正确的说法有( )。
   A. 只录入末级科目余额
   B. 录入末级科目及上级科目余额
   C. 有辅助核算的科目需同时录入辅助账期初余额
   D. 红字以负数录入

5. 下列关于期初余额的描述中,正确的有( )。
   A. 所有科目都必须输入期初余额
   B. 红字余额应输入负号
   C. 期初余额试算不平衡,不能记账,但可以填制凭证
   D. 如果已经记过账,则还可修改期初余额

6. 期初余额试算不平衡,将( )。
   A. 可以记账   B. 不能记账   C. 不能输入凭证   D. 可以输入凭证

三、判断题

1. 在账务处理系统中设置会计科目时,科目代码不能空但允许重复。 ( )
2. 所有明细科目的科目类型都可从上级科目中继承。 ( )
3. 指定会计科目就是指定出纳专管的科目。指定科目后,才能执行出纳签字,也才能查看现金或银行存款日记账。 ( )
4. 删除会计科目时,应先删除上一级科目,然后再删除本级科目。 ( )
5. 账务处理系统中,初始余额录入时应同时录入明细科目和总账科目的余额,以便对比。 ( )

课后习题 2——账务日常业务

一、单项选择题

1. 凭证正文部分必须具有摘要、方向、金额和( )。
   A. 数量和单价   B. 会计科目

    C. 单位代码　　　　　　　　　　　　　D. 结算方式和票号

2. 已登账的记账凭证,若发现错误,(　　)直接对该凭证进行修改。

    A. 审核人员可以　　B. 不可以　　　　　C. 可以　　　　　　D. 经批准可以

3. 账务处理系统中,同一张凭证输入和审核应由(　　)完成。

    A. 同一操作员　　　B. 不同的操作员　　C. 系统自动　　　　D. 计算机

4. 凭证一旦保存,其(　　),不能修改。

    A. 制单日期　　　　B. 摘要　　　　　　C. 凭证编号　　　　D. 金额

5. 使用总账系统输入凭证时,"红字"金额的输入方法是(　　)。

    A. 用红色数字　　　B. 加方框　　　　　C. 用负数形式　　　D. 加下划线

6. 机制凭证是指(　　)。

    A. 计算机打印的凭证　　　　　　　　　B. 输入计算机的凭证

    C. 计算机自动编制的凭证　　　　　　　D. 规范的记账凭证

7. 使用总账系统输入凭证时,对凭证类别和编号的要求是(　　)。

    A. 类别和编号任意规定

    B. 类别必须先定义,编号可由系统自动产生并进行连续性控制

    C. 类别可随时规定,编号按类别按月顺序排列

    D. 类别必须先定义,编号任意

8. 下列关于总账系统中,凭证删除的描述,错误的有(　　)。

    A. 对已输入但未审核的机内凭证可进行删除

    B. 只能删除最后一张未审核的机内凭证,确保凭证号连续

    C. 已审核的凭证不能直接删除,可先取消审核而后删除

    D. 已记账的凭证不能再删除,可采用红字凭证冲销法冲销

9. 按(　　)键时,可取当前凭证借贷方金额的差额到当前光标位置。

    A. "="　　　　　　B. "+"　　　　　　C. "空格"　　　　　D. "回车"

10. 关于彻底删除一张未审核凭证的要求,下列正确的操作有(　　)。

    A. 可直接删除　　　　　　　　　　　　B. 可将其作废

    C. 先作废,再整理凭证断号　　　　　　D. 先整理凭证断号,再作废

11. 填制凭证时,输入的会计科目编码应为(　　)编码。

    A. 一级科目　　　　B. 二级科目　　　　C. 明细科目　　　　D. 末级科目

12. 只能对(　　)凭证进行记账。

    A. 已保存　　　　　B. 没错误　　　　　C. 已修改　　　　　D. 已审核

13. 下列各项中,不属于审核记账员责任的有(　　)。

    A. 对凭证的合法性、规范性和正确性进行审核

    B. 对错误的凭证进行修改

    C. 对不符合要求的凭证和打印输出的账表不予签字确认

    D. 登记机内账簿

14. 外部系统传过来的凭证(即机制凭证)(　　)。

    A. 不能审核　　　　　　　　　　　　　B. 只能在生成该凭证的系统中修改

    C. 可以在总账系统中修改　　　　　　　D. 在总账系统中可作部分修改

15. 下列关于记账操作的说法中,错误的有(　　)。
   A. 记账工作是由计算机自动进行数据处理
   B. 记账一般采用向导方式,使记账过程更加明确
   C. 未经审核的凭证也可记账
   D. 第一次记账时,若期初余额试算不平衡,不能记账

16. 系统允许每个月(　　)记账。
   A. 一次　　　　　　　B. 两次　　　　　　　C. 最多三次　　　　　　　D. 多次

17. 银行对账是将企业的银行存款日记账和(　　)进行核对,并生成银行存款余额调节表。
   A. 支票登记簿　　　　　B. 资金日报表　　　　　C. 银行对账单　　　　　D. 现金日记账

18. 在总账系统中,计算机根据银行存款日记账与银行对账单进行核对、勾销,并生成银行存款余额调节表称为(　　)。
   A. 自动核销　　　　　　B. 手工核销　　　　　C. 自动银行对账　　　　　D. 手工银行对账

19. 账务处理系统中,账簿中的数据(　　)。
   A. 不可以修改或删除　　　　　　　　　B. 可以删除
   C. 可以增加　　　　　　　　　　　　　D. 可以修改

二、多项选择题

1. 填制凭证时,输入方向和金额正确的限制有(　　)。
   A. 一张凭证中至少有一个方向,明细科目不能有多个
   B. 金额不能为"零",红字以"一"(负号)表示
   C. 分录的一条记录其金额只有一个方向
   D. 凭证必须有借方和贷方科目,借、贷双方金额必须相等

2. 凭证中不同行输入的摘要(　　)。
   A. 可以不同　　　　B. 可以相同　　　　C. 可以为空　　　　D. 不能为空

3. 填制凭证时,制单人必须填写的信息有(　　)。
   A. 凭证头部分　　　B. 凭证正文部分　　　C. 制单人姓名　　　D. 尾部信息

4. 输入凭证时,对凭证日期的要求有(　　)。
   A. 系统进入当天为默认日期　　　　　　B. 日期应随凭证号递减而递增
   C. 日期不能超过系统日期　　　　　　　D. 日期不能小于启用日期

5. 下列情况中,可以实现凭证的无痕迹修改的有(　　)。
   A. 审核并经过记账的凭证　　　　　　　B. 经过结账后的凭证
   C. 输入后,未审核记账的凭证　　　　　D. 已审核但未记账的凭证

6. 关于凭证审核和记账操作,下列说法中错误的有(　　)。
   A. 凭证审核需先重新注册更换操作员,由具有审核权限的操作员来进行
   B. 凭证只能逐张审核,不能成批审核
   C. 记账操作每月可多次进行
   D. 上月未记账,本月同样可以记账

7. 采用序时控制,凭证日期(　　)。
   A. 可以超过业务日期　　　　　　　　　B. 应大于系统启用日期
   C. 不能在业务日期之后　　　　　　　　D. 应小于系统启用日期

8. 凭证一旦保存,下列各项中,(　　)不能修改。

    A. 凭证类别　　　　B. 凭证编号　　　　C. 摘要　　　　D. 辅助信息

9. 对记账的描述正确的有(　　)。

    A. 记账前需数据备份　　　　　　　　B. 第一次记账,期初余额应试算平衡

    C. 未审核凭证不能记账　　　　　　　D. 一天可以记多次账,也可以多天记一次账

10. 总账系统的日常业务处理包括(　　)。

    A. 结账　　　　　　B. 记账　　　　　　C. 填制凭证　　　　D. 凭证审核

11. 下列关于凭证审核和记账操作的说法中,正确的有(　　)。

    A. 凭证审核需要重新注册更换操作员,由具有审核权限的操作员来进行

    B. 凭证可以成批审核,也可逐张审核

    C. 记账操作每月可进行多次

    D. 上月未记账,本月同样可以记账

三、判断题

1. 账务处理系统中,必须由系统自动产生凭证号,以保证凭证号的连续性。　　　　(　　)

2. 账务处理系统中,填制记账凭证时应同时输入总账科目和明细科目。　　　　(　　)

3. 账务处理系统中,允许使用机制凭证。　　　　(　　)

4. 账务处理系统中,自动转账所产生的记账凭证也需要经审核后才能登账。　　　　(　　)

5. 发现已审核的记账凭证有错误时,只能用红字冲销法修改。　　　　(　　)

6. 填制凭证时,金额不能为"零",红字以"一"号表示。　　　　(　　)

7. 填制凭证时,正文中不同行的摘要可以相同也可以不同,也可为空。　　　　(　　)

8. 实行电算化后,与手工记账一样,不应该用"总分类账本期发生额及余额对照表"完全代替总分类账。　　　　(　　)

9. 会计核算软件具有查询机内会计数据的功能,发现错账时,可以随时修改。　　　　(　　)

10. 在计算机总账系统中,在设置属于银行对账的科目时,应将其科目性质定义为"银行账"辅助账类。　　　　(　　)

11. 银行对账后,自动生成"银行存款余额调节表"。　　　　(　　)

12. 只有审核后的凭证才能执行记账操作。　　　　(　　)

课后习题 3——账务期末业务

一、单项选择题

1. 结账操作每月进行(　　)。

    A. 一次　　　　　　B. 二次　　　　　　C. 三次　　　　　　D. 不确定

2. (　　)情况下,可以结账。

    A. 上月有未记账凭证　　　　　　　　B. 没有未记账凭证

    C. 本月有未记账凭证　　　　　　　　D. 没有未审核凭证

3. 期末账务处理首先要进行的工作是(　　)。

    A. 定义转账凭证　　B. 试算平衡　　　　C. 对账　　　　　　D. 结账

4. 若"其他应收款"期末取数公式定义为:QM("1221",月,01),则"应付账款"期初数的取数公式是(　　)。

    A. QC("2202",月,01)   B. QM("2202",月,01)

    C. QM("2202",年,01)   D. QC("2202",年,01)

5. 下列关于总账系统结账的描述中,错误的是(　　)。

    A. 结账前,本月凭证必须登记入账   B. 结账后,不能再输入该月凭证

    C. 结账必须按月连续进行   D. 每月可以结多次账

6. 在总账系统中,结账处理过程的顺序是(　　)。

    A. 选择结账月份—结账前检验—结账处理—输出月度报告

    B. 选择结账月份—对账—输出月度报告—结账处理

    C. 选择结账月份—备份结前数据—结账处理—结账前检验

    D. 结账前检验—选择结账月份—备份结前数据—结账处理

7. 年度数据结转时,(　　)的结转最后完成。

    A. 采购管理   B. 应付款管理   C. 工资管理   D. 总账

8. 下列各项中,不属于期末业务处理的是(　　)。

    A. 损益结转   B. 对账   C. 结账   D. 录入账户余额

9. 用于计算和结转各账簿的本期发生额和期末余额,并终止本期的账务处理工作的功能是(　　)。

    A. 登账   B. 记账   C. 对账   D. 结账

二、多项选择题

1. 期末处理模块主要包括(　　)功能。

    A. 转账业务   B. 记账   C. 结账   D. 对账

2. 月末处理下的对账是指(　　)进行核算对。

    A. 总账与明细账   B. 总账与部门账

    C. 总账与个人往来账   D. 总账与项目账

3. 期末处理中,若出现下列(　　)等情况之一就不能结账。

    A. 有凭证未记账   B. 有其他系统未结账

    C. 对账出错   D. 试算平衡

4. 在总账系统中,不能结账的情况有(　　)。

    A. 有未记账的凭证   B. 上月未结账

    C. 总账与明细账不一致   D. 损益类账户未全部结转完毕

5. 下列关于结账操作的说法中,正确的有(　　)。

    A. 本月有未记账凭证不能结账

    B. 月末未结转可先结账,下月再结转

    C. 上月未结账,本月不能记账

    D. 结账前要进行数据备份,结账后不得再录入本月结转

6. 结账前要进行的检查包括(　　)。

    A. 检查本月业务是否全部记账,有未记账凭证不能结账

    B. 月末结转必须全部生成并已记账,否则本月不能结账

C. 检查上月是否已结账,如果上月未结账,则本月不能结

D. 核对总账与明细账、主体账与辅助账、总账系统与其他子系统的数据是否已经一致,如果不一致,则不能结账

三、判断题

1. 只被分配有制单和审核操作权限的操作员不能进行结账的操作。 （　）
2. 结账前,操作员应检查有关费用是否已提取、分摊。 （　）
3. 账务处理系统可完全代替会计人员完成银行对账的工作。 （　）
4. 结账工作由计算机自动进行数据处理,每月可多次进行。 （　）

上机实验三　账务处理模块初始化

【操作准备】

引入"上机实验二"的备份数据,将系统日期改为 2016 年 1 月 1 日,由操作员"LW 刘伟(密码 1)"注册企业应用平台。

【操作要求】

1. 会计科目的增加、修改
2. 期初余额录入
3. 设置凭证类别
4. 设置结算方式

【操作数据】

1. 会计科目

会计科目如表 4-6 所示。

(1)指定"1001 库存现金"为现金总账科目,"1002 银行存款"为银行总账科目。

(2)增加会计科目。

表 4-6　应增加明细科目表

科目代码	科目名称	辅助账类型
100201	工行存款	日记账、银行账
100202	建行存款	日记账、银行账
122101	应收职工借款	个人往来
222101	应交增值税	
22210101	进项税额	
22210102	销项税额	
22210103	未交增值税	
500101	甲产品	
500102	乙产品	
660201	办公费	部门核算

（续表）

科目代码	科目名称	辅助账类型
660202	差旅费	部门核算
660203	工资	部门核算
660204	折旧费	

（3）修改会计科目：

加辅助核算类型：1122　应收账款　辅助核算类型为客户往来

2202　应付账款　辅助核算类型为供应商往来

2. 凭证类别

凭证类别，如表4-7所示。

表4-7　企业凭证类别

类别字	类别名称	限制类型	限制科目
收	收款凭证	借方必有	1001,1002
付	付款凭证	贷方必有	1001,1002
转	转账凭证	凭证必无	1001,1002

3. 期初余额

期初余额如表4-8所示。

表4-8　企业科目期初余额　　　　　　　　　　　　　　　单位:元

科目编码	科目名称	方向	金额
1001	库存现金	借	15 000
100201	工行存款	借	185 000
122101	应收职工借款(见表注)	借	10 000
1405	库存商品	借	60 000
2001	短期借款	贷	50 000
4001	实收资本	贷	220 000

注:应收职工借款(1220101)期初数据:发生日期:2012-12-31

个人:赵小静

摘要:个人借款

方向:借　金额:10 000

4. 结算方式

结算方式分类如表4-9所示。

表4-9　企业结算方式

编号	名称
1	现金结算
2	现金支票
3	转账支票
4	银行汇票

操作答案：

期初试算平衡表，如图 4-59 所示。

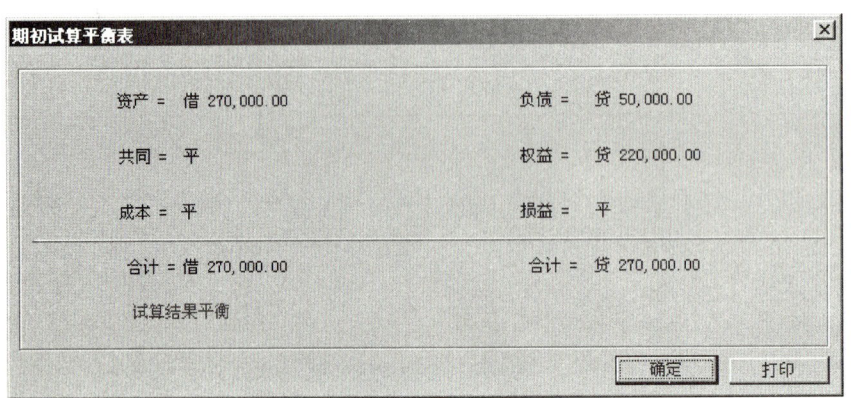

图 4-59　试算平衡结果

上机实验四　日常业务处理

【操作准备】

引入"上机实验三"的备份数据，将系统日期改为 2016 年 1 月 31 日。

【操作要求】

(1) 由操作员"LW　刘伟(密码 1)"设置常用摘要、审核凭证和记账；由操作员"LFP 李飞鹏(密码 1)"填制凭证，修改、删除、查询、冲销凭证；由"ZS　张顺(密码 1)"出纳签字。

(2) 设置常用摘要。

(3) 填制凭证。

(4) 审核凭证。

(5) 将第 3 号付款凭证的金额修改为 8 000 元。

(6) 删除第 2 号付款凭证并整理断号。

(7) 出纳签字。

(8) 记账。

(9) 查询已记账凭证，条件是：金额大于 300 元的转账凭证。

(10) 冲销第 0001 号付款凭证，并将冲销凭证审核记账。

【操作数据】

1. 常用摘要如表 4-10 所示

表 4-10　企业常用摘要

摘要编码	摘要内容	相关科目
1	报销差旅费	660202 管理费用——差旅费
2	借会议费款	122101 其他应收款——应收职工个人借款

2. 2016年1月发生的经济业务

调整总账参数:可以使用应收、应付受控科目。

（1）1月5日,以现金支付办公费500元。

借:管理费用——办公费(660201)(财务部)　　　　　　　　　　　　　500

　　贷:库存现金(1001)　　　　　　　　　　　　　　　　　　　　　　500

（2）1月7日,以建行存款1 500元支付销售部费用(转账支票号1001)。

借:销售费用(6601)　　　　　　　　　　　　　　　　　　　　　　1 500

　　贷:银行存款——建行存款(100202)　　　　　　　　　　　　　1 500

（3）1月8日,采购西安天地公司材料一批,货款60 000元,税金10 200元,转账支票支付货款,票号4167。

借:材料采购(1401)　　　　　　　　　　　　　　　　　　　　　60 000

　　应交税费——应交增值税——进项税额(22210101)　　　　　10 200

　　贷:银行存款——工行存款(100201)　　　　　　　　　　　　70 200

（4）1月10日,收到采购部赵小静偿还的借款10 000元。

借:库存现金(1001)　　　　　　　　　　　　　　　　　　　　　10 000

　　贷:其他应收款——应收职工借款(赵小静)(122101)　　　　　10 000

（5）1月20日,销售给陕西汉江公司库存商品一批,货款16 984元,税款2 887.28元,价税合计19 871.28元,收到工行转账支票一张,票号6879。

借:银行存款——工行存款(100201)　　　　　　　　　　　　19 871.28

　　贷:主营业务收入(6001)　　　　　　　　　　　　　　　　16 984.00

　　应交税费——应交增值税——销项税额(22210102)　　　　2 887.28

（6）1月22日,以工行转账支票支付生产车间设备修理费6 432元,票号4567。

借:制造费用(5101)　　　　　　　　　　　　　　　　　　　　　6 432

　　贷:银行存款——工行存款(100201)　　　　　　　　　　　　6 432

上机实验五　　出纳业务

【操作准备】

引入"上机实验四"的备份数据,将系统日期改为2016年1月31日,由操作员"ZS张顺(密码1)"注册企业应用平台。

【操作要求】

（1）查询现金、银行存款日记账。

（2）查询资金日报表。

（3）银行对账。

（4）生成余额调节表。

【操作数据】

2016 年 1 月工行(100201)对账单如表 4-11 所示。

表 4-11　2016 年 1 月工行(100201)对账单　　　　　　　　　　单位:元

日期	结算方式	票号	借方金额	贷方金额
2016-01-05	转账支票	1122	100 000	
2016-01-08	转账支票	1189		60 000
2016-01-21	转账支票	6879	19 871.28	
2016-01-24	转账支票	4567		8 000

操作答案:

答案如图 4-60 所示。

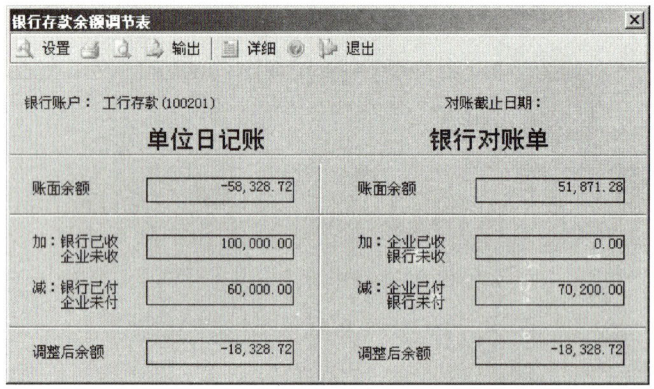

图 4-60　银行存款余额调节表的结果

上机实验六　期末业务处理

【操作准备】

引入"上机实验四完成后"或"上机实验五完成后"的备份数据。将系统日期改为 2016 年 1 月 31 日,由操作员"LW(刘伟　密码 1)"注册企业应用平台。

【操作要求】

（1）自定义结转,按照短期借款期末余额的 0.2%,计提利息。

（2）定义"对应结转"关系,将本期发生的制造费用分摊到生产成本中。

（3）定义期间损益结转。

（4）生成转账凭证(特别注意:转账生成顺序,应先生成其他转账凭证,并审核记账后,最后生成结转损益凭证)。

(5) 由“LFP(李飞鹏 密码 1)”进行审核记账。

(6) 结账。

(7) 取消结账(Ctrl+Shift+F6)

【操作数据】

(1) 转账序号:0001,转账说明:计提短期借款利息。

转账分录:

借:财务费用 QM(2001,月)*0.002

贷:应付利息 JG()

(2) 用“对应结转”的方法,将“制造费用”发生额中的30%结转至“生产成本——甲产品”,70%结转至“生产成本——乙产品”。转账凭证编号0001,摘要:制造费用转生产成本。

(3) 将所有期间损益科目余额转入“本年利润”。

操作答案:

1. 计提短期借款利息(见图4-61)

转 账 凭 证

转 字 0001 制单日期:2016.01.31 审核日期:2016.01.31 附单据数:0

摘要	科目名称	借方金额	贷方金额
计提短期借款利息	财务费用	10000	
计提短期借款利息	应付利息		10000
票号 日期	数量 单价 合计	10000	10000

备注 项 目 部 门

个 人 客 户

业务员

记账 李飞鹏 审核 李飞鹏 出纳 制单 刘伟

图4-61 操作数据1生成的凭证

2. 制造费用分摊到生产成本(见图4-62)

转 账 凭 证

转 字 0002 制单日期:2016.01.31 审核日期:2016.01.31 附单据数:0

摘要	科目名称	借方金额	贷方金额
制造费用转生产成本	制造费用		240000
制造费用转生产成本	生产成本/甲产品	240000	
制造费用转生产成本	制造费用		560000
制造费用转生产成本	生产成本/乙产品	560000	
票号 日期	数量 单价 合计	800000	800000

备注 项 目 部 门

个 人 客 户

业务员

记账 李飞鹏 审核 李飞鹏 出纳 制单 刘伟

图4-62 操作数据2生成的凭证

3. 期间损益结转(见图 4-63)

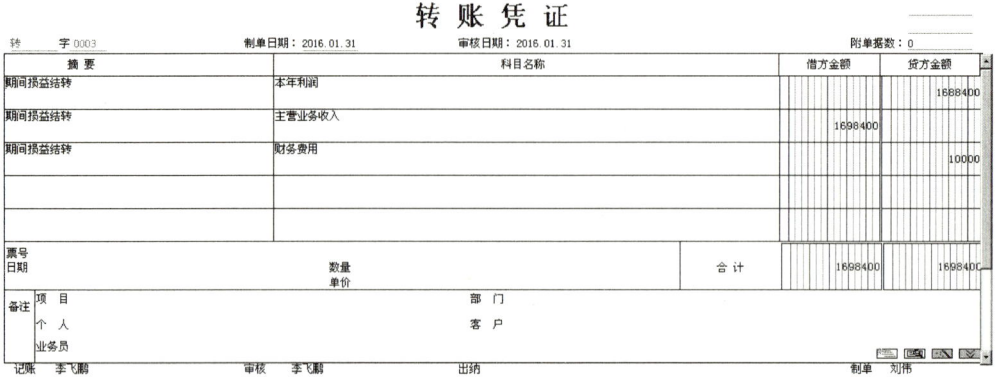

图 4-63　操作数据 3 生成的凭证

上机实验七　账簿查询

【操作准备】

引入"上机实验六"的备份数据。将系统日期改为 2016 年 1 月 31 日,由操作员"LW(刘伟　密码 1)或 LFP(李飞鹏　密码 1)"注册企业应用平台。

【操作要求】

(1) 查询"1221 其他应收款"总账,并联查明细账和 1 号收款凭证。

(2) 查询 2016 年 1 月余额表,要求包含未记账凭证。

(3) 查询"6602 管理费用"多栏账。

(4) 查询采购部赵小静的个人往来明细账。

操作答案:

答案如图 4-64 所示。

发生额及余额表

金额式 ▼

月份:2016.01-2016.01

科目编码	科目名称	期初余额		本期发生		期末余额	
		借方	贷方	借方	贷方	借方	贷方
1001	库存现金	15,000.00		10,000.00		25,000.00	
1002	银行存款	185,000.00		19,871.28	78,200.00	126,671.28	
1221	其他应收款	10,000.00			10,000.00		
1401	材料采购			60,000.00		60,000.00	
1405	库存商品	60,000.00				60,000.00	
资产小计		270,000.00		89,871.28	88,200.00	271,671.28	
2001	短期借款		50,000.00				50,000.00
2221	应交税费			10,200.00	2,887.28	7,312.72	
2231	应付利息				100.00		100.00
负债小计			50,000.00	10,200.00	2,987.28	7,312.72	50,100.00
4001	实收资本		220,000.00				220,000.00
4103	本年利润				16,884.00		16,884.00
权益小计			220,000.00		16,884.00		236,884.00
5001	生产成本			8,000.00		8,000.00	
5101	制造费用			8,000.00	8,000.00		
成本小计				16,000.00	8,000.00	8,000.00	
6001	主营业务收入			16,984.00	16,984.00		
6603	财务费用			100.00	100.00		
损益小计				17,084.00	17,084.00		
合计		270,000.00	270,000.00	133,155.28	133,155.28	286,984.00	286,984.00

图 4-64　查询"2016 年 1 月余额表"的结果

第五章 报 表 模 块

知识目标

学生通过报表模块学习,理解报表编制的原理及流程;掌握报表格式设计的内容和方法;掌握报表数据处理的内容和方法;掌握自定义报表的编制方法;熟练使用报表模板生成会计报表。

实践目标

1. 能够理解报表模块的基本原理及流程。
2. 掌握报表格式定义、公式定义的操作方法。
3. 掌握报表数据处理、表页管理的操作方法。
4. 掌握利用报表模板生成报表的操作方法。

第一节 报表系统的结构和流程

会计报表是综合反映企业一定时期财务状况、经营成果和现金流量信息的书面文件,是企业经营活动的总结。报表系统的主要任务是设计报表的格式和编制公式,从总账系统或其他业务系统中取得有关会计信息自动编制各种会计报表,对报表进行审核、汇总、生成各种分析图,并按预定格式输出各种会计报表。

一、报表系统结构图

报表系统包括两种类型报表,一种是自定义报表,另一种是企业会计报表模板,如图5-1所示。

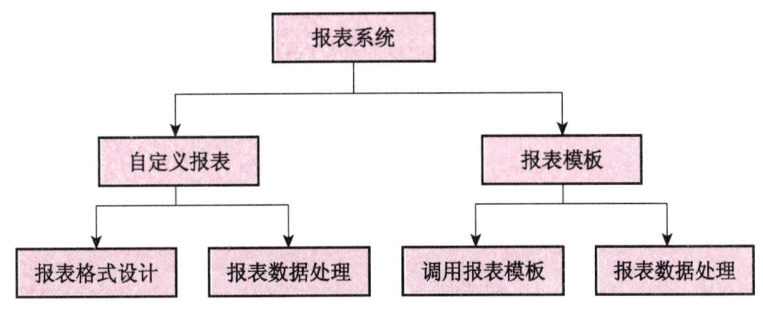

图5-1 报表系统结构图

二、报表系统流程图

报表系统流程图,如图5-2所示。

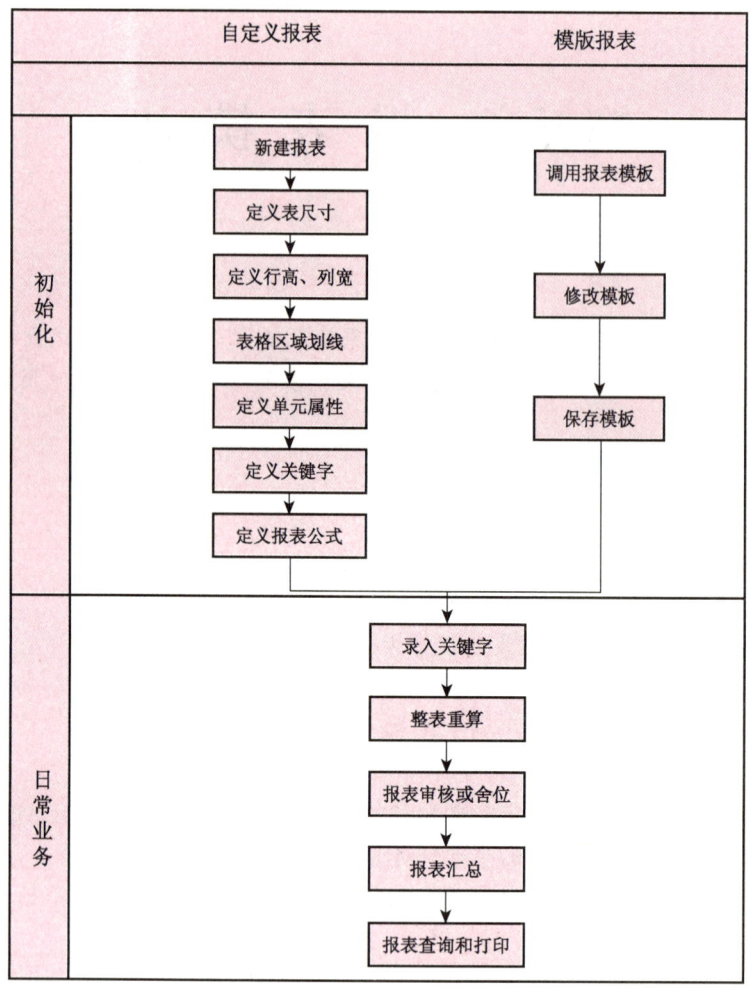

图 5-2　报表系统流程图

第二节　自定义报表

一、启动报表管理系统

知识讲解

　　UFO 报表编制模块启动后,具有两种可能的工作状态,即格式状态和数据状态,明显标志是:屏幕左下角有一按钮会显示红色"格式"字样,以表示当前处于"格式"状态。在格式状态下,屏幕会显示报表模板(报表表样)的内容;同时,只允许会计人员进行关于设置报表格式及公式方面的操作,而且会禁止进行关于生成报表数据页方面的操作。格式状态与数据状态之间可通过单击"格式"或"数据"按钮来完成。

【例5-1】 启动报表管理系统,创建一个新的会计报表文件。

操作步骤:

(1) 以李建(账套主管)的身份注册进入系统,单击"业务工作"→"财务会计"→"UFO报表",进入报表模块的工作界面。

(2) 单击"文件→新建",进入报表编辑窗口,如图5-3所示。

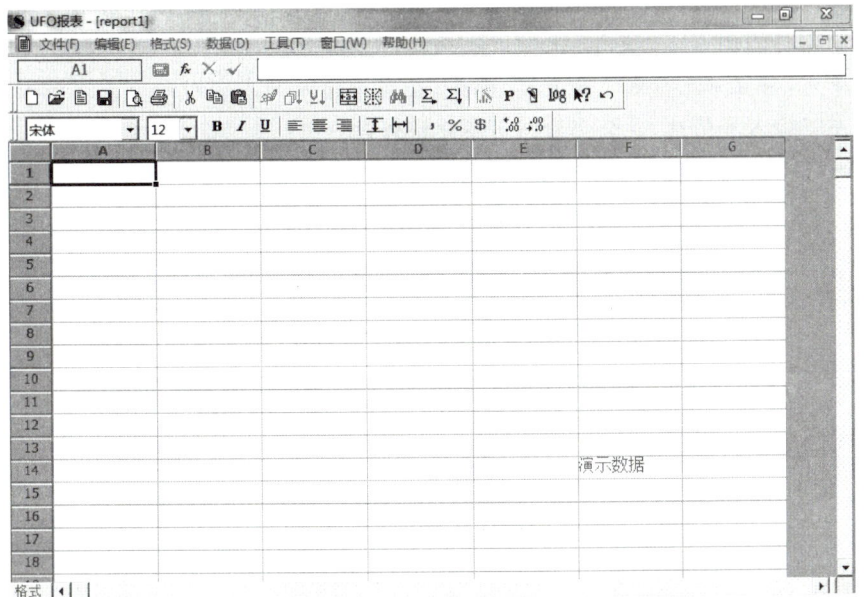

图5-3 报表模块

二、格式设计

知识讲解

新表创建完成后,应进行报表的格式设计,报表格式设计是制作报表的基本步骤,它决定了整张报表的外观和结构。设置报表格式的操作,是在"格式"状态下,利用"格式"菜单项中的命令来进行。

报表的格式设计包括以下操作:

(1) 新建一个表页。一个UFO报表最多可容纳99 999张表页,每一张表页是由许多单元组成的。一个报表中的所有表页具有相同的格式,但其中的数据不同。表页在报表中的序号在表页的下方以标签的形式出现,称为"页标"。页标用"第1页"至"第99 999页"表示。

(2) 设置表尺寸。定义报表的大小即设定报表的行数和列数。

(3) 画表格线。

(4) 定义组合单元。即合并单元格。

(6) 输入报表中项目。项目包括表头、表体和表尾(关键字除外)。在格式状态下定义了单元内容的自动默认为表样型单元,在数据状态下不允许修改和删除。

（7）定义行高列宽。

（8）设置单元风格。设置单元的字形、字体、字号、颜色、图案等。

（9）设置单元属性。单元属性包括数值单元、字符单元和表样单元。

数值单元：数值单元的内容可以是任何一个15位的有效数字，数字可以直接输入或由单元中存放的单元公式运算输出。建立一个新表时，所有单元的类型缺省为数值型。

字符单元：在数据状态下输入其内容可以是汉字、字母、数字及各种键盘可输入的符号组成的一串字符。

表样单元：一旦单元被定义为表样，那么，在其中输入的内容对所有表页都有效。表样在格式状态下输入和修改，在数据状态下不允许修改。

【例5-2】 自定义报表——货币资金表格式，如表5-1所示。

表5-1　货币资金表

编制单位：　　　　　　　　　　　年　　月　　日　　　　　　　　　　单位：元

项　　目	行次	期初数	期末数
库存现金	1		
银行存款	2		
合　　计	3		

制表人：

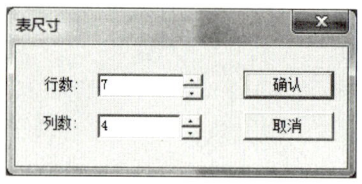

图5-4　设置报表尺寸

第二步　定义组合单元

（1）选择需合并的区域"A1:D1"。

（2）执行"格式""组合单元"命令，打开"组合单元"对话框，如图5-5所示。

（3）选择组合方式"整体组合"或"按行组合"，该单元即合并成一个单元格。

（4）同理，定义"A2:D2"单元为组合单元，如图5-5所示。

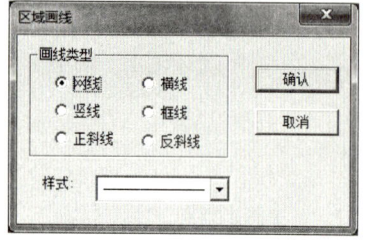

图5-6　区域划线

操作步骤：

查看空白报表底部下角的"格式/数据"按钮，使当前状态为"格式"状态。

第一步　设置报表尺寸

（1）执行"格式""表尺寸"命令，打开"表尺寸"对话框。

（2）输入行数"7"，列数"4"，单击"确认"按钮，如图5-4所示。

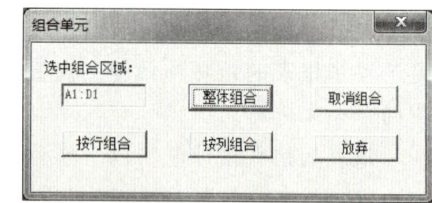

图5-5　组合单元

第三步　画表格线

（1）选中报表需要画线的区域"A3:D6"。

（2）执行"格式"→"区域画线"命令，打开"区域画线"对话框。

（3）选择"网线"，单击"确认"按钮，将所选区域画上表格线，如图5-6所示。

第四步　输入报表项目

（1）选中需要输入内容的单元或组合单元。

（2）在该单元或组合单元中输入相关文字内容，如在 A1 组合单元输入"货币资金表"，如图 5-7 所示。

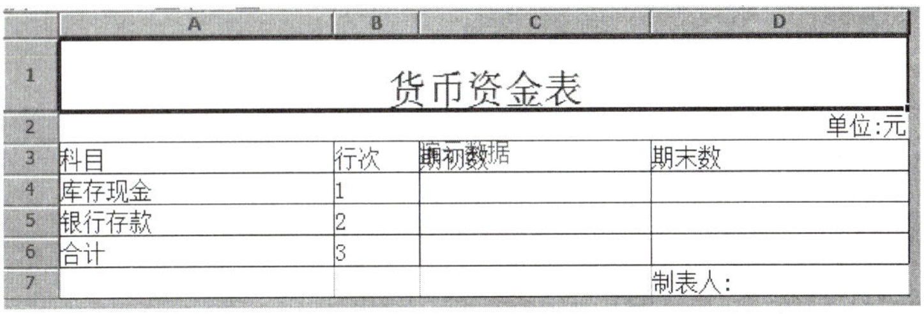

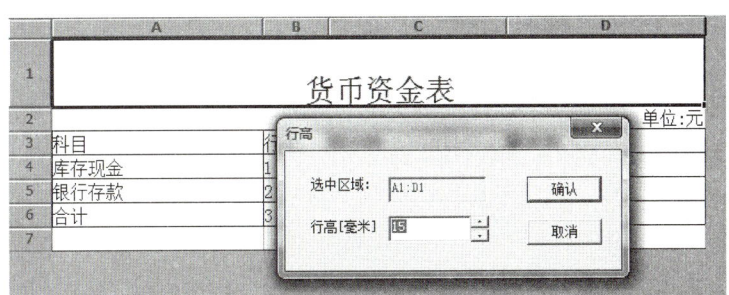

图 5-7　输入表项目

注意事项：

• 报表项目是指报表的文字内容，主要包括表头内容、表体项目和表尾项目等，不包括关键字。

• 编制单位、日期一般不作为文字内容输入，而是需要设置为关键字。

第五步　定义报表行高和列宽

（1）选中需要调整的单元所在行"A1"。

（2）执行"格式"→"单元属性"命令，打开"单元格属性"对话框。

（3）输入行高"15"，单击"确定"按钮，如图 5-8 所示。

图 5-8　行高设置

（4）选中需要调整的单元所在列，执行"格式"→"列宽"命令，可设置该列宽度。

注意事项：

• 行高、列宽的单位毫米。

第六步　设置单元风格

（1）选中标题所在组合单元"A1"。

（2）执行"格式"→"单元属性"命令，打开"单元格属性"对话框。

（3）单击"字体图案"选项卡，设置字体"黑体"，字号"14"，如图 5-9 所示。

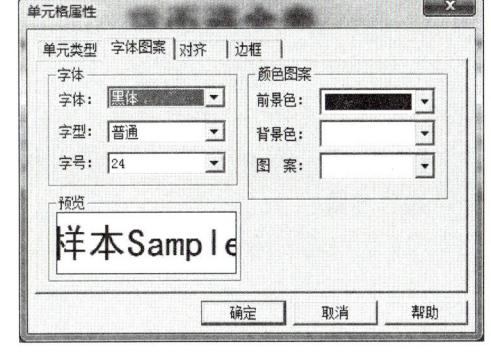

图 5-9　单元风格

(4) 单击"对齐"选项卡,设置对齐方式"居中",单击"确定"按钮。

第七步 定义单元属性

(1) 选定单元格"D7"。

(2) 执行"格式"→"单元属性"命令,打开"单元格属性"对话框,如图 5-10 所示。

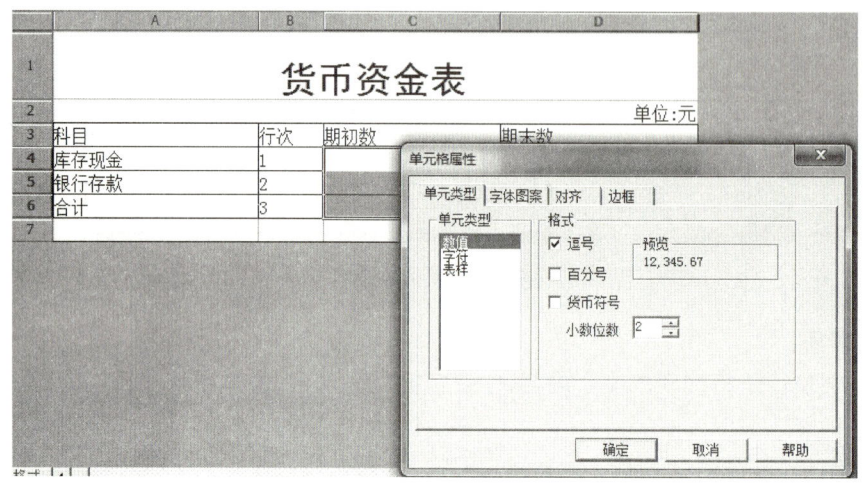

图 5-10 单元属性

(3) 单击"单元类型"选项卡,单击"字符"选项,单击"确定"按钮。

注意事项:

• 格式状态下输入内容的单元均默认为表样单元,未输入数据的单元均默认为数值单元,在数据状态下可输入数值。若希望在数据状态下输入字符,应将其定义为字符单元。

• 字符单元和数值单元输入后只对本表页有效,表样单元输入后对所有表页有效。

三、设置关键字

知识讲解

关键字是游离于单元之外的特殊数据单元,用来唯一标识一个表页,用于在大量表页中快速选择表页。

定义关键字主要包括设置关键字和调整关键字在表页上的位置。关键字主要有单位名称、单位编号、年、月、日,另外,还包括自定义关键字。可以根据实际需要任意设置相应的关键字。

一个关键字在该表中只能定义一次,即同一个表中不能有重复的关键字。每张报表可同时定义多个关键字。在格式状态下设置关键字,在数据状态下录入关键字。

【例 5-3】 承[例 5-2],设置并调整关键字。

操作步骤:

(1) 选中需要输入关键字的组合单元"A2"。

(2) 执行"数据"→"关键字"→"设置"命令,打开"设置关键字"对话框,如图 5-11 所示。

(3) 单击"单位名称"单选按钮,单击"确定"按钮。

(4) 同理,设置"年""月""日"关键字。

（5）执行"数据"→"关键字"→"偏移"命令，打开"定义关键字偏移"对话框，如图5-12所示。

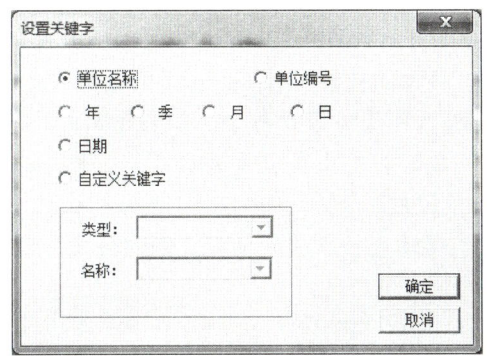

图5-11 关键字设置

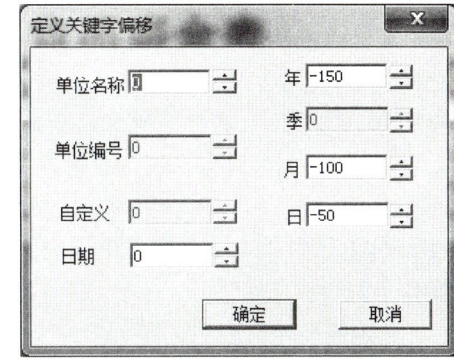

图5-12 关键字偏移设置

（6）在需要调整位置的关键字后面输入偏移量。

（7）单击"确定"按钮。

注意事项：

- 每个报表可以同时定义多个关键字。
- 如果要取消关键字，须执行"数据"→"关键字"→"取消"命令。
- 关键字的位置可以用偏移量来表示，负数值表示向左移，正数值表示向右移。在调整时，可以通过输入正或负的数值来调整。
- 关键字偏移量单位为像素。

四、报表公式设置

（一）定义单元公式

知识讲解

报表的单元公式，是在编制报表时确定表单元的数据来源的函数。其主要作用是在报表生成的过程中，从公式描述的账套中提取到指定的数据并运算，将运算结果放入表单元中。单元公式在报表中必须设置。

函数，是为了简化报表数据来源而定义的，向用户提供调用账库数据的函数。取数函数越丰富，该报表系统编表的能力越强。函数架起了报表系统与其他系统之间、同一报表文件内部不同表页之间，以及不同报表文件之间以及同一报表内部数据传递的桥梁。

单元公式所涉及的函数主要有以下几类：

（1）账务函数。主要包括期初余额函数、期末余额函数和发生额函数等。

基本格式为：函数名（"科目编码"，会计期间，["账套号"]，[会计年度]，[编码1]，[编码2]）。

（2）自本表页取数的函数。主要有：

数据合计 PTOTAL（）

平均值 PAVG（）

最大值 PMAX（）

最小值 PMIN（）

（3）自本表其他表页取数的函数。主要有：

SELECT（）

（4）自其他报表取数的函数。单元公式的实现有两种方式：①通过键盘直接录入公式。在这种方式下，使用者只需按照公式的格式输入，其优点是输入速度快，但要求使用者对系统比较熟悉。②系统采取引导输入的指定生成公式，即使用函数向导。在这种方式下，使用者只需按照系统提示，回答系统提出的问题，系统即可指定生成需要的公式，这种方法对软件初学者来说，会感到非常易学、易用，但编辑速度较慢。

【例5-4】 承[例5-3]，定义单元公式——直接输入公式或向导方式输入公式。

操作步骤：

（1）选定需要定义公式的单元"C4"，即"工资"的发生额。

（2）执行"数据"→"编辑公式"→"单元公式"命令，打开"定义公式"对话框。

（3）在定义公式对话框内直接输入总账期初函数公式：QC（"1001"，月），单击"确认"按钮，如图5-13所示。用向导方式设置公式，如图5-14至图5-17所示。

（4）同理，输入其他公式，如图5-18所示。

图5-13　手工公式设置

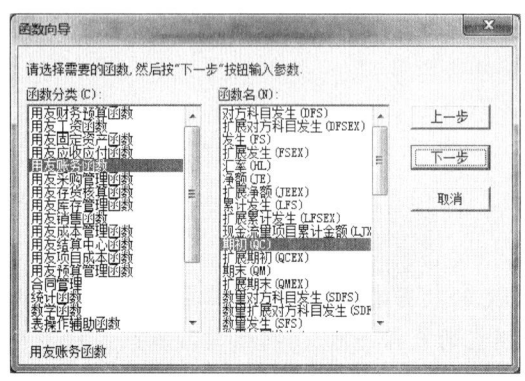

图5-14　向导方式设置公式1

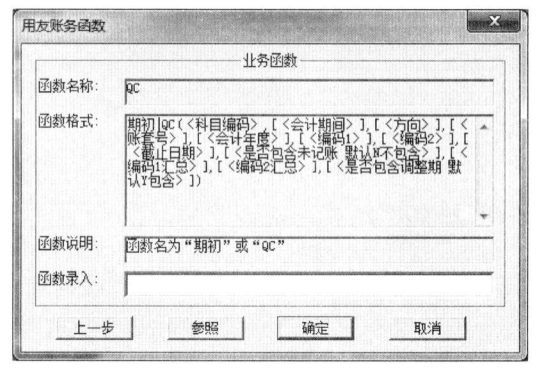

图5-15　向导方式设置公式2

图5-16　向导方式设置公式3

图5-17　向导方式设置公式4

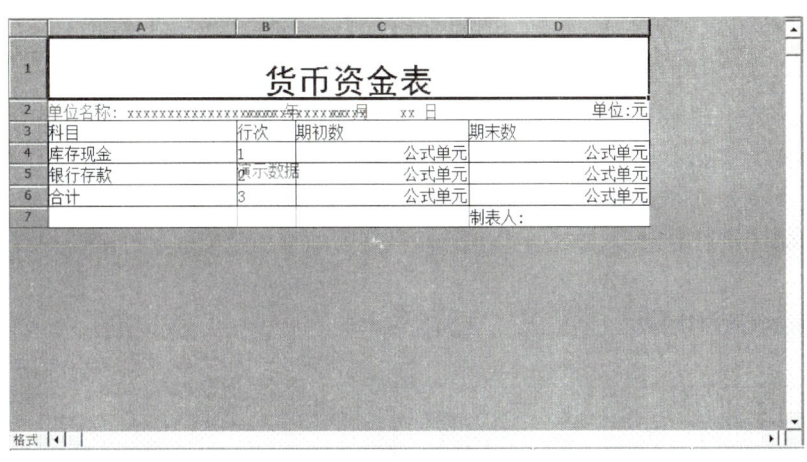

图 5-18 公式设置完毕

注意事项:

• 单元公式中涉及的符号均为英文半角字符。公式必须设置到"定义公式"对话框中,不能直接录入单元格。

• 单击"fx"按钮或双击某公式单元或单击"＝"键,都可打开"定义公式"对话框。

• 如果未进行账套初始,那么,账套号和会计年度需要直接输入。

(二) 定义审核公式

知识讲解

报表审核公式是检查报表数据之间勾稽关系是否正确的公式。它主要用于:报表数据来源定义完成后,审核报表的合法性;报表数据生成后,审核报表数据的正确性。审核公式不是必须定义的。

审核公式由关系公式和提示信息组成,基本格式为:C12＝F12 MESS"资产合计数期初数＜＞负债及所有者权益合计数期初数"。

【例5-5】 定义审核公式。

操作步骤:

(1) 执行"数据"→"编辑公式"→"审核公式"命令,打开"审核公式"对话框。

(2) 在审核关系列表框中输入 c6＝d6 mess"哈哈,测试审核公式的!",如图 5-19所示。

(3) 单击"确定"按钮。

(三) 定义舍位公式

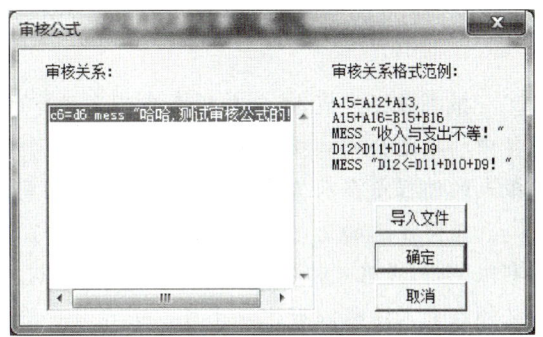

图 5-19 审核公式设置

知识讲解

舍位公式,是将报表的数据进行位数转换。将报表的数据由"元"单位转换为"千元"或

"万元"单位,这种操作称为舍位操作。舍位操作以后,原来的平衡关系可能会因为小数位的四舍五入而被破坏,因此,还需要对舍位后的数据平衡关系重新调整,使舍位后的数据符合指定的平衡公式。这种用于对报表数据舍位及重新调整报表舍位之后平衡关系的公式称为舍位平衡公式。舍位公式不是必须要设置的。

平衡公式需要指明要舍位的表名、舍位范围以及舍位位数和平衡公式。

【例5-6】 承[例5-4],定义舍位平衡公式,生成"千元"为单位的报表并平衡。

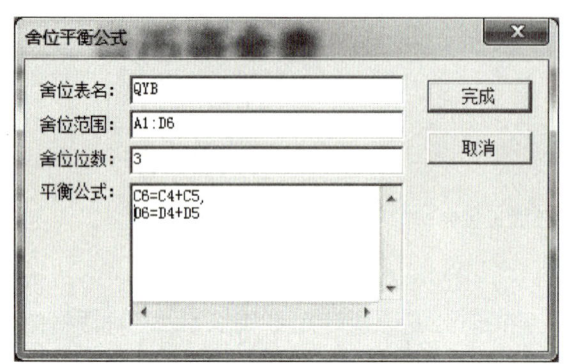

图5-20 舍位平衡公式设置

操作步骤:

(1) 执行"数据"→"编辑公式"→"舍位公式"命令,打开"舍位平衡公式"对话框。

(2) 确定如下信息。舍位表名"SW1",舍位范围"C4:D6",舍位位数"3",平衡公式"C6＝C4＋C5,D6＝D4＋D5",如图5-20所示。

(3) 单击"完成"按钮。

注意事项:

• 舍位平衡公式是指用来重新调整报表数据舍位后的小数位平衡关系的公式。

• 每个公式一行,各公式之间用逗号","(半角)隔开,最后一条公式不用写逗号,否则公式无法执行。

• 等号左边只能为一个单元(不带页号和表名)。

• 舍位公式中只能使用"＋""－"符号,不能使用其他运算符及函数。

五、报表数据生成

知识讲解

报表数据生成,是制作报表中不可缺少的重要环节。利用已经设置好的报表格式,运用其中的单元公式从相应的数据源中采集数据,填入相应的单元中,从而得到报表数据。生成报表的过程是在人工控制下由计算机自动完成的。

值得注意的是:大多数的会计报表都与日期有密切联系。在定义报表结构时,可以无日期限制,但是在生成报表时必须确定其日期。例如,资产负债表和利润表等会计报表,一般必须在月末结账以后才能生成。若在月中进行报表生成,即使所有报表公式都正确,也会生成一张数据错误的报表。

会计报表的输出有以下几种方式:

(1) 屏幕显示输出,这种输出主要供用户检查报表定义和编制是否正确,因此,为了显示尽量多的实质性内容,不是很必要的表格线一般不显示。

(2) 打印输出,此时输出的是按正规要求生成的正式报表;打印时还可以进行页面设置和打印设置等操作。一般情况下,现金日记账、银行存款日记账要求每日打印,资产负债表、利润表等月报要求每月打印,现金流量表通常在中期期末和年末打印。

(3) 图形输出，报表数据输出之后，为了对报表数据进行直观分析和了解，方便对数据的对比、趋势和结构分析，可以利用图形对数据进行直观显示。UFO 图表格式提供了直方图、圆饼图、折线图和面积图等多种格式的图表。

除以上两种方式外，系统还提供有磁盘输出、打印输出及网络传送等输出类型。

【例 5-7】 基于自己的账套取数，生成 2016 年 1 月份报表数据页。

操作步骤：

查看空白报表底部下角的"格式/数据"按钮，使当前状态为"数据"状态。

第一步　打开报表

(1) 启动 UFO 系统，执行"文件"→"打开"命令。

(2) 选择需要打开的报表文件"货币资金表.rep"，单击"打开"按钮。

(3) 单击空白报表底部左下角的"格式/数据"按钮，使当前状态为"数据"状态。

注意事项：

• 报表数据处理必须在"数据"状态下进行。

第二步　输入关键字值

(1) 执行"数据"→"关键字"→"录入"命令，打开"录入关键字"对话框。

(2) 输入单位名称"西安神州领先公司"，年"2016"，月"1"，日"31"，如图 5-21 所示。

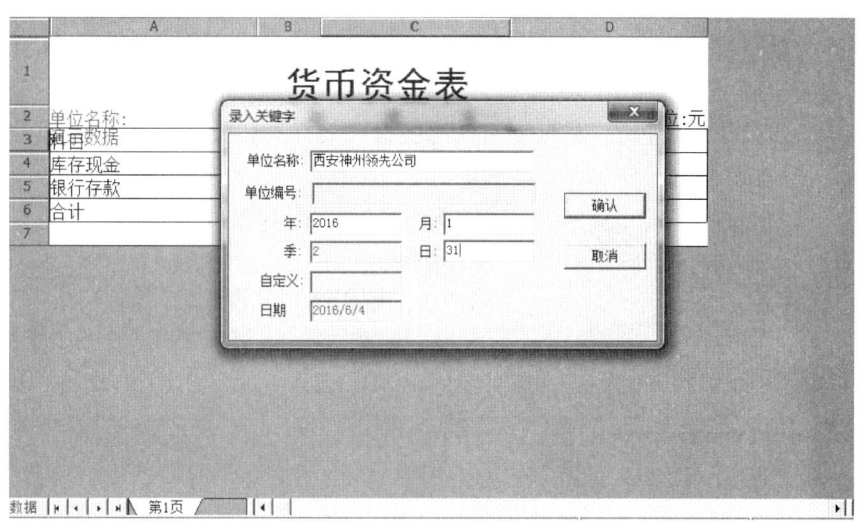

图 5-21　录入关键字

(3) 单击"确认"按钮，弹出"是否重算第 1 页？"对话框。

(4) 单击"是"按钮，系统会自动根据单元公式计算 1 月份数据开始整表计算；单击"否"系统不计算 1 月份数据，以后可利用"表页重算"功能生成 1 月数据。

注意事项：

• 每一张表页均对应不同的关键字值，输出时随同单元一起显示。

• 日期关键字可以确认报表数据取数的时间范围，即确定数据生成的具体日期。

第三步　表页重算

(1) 执行"数据"→"表页重算"命令，弹出"是否重算第 1 页？"提示框。

（2）单击"是"按钮，系统会自动在初始的账套和会计年度范围内根据单元公式计算生成数据。

以下步骤不是必须操作的。

1. 报表舍位操作

（1）执行"数据"→"舍位平衡"命令。

（2）系统会自动根据前面定义的舍位公式进行舍位操作。

2. 报表审核操作

（1）执行"数据"→"审核"命令。

（2）系统会自动根据前面定义的审核公式进行审核操作。

3. 报表汇总操作

（1）执行"数据"→"汇总"命令。

（2）系统会自动汇总各表页的数据，可生成新表，也可以汇总到最后的表页。

第三节　模 板 报 表

该软件通过报表格式定义和公式定义，可以设置一个个性化的自定义报表。用友 UFO 报表系统还为用户提供了多个行业的各种标准财务报表格式。

利用报表模板可以迅速建立一张符合需要的财务报表。另外，对于一些本企业常用的而报表模板中没有提供的报表，在自定义完这些报表的格式和公式后，可以将其定义为报表模板，以后可以直接调用。

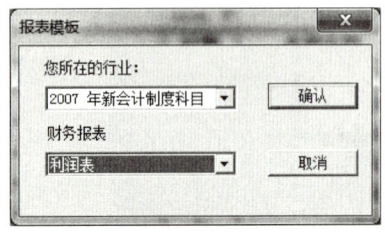

图 5-22　调用报表模板

【例 5-8】　利用报表模板生成利润表。

操作步骤：

第一步　调用利润表模板

（1）执行"格式"→"报表模板"命令，打开"报表模板"对话框，如图 5-22 所示。

（2）选择你所在的行业，财务报表"利润表"。

（3）单击"确认"按钮，弹出"模板格式将覆盖本表格式！是否继续?"提示框。

（4）单击"确定"按钮，即可打开"利润表"模板，如图 5-23 所示。

第二步　调整报表模板

（1）单击"数据"→"格式"按钮，将"利润表"处于格式状态。

（2）根据本单位的实际情况，调整报表格式，修改报表公式，如在格式状态下，添加关键字"单位名称"。

（3）保存调整后报表模板。

第三步　生成利润表数据

（1）在数据状态下，执行"数据"→"关键字"→"录入"命令，打开"录入关键字"对话框。

（2）输入关键字：单位名称"西安神州领先公司"，年"2016"，月"1"，日"31"。

（3）单击"确认"按钮，弹出"是否重算第 1 页?"提示框。

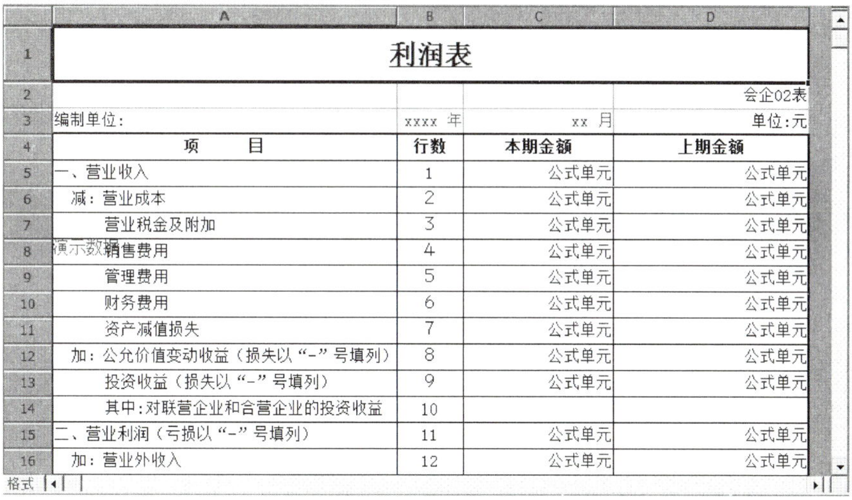

	A	B	C	D
1	利润表			
2				会企02表
3	编制单位:	xxxx 年	xx 月	单位:元
4	项　　目	行数	本期金额	上期金额
5	一、营业收入	1	公式单元	公式单元
6	减:营业成本	2	公式单元	公式单元
7	营业税金及附加	3	公式单元	公式单元
8	演示数据销售费用	4	公式单元	公式单元
9	管理费用	5	公式单元	公式单元
10	财务费用	6	公式单元	公式单元
11	资产减值损失	7	公式单元	公式单元
12	加:公允价值变动收益(损失以"-"号填列)	8	公式单元	公式单元
13	投资收益(损失以"-"号填列)	9	公式单元	公式单元
14	其中:对联营企业和合营企业的投资收益	10		
15	二、营业利润(亏损以"-"号填列)	11	公式单元	公式单元
16	加:营业外收入	12	公式单元	公式单元

格式

图 5-23　利润表模板

(4) 单击"是"按钮,系统会自动根据单元公式计算 1 月份数据;单击"否"按钮,系统不计算 1 月份数据,以后可利用"表页重算"功能生成 1 月数据。

第四步　另存为"西安神州领先公司利润表. rep",保存并关闭报表。

本章小结

期末结账业务处理之后,按照《企业财务会计报告条例》等相关规定,企业应当编制和对外提供真实、完整的财务会计报告。会计报表是财务会计报告的重要组成部分。因而,编制会计报表是会计核算程序的重要环节之一。编制会计报表,就是要基于会计核算资料,分类分项列示会计记录,表明会计主体的财务状况及经营成果等,旨在向使用者提供决策支持信息。

ERP 会计信息系统下的会计报表编制,主要体现为基于通用报表编制模块,定义(或设置)报表格式,编表方法和勾稽关系;生成报表数据页;管理及输出报表等。本章主要介绍了报表子系统下会计报表编制的基本流程和一般功能;报表格式的设置和编制方法;报表的生成和输出;报表数据的图形化表示。与会计报表的手工处理相比,会计电算化处理在报表设置、审核、图形化显示和查询等诸多方面体现了其明显的优越性。

典型题目及解析

【例题・单选题】 在账务系统中,报表编制过程正确的是(　　)。

A. 新建报表→定义报表公式→定义报表格式→报表编辑

B. 新建报表→报表编辑→定义报表公式→定义报表格式

C. 新建报表→报表编辑→定义报表格式→定义报表公式

D. 新建报表→定义报表格式→定义报表公式→报表编辑

【答案及解析】 D

编制报表时应该先初始化,再进行日常使用。新建报表→定义报表格式→定义报表公式属于报表初始化的操作顺序,报表编辑生成属于日常使用。

【例题·单选题】 UFO报表系统默认的扩展名是(   )。

A. XLS   B. REP   C. ERP   D. DOC

【答案】 B

【例题·单选题】 (   )不属于报表格式设计的内容。

A. 画表格线   B. 设置单元属性

C. 设置行高和列宽   D. 录入关键字

【答案】 D

【例题·多选题】 下列哪些工作是在报表的数据状态下进行的(   )。

A. 录入关键字   B. 定义报表公式

C. 舍位平衡计算   D. 设定表单元属性

【答案及解析】 AC

在报表的数据状态下管理报表的数据,如输入数据、增加或删除表页、审核、舍位平衡、制作图形、汇总、合并报表等。

【例题·单选题】 在格式状态下,如果在一个单元中输入了文字、数字或符号,不论此单元原单元类型是什么,系统会自动把该单元类型设置为(   )类型。

A. 模板   B. 表样   C. 数值   D. 字符

【答案及解析】 B

在格式状态下,如果在一个单元中输入了文字、数字或符号,不论此单元原单元类型是什么,系统会自动把该单元类型设置为表样类型。

【例题·多选题】 UFO报表系统中,单元类型包括(   )。

A. 数值单元   B. 项目单元   C. 字符单元   D. 表样单元

【答案及解析】 ACD

单元类型包括数值单元、字符单元和表样单元3种。

【例题·单选题】 UFO报表系统提供(   )种关键字。

A. 4   B. 5   C. 6   D. 7

【答案及解析】 C

UFO共提供了以下六种关键字:单位名称、单位编号、年、季、月、日。

【例题·单选题】 UFO报表中,可用(   )唯一标志一个表页。

A. 特殊公式   B. 表元   C. 固定区   D. 关键字

【答案及解析】 D

关键字是可以唯一标识一个表页的特殊数据单元。

【例题·单选题】 下列(   )不是UFO报表系统中的公式。

A. 舍位平衡公式 B. 计算公式   C. 审核公式   D. 汇总公式

【答案及解析】 D

在UFO中,公式有三种类型:计算公式、审核公式和舍位平衡公式。

【例题·单选题】 关于审核公式说法正确的是( )。

A. 审核公式的双方只能是报表的某一个单元

B. 每个会计报表必须定义审核公式,否则,系统不能实现自动编报

C. 审核公式必须在计算公式的基础上进行定义

D. 审核公式应根据报表表元之间的勾稽关系来定义

【答案及解析】 C

只有定义了报表的运算公式,实现报表取数,审核公式才能在计算公式的基础上进行定义。

【例题·单选题】 通用报表系统中,运算公式设置的方式有( )。

A. 通过键盘直接录入　　　　　　　　B. 采用复制输入

C. 系统采用引导输入　　　　　　　　D. 采用修改输入

【答案及解析】 AC

单元公式方式在格式设计状态中定义,运算公式设置的方式有:通过键盘直接录入、系统采用引导输入。

【例题·判断题】 在报表管理系统中,报表数据的舍位平衡就是四舍五入。 ( )

【答案及解析】 错

舍位平衡是指将以"元"为单位的报表,生成以"千元""万元"为单位的报表,并用平衡公式运算,避免破坏原数据平衡。

【例题·判断题】 报表公式定义后,每次编制报表时必须重新定义。 ( )

【答案及解析】 错

报表公式定义属于初始化,公式定义一般一次完成,可以反复使用。故本题表述不准确。

【例题·多选题】 UFO报表计算公式的账务取数函数公式中,可缺省的项目有( )。

A. 会计科目　　　　B. 账套号　　　　C. 会计年度　　　　D. 辅助核算

【答案及解析】 BCD

缺省账套号和会计年度,表示当前账套和当前会计年度。

【例题·判断题】 定义报表计算公式时,必须使用本系统规定的函数格式,否则系统认为是非法的计算公式。( )

【答案及解析】 对

UFO系统有独立的函数体系,和其他系统函数不通用。

【例题·单选题】 编报结束后,某表元中没有数据的原因可能是( )。

A. 该表元计算公式定义正确　　　　　B. 该表元没有定义审核公式

C. 该表元没有定义计算公式　　　　　D. 该表元自动取数为默认值

【答案及解析】 C

报表的编制是由计算机在人的控制下自动完成的。运算公式能从相应的数据源中调取数据填入相应的表单元中,从而得到数据表。如果表元没有定义计算公式则表元中没有数据。

【例题·判断题】 根据计算公式自动生成的各月报表数据都是一样的。 （ ）

【答案及解析】 错

运算公式能从每月的数据源中调取数据填入相应的表单元中,每月账簿数据不同,报表不同。

【例题·判断题】 UFO报表中,报表数据处理不一定在"数据"状态下进行。 （ ）

【答案及解析】 错

报表数据处理一定在"数据"状态下进行。

课后习题

一、单项选择题

1. 用友报表系统中,输入关键字必须在( )状态下进行。

    A. 格式   B. 数据   C. 计算   D. 单元

2. 用友报表系统中,设置关键字必须在( )状态下进行。

    A. 格式   B. 数据   C. 计算   D. 单元

3. 报表软件中,在定义报表公式时,( )是必须设置的。

    A. 取数公式   B. 审核公式

    C. 舍为位平衡公式   D. 校验公式

4. 根据所定义的公式,填制或提取会计报表数据的基本功能是( )。

    A. 初始化   B. 报表编制

    C. 运算审核   D. 数据处理

5. 报表软件中,QM函数代表的意思是( )。

    A. 期初余额   B. 期末余额

    C. 借方发生额   D. 贷方发生额

6. 报表软件中,QC函数代表的意思是( )。

    A. 期初余额   B. 期末余额

    C. 借方发生额   D. 贷方发生额

7. 报表软件中,FS函数代表的意思是( )。

    A. 期初余额   B. 期末余额   C. 发生额   D. 净额

8. 下列各项中,( )操作必须在UFO报表系统的数据状态下进行。

    A. 汇总合并会计报表   B. 单元公式定义

    C. 设置关键字   D. 设置组合单元

9. 报表软件中,可以唯一标识一个表页的标志是( )。

    A. 单元   B. 区域   C. 关键字   D. 单元公式

10. 在报表系统中,函数QM("1002",月,"借")的含义是取( )数据。

    A. 银行存款当月借方期初数   B. 银行存款当月借方期末数

    C. 银行存款当月借方发生额   D. 银行存款当月贷方发生额

11. UFO报表系统的处理流程是( )。

A. 格式设计—数据处理—打印输出　　　B. 数据处理—格式设计—打印输出

C. 数据输入—数据处理—数据存储　　　D. 数据处理—数据采集—数据输出

12. 定义报表中,C16(C16＝G11＋G15)审核公式,正确的是(　　)。

    A. C16＝G11＋G15　MESS[期初资产总计＜＞期初负债合计数＋期初股东权益合计数]

    B. C16＝G11＋G15　MESS"期初资产总计＜＞期初负债合计数＋期初股东权益合计数"

    C. C16＝G11＋G15　MESS{期初资产总计＜＞期初负债合计数＋期初股东权益合计数}

    D. C16＝G11＋G15　MESS(期初资产总计＜＞期初负债合计数＋期初股东权益合计数)

13. 在报表软件中,编辑报表格式和公式时,要处于(　　)状态。

    A. 数据　　　　　　　　　　　　　B. 其他状态

    C. 格式　　　　　　　　　　　　　D. 格式或数据状态均可

14. 会计报表系统中,经过报表编制后,报表公式正确,表格中的数据(　　)。

    A. 正确　　　　　　　　　　　　　B. 不正确

    C. 不一定正确　　　　　　　　　　D. 当月正确

15. 会计报表系统中,报表汇总时,进行汇总的各个报表格式,应当(　　)。

    A. 相同　　　　　B. 不相同　　　　　C. 近似　　　　　D. 以上均可

16. 一般通用会计报表软件,报表中的组合单元是指(　　)。

    A. 区域

    B. 同一行内的两个单元

    C. 单元的合并

    D. 同一行内的多个相邻的同类型的单元组成的区域

17. 使用一般通用会计报表软件,报表初始设置的顺序是(　　)。

    A. 登记报表—设置报表格式—定义审核公式—定义数据来源与运算关系

    B. 登记报表—定义数据来源与运算关系—设置报表格式—定义审核公式

    C. 登记报表—设置报表格式—定义数据来源与运算公式—定义审核公式

    D. 设置报表格式—定义数据来源与运算关系—定义审核公式—登记报表

18. 使用一般通用会计报表软件,处理报表的顺序是(　　)。

    A. 新表登记—格式定义—公式定义—报表生成—报表输出

    B. 新表登记—公式定义—格式定义—报表生成—报表输出

    C. 新表登记—公式定义—报表生成—格式定义—报表输出

    D. 新表登记—格式定义—报表生成—公式定义—报表输出

19. 组成报表的最小基本单位是(　　)。

    A. 组合单元　　　B. 表体　　　　　C. 变动单元　　　　D. 单元

20. 一般通用会计报表软件,报表中的单元格式是指单元(　　)。

    A. 数据类型　　　B. 是否固定　　　C. 组合方式　　　D. 显示格式

二．多项选择题

1. 在报表系统中,某报表 C10 单元是 C1 至 C4 单元之和,其计算公式为(　　)。

    A. C10＝C1＋C2＋C3＋C4　　　　B. C10＝C1C4

    C. C10＝Ptotal(C1:C4)　　　　　D. C10＝C4

2. 在报表系统中,设置 B8 单元的计算公式:B8＝QM("1001",月)＋QM("1002",月),其设置过程执行了( )操作。

A. 直接在 B8 单元输入:QM("1001",月)+QM("1002",月)

B. 选定需要定义公式的单元 B8

C. 执行"数据—编辑公式—单元公式"命令

D. 在对话框内直接输入公式:QM("1001",月)+QM("1002",月),并单击"确认"按钮

3. 录入报表关键字值,年:2006,月:1,日:31。其操作包括( )。

A. 执行"数据—关键字—录入"命令,打开"录入关键字"对话框

B. 输入时间,年:2006,月:1,日:31,并单击"确认"按钮

C. 在弹出的"是否重算第 1 页?"对话框中单击"是"按钮

D. 单击"存盘"按钮

4. 报表中的数据来源于( )。

A. 手工输入   B. 账簿数据

C. 表间数据   D. 记账凭证数据

5. 报表数据处理主要包括( )。

A. 生成报表数据   B. 审核报表数据

C. 舍位平衡计算   D. 数据汇总

6. 下列关于报表系统的说法中,正确的有( )。

A. 报表系统只能编制财务报表

B. 报表系统具有强大的打印功能,可实现任意比例的缩放打印并预览打印效果

C. 报表系统具有动态表元计算及汇总功能

D. 报表系统中提供了全引导输入公式的方法,无需记忆公式

7. 报表中的关键字有六种,下列属于关键字的有( )。

A. 日   B. 季   C. 账套   D. 单位名称

8. 用友报表系统中,报表格式定义包括的内容有( )。

A. 设置报表尺寸   B. 定义组合单元

C. 画表格线   D. 输入报表标题

9. 一个报表的单元类型包括( )。

A. 表样   B. 字符   C. 数值   D. 图形

10. 下列工作中,在报表的数据状态下进行的有( )。

A. 录入关键字   B. 定义报表公式   C. 舍位平衡计算   D. 设定表单元属性

11. 用友报表系统中,下列( )操作可打开"定义公式"对话框。

A. 单击"fx"按钮   B. 双击某公式单元   C. 按"="键   D. 按"+"键

12. 用友报表系统中,下列属于账务取数函数的有( )。

A. QM 函数   B. QC 函数   C. PTOTAl 函数   D. PMAX 函数

三、判断题

1. 账簿的登账工作可由会计核算软件根据记账凭证自动完成,但会计报表数据还是必须人工填列。   ( )

2. 用友报表系统中,设置关键字是在"格式"状态下进行的。   ( )

3. 一般会计报表处理系统中,报表汇总是指将若干报表中相同项目的数据累加。   ( )

4. 会计报表处理系统中,报表输出共有屏幕显示输出和打印输出两种形式。 （ ）

5. 用友报表系统中,只能生成报表数据,不能进行图表分析。 （ ）

6. 用友报表系统中,增加表页是在"数据"状态下进行的。 （ ）

7. 用友报表系统中,一张报表最多可容纳 99 999 张表页,一个报表中的所有表页具有相同的格式,但其中的数据不同。 （ ）

8. 用友报表系统中,自总账取数的公式可以被称为账务函数。 （ ）

9. 启动用友报表系统时,必须进行账套初始。 （ ）

10. 用友报表系统中单元风格,主要指的是单元内容的字体、字号、字形、对齐方式、颜色图案等。 （ ）

上机实验八　自定义报表

【操作准备】

引入"上机实验六"的备份数据。将系统日期改为 2016 年 1 月 31 日,由操作员"LW 刘伟(密码 1)"注册信息门户。

【操作要求】

(1) 设计"固定资产状况表"的格式。

(2) 设计"固定资产状况表"的计算公式。

(3) 保存报表格式至"我的文档"中,文件名:GDZC. rep。

(4) 打开"我的文档"中文件名为 GDZC. rep 的报表文件。

(5) 生成 2016 年 1 月 31 日,黄河有限责任公司"固定资产状况表"的数据,并保存,如表 5-2 所示。

【操作数据】

表 5-2　固定资产状况表

编制单位：　　　　　　　　　××年××月××日　　　　　　　　单位:元

项　目	期初数	期末数
固定资产		
累计折旧		
净值		

说明:编制单位、年、月、日设置为关键字。
　　　B4 固定资产期初数公式:QC("1601",月)
　　　C4 固定资产期末数公式:QM("1601",月)
　　　B5 累计折旧期初数公式:QC("1602",月)
　　　C5 累计折旧期末数公式:QM("1602",月)
　　　B6 净值期初数公式:B4-B5
　　　C6 净值期末数公式:C4-C5

操作答案：
答案如图 5-24 至图 5-26 所示。

137

固定资产使用状况变动表

演示数据

编制单位	xxxx 年 xx 月 xx 日	单位：元
项目	期初数	期末数
固定资产	公式单元	公式单元
累计折旧	公式单元	公式单元
净值	公式单元	公式单元

图 5-24 格式和公式设置完成的结果

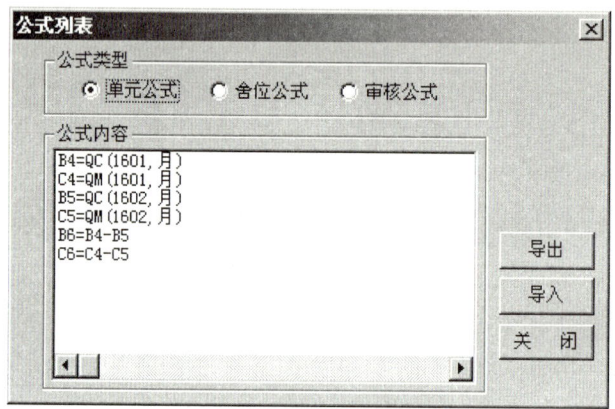

图 5-25 公式列表的结果

固定资产使用状况变动表

演示数据

单位名称：黄河公司	2016 年 1 月 31 日	单位：元
项目	期初数	期末数
固定资产		
累计折旧		
净值		

图 5-26 生成表格的结果

上机实验九 模板报表

【操作准备】

同上机实验八。

【操作要求】

(1) 按"一般企业(2007 年新会计准则)"，生成 2016 年 1 月黄河有限责任公司的资产负债表和利润表。

(2) 保存资产负债表到 ZCFZ.rep 文件，保存利润表到 LRB.rep 文件。

操作答案：

1. 一月份资产负债表(见表 5-3)

表 5-3 资产负债表

会企 01 表

编制单位：　　　　　　　　　　2016 年 1 月 31 日　　　　　　　　　　单位:元

资产	行次	期末余额	年初余额	负债和所有者权益（或股东权益）	行次	期末余额	年初余额
流动资产：				流动负债：			
货币资金	1	151 671.28	200 000.00	短期借款	32	50 000.00	50 000.00
交易性金融资产	2			交易性金融负债	33		
应收票据	3			应付票据	34		
应收账款	4			应付账款	35		
预付款项	5			预收款项	36		
应收利息	6			应付职工薪酬	37		
应收股利	7			应交税费	38	−7 312.72	
其他应收款	8		10 000.00	应付利息	39	100.00	
存货	9	128 000.00	60 000.00	应付股利	40		
一年内到期的非流动资产	10			其他应付款	41		
其他流动资产	11			一年内到期的非流动负债	42		
流动资产合计	12	279 671.28	270 000.00	其他流动负债	43		
非流动资产：				流动负债合计	44	42 787.28	50 000.00
可供出售金融资产	13			非流动负债：			
持有至到期投资	14			长期借款	45		
长期应收款	15			应付债券	46		
长期股权投资	16			长期应付款	47		
投资性房地产	17			专项应付款	48		
固定资产	18			预计负债	49		
在建工程	19			递延所得税负债	50		
工程物资	20			其他非流动负债	51		
固定资产清理	21			非流动负债合计	52		
生产性生物资产	22			负债合计	53	42 787.28	50 000.00
油气资产	23			所有者权益(或股东权益)：			
无形资产	24			实收资本(或股本)	54	220 000.00	220 000.00
开发支出	25			资本公积	55		
商誉	26			减:库存股	56		
长期待摊费用	27			盈余公积	57		
递延所得税资产	28			未分配利润	58	16 884.00	
其他非流动资产	29			所有者权益(或股东权益)合计	59	236 884.00	220 000.00
非流动资产合计	30						
资产总计	31	279 671.28	270 000.00	负债和所有者权益(或股东权益)总计	60	279 671.28	270 000.00

2. 一月份利润表(见表 5-4)

表 5-4　利润表

会企 02 表

编制单位:黄河公司　　　　　　　　2016 年 1 月　　　　　　　　　单位:元

项　目	行数	本期金额	上期金额
一、营业收入	1	16 984.00	
减:营业成本	2		
营业税金及附加	3		
销售费用	4		
管理费用	5		
财务费用	6	100.00	
资产减值损失	7		
加:公允价值变动收益(损失以"—"号填列)	8		
投资收益(损失以"—"号填列)	9		
其中:对联营企业和合营企业的投资收益	10		
二、营业利润(亏损以"—"号填列)	11	16 884.00	
加:营业外收入	12		
减:营业外支出	13		
其中:非流动资产处置损失	14		
三、利润总额(亏损总额以"—"号填列)	15	16 884.00	
减:所得税费用	16		
四、净利润(净亏损以"—"号填列)	17	16 884.00	
五、每股收益:	18		
(一)基本每股收益	19		
(二)稀释每股收益	20		

上机实验十　账务处理综合训练

【操作要求】

这是一套阶段性自测题,希望读者能在 60 分钟之内完成此账务综合训练,看看自己是否熟练掌握操作账务处理系统。

【操作数据】

先将电脑时钟调整到 2016-1-31,然后做如下题目:

1. 新建账套

(1)账套信息。账套号:555;账套名称:自己姓名+公司;采用默认账套路径;启用会计期:2016 年 1 月;会计期间设置:1 月 1 日至 12 月 31 日。

(2) 单位信息。单位名称:自己姓名+公司。

(3) 核算类型。该企业的记账本位币为人民币(RMB);企业类型为工业;行业性质为 2007 新会计准则;账套主管为 demo;按行业性质预置科目。

(4) 基础信息。该企业有外币核算,进行经济业务处理时,不需要对存货、客户和供应商进行分类。

(5) 分类编码方案。科目编码级次:4222;其他均设置为默认。

(6) 数据精度。该企业对存货数量、单价小数位定为 2。

(7) 系统启用。"总账"模块的启用日期为"2016 年 1 月 1 日"。

2. 增加用户及权限

公司用户及权限如表 5-5 所示。

表 5-5 公司用户及权限

编号	姓名	口令	所属部门
01	自己的姓名	11	财务部
02	张明	22	财务部

(1) 自己:账套主管,具有系统所有模块的全部权限。

(2) 张明:会计,具有"总账""财务报表""工资""固定资产"的全部权限。

3. 基础资料设置

(1) 公司部门,如表 5-6 所示。

公司部门档案,如表 5-6 所示。

表 5-6 公司部门档案

代码	名称
1	办公室
2	财务科

(2) 职员,如表 5-7 所示。

公司职员档案,如表 5-7 所示。

表 5-7 公司职员档案

编码	姓名	部门
001	张一	办公室

(3) 客户资料,如表 5-8 所示。

公司客户资料,如表 5-8 所示。

表 5-8 公司客户资料

客户代码	客户名称
001	长城公司

（4）供应商资料，如表 5-9 所示。

公司供应商资料，所表 5-9 所示。

表 5-9　公司供应商资料

供应商代码	供应商名称
001	腾达公司

（5）币别资料，如表 5-10 所示。

公司外币设置，如表 5-10 所示。

表 5-10　公司外币设置

币符	名称	汇率
HKD	港币	1.01（固定汇率）
USD	美元	6.85（固定汇率）

（6）凭证字：【记】。

（7）结算方式：1 承兑，2 支票。

4. 增加或修改会计科目

公司需增改会计科目，如表 5-11 所示。

表 5-11　公司需增改会计科目

科目代码	科目名称	外币核算	核算项目
100201	建行		银行、日记
100202	招行	美元	银行、日记
1221	其他应收款		个人往来
1122	应收账款		客户往来
2202	应付账款		供应商往来
6602	管理费用		部门
660201	差旅费		部门
660202	折旧费		部门

5. 科目期初余额

公司部分科目期初余额，如表 5-12 所示。

表 5-12　公司科目期初余额　　　　　　　　　　　　单位：元

科目	方向	期初余额
库存现金（1001）	借	5 000
银行存款（1002）	借	1 105 000
建行（100201）	借	1 105 000
应收账款（1122）	借	80 000（长城公司）
固定资产（1601）	借	740 000
短期借款（2001）	贷	1 859 060
应付账款（2202）	贷	70 940（腾达公司）

6. 记账凭证的录入

调整总账参数：可以使用应收、应付受控科目。

（1）1月5日，用现金支付员工张一差旅费用500元。

借：管理费用——差旅费（办公室张一）

　贷：库存现金

（2）1月6日，收到长城公司的欠款，20 000元支票存入建行账户。

借：银行存款——建行（支票，票号1234）

　贷：应收账款（长城公司）

（3）1月7日，收到投资款300 000美元，存入招行账户。

借：银行存款——招行（支票，票号9876）

　贷：实收资本

（4）1月31日，按固定资产原值0.5％计提折旧。

借：管理费用——折旧费（办公室）

　贷：累计折旧

7. 审核凭证

8. 凭证记账

9. 将本月的损益类科目的本期余额全部自动转入"本年利润"科目，自动生成结转损益记账凭证

注意：转账前，先定义转账凭证，设置"本年利润"科目代码。后生成转账凭证。最后要将生成的凭证审核记账。

10. 进行期末结账处理

11. 定义如下简易资产负债表

资产负债表，如表5-13所示。

表5-13　资产负债表

编制单位：　　　　　　　　　　　年　　月　　日　　　　　　　　单位:元

资产	行次	期初数	期末数
流动资产：	1		
货币资金	2		
应收账款	3		
资产合计	4		

说明：编制单位、年、月、日设置为关键字。

12. 考试结束，打开报表显示数据并打开总账余额表等待老师评分。祝好运！

第六章 薪资管理

系统地学习薪资系统初始化、日常业务处理的主要内容和操作方法,了解工资账套和企业账套的区别。

1. 要求掌握建立工资账套。
2. 建立工资类别、建立人员类别、设置工资项目和计算公式的方法。
3. 掌握工资数据的计算、个人所得税计算的方法。
4. 掌握工资分摊和生成转账凭证的方法。
5. 熟悉查询有关账表资料并进行统计分析的方法。

第一节 工资管理系统的结构和流程

人力资源的核算和管理是企业管理的重要组成部分,其中对于企业员工的业绩考评和薪酬的确定正确与否更是关系到企业每一个职工的切身利益,对于调动每一个职工的工作积极性、正确处理企业与职工之间的经济关系具有重要意义。薪资管理是各企事业单位最经常使用的功能之一。在用友 ERP-U8 管理软件中,它作为人力资源管理系统的一个子系统存在,它的任务是以职工个人的薪资原始数据为基础,计算应发工资、扣款小计和实发工资等,编制工资结算单;按照部门和人员类别进行汇总,进行个人所得税的计算;提供多种方式的查询、打印薪资发放表、各种汇总表以及个人工资条;进行工资费用分配与计提,并实现自动转账处理。

一、工资系统的结构图

工资系统的结构分为初始化、日常业务、凭证生成、账表查询和月末处理。其中,凭证生成主要是指工资费用分摊凭证的生成,我们把它专门当作一个结构,主要是为了强调该模块是工资与总账的接口。工资系统结构图,如图 6-1 所示。

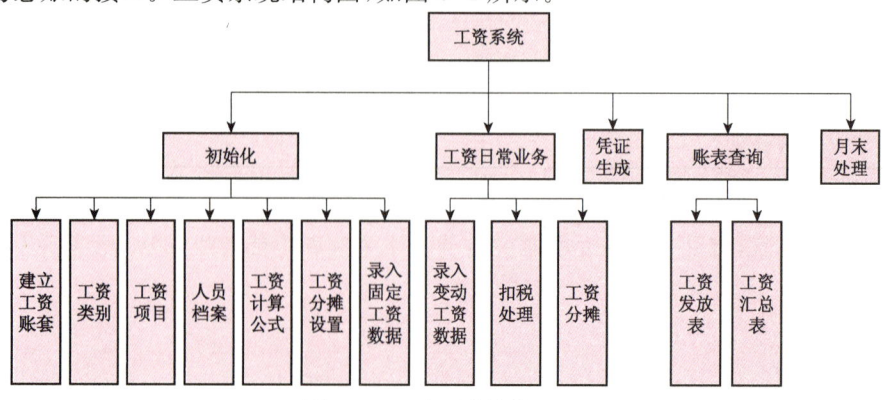

图 6-1 工资系统结构图

二、工资系统的流程图

工资系统流程中,要注意的是现有工资项目才能设置公式,同时,设置公式的另一个重要前提是,必须要有人员档案。另外,只有计算汇总工资后,才能进行工资费用分摊,分摊时电脑会自动提示生成凭证。工资系统流程图,如图 6-2 所示。

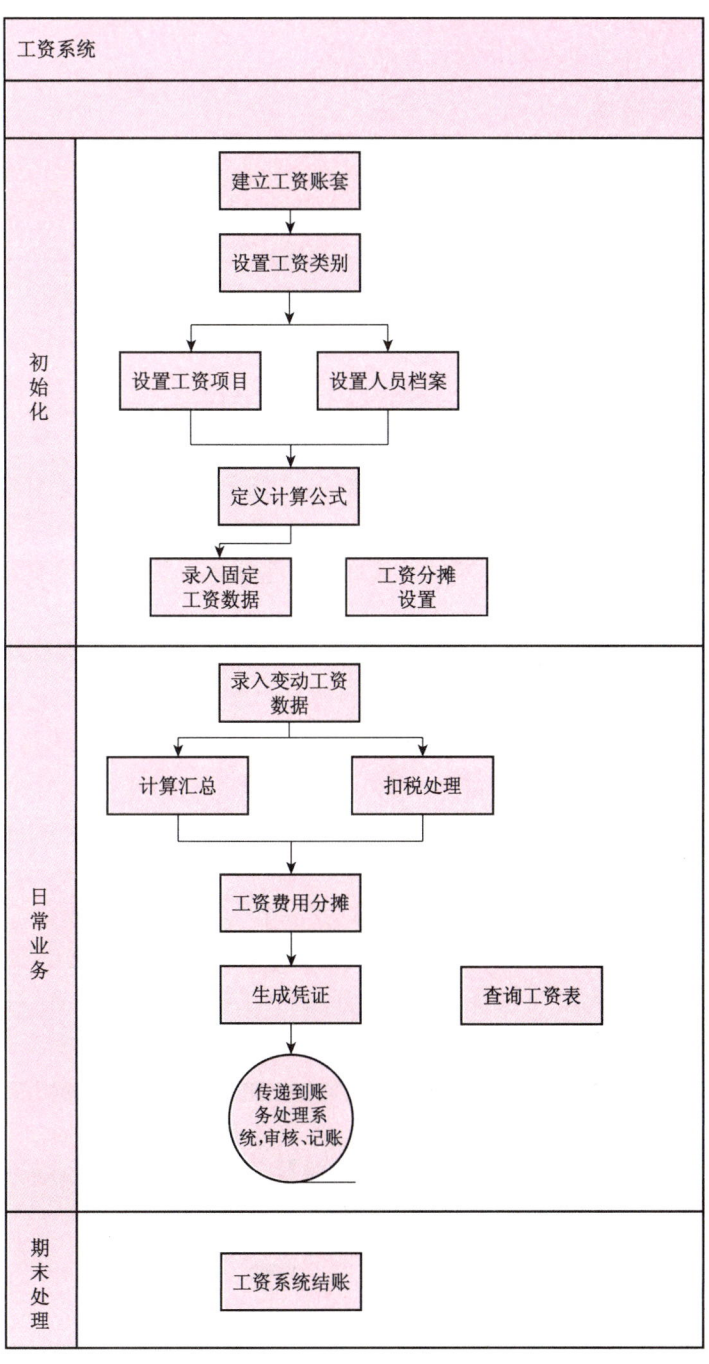

图 6-2 工资系统流程图

第二节　工资系统初始化

计算机处理工资程序基本类似于手工,只不过用户要做一次性初始设置,如部门、人员类别、工资项目、公式、个人工资、个人所得税设置、银行代发设置、各种表样的定义等,每月只需对有变动的地方进行修改,系统自动进行计算和汇总生成各种报表。薪资管理系统初始设置包括建立工资账套和基础信息设置两部分。

一、启用薪资模块

操作步骤:

（1）李建登录企业应用平台。

（2）选择"基础设置"中的"基本信息"→"系统启用"。

（3）选中"薪资管理",启用日期 2016 年 1 月 1 日。

二、建立工资账套

知识讲解

工资账套与系统管理中的账套是不同的概念,系统管理中的账套是针对整个核算系统的,而工资账套是针对薪资管理子系统。要建立工资账套,前提是在系统管理中首先建立本单位的核算账套。建立工资账套时可以根据建账向导分四步进行,即参数设置、扣税设置、扣零设置和人员编码。

【例 6-1】 700 账套薪资系统的参数如下:工资类别有两个;工资核算本位币为人民币;不核算计件工资;自动代扣个人所得税;进行扣零设置且扣零到元;人员编码长度采用系统默认。工资类别为"基本人员"和"编外人员",并且基本人员分布各个部门,而编外人员只属于综合部门。

操作步骤:

（1）在企业应用平台中,执行"人力资源"→"薪资管理"命令,打开"建立工资套—参数设置"对话框。

（2）选择本账套所需处理的工资类别个数为"多个",如图 6-3 所示。

（3）单击"下一步"按钮,打开"建立工资套—扣税设置"对话框,选中"是否从工资中代扣个人所得税"复选框,单击"下一步"按钮,打开"建立工资套—扣零设置"对话框。

（4）单击选中"扣零"前的复选框,再选择"扣零至元",如图 6-4 所示。

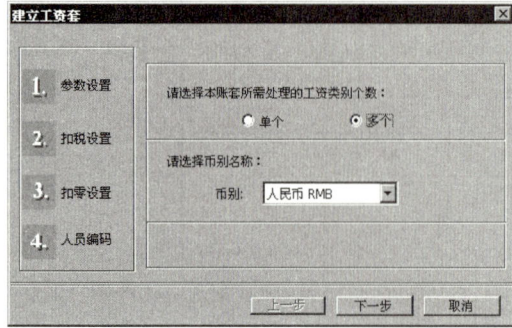

图 6-3　建立工资套—参数设置

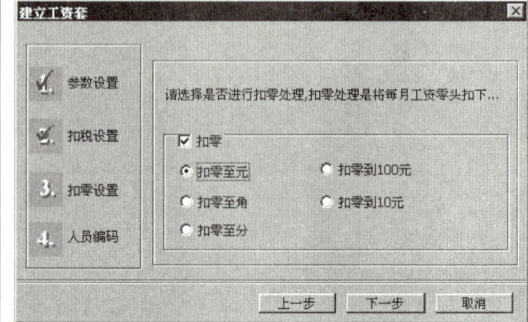

图 6-4　建立工资套—扣零设置

（5）单击"下一步"按钮，如图 6-5 所示。

（6）单击"完成"按钮，完成建立工资套的过程。

注意事项：

• 如果单位按周或每月多次发放薪资，或者是单位中有多种不同类别（部门）人员，工资发放项目不尽相同，计算公式也不相同，但需要进行统一工资核算管理，应选择"多个"工资类别。反之，如果单位中所有人员工资按统一标准进行管理，而且人员的工资项目、工资计算公式全部相同，则选择"单个"工资类别。

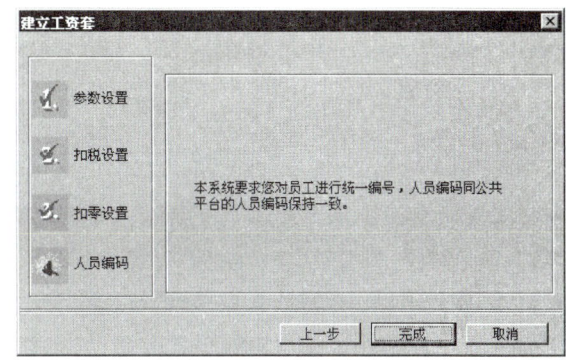

图 6-5　建立工资套—人员编码

• 选择代扣个人所得税后，系统将自动生成工资项目"代扣税"，并自动进行代扣税金的计算。

• 扣零处理是指每次发放工资时将零头扣下，积累取整，在下次发放工资时补上，系统在计算工资时将依据扣零类型（扣零至元、扣零至角、扣零至分）进行扣零计算。一旦选择了"扣零处理"，系统会自动在固定工资项目中增加"本月扣零"和"上月扣零"两个项目，扣零的计算公式将由系统自动定义，不用设置。

• 建账完成后，部分建账参数可以在"设置"→"选项"中进行修改。

三、设置人员附加信息

知识讲解

此项设置可增加人员信息，丰富人员档案的内容，便于对人员进行更加有效的管理。例如，增加设置人员的性别、民族、婚否等。

【例 6-2】 设置人员附加信息为"学历"和"技术职称"。

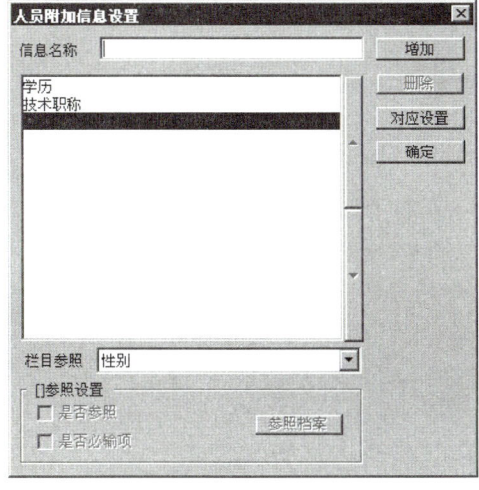

图 6-6　人员附加信息设置

操作步骤：

（1）执行"设置"→"人员附加信息设置"命令，打开"人员附加信息设置"对话框。

（2）单击"增加"按钮，单击"栏目参照"栏的下三角按钮，选择"学历"；同理，增加"技术职称"，如图 6-6 所示。

注意事项：

• 如果工资管理系统提供的有关人员的基本信息不能满足实际需要，可以根据需要进行人员附加信息的设置。

• 已使用过的人员附加信息可以修改，但不能删除。

• 不能对人员的附加信息进行数据加工，

如公式设置等。

四、设置工资项目

知识讲解

工资项目设置即定义工资项目的名称、类型、宽度、小数、增减项。系统中有一些固定项目,是工资账中必不可少的,包括"应发合计""扣款合计""实发合计",这些项目不能删除和重命名,除此之外,其他项目可根据实际情况定义或参照增加。例如,基本工资、奖励工资、请假天数等。在此设置的工资项目是针对所有工资类别的全部工资项目。

【例6-3】 按照表6-1的资料设置企业的工资项目。

表6-1 工资项目列表

工资项目名称	类型	长度	小数	增减项
基本工资	数字	8	2	增项
职务补贴	数字	8	2	增项
福利补贴	数字	8	2	增项
交通补贴	数字	8	2	增项
奖金	数字	8	2	增项
缺勤扣款	数字	8	2	减项
住房公积金	数字	8	2	减项
缺勤天数	数字	8	2	其他

操作步骤:

(1) 执行"设置"→"工资项目设置"命令,打开"工资项目设置"对话框。

(2) 单击"增加"按钮,从"名称参照"下拉列表中选择"基本工资",默认类型为"数字",小数位为"2",增减项为"增项"。以此方法继续增加其他的工资项目,如图6-7所示。

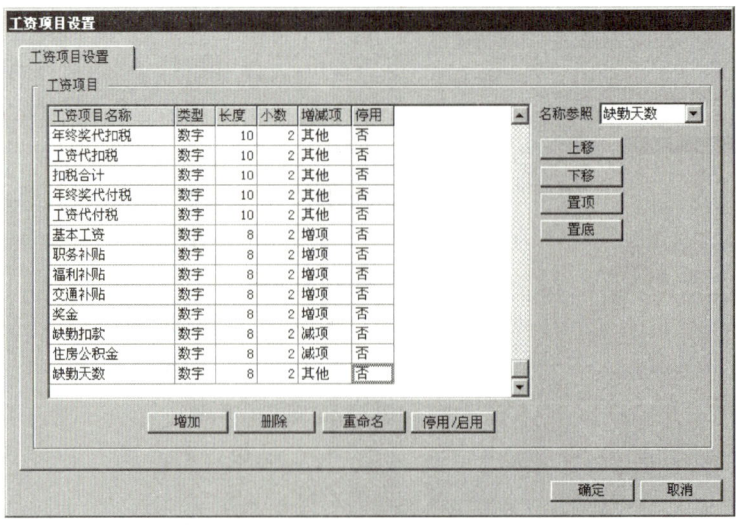

图6-7 工资项目设置

注意事项：

• 对于"名称参照"下拉列表中没有的项目可以直接输入；或者从"名称参照"中选择一个类似的项目后再进行修改。其他项目可以根据需要修改。

（3）单击"确定"按钮,系统弹出"工资项目已经改变,请确认各工资类别的公式是否正确。否则计算结果可能不正确"信息提示框,如图 6-8 所示。

（4）单击"确定"按钮。

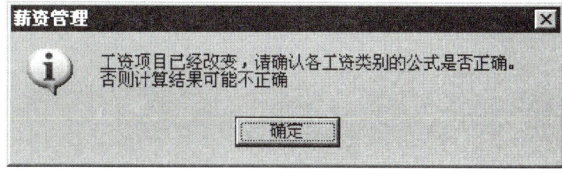

图 6-8　薪资管理提示

注意事项：

• 此处所设置的工资项目是针对所有工资类别所需要使用的全部工资项目。

• 系统提供的固定工资项目不能修改、删除。

五、设置银行名称

知识讲解

发放工资的银行可按需要设置多个,这里银行名称设置是对所有工资类别。例如,同一工资类别中的人员由于在不同的工作地点,需在不同的银行代发工资。或者不同的工资类别由不同的银行代发工资,均需设置相应的银行名称。

【例 6-4】　银行编码为 0101,银行名称为"工商银行",账号长度为 11 位,录入时自动带出的账号长度为 8 位。

操作步骤：

（1）在企业应用平台"基础设置"选项卡中,执行"基础档案"→"收付结算"→"银行档案"命令,打开"增加银行档案"窗口。

（2）按实验资料修改已有银行名称信息,如图 6-9 所示。

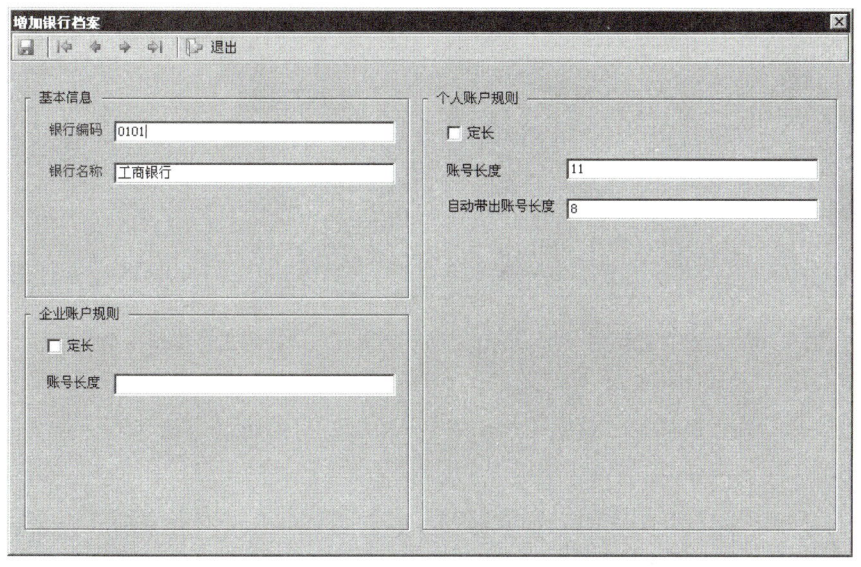

图 6-9　设置银行名称

(3) 单击"保存"按钮并退出。

注意事项:

• 系统预置了 16 个银行名称,如果不能满足需要可以在此基础上删除或增加新的银行名称。

• 如果修改账号长度,则必须按键盘上的回车键确认。

六、工资类别管理

知识讲解

薪资管理系统是按工资类别来进行管理。每个工资类别下有职工档案、工资变动、工资数据、报税处理、银行代发等。对工资类别的维护包括建立工资类别、打开工资类别、删除工资类别、关闭工资类别和汇总工资类别等。

【例 6-5】 工资类别为基本人员和编外人员(注:如果在建立了工资账套后已经设置了"基本人员"的工资类别,此处只需要设置"编外人员"的工资类别,否则两处工资类别均需要在此处设置)。

操作步骤:

(1) 在薪资管理系统中,执行"工资类别"→"新建工资类别"命令,打开"新建工资类别"对话框。

(2) 输入工资类别名称"基本人员",如图 6-10 所示。

(3) 单击"下一步"按钮,打开"新建工资类别—请选择部门"对话框。

(4) 分别单击选中各部门,也可单击"选定全部部门"按钮,如图 6-11 所示。

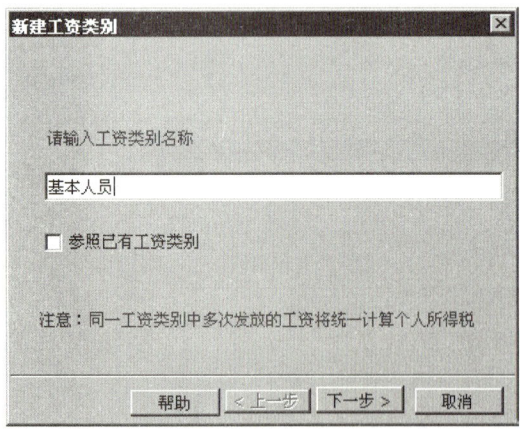

图 6-10　新建工资类别

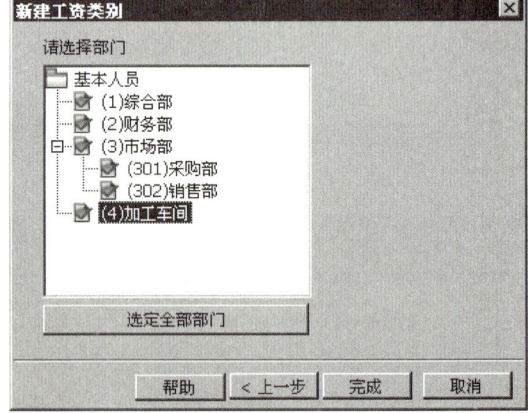

图 6-11　"新建工资类别—请选择部门"对话框

(5) 单击"完成"按钮,系统提示"是否以 2016-01-01 为当前工资类别的启用日期?"单击"是"返回。

(6) 执行"工资类别"→"关闭工资类别"命令,关闭基本人员工资类别。

(7) 执行"工资类别"→"新建工资类别"命令,建立"编外人员"工资类别。

七、设置基本人员工资类别中的人员档案

知识讲解

人员档案的设置用于登记工资发放人员的姓名、职工编号、所在部门、人员类别等信息，此外，员工的增减变动也必须在本功能中处理。人员档案的操作是针对于某个工资类别的，即应先打开相应的工资类别。人员档案管理包括增加、修改、删除人员档案，人员调离与停发处理，查找人员等。

【例6-6】 按照表6-2的资料设置基本人员工资类别的人员档案。

表6-2 公司人员档案

职员编号	人员姓名	学历	职称	所属部门	人员类别	银行代发账号
0000000001	张宏	大学	经济师	综合部(1)	企业管理人员	11022088001
0000000002	江涛	大学	经济师	综合部(1)	企业管理人员	11022088002
0000000003	李建	大学	会计师	财务部(2)	企业管理人员	11022088003
0000000004	王军	大专	助理会计师	财务部(2)	企业管理人员	11022088004
0000000005	宋风	大学		采购部(301)	采购人员	11022088005
0000000006	张伟	大专		销售部(302)	销售人员	11022088006

操作步骤：

（1）执行"工资类别"→"打开工资类别"命令，打开"打开工资类别"对话框，如图6-12所示。选择"基本人员"工资类别，单击"确定"按钮。

（2）执行"设置"→"人员档案"命令，进入"人员档案"窗口。

（3）单击"批增"按钮，打开"人员批量增加"对话框。

（4）在左窗口中分别单击选中基本人员所在部门，单击"查询"按钮，出现人员列表，如图6-13所示。单击"确定"按钮，返回"人员档案"窗口。

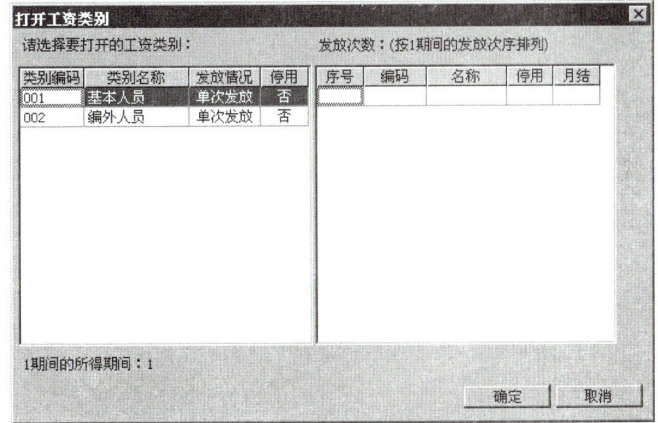

图6-12 "打开工资类别"对话框

（5）双击人员档案记录，打开"人员档案明细"对话框。在"基本信息"选项卡中，补充录入"银行名称"和"银行账号"信息。单击"附加信息"选项卡，录入"学历""技术职称"信息，如图6-14和图6-15所示。

（6）单击"确定"按钮，系统弹出"写入该人员档案信息吗？"信息提示框，单击"是"。

（7）继续录入其他的人员档案，录入完成后如图6-16所示。

（8）单击"退出"按钮，退出"人员档案"对话框。

图 6-13　批量增加人员

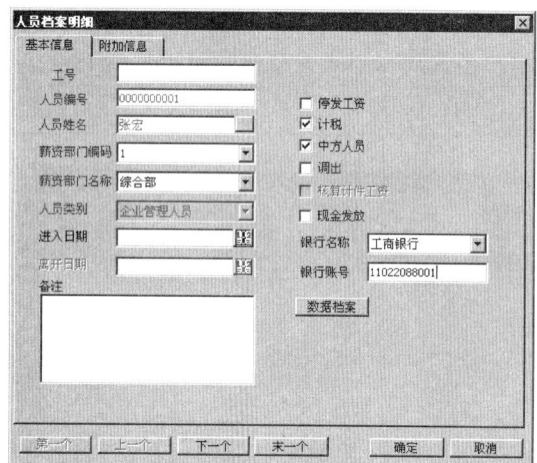

图 6-14　设置人员档案明细信息

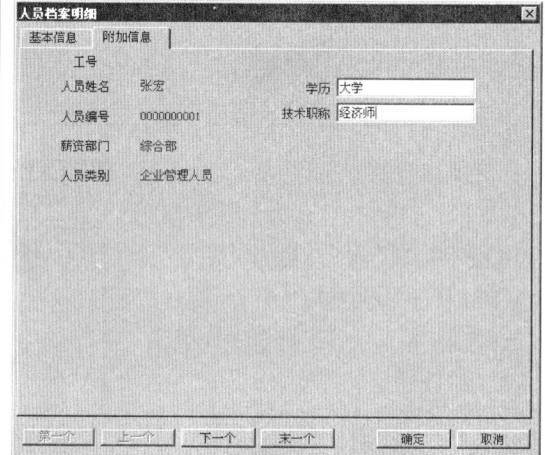

图 6-15　设置人员附加信息

人员档案

总人数：6

选择	薪资部门名称	工号	人员编码	人员姓名	人员类别	账号	中方人员	是否计税	工资停发	核算计件工资	现金发放	进入日期	离开日期	学历	技术职称
	综合部		0000000001	张宏	企业管理人员	11022088001	是	是	否	否	否			大学	经济师
	综合部		0000000002	江涛	企业管理人员	11022088002	是	是	否	否	否			大学	经济师
	财务部		0000000003	李建	企业管理人员	11022088003	是	是	否	否	否			大学	会计师
	财务部		0000000004	王军	企业管理人员	11022088004	是	是	否	否	否			大专	助理会计师
	采购部		0000000005	宋凤	采购人员	11022088005	是	是	否	否	否			大学	
	销售部		0000000006	张伟	销售人员	11022088006	是	是	否	否	否			大专	

图 6-16　人员档案

注意事项：

• 人员类别与工资费用的分配、分摊有关，以便于按人员类别进行工资汇总计算，人员类别的数据在初始化部分已进行过设置，这里直接使用即可。

• 如果在银行名称设置中设置了"银行账号定长"，则在输入人员档案的银行账号时，当输入了一个人员档案的银行账号后，在输入第二个人的银行账号时，系统会自动带出已设置的银行账号定长的账号，只需要输入剩余的账号即可。

• 如果账号长度不符合要求则不能保存。

• 在增加人员档案时，"停发""调出"和"数据档案"不可选，在修改状态下才能编辑。

• 在人员档案对话框中，可以单击"数据档案"按钮，录入薪资数据。如果个别人员档案需要修改，在人员档案对话框中可以直接修改。如果一批人员的某个薪资项目同时需要修改，可以利用数据替换功能，将符合条件人员的某个薪资项目的内容统一替换某个数据。若进行替换的薪资项目已设置了计算公式，则在重新计算时以计算公式为准。

八、设置基本人员工资类别的工资项目

知识讲解

在前面系统初始中设置的工资项目包括本单位各种工资类别所需要的全部工资项目。由于不同的工资类别，工资发放项目不同、计算公式也不同，因此，应对某个指定工资类别所需的工资项目进行设置，并定义此工资类别的工资数据计算公式。这里只能选择系统初始设置中的工资项目，不可自行输入。工资项目的类型、长度、小数位数、增减项等不可更改。

【例 6-7】 将［例 6-3］中新增加的工资项目全部设置为基本人员工资类别的工资项目，编外人员工资类别的工资项目暂不考虑设置。

操作步骤：

(1) 执行"设置"→"工资项目设置"命令，打开"工资项目设置"对话框。

(2) 单击"增加"按钮，再单击"名称参照"栏的下三角按钮，选择"基本工资"，并以此方法再增加其他的工资项目。

(3) 单击选中"基本工资"，单击"上移"按钮，将基本工资移动到工资项目名称栏的第一行。再继续移动其他的工资项目到相应的位置，如图 6-17 所示。

注意事项：

• 在未打开任何工资账套前可以设置所有的工资项目，当打开某一工资账套后可以根据本工资账套的需要对已经设置的工资项目进行选择，并将工资项

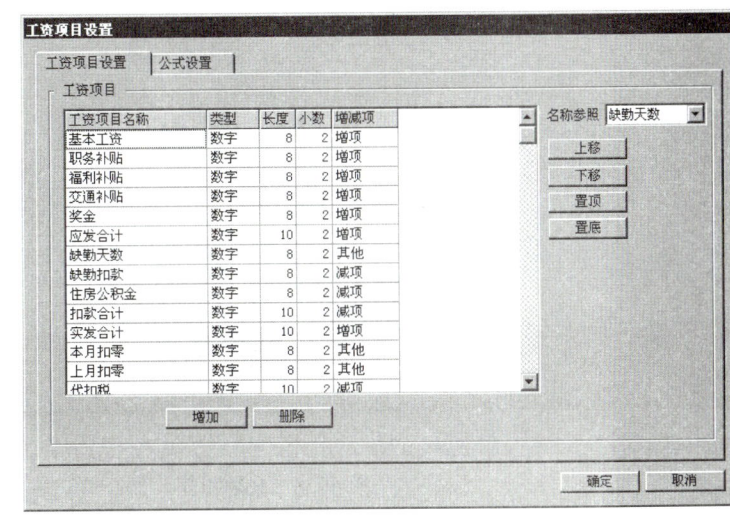

图 6-17　基本人员工资项目设置

目移动到合适的位置。

• 工资项目不能重复选择。

• 工资项目一旦选择,即可进行公式定义。

• 没有选择的工资项目不允许在计算公式中出现。

• 不能删除已输入数据的工资项目和已设置计算公式的工资项目。

• 如果所需要的工资项目不存在,则要关闭本工资类别,然后新增工资项目,再打开此工资类别进行选择。

九、设置"缺勤扣款"和"住房公积金"的计算公式

知识讲解

定义某些工资项目的计算公式及工资项目之间的运算关系。运用公式可直观表达工资项目的实际运算过程,灵活地进行工资计算处理,定义公式可通过选择工资项目、运算符、关系符、函数等组合完成。

【例6-8】 基本人员工资类别的相关计算公式如下:

> 缺勤扣款 = 基本工资 /22 × 缺勤天数
>
> 住房公积金 =(基本工资 + 职务补贴 + 福利补贴 + 交通补贴 + 奖金)× 0.08

操作步骤:

(1)在"工资项目设置"对话框中单击"公式设置"选项卡,打开"工资项目设置—公式设置"对话框。

(2)单击"增加"按钮,从下拉列表中选择"缺勤扣款"工资项目。

(3)单击"缺勤扣款公式定义"区域,在下方的"工资项目"列表中单击选中"基本工资",再单击选中"运算符"区域中的"/",在"缺勤扣款公式定义"区域中继续录入"22",单击选中"运算符"区域中的"×",再单击选中"工资项目"列表中的"缺勤天数",如图 6-18 所示。

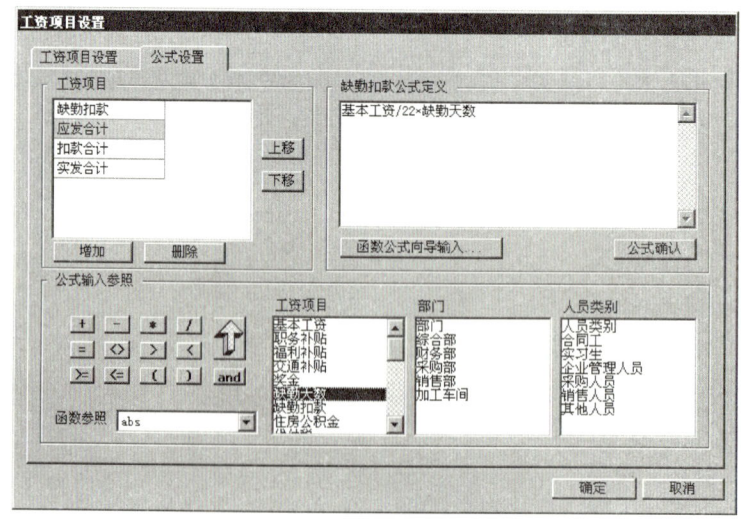

图 6-18 缺勤扣款计算公式设置

(4)单击"公式确认"按钮。以此方法设置"住房公积金"的计算公式。

十、设置"交通补贴"的计算公式

【例6-9】 基本人员工资类别中采购人员和销售人员的交通补贴为300元,其他人员的交通补贴为100元,按照以上要求设置交通补贴的计算公式。

操作步骤:

(1)在"工资项目设置—公式设置"界面中,单击"增加"按钮,从下拉列表框中选择"交通补贴"工资项目。

(2)单击"函数公式向导输入"按钮,打开"函数向导—步骤之1"对话框。

(3)单击选中"函数名"列表中的"iff",如图6-19所示。

(4)单击"下一步"按钮,打开"函数向导—步骤之2"对话框。

(5)单击"逻辑表达式"栏的参照按钮,打开"参照"对话框。

(6)单击"参照列表"栏的下三角按钮,选择"人员类别",再单击选中"采购人员",如图6-20所示。

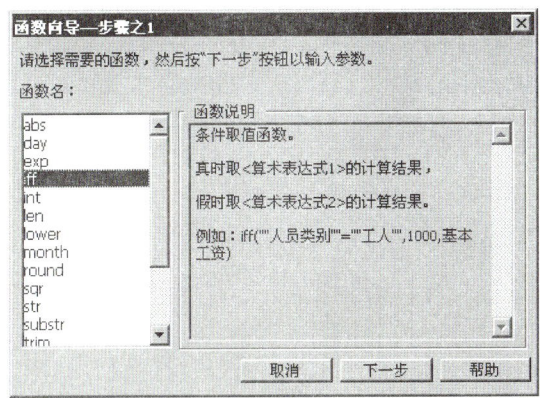
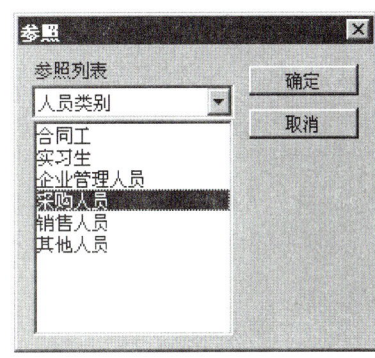

图6-19 函数向导—步骤之1　　　　　图6-20 选择人员类别

(7)单击"确定"按钮,返回"函数向导—步骤之2"对话框。

(8)在已生成的逻辑表达式后面输入"or",注意前后必须空格,如图6-21所示。

(9)继续单击参照按钮,选择人员类别为"销售人员"。在"算术表达式1"文本框中录入"300",在"算术表达式2"文本框中输入"100",如图6-22所示。

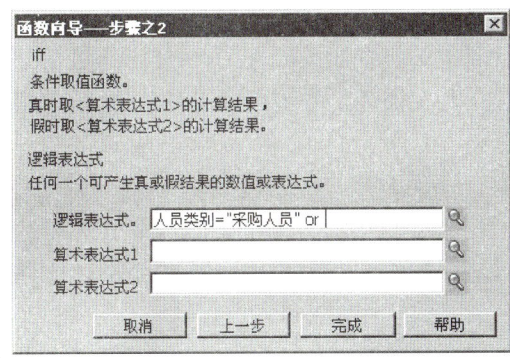
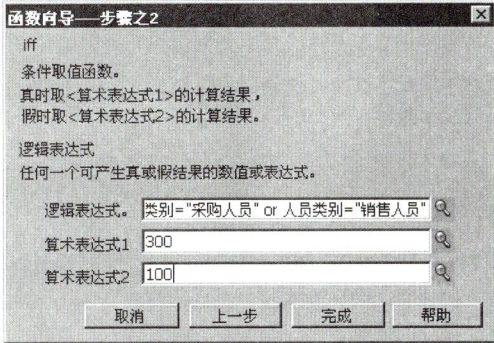

图6-21 函数向导—步骤之2　　　　　图6-22 设置算术表达式

（10）单击"完成"按钮返回公式设置界面，如图6-23所示。

（11）单击"公式确认"按钮，然后单击"确定"按钮。

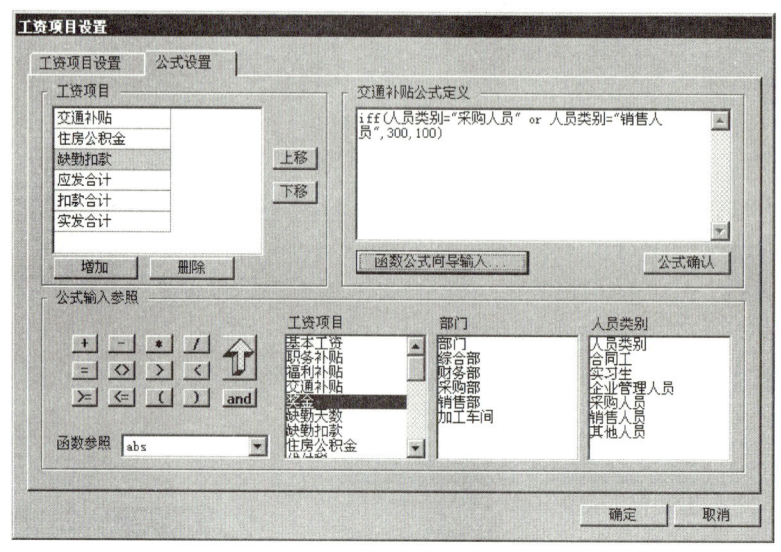

图6-23　交通补贴公式设置

注意事项：

• 在定义公式时，可以使用函数公式向导输入、函数参照输入、工资项目参照、部门参照和人员类别参照编辑输入该工资项目的计算公式。其中函数公式向导只支持系统提供的函数。

• 工资中没有的项目不允许在公式中出现。

• 公式中可以引用已设置公式的项目，相同的工资项目可以重复定义公式、多次计算，以最后的运行结果为准。

• 定义公式时要注意先后顺序。

第三节　工资系统日常业务处理

经过一系列初始化工作之后，可以开始进行薪资的日常业务处理了，具体工作包括个人所得税的计提设置，工资数据的修改、计算和汇总，相关账表的查询以及工资分摊。

一、确认个人收入所得税的计提基数

由于许多企事业单位计算职工工资薪金所得税工作量较大，用友ERP-U8软件在薪资管理子系统中特别提供个人所得税的自动计算功能，用户只需自定义所得税税率和计提基数，系统自动计算个人所得税。

【例6-10】　个人所得税相关项目设置为个人收入所得税按照"实发工资"扣除3 500元后计税。

操作步骤：

（1）在用友 ERP-U8 企业应用平台中，选择"人力资源"中的"薪资管理"，打开"打开工资类别"对话框。

（2）选择"基本人员"工资类别，单击"确定"按钮。

（3）执行"设置"→"选项"命令，打开"选项"对话框，单击"编辑"按钮。

（4）单击"扣税设置"选项卡，再单击"税率设置"按钮，打开"个人所得税申报表—税率表"对话框，如图 6-24 所示。

（5）查看系统预置的所得税纳税基数是否为"5 000"，税率表是否与国家现行规定一致，若不一致则需要按国家规定修订。

（6）单击"确定"按钮返回。

图 6-24　税率表

注意事项：

• 个人所得税扣缴应在"工资变动"后进行，但是如果目前个人所得税的计提基数与系统中预置的不同，则应先核对个人所得税计提基数后再进行工资变动处理。如果先进行工资变动处理再修改个人所得税的计提基数，就应该在修改了个人所得税的计提基数后再进行一次工资变动处理，否则工资数据将不正确。

• 系统默认以"实发合计"作为扣税基数，如果想以其他工资项目作为扣税标准，则需要在定义工资项目时单独为应税所得设置一个工资项目。

• 在"工资变动"中，系统默认以"实发合计"作为扣税基数，所以，在执行完个人所得税计算后，需要到"工资变动"中，执行"计算"和"汇总"功能，以保证"代扣税"这个工资项目正确地反映出单位实际代扣个人所得税的金额。

• 在当月工资数据生成后，可通过执行"业务处理"→"扣缴所得税"命令，打开"个人所得税申报模板"对话框，选择"个人所得税年度申报表"，打开"所得税申报"对话框，单击"确定"按钮，进入"系统扣缴个人所得税年度申报表"窗口进行相关查看。

二、录入并计算 1 月份的工资数据

知识讲解

第一次使用薪资管理系统必须将所有人员的基本工资数据录入计算机，平时每月发生工资数据的变动也在此进行调整。为了能够快速、准确地录入工资数据，系统提供以下功能。

（1）筛选和定位。如果对部分人员的工资数据进行修改，最好采用数据过滤的方法，先将所要修改的人员过滤出来，然后进行工资数据修改。修改完毕后进行"重新计算"和"汇总"。

（2）页编辑。在工资变动窗口提供了"编辑"按钮，可以对选定的个人进行快速录入。单击"上一人""下一人"按钮可变更人员，录入或修改其他人员的工资数据。

（3）替换。将符合条件的人员的某个工资项目的数据，统一替换成某个数据，如管理人员的奖金上调100元。

（4）过滤器。如果只对工资项目中的某一个或几个项目修改，可将要修改的项目过滤出来，例如，只对事假天数、病假天数两个工资项目的数据进行修改。对于常用到的过滤项目可以在项目过滤选择后，输入一个名称进行保存，以后可通过过滤项目名称调用，不用时也可以删除。

【例6-11】 2016年1月份有关工资数据，如表6-3所示。

表6-3　公司1月份有关工资数据　　　　　　　　　　　　单位:元

职员编号	姓名	所属部门	人员类别	基本工资	职务补贴	福利补贴	奖金	缺勤天数
0000000001	张宏	综合部	企业管理人员	4 500	2 000	200	1 800	
0000000002	江涛	综合部	企业管理人员	3 000	1 500	200	800	
0000000003	李建	财务部	企业管理人员	4 000	1 500	200	800	
0000000004	王军	财务部	企业管理人员	2 000	900	200	700	3
0000000005	宋风	采购部	采购人员	2 000	900	200	1 200	
0000000006	张伟	销售部	销售人员	1 900	800	200	1 100	

操作步骤:

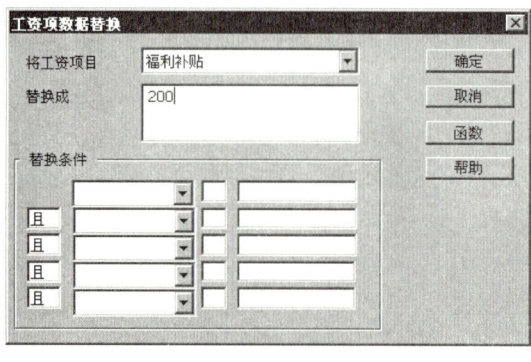

图6-25　替换工资项目

（1）执行"业务处理"→"工资变动"命令，打开"工资变动"窗口。

（2）单击"全选"按钮，在人员记录的选择栏出现选中标记"Y"。

（3）单击"替换"按钮，打开"工资项数据替换"对话框，选择将工资项目"福利补贴"替换成"200"，如图6-25所示。单击"确定"返回，系统弹出"数据替换后将不可恢复，是否继续?"信息提示框，单击"是"按钮，系统继续提示"6条记录被替换，是否重新计算?"单击"是"按钮返回。

（4）分别录入基本工资、职务补贴、福利补贴、奖金、缺勤天数等工资项目内容，如图6-26所示。

（5）单击"计算"按钮，再单击"汇总"按钮，计算全部工资项目内容。

（6）单击"退出"按钮。

注意事项:

• 第一次使用工资系统必须将所有人员的基本工资数据录入系统。工资数据可以在录入人员档案时直接录入，需要计算的内容再在此功能中进行计算;也可以在工资变动功能中录入，当工资数据发生变动时应在此录入。

工资变动

过滤器	所有项目 ▼		□ 定位器										
选择	工号	人员编号	姓名	部门	人员类别	基本工资	职务补贴	福利补贴	交通补贴	奖金	应发合计	缺勤天数	缺勤扣款	住房公积金	扣款合计
		0000000001	张宏	综合部	企业管理人员	4,500.00	2,000.00	200.00	100.00	1,800.00	300.00			24.00	24.0
		0000000002	江涛	综合部	企业管理人员	3,000.00	1,500.00	200.00	100.00	800.00	300.00			24.00	24.0
		0000000003	李建	财务部	企业管理人员	4,000.00	1,500.00	200.00	100.00	800.00	300.00			24.00	24.0
		0000000004	王军	财务部	企业管理人员	2,000.00	900.00	200.00	100.00	700.00	300.00	3.00		24.00	24.0
		0000000005	宋凤	采购部	采购人员	2,000.00	900.00	200.00	300.00	1,200.00	500.00			40.00	40.0
		0000000006	张伟	销售部	销售人员	1,900.00	800.00	200.00	300.00	1,100.00	500.00			40.00	40.0
合计						17,400.00	7,600.00	1,200.00	1,000.00	6,400.00	2,200.00	3.00		176.00	176.0

当前月份:1月　　总人数:6　　当前人数:6

图6-26　录入工资数据

- 如果工资数据的变化具有规律性,可以使用"替换"功能进行成批数据替换。
- 在修改了某些数据、重新设置了计算公式、进行了数据替换或在个人所得税中执行了自动扣税等操作后,必须调用"计算"和"汇总"功能对个人工资数据重新计算,以确保数据正确。
- 如果对工资数据只进行了"计算"的操作,而未进行"汇总"操作,则退出时系统提示"数据发生变动后尚未进行汇总,是否进行汇总?"如果需要汇总则单击"是"按钮,否则,单击"否"按钮即可。

三、查看银行代发一览表

知识讲解

目前,社会上许多单位发放工资时都采用职工凭工资卡去银行取款。银行代发业务处理,是指每月月末单位应向银行提供银行给定文件格式的软盘,这样做既减轻了财务部门发放工资的繁重工作,又有效地避免了财务去银行提取大笔款项所承担的风险,同时还提高了对员工个人工资的保密程度。

操作步骤:

(1)执行"业务处理"→"银行代发"命令,打开"请选择部门范围"对话框。选择所有部门,单击"确定"按钮,打开"银行文件格式设置"对话框,如图6-27所示。

(2)单击"确定"按钮,系统弹出"确

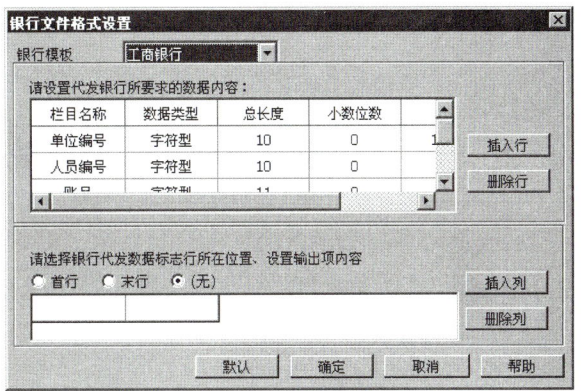

图6-27　"银行文件格式设置"对话框

认设置的银行文件格式?”信息提示框。

(3) 单击“是”按钮,进入“银行代发一览表”窗口,如图 6-28 所示。

银行代发一览表

名称：工商银行

单位编号	人员编号	账号	金额	录入日期
1234934325	0000000001	11022088001	7280.00	20160526
1234934325	0000000002	11022088002	4940.00	20160526
1234934325	0000000003	11022088003	5760.00	20160526
1234934325	0000000004	11022088004	3270.00	20160526
1234934325	0000000005	11022088005	4110.00	20160526
1234934325	0000000006	11022088006	3860.00	20160526
合计			29,220.00	

图 6-28　银行代发一览表

(4) 单击“退出”按钮。

注意事项:

- 银行文件格式可以进行设置,并且可以分别以 TXT、DAT 及 DBF 文件格式输出。

四、工资分摊

知识讲解

工资是费用中人工费最主要的部分,还需要对工资费用进行工资总额的计提计算、分配及各种经费的计提,并编制转账会计凭证,以供登记账簿处理之用。

第一步　工资分摊设置

【例 6-12】 按照表 6-4 资料设置工资分摊,按照工资总额的 14%计提福利费。

表 6-4　“应付工资”“应付福利费”分摊设置

计提类型	部门名称	人员类别	项目	借方科目	贷方科目
应付工资	综合部	企业管理人员	应发合计	管理费用——工资(660203)	应付职工薪酬——应付工资(221101)
	财务部	企业管理人员	应发合计	管理费用——工资(660203)	
	采购部	采购人员	应发合计	销售费用(6601)	
	销售部	销售人员	应发合计	销售费用(6601)	
应付福利费	综合部	企业管理人员	应发合计	管理费用——工资(660203)	应付职工薪酬——应付福利费(221102)
	财务部	企业管理人员	应发合计	管理费用——工资(660203)	
	采购部	采购人员	应发合计	销售费用(6601)	
	销售部	销售人员	应发合计	销售费用(6601)	

操作步骤:

(1) 执行"业务处理"→"工资分摊"命令,打开"工资分摊"对话框,如图 6-29 所示。

(2) 单击"工资分摊设置"按钮,打开"分摊类型设置"对话框。

(3) 单击"增加"按钮,打开"分摊计提比例设置"对话框,在"计提类型名称"栏录入"应付工资",如图 6-30 所示。

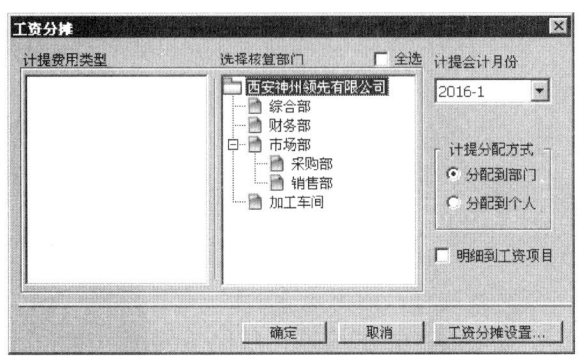

图 6-29 "工资分摊"对话框

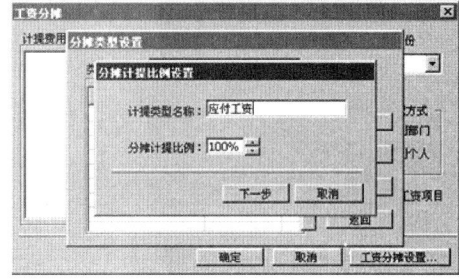

图 6-30 "分摊计提比例设置"对话框

(4) 单击"下一步"按钮,打开"分摊构成设置"对话框。在"分摊构成设置"对话框中,分别选择分摊构成的各个项目内容,如图 6-31 所示。

人员类别	工资项目	借方科目	借方项目大类	借方项目	贷方科目	贷方项目大类	贷方项目
企业管理人员	应发合计	660203			221101		
企业管理人员	应发合计	660203			221101		
采购人员	应发合计	6601			221101		
销售人员	应发合计	6601			221101		

图 6-31 "分摊构成设置"对话框

(5) 单击"完成"按钮,返回到"分摊类型设置"对话框。

(6) 单击"增加"按钮,在"计提类型名称"栏录入"应付福利费",在"分摊计提比例"栏录入"14%",如图 6-32 所示。

(7) 单击"下一步"按钮,打开"分摊构成设置"对话框,在"分摊构成设置"对话框中分别选择分摊构成的各个项目内容。

(8) 单击"完成"按钮,返回到"分摊类型设置"对话框。

图 6-32 分摊计提比例设置

注意事项：

- 所有与工资相关的费用及基金均需建立相应的分摊类型名称及分类比例。
- 不同部门、相同人员类别可以设置不同的分摊科目。
- 不同部门、相同人员类别在设置时，可以一次选择多个部门。

图 6-33 "工资分摊"对话框

第二步 工资分摊并生成转账凭证

操作步骤：

（1）执行"业务处理"→"工资分摊"命令，打开"工资分摊"对话框。

（2）分别选中"应付工资"及"应付福利费"前的复选框，并单击选中各个部门，选中"明细到工资项目"复选框，如图 6-33 所示。

（3）单击"确定"按钮，进入"应付工资一览表"窗口，如图 6-34 所示。

（4）选中"合并科目相同、辅助项相同的分录"前的复选框。

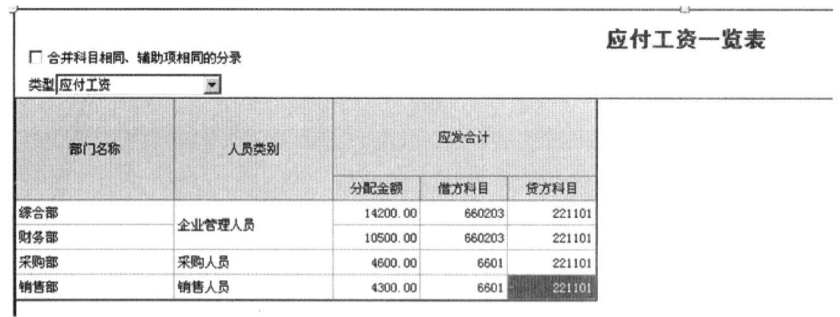

图 6-34 应付工资一览表

（5）单击"制单"按钮，选择凭证类别为"转账凭证"，单击"保存"按钮，结果如图 6-35 所示。

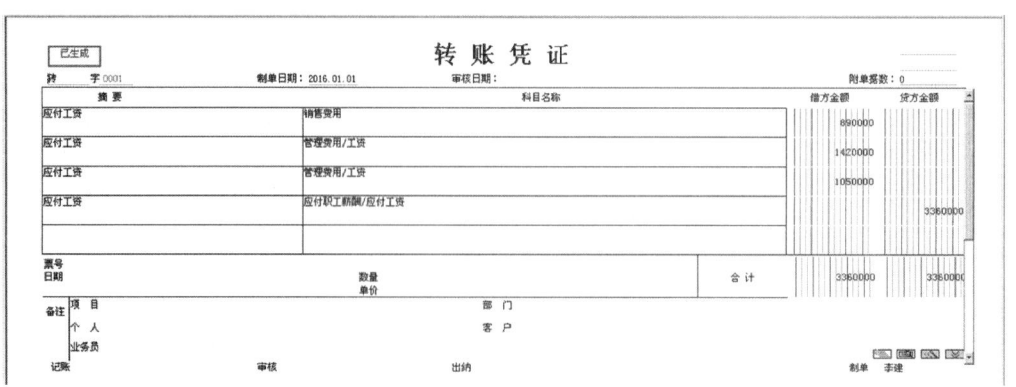

图 6-35 应付工资分摊转账凭证生成

（6）单击"退出"按钮，返回"应付工资一览表"窗口。

（7）单击"类型"栏的下三角按钮，选择"应付福利费"，生成应付福利费分摊转账凭证，如图 6-36 所示。

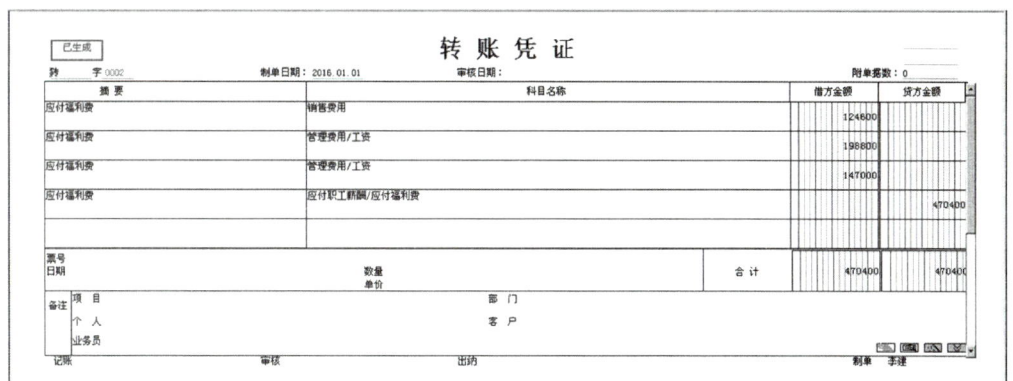

图 6-36　应付福利费分摊转账凭证生成

注意事项：

- 工资分摊应按分摊类型依次进行。

- 在进行工资分摊时，如果不选择"合并科目相同、辅助项相同的分录"，则在生成凭证时将每一笔分录都对应一个贷方科目；如果单击"批制"按钮，可以一次将所有参与本次分摊的"分摊类型"所对应的凭证全部生成。

第四节　期末业务处理

月末处理是将当月数据经过处理后结转至下月，每月工资数据处理完毕后均可进行月末结转。由于在工资项目中，有的项目是变动的，即每月的数据均不相同，在每月工资处理时，均需将其数据清为零，而后输入当月的数据，此类项目即为清零项目。因月末处理功能只有主管人员才能执行，所以应以主管的身份登录系统。

一、月末处理

操作步骤：

（1）执行"业务处理"→"月末处理"命令，打开"月末处理"对话框，如图 6-37 所示。

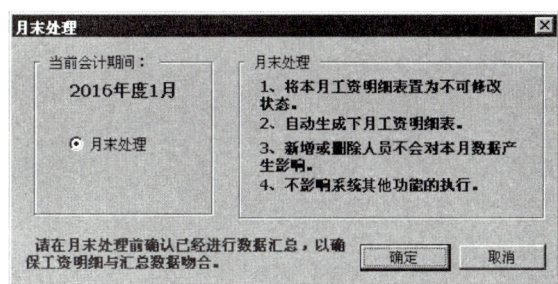

图 6-37　"月末处理"对话框

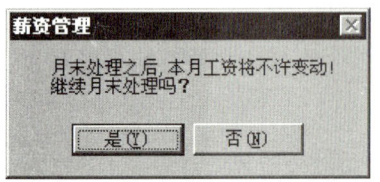

图6-38 薪资月末处理系统提示

（2）单击"确定"按钮，系统提示"月末处理之后，本月工资将不许变动！继续月末处理吗？"，如图6-38所示。

（3）单击"是"按钮，系统提示"是否选择清零项？"单击"否"按钮，系统提示"月末处理完毕！"单击"确定"按钮。

注意事项：

• 月末处理只有在会计年度的1月至11月进行。

• 如果处理多个工资类别，则应分别打开工资类别，分别进行月末处理。

• 如果本月工资数据未汇总，系统将不允许进行月末处理。

• 进行月末处理后，当月数据将不再允许变动。

• 月末处理功能只有账套主管才能执行。

• 在进行月末处理后，如果发现还有一些业务或其他事项要在已进行月末处理的月份进行账务处理，可以由账套主管以下月日期登录，使用反结账功能，取消已结账标记。

• 有下列情况之一不允许反结账：总账系统已结账；汇总工资类别的会计月份与反结账的会计月相同，并且包括反结账的工资类别。

• 本月工资分摊、计提凭证传输到总账系统，如果总账系统已审核并记账，需做红字冲销后，才能反结账；如果总账系统未做任何操作，只需删除此凭证即可。如果凭证已由出纳或主管签字，应在取消出纳签字或主管签字，并删除该张凭证后才能反结账。

二、查看工资发放条

操作步骤：

（1）执行"统计分析"→"账表"→"工资表"命令，打开"工资表"对话框。

（2）单击选中"工资发放条"，如图6-39所示。

（3）单击"查看"按钮，打开"工资发放条"对话框。

（4）单击选中各个部门，并单击"选定下级部门"前的复选框。

（5）单击"确定"按钮，进入"工资发放条"窗口，如图6-40所示。

（6）单击"退出"按钮退出。

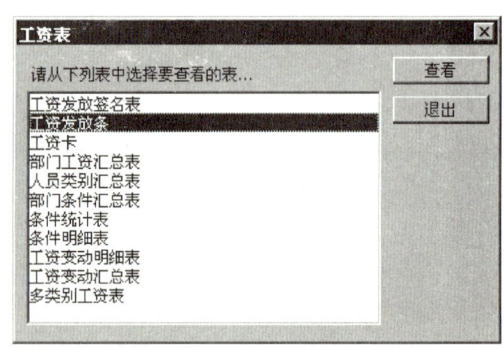

图6-39 选中"工资发放条"

注意事项：

• 工资业务处理完成后，相关工资报表数据同时生成，系统提供了多种形式的反映工资核算的结果，如果对报表的格式不满意还可以进行修改。

• 系统提供的工资报表主要包括"工资发放签名表""工资发放条""部门工资汇总表""人员类别汇总表""部门条件汇总表""条件统计表""条件明细表"及"工资变动明细表"等。

• 工资发放条是发放工资时交给职工的工资项目清单。系统提供了自定义工资发放打印信息和工资项目打印位置格式的功能，提供固化表头和打印区域范围的"工资套打"格式。

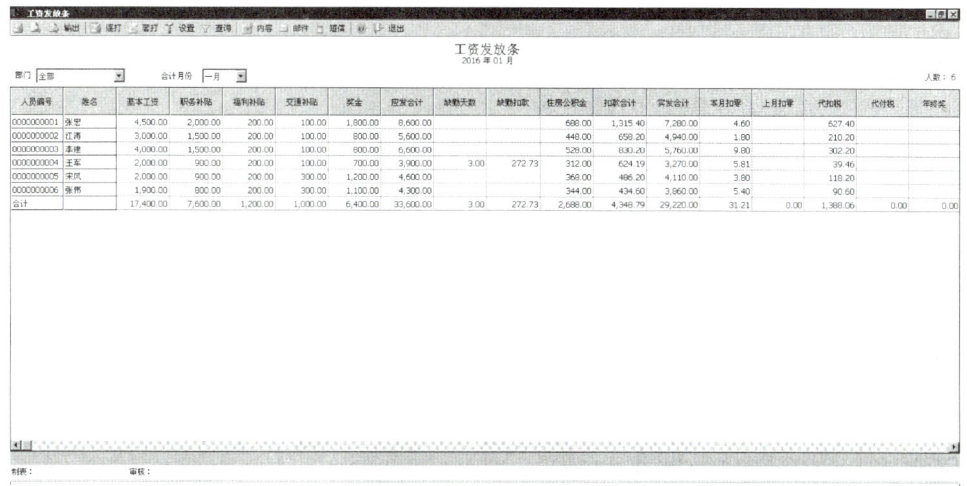

图 6-40 工资发放条

三、查看部门工资汇总表

操作步骤：

（1）执行"统计分析"→"账表"→"工资表"命令，打开"工资表"对话框。

（2）单击选中"部门工资汇总表"，单击"查看"按钮，打开"部门工资汇总表—选择部门范围"对话框。

（3）单击选中各个部门，并单击"选定下级部门"前的复选框，再单击"确定"按钮。

（4）单击"确定"按钮，进入"部门工资汇总表"窗口，如图 6-41 所示。

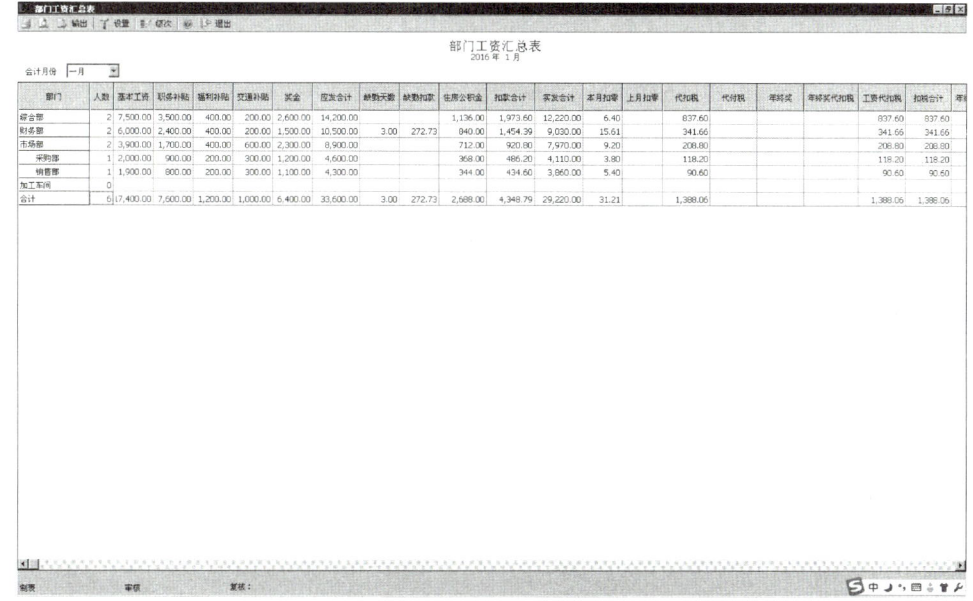

图 6-41 部门工资汇总表

（5）单击"退出"按钮退出。

注意事项：

• 部门工资汇总表提供按单位（或各部门）进行工资汇总的查询。

• 可以选择部门级次，可以查询当月部门工资汇总表，也可以查询其他各月的部门工资汇总表。

四、对财务部进行工资项目构成分析

操作步骤：

（1）执行"统计分析"→"账表"→"工资分析表"命令，打开"工资分析表"对话框。

（2）单击"确定"按钮，打开"选择分析部门"对话框。

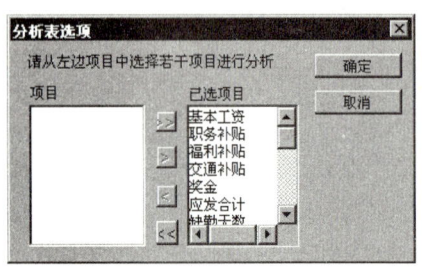

图 6-42　"分析表选项"对话框

（3）在"选择分析部门"对话框中，单击选中各个部门。

（4）单击"确定"按钮，打开"分析表选项"对话框。

（5）在"分析表选项"对话框中，单击"＞＞"按钮，选中所有的薪资项目内容，如图 6-42 所示。

（6）单击"确定"按钮，进入"工资项目分析表（按部门）"窗口。

（7）单击"部门"栏的下三角按钮，选择"财务部"，即可查看财务部工资项目构成情况。

（8）单击"退出"按钮退出。

注意事项：

• 对于工资项目分析，系统仅提供单一部门的分析表，用户可以在分析界面中单击"部门"栏的下三角按钮，查看该部门的工资项目构成分析。

五、查询 1 月份计提"应付福利费"的记账凭证

操作步骤：

（1）执行"统计分析"→"凭证查询"命令，打开"凭证查询"对话框，如图 6-43 所示。

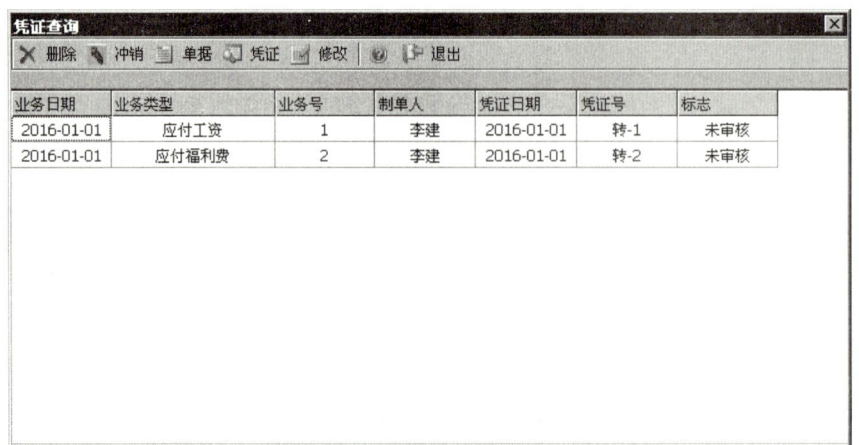

业务日期	业务类型	业务号	制单人	凭证日期	凭证号	标志
2016-01-01	应付工资	1	李建	2016-01-01	转-1	未审核
2016-01-01	应付福利费	2	李建	2016-01-01	转-2	未审核

图 6-43　"凭证查询"对话框

（2）在"凭证查询"对话框中,单击选中"应付福利费"所在行。

（3）单击"凭证"按钮,打开计提应付福利费的转账凭证。

（4）单击"退出"按钮退出。

注意事项:

• 薪资管理系统中的凭证查询功能可以对薪资管理系统生成的转账凭证进行查询、删除或冲销。而在总账系统中,对薪资管理系统中传递过来的转账凭证只能进行查询、审核或记账等操作,不能进行修改或删除。

• 在凭证查询功能中单击"单据"按钮,可以查看该张凭证所对应的单据。

• 如果要进行工资数据的上报或采集或者进行不同工资类别之间的人员变动,应在"工资数据维护"功能中完成。

• 在"工资数据维护"功能中还可以进行"人员信息复制"及"工资类别汇总"的操作。

本 章 小 结

薪资管理是企业、公司等单位根据按劳取酬的原则,按照工资制度和职工的劳动成果等因素支付给职工劳动报酬的主要形式。企业除了支付给职工工资之外,还要对工资费用进行分配,计入产品生产成本或者作为期间费用在当期损益中列支,此外,还要根据工资总额的一定比例提取职工福利费、工会经费和职工教育费等。本章主要内容包括薪资核算的初始设置、日常处理和月末处理。

典型题目及解析

【例题·单选题】 工资核算系统与账务处理系统不能共享的信息是(　　)。

A. 部门代码　　　　B. 凭证类型　　　　C. 会计科目　　　　D. 计算公式

【答案及解析】 D

计算公式是用于工资计算的工具,和总账系统无关。部门代码、凭证类型、会计科目是总账系统和工资核算系统共享信息。

【例题·单选题】 当核算单位每月多次发放工资时,以及按不同职工发放工资的项目不同,计算公式不同,但需统一管理时,则选择(　　)工资类别。

A. 单个　　　　　B. 2个　　　　　C. 3个　　　　　D. 多个

【答案及解析】 D

工资类别分为:单个和多个两种。

【例题·判断题】 用友软件的工资系统只能进行单个工资类别的核算。　　　　（　　）

【答案】 错

【例题·判断题】 当核算单位每月多次发放工资,或者按不同的职工发放的工资项目不同,计算公式不同,但需进行统一工资管理时,应设置"多个"工资类别。　　（　　）

【答案】 对

【例题·多选题】 工资项目的基本信息包括(   )。

A. 项目名称　　　　B. 项目性质　　　　C. 项目类型　　　　D. 项目宽度

【答案及解析】 ABCD

如:项目名称:"奖金";项目类型:"实数型";项目宽度:"7,2";项目性质:"增项"。

【例题·单选题】 进行部门档案设置时,应(   )工资类别。

A. 打开工资类别　　　　　　　　B. 关闭工资类别

C. 打开或关闭都可以　　　　　　D. 删除工资类别

【答案】 B

【例题·单选题】 在多类别工资核算中,工资各类别的信息设置和日常工资核算都必须(   )。

A. 打开工资类别　　　　　　　　B. 关闭工资类别

C. 打开或关闭都可以　　　　　　D. 删除工资类别

【答案】 A

【例题·多选题】 下列(   )属于变动工资项目。

A. 基本工资　　　　B. 岗位工资　　　　C. 奖金　　　　D. 请假扣款

【答案及解析】 CD

工资变动数据输入是指输入工资项目中相对变动的数据,如奖金、请假扣款。

【例题·多选题】 工资核算系统中记账凭证是(   )。

A. 本系统机制的凭证　　　　　　B. 从账务处理系统传递过来的凭证

C. 用户直接输入的凭证　　　　　D. 转账凭证

【答案及解析】 AD

工资系统可以自动结转工资费用,生成转账凭证,传给账务系统。

【例题·单选题】 工资费用的分摊、计提是在(   )功能模块中进行的。

A. 初始设置　　　　B. 工资变动　　　　C. 工资计算　　　　D. 月末处理

【答案】 D

【例题·判断题】 工资管理系统可以通过分摊功能向总账传递凭证。　　　(   )

【答案】 对

【例题·单选题】 下列关于工资管理模块说法错误的是(   )。

A. 可以实现多类别核算

B. 可以实现自动计算所得税

C. 可根据事先定义的工资转账关系进行工资分摊

D. 通过原始凭证实现其与账务处理模块的数据传递

【答案及解析】 D

工资系统可以自动结转工资费用,生成转账凭证,传给账务系统。因此其余账务处理模块是通过记账凭证传递数据。

【例题·判断题】 工资系统主要与账务系统和成本核算系统存在数据传递关系。(   )

【答案及解析】 对

工资系统可以自动结转分配工资费用,生成转账凭证,传给账务系统。工资系统还提供了与成本系统的数据接口。

【例题·多选题】工资管理系统的基本功能模块有(   )。

A. 初始设置   B. 工资变动   C. 工资计算   D. 工资账表

【答案】 ABCD

【例题·判断题】工资系统的结账应在总账系统结账之后。   (   )

【答案】 错

课后习题

一、单项选择题

1. 工资核算系统中,固定数据处理包括(   )。

A. 人员调入   B. 工资计算   C. 费用分配   D. 计时工资

2. 工资核算系统中,变动数据处理包括(   )。

A. 人员调出   B. 当月扣款   C. 基本工资   D. 职位变动

3. 工资系统生成记账凭证应在账务处理系统(   )。

A. 结账中   B. 结账前   C. 任何时间   D. 结账后

4. 设置工资项目属于工资系统(   )工作。

A. 系统初始化   B. 日常业务处理

C. 数据维护   D. 期末业务处理

5. 在工资管理系统初始化设置中,不包括的内容是(   )。

A. 部门设置   B. 人员类别设置

C. 工资项目设置   D. 银行名称设置

6. 在工资管理系统中,每月录入的考勤记录、产量记录、奖金、工资变动单可以形成(   )。

A. 变动数据文件   B. 基本变动数据文件

C. 基本固定数据文件   C. 固定数据文件

7. 设置工资类别是在(   )模块中进行的。

A. 工资系统初始化   B. 录入工资数据与工资档案

C. 日常工资业务处理   D. 月末工资业务处理

二、多项选择题

1. 下列各项中,属于工资系统的初始设置操作的有(   )。

A. 部门及人员设置   B. 工资项目设置

C. 工资变动数据录入   D. 工资原始数据录入

2. 工资表功能模块主要用于本月工资发放和统计,包括编制(   )。

A. 工资发放签名表和工资发放条   B. 工资卡

C. 部门工资汇总表   D. 人员类别工资汇总表

三、判断题

1. 工资管理系统的主要任务是以单位职工个人的工资原始数据为核算管理对象,只需计算应发工资、应扣款项和实发工资等项目数据。   (   )

2. 在工资管理系统初始化时,可将有关工资原始数据按数据变动频率的不同划分为基本不变数据和变动数据两部分。 (　　)

3. 工资项目设置的功能主要用于定义工资项目的名称、类型、宽度,可根据需要自由设置工资项目。 (　　)

4. 工资核算系统中,应先设置工资项目,再进行计算公式设置。 (　　)

上机实验十一　薪资业务初始化

【操作准备】

引入"上机实验六"完成后的备份数据。将系统日期改为 2016 年 1 月 1 日,由操作员"LW　刘伟(密码1)"注册企业应用平台。

【操作要求】

(1) 启用"工资"模块(在"系统管理"中用 LW 的身份启用,启用日期:2016 年 1 月)。

(2) 建立工资账套。

(3) 设置人员附加信息。

(4) 设置工资项目。

(5) 设置人员档案。

(6) 设置计算公式。

【操作数据】

1. 工资账套参数

工资类别为"单个",工资核算本位币为"人民币",从工资中代扣所得税,进行扣零设置扣零至元,人员编码长度与职员档案编码一致,工资系统的启用日期为"2016 年 1 月 1 日"。

2. 人员附加信息

人员的附加信息为"学历"和"技术职称"。

3. 工资项目

企业工资项目,如表 6-5 所示。

表 6-5　企业工资项目

工资项目名称	类型	长度	小数	增减项
基本工资	数字	8	2	增项
职务补贴	数字	8	2	增项
福利补贴	数字	8	2	增项
交通补贴	数字	8	2	增项
奖金	数字	8	2	增项
缺勤扣款	数字	8	2	减项
住房公积金	数字	8	2	减项
缺勤天数	数字	4	1	其他

4. 人员档案

企业人员档案,如表 6-6 所示。

表 6-6 企业人员档案

职员编号	人员姓名	学历	职称	所属部门
001	王鹏飞	大学	经济师	厂办
002	李东升	大学	经济师	厂办
003	刘伟	大学	会计师	财务部
004	张顺	大学	会计师	财务部
005	李飞鹏	大学	会计师	财务部
006	杨帆	大专	会计师	财务部
007	李铭	大专	工程师	一车间
008	王翠洁	大专	助理工程师	一车间
009	曾清玥	大专	助理工程师	一车间
010	杨柳	大专		采购部
011	赵小静	大学		采购部
012	王涛	大学		销售部
013	李海波	大专		销售部

5. 计算公式

缺勤扣款 = 基本工资 /22×缺勤天数

销售人员的交通补助为 200 元,其他人员的交通补助为 100 元。用 iff( )函数。

住房公积金 =（基本工资＋职务补贴＋福利补贴＋交通补贴＋奖金）×0.12

上机实验十二 薪资日常业务

【操作准备】

引入"上机实验十一"的备份数据。将系统日期改为 2016 年 1 月 31 日,由操作员"LW 刘伟（密码 1）"注册企业应用平台。

【操作要求】

(1) 录入并计算 1 月份的工资数据。

(2) 扣缴所得税,并重新计算汇总 1 月份工资。

(3) 分摊工资并生成转账凭证,用 LFP 李飞鹏的身份审核记账。

(4) 查询工资发放表。

(5) 月末处理。

【操作数据】

1. 设置个人所得税税率。按照"实发工资"扣除"3 500"基数后计税。税率采用默认的级距。

2. 2016 年 1 月有关职工工资数据,如表 6-7 所示。

表 6-7　2016 年 1 月企业有关工资数据　　　　单位:元

职员编号	人员姓名	所属部门	基本工资	职务补贴	福利补贴	奖金	缺勤天数
001	王鹏飞	厂办	4 000	2 000	200	800	
002	李东升	厂办	4 000	1 500	200	800	3
003	刘伟	财务部	4 500	1 500	200	800	
004	张顺	财务部	3 500	2 000	200	1 000	
005	李飞鹏	财务部	3 000	1 500	200	1 200	
006	杨帆	财务部	3 000	1 000	200	1 000	
007	李铭	一车间	2 800	1 000	200	800	2
008	王翠洁	一车间	2 900		200	800	
009	曾清玥	一车间	2 800		200	800	
010	杨柳	采购部	1 500		200	800	3
011	赵小静	采购部	1 800		200		
012	王涛	销售部	1 600		200	800	5
013	李海波	销售部	1 600		200		

3. 工资分摊类型

工资分摊的类型为"应付工资"和"工会经费"。

有关计提标准:按工资总额的 2% 计提工会经费。

分摊设置,如表 6-8 所示。

表 6-8　公司工资分摊设置

计提类型名称	部门名称	工资项目	借方科目	贷方科目
应付工资	厂办	应发合计	管理费用——工资(660203)	应付职工薪酬(2211)
	财务部	应发合计	管理费用——工资(660203)	应付职工薪酬(2211)
	采购部	应发合计	管理费用——工资(660203)	应付职工薪酬(2211)
	销售部	应发合计	销售费用(6601)	应付职工薪酬(2211)
	一车间	应发合计	制造费用(5101)	应付职工薪酬(2211)
工会经费	厂办	应发合计	管理费用——工资(660203)	其他应付款(2241)
	财务部	应发合计	管理费用——工资(660203)	其他应付款(2241)
	采购部	应发合计	管理费用——工资(660203)	其他应付款(2241)
	销售部	应发合计	销售费用(6601)	其他应付款(2241)
	一车间	应发合计	制造费用(5101)	其他应付款(2241)

操作答案:

1. 应付工资分摊的结果见图 6-44 和图 6-45。

转账凭证

已生成

转 字 0004 － 0001/0002　制单日期: 2016.01.31　审核日期:　　　　附单据数: 0

摘要	科目名称	借方金额	贷方金额
应付工资	制造费用	1280000	
应付工资	销售费用	480000	
应付工资	管理费用/工资	1370000	
应付工资	管理费用/工资	2520000	
应付工资	管理费用/工资	470000	

票号　日期　　数量　单价　　　　　　合计　6120000　6120000

备注　项目　　个人　业务员　　部门　客户

记账　　审核　　出纳　　制单 刘伟

图 6-44 "应付工资"分摊凭证(一)

转账凭证

已生成

转 字 0004 － 0001/0002　制单日期: 2016.01.31　审核日期:　　　　附单据数: 0

摘要	科目名称	借方金额	贷方金额
应付工资	管理费用/工资	1370000	
应付工资	管理费用/工资	2520000	
应付工资	管理费用/工资	470000	
应付工资	应付职工薪酬		6120000

票号　日期　　数量　单价　　　　　　合计　6120000　6120000

备注　项目　　个人　业务员　　部门 厂办　客户

记账　　审核　　出纳　　制单 刘伟

图 6-45 "应付工资"分摊凭证(二)

2. 工会经费分摊的结果见图 6-46 和 6-47。

转账凭证

已生成

转 字 0005 － 0001/0002　制单日期: 2016.01.31　审核日期:　　　　附单据数: 0

摘要	科目名称	借方金额	贷方金额
工会经费	制造费用	25600	
工会经费	销售费用	9800	
工会经费	管理费用/工资	27400	
工会经费	管理费用/工资	50400	
工会经费	管理费用/工资	9400	

票号　日期　　数量　单价　　　　　　合计　122400　122400

备注　项目　　个人　业务员　　部门　客户

记账　　审核　　出纳　　制单 刘伟

图 6-46 "工会经费"分摊凭证(一)

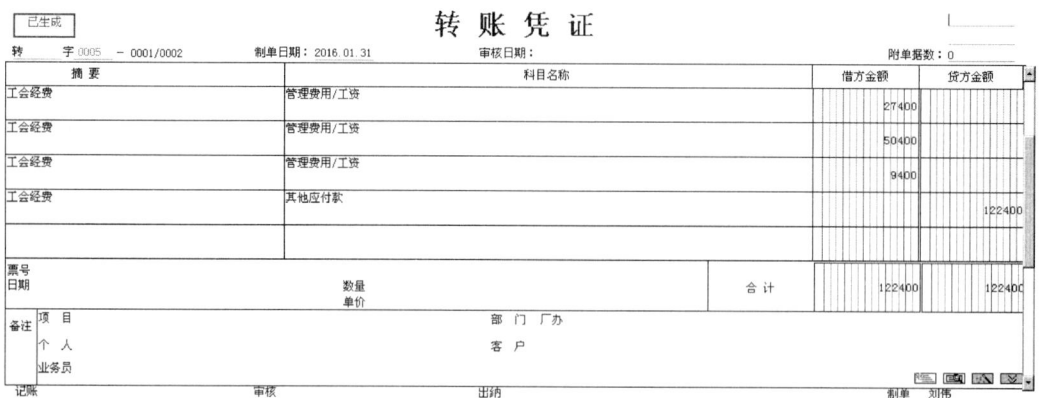

图 6-47 "工会经费"分摊凭证(二)

3. 查询工资发放表的结果见图 6-48。

工资发放签名表
2016 年 01 月

部门：全部 ▼ 　会计月份 一月 ▼ 　　　　　　　　　　　　　　　人数：

人员编号	姓名	工资代扣税	扣税合计	基本工资	职务补贴	福利补贴	交通补贴	奖金	缺勤天数	缺勤扣款	住房公积金	签名
001	王鹏飞	37.44	37.44	4,000.00	2,000.00	200.00	100.00	800.00			852.00	
002	李东升	7.88	7.88	4,000.00	1,500.00	200.00	100.00	800.00	3.00	545.45	792.00	
003	刘伟	37.44	37.44	4,500.00	1,500.00	200.00	100.00	800.00			852.00	
004	张顺	29.52	29.52	3,500.00	2,000.00	200.00	100.00	1,000.00			816.00	
005	李飞鹏	8.40	8.40	3,000.00	1,500.00	200.00	100.00	1,200.00			720.00	
006	杨帆			3,000.00	1,000.00	200.00	100.00	1,000.00			636.00	
007	李铭			2,800.00	1,000.00	200.00	100.00	800.00	2.00	254.55	588.00	
008	王莹洁			2,900.00		200.00	100.00	800.00			480.00	
009	曾清玥			2,800.00		200.00	100.00	800.00			468.00	
010	杨柳			1,500.00		200.00	100.00	800.00	3.00	204.55	312.00	
011	赵小静			1,800.00		200.00	100.00				252.00	
012	王涛			1,600.00		200.00	200.00	800.00	5.00	363.64	336.00	
013	李海波			1,600.00		200.00	200.00				240.00	
合计		120.68	120.68	37,000.00	10,500.00	2,600.00	1,500.00	9,600.00	13.00	1,368.19	7,344.00	

图 6-48 工资发放表

第七章　固定资产管理

　　学生通过固定资产管理系统学习,掌握由固定资产管理系统来完成企业固定资产日常业务核算和管理的方法。了解固定资产账套内容及作用,熟悉固定资产管理系统中输入固定资产卡片的方法以及固定资产减少、变动的操作方法和要求。了解固定资产管理系统与总账管理系统、UFO 报表系统的主要关系。熟悉固定资产月末转账、对账及月末结账的操作方法。

　　1. 掌握用友 ERP-U8 管理软件中固定资产管理系统的相关内容。
　　2. 掌握固定资产管理系统初始化、日常业务处理、月末处理的操作。

第一节　固定资产系统结构和流程

一、固定资产系统结构图

　　固定资产子系统的功能包括:固定资产增加、固定资产变动、计提折旧、工作量管理、凭证管理、与总账系统对账、月末结账。总体归纳其结构包括:初始化、卡片管理、折旧业务、凭证生成、账表查询、期末处理。固定资产系统结构图,如图 7-1 所示。

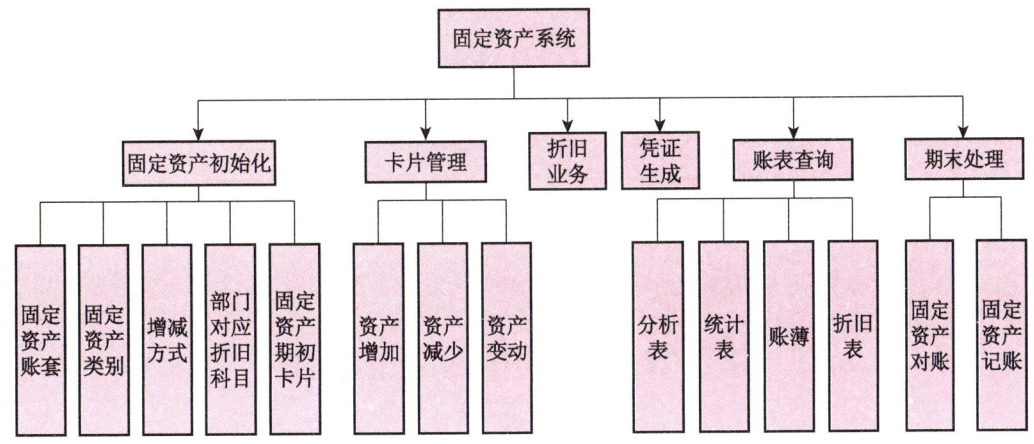

图 7-1　固定资产系统结构图

二、固定资产系统流程图

固定资产系统流程中,要注意因为当月减少的资产要照提折旧,因此,应先提折旧再减少资产卡片。固定资产系统生成的增加、减少、折旧凭证都要传递到账务处理系统中审核、记账。固定资产系统流程,如图 7-2 所示。

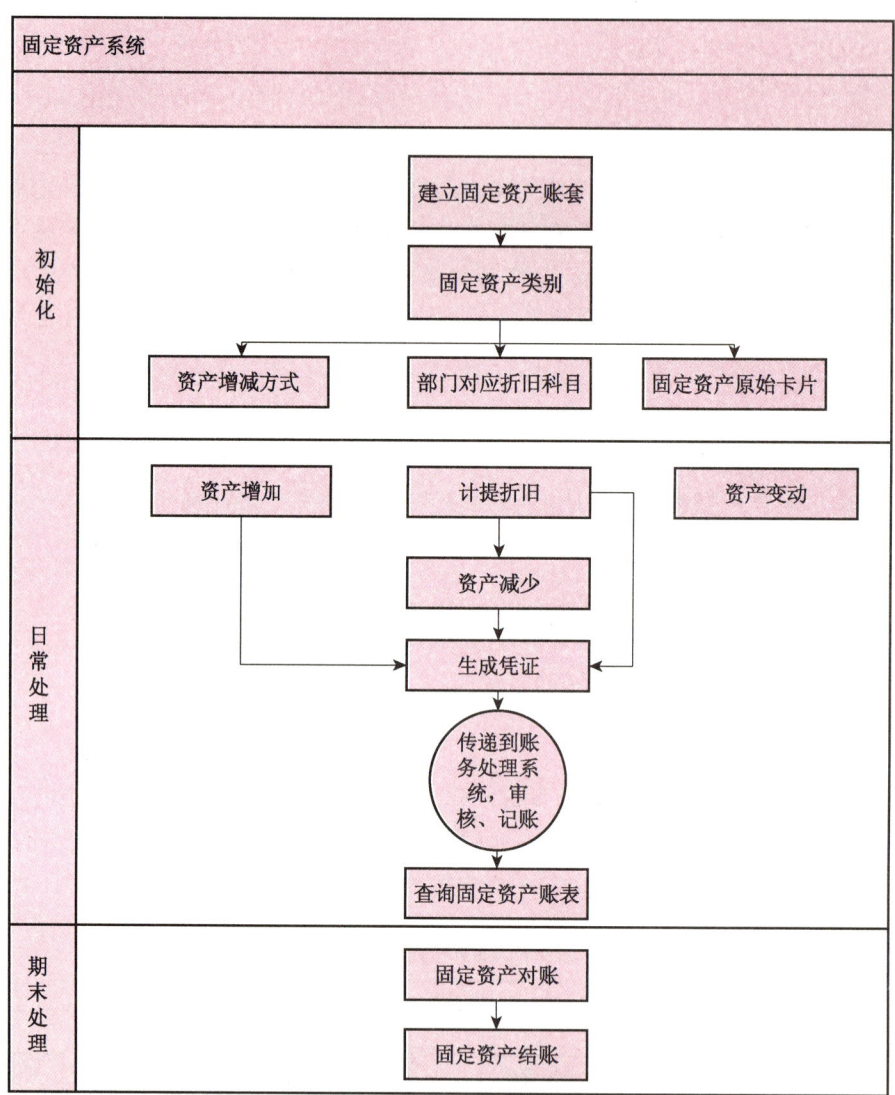

图 7-2   固定资产系统流程图

第二节   固定资产系统初始化

固定资产系统初始化是企业根据具体情况,在已经建立会计核算账套的基础上,建立一个适合企业实际需要的固定资产账套的过程。初始化的主要内容包括:建立固定资产子账套、基础设置、录入原始卡片。其中,基础设置包括:选项设置、部门对应折旧科目设置、资产类别设置、固定资产减值方式设置。

一、启用固定资产系统

　　企业在建立账套时,并未启用所有相关系统。所以,当需要使用此软件功能时,必须启用相应的系统。账套系统的启用或关闭只有账套主管才能进行操作。

　　操作步骤:

　　(1)账套主管注册进入企业应用平台。

　　(2)执行"基础设置"→"基本信息"→"系统启用"命令,进入系统启用界面。

　　(3)在"固定资产"所在行的方框中打"√",并选择启用日期"2016-01-01",系统提示:"确实要启用当前系统吗?"单击"是"按钮,完成固定资产系统启用,如图7-3所示。

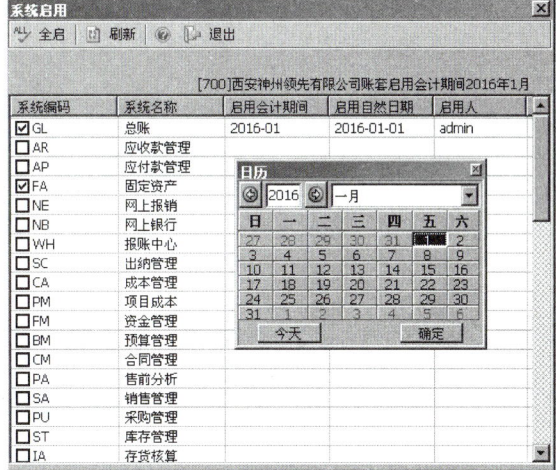

图7-3　固定资产系统启用

二、建立固定资产账套

　　控制参数包括约定与说明、启用月份、折旧信息、编码方式,以及财务接口等。这些参数在初次启动固定资产管理系统时设置,其他参数可以在"选项"中补充。

　　【例7-1】 根据表7-1中给定的参数,在固定资产系统中建立固定资产的子账套。

表7-1　固定资产管理系统设置参数

控制参数	参数设置
约定于说明	我同意
启用月份	2016-01
折旧信息	本账套计提折旧 主要折旧方法:平均年限法(一) 折旧汇总分配周期:1个月 当(月初已计提月份=可使用月份-1)时,将剩余折旧全部提足
编码方式	资产类别编码方式:2-1-1-2 固定资产编码方式:按"类别编码+序号"自动编码 序号长度为5
账务接口	与账务系统进行对账 对账科目:固定资产对账科目为"固定资产(1601)" 　　　　　累计折旧对账科目为"累计折旧(1602)" 对账不平衡的情况下,允许固定资产月末结账

（续表）

控制参数	参数设置
补充参数	固定资产缺省入账科目：1601 累计折旧缺省入账科目：1602 减值准备缺省入账科目：1603 增值税进项税额缺省入账科目：22210101 固定资产清理缺省入账科目：1606

操作步骤：

（1）在企业应用平台中，选择"财务会计"中的"固定资产"，系统弹出"这是第一次打开此账套，还未进行过初始化，是否进行初始化？"信息提示对话框，如图7-4所示。

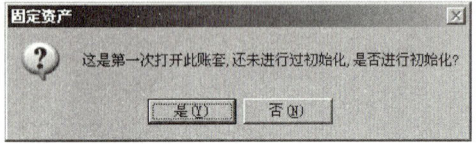

（2）单击"是"按钮，打开固定资产"初始化账套向导—约定及说明"对话框，如图7-5所示。

图7-4　固定资产系统初始化提示信息

（3）选择"我同意"单选按钮，单击"下一步"按钮，打开固定资产"初始化账套向导—启用月份"对话框，如图7-6所示。

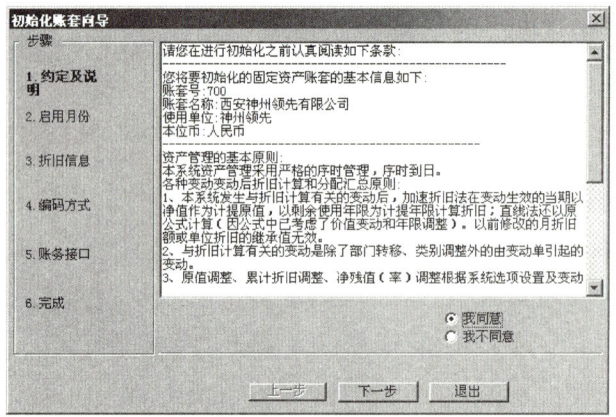

图7-5　固定资产"初始化账套向导—约定及说明"对话框

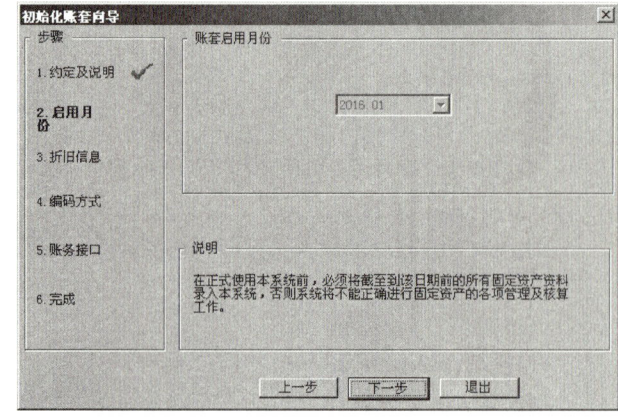

图7-6　固定资产"初始化账套向导—启用月份"对话框

（4）单击"下一步"按钮，打开固定资产"初始化账套向导—折旧信息"对话框，选择主要折旧方法为"平均年限法（一）"，如图7-7所示。

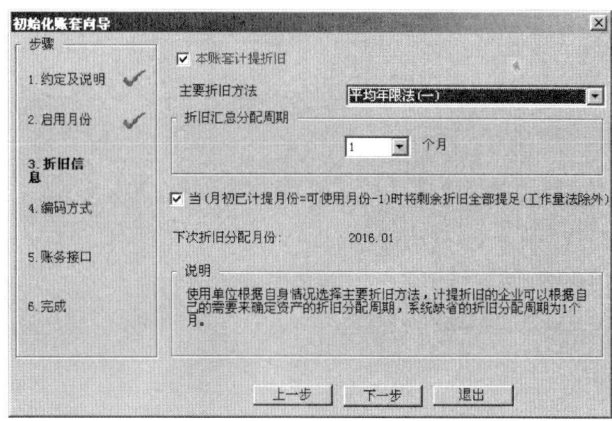

图7-7 固定资产"初始化账套向导—折旧信息"对话框

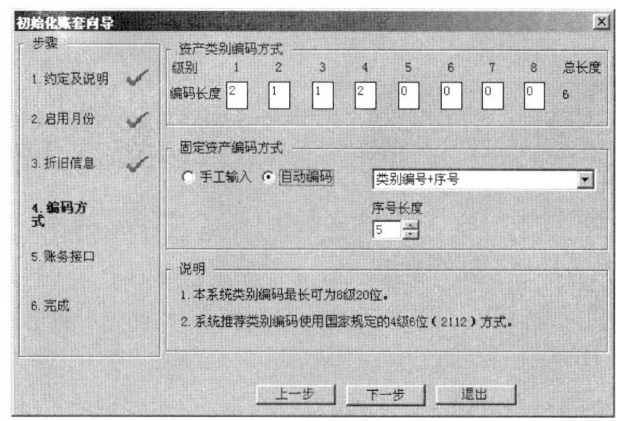

图7-8 固定资产"初始化账套向导—编码方式"对话框

（5）单击"下一步"按钮，打开固定资产"初始化账套向导—编码方式"对话框。选择固定资产编码方式为"自动编码"和"类别编码＋序号"，序号长度为"5"，如图7-8所示。

（6）单击"下一步"按钮，打开固定资产"初始化账套向导—账务接口"对话框。

（7）在"固定资产对账科目"栏录入"1601"，在"累计折旧对账科目"栏录入"1602"，取消选中"在对账不平的情况下允许固定资产月末结账"复选框，如图7-9所示。

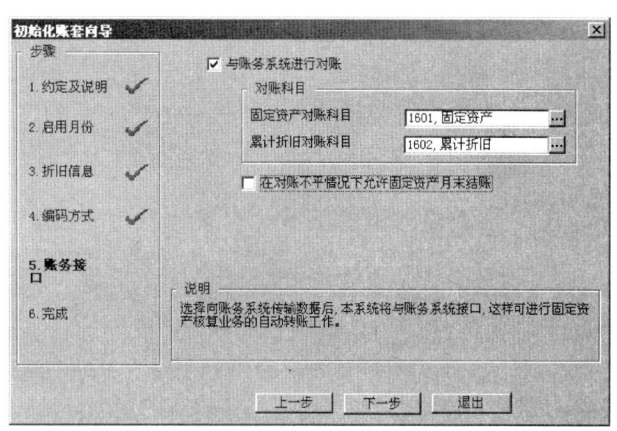

图7-9 固定资产"初始化账套向导—账务接口"对话框

（8）单击"下一步"按钮，打开固定资产"初始化账套向导—完成"对话框，如图 7-10 所示。

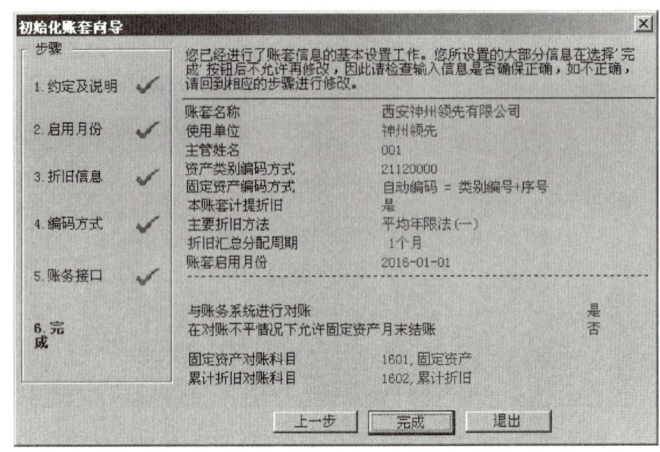

图 7-10 固定资产"初始化账套向导—完成"对话框

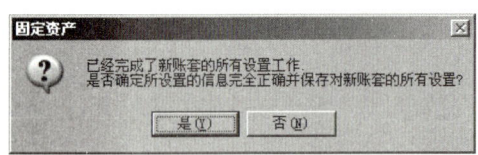

图 7-11 固定资产子账套建立完成信息提示

（9）单击"完成"按钮，系统弹出"已经完成了新账套的所有设置工作，是否确定所设置的信息完全正确并保存对新账套的所有设置？"信息提示，如图 7-11 所示。

（10）单击"是"按钮，系统提示"已成功初始化本固定资产账套！"

（11）单击"确定"按钮，完成固定资产建账。

注意事项：

• 固定资产账套的启用日期一旦确定，在该日期之前的所有固定资产都将作为期初数据，在当前启用月份开始进行计提折旧。

• 固定资产的编码方式有"手工输入"和"自动编码"两种选择。每一个账套只能确定一种自动编码方式，一旦确定不得修改。

• 资产类别编码方式确定以后，一旦设置某一级类别，则该级的长度不能修改，没有使用过的各级长度可以修改。

• 初始化设置完成后，有些参数不能修改，所以要慎重。如果发现参数有错，必须改正，只能通过固定资产管理系统"维护"→"重新初始化账套"命令实现，该操作将清空对该子账套所做的一切工作。

• 固定资产对账科目和累计折旧对账科目应与账务系统内的对应科目一致。

三、补充参数设置

知识讲解

大部分参数是在初次启动固定资产管理系统时进行设置，但是有些参数需要在"选项"中补充。比如，固定资产和累计折旧的缺省入账科目的设置。

【例 7-2】 根据表 7-1 中补充参数部分提供的数据,进行选项设置。

操作步骤:

(1)执行"设置"→"选项"命令,进入"选项"窗口。

(2)单击"编辑"按钮,打开"与财务系统接口"选项卡,设置固定资产缺省入账科目为1601;累计折旧缺省入账科目为1602;固定资产减值准备为1603;增值税进项税额科目为22210101;固定资产清理缺省入账科目为1606,如图 7-12 所示。

(3)单击"确定"按钮。

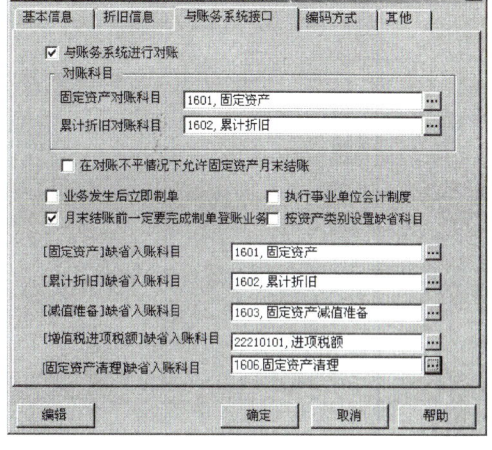

图 7-12 补充参数设置

四、设置部门对应折旧科目

> **知识讲解**

对应折旧科目是指折旧费用的入账科目。资产计提折旧后必须把折旧归入成本或费用,根据不同企业的具体情况,有按部门归集的,也有按类别归集的。部门对应折旧科目的设置就是给每个部门选择一个折旧科目,这样,在输入卡片时,该科目自动添入卡片中,不必一个一个输入。如果对某一上级部门设置了对应的折旧科目,下级部门继承上级部门的设置。

【例 7-3】 请根据表 7-2 的内容设置系统的部门对应折旧科目。

表 7-2 部门对应折旧科目

部 门 名 称	贷 方 科 目
综合部	管理费用——折旧费(660204)
财务部	管理费用——折旧费(660204)
采购部	销售费用(6601)
销售部	销售费用(6601)
加工车间	制造费用(5101)

(1)执行"设置"→"部门对应折旧科目"命令,进入"部门对应折旧科目—列表视图"窗口,如图 7-13 所示。

(2)选择"综合部"所在行,单击"修改"按钮,打开"单张视图"窗口(也可以直接选中部门编码目录中的"综合部",单击打开"单张视图"选项卡,再单击"修改"按钮)。

(3)在"折旧科目"栏录入或选择"660204",如图 7-14 所示。

(4)重复以上步骤,依次设置其他对应部门的对应折旧科目,直到全部设置完毕。

注意事项:

• 由于系统录入卡片时,只能选择明细级部门,所以设置折旧科目时也只能设置明细科目与之对应。

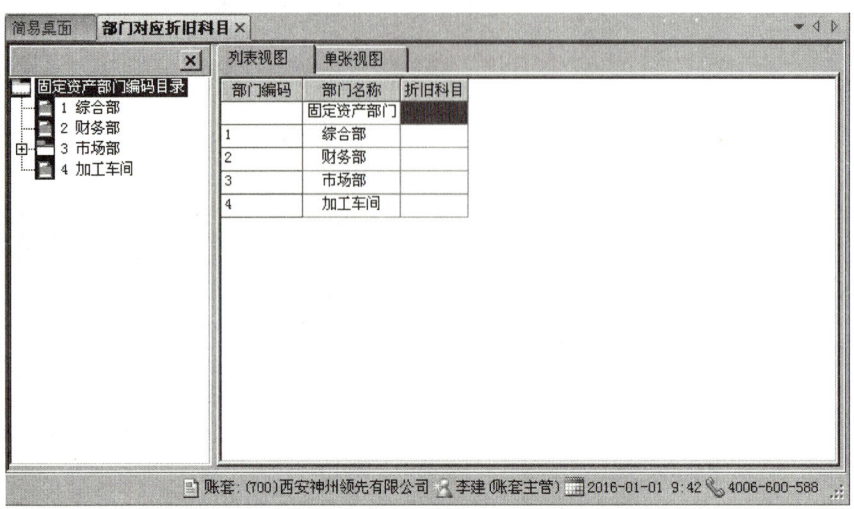

图 7-13 "部门对应折旧科目—列表视图"窗口

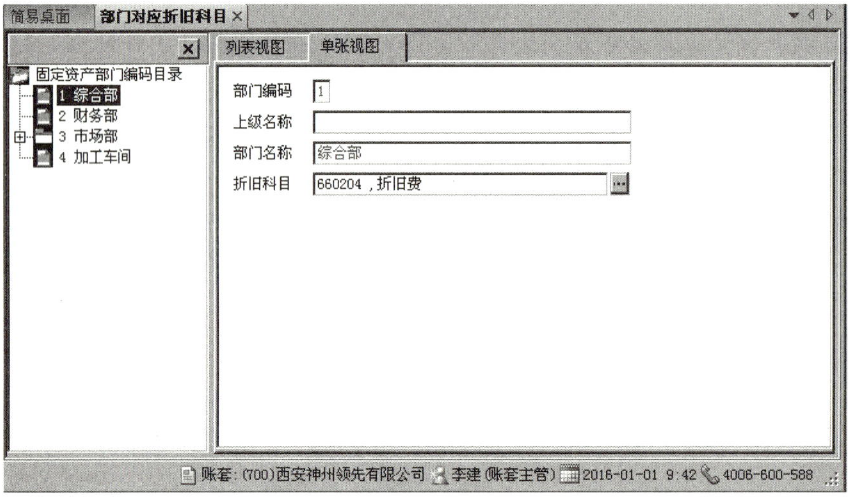

图 7-14 "部门对应折旧科目—单张视图"窗口

• 设置部门对应的折旧科目时,必须选择末级会计科目。若上级部门设置了对应的折旧科目,则下级部门自动继承上级部门的设置,但是下级部门也可以选择不同的科目,即上下级部门的折旧科目可以相同,也可以不同。

五、固定资产类别设置

知识讲解

固定资产的种类繁多,规格不一,要强化固定资产管理,及时、准确地做好固定资产核算,必须科学地设置固定资产的分类,为核算和统计管理提供依据。

【例 7-4】 根据表 7-3 提供的数据设置系统的固定资产类别。

表 7-3　固定资产类别

类别编码	类别名称	使用年限	净残值率	计提属性	折旧方法	卡片样式
01	房屋及建筑物	30	2%	正常计提	平均年限法(一)	通用样式
011	办公楼	30	2%	正常计提	平均年限法(一)	通用样式
012	厂房	30	2%	正常计提	平均年限法(一)	通用样式
02	机器设备			正常计提	平均年限法(一)	通用样式
021	办公设备	5	3%	正常计提	平均年限法(一)	通用样式
022	生产线	10	3%	正常计提	平均年限法(一)	通用样式

操作步骤：

（1）执行"设置"→"资产类别"命令，进入"资产类别—列表视图"窗口，如图 7-15 所示。

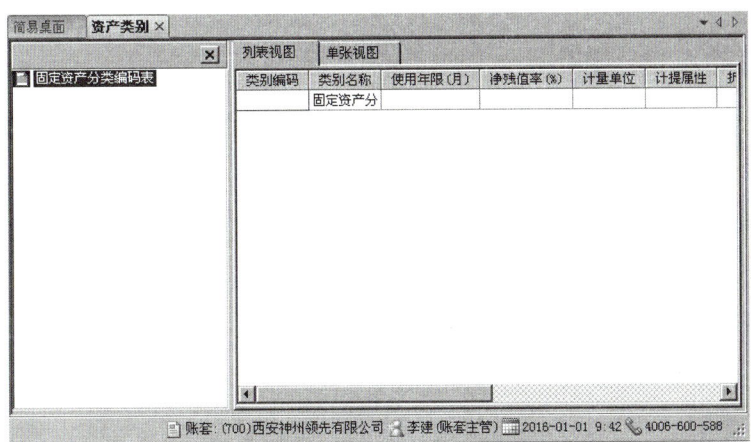

图 7-15　"资产类别—列表视图"窗口

（2）单击"增加"按钮，打开"资产类别—单张视图"窗口。

（3）在"类别名称"栏录入"房屋及建筑物"。在"使用年限"栏录入"30"，在"净残值率"栏录入"2"，单击"保存"按钮，如图 7-16 所示。

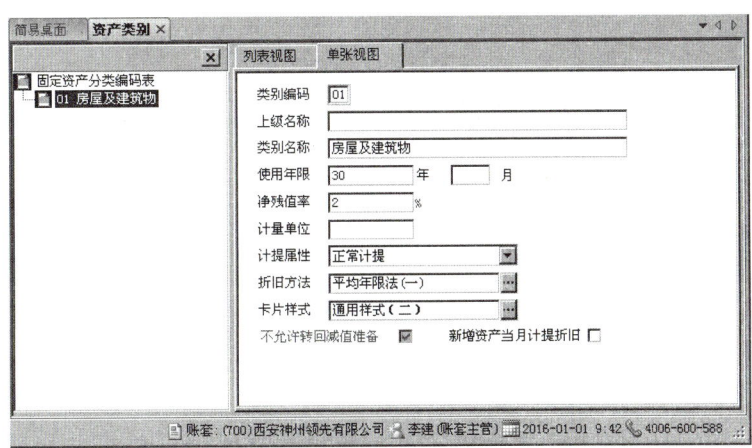

图 7-16　"资产类别—单张视图"窗口

（4）单击选中"固定资产分类编码表"中的"01 房屋及建筑物"分类，再单击"增加"按钮，在"类别名称"栏录入"办公楼"，单击"保存"按钮，如图 7-17 所示。

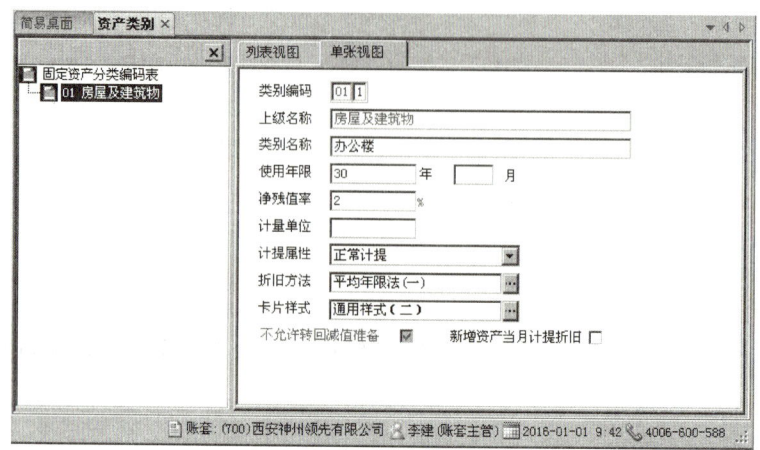

图 7-17 "资产类别下级分类设置—单张视图"窗口

（5）重复以上步骤，继续录入其他的固定资产分类，直到全部设置完毕。

注意事项：

• 先建立上级固定资产类别，后建立下级固定资产类别。由于在建立上级类别时已经设置了使用年限、净残值率等相关属性，其下级类别如果与上级类别设置相同，可自动继承不用修改；如果下级类别与上级类别设置不同，可以修改。

• 类别编码、名称、计提属性、折旧方法及卡片样式为必录项不能为空。

• 系统已使用的类别不允许增加下级、删除和修改。

六、固定资产增减方式设置

知识讲解

增减方式包括增加方式和减少方式两类。系统内置的增加方式有直接购买、投资者投入、捐赠、盘盈、在建工程转入和融资租入六种。系统内置的减少方式有出售、盘亏、投资转出、捐赠转出、报废、毁损和融资租出七种。用友软件系统固定资产的增减方式可以设置两级，也可以根据需要自行增加。

【例 7-5】 根据表 7-4 提供的数据，设置系统的固定资产增减方式。

表 7-4 固定资产增减方式

增加方式	对应入账科目	减少方式	对应入账科目
直接购入	银行存款——工行存款（100201）	出售	固定资产清理（1606）
投资者投入	实收资本（4001）	投资转出	长期股权投资——其他股权投资（151102）
捐赠	营业外收入（6301）	捐赠转出	固定资产清理（1606）
盘盈	待处理固定资产损溢（190102）	盘亏	待处理财产损溢——待处理固定资产损溢（190102）
在建工程转入	在建工程（1604）	报废	固定资产清理（1606）

操作步骤:

(1) 执行"设置"→"增减方式"命令,打开"增减方式"窗口,如图 7-18 所示。

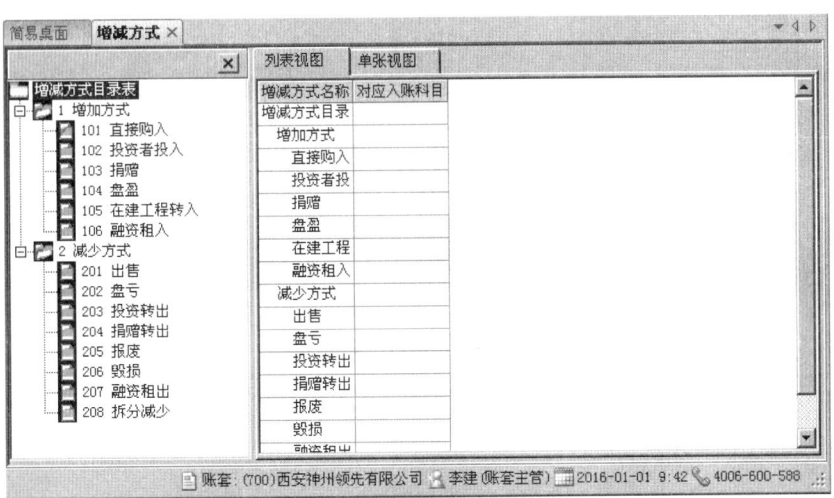

图 7-18　"增减方式"窗口

(2) 单击选中"直接购入"所在行,再单击"修改"按钮,打开"增减方式—单张视图"窗口,在"对应入账科目"栏录入"100201",如图 7-19 所示。

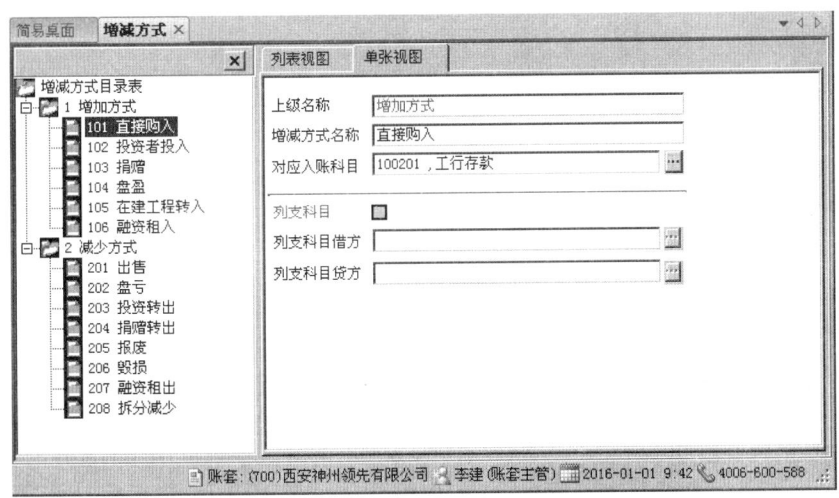

图 7-19　"增减方式—单张视图"窗口

(3) 单击"保存"按钮。以此方法继续设置其他增减方式对应的入账科目。

注意事项:

• 在资产增减方式中,所设置的对应入账科目是为了生成凭证时默认。

• 因为本系统提供的报表中有固定资产盘盈盘亏报表,所以,增减方式中"盘盈、盘亏、毁损"不能修改和删除。

• 非明细增减方式不能删除;已使用的增减方式不能删除。

• 生成凭证时,如果入账科目发生了变化,可以即时修改。

七、录入固定资产原始卡片

知识讲解

固定资产卡片是固定资产核算和管理的基础依据,为保持历史资料的连续性,必须将建账日期以前的固定资产数据输入到原始卡片中。

【例 7-6】 根据表 7-5 提供的数据,录入固定资产原始卡片。

表 7-5 固定资产原始卡片   单位:元

卡片编号	00001	00002	00003	00004
固定资产编号	01100001	01200001	02100001	02200001
固定资产名称	1 号楼	2 号楼	计算机	生产线
类别编号	011	012	021	022
类别名称	办公楼	厂房	办公设备	生产线
部门名称	综合部	加工车间	财务部	加工车间
增加方式	在建工程转入	在建工程转入	直接购入	在建工程转入
使用状况	在用	在用	在用	在用
使用年限	30 年	30 年	5 年	10 年
折旧方法	平均年限法(一)	平均年限法(一)	平均年限法(一)	平均年限法(一)
开始使用日期	2013-01-08	2014-03-10	2015-06-01	2014-05-08
币种	人民币	人民币	人民币	人民币
原值	400 000	450 000	20 000	180 000
净残值率	2%	2%	3%	3%
累计折旧	38 111.11	24 500	1 940	26 190
对应折旧科目	管理费用—折旧费	制造费用	管理费用—折旧费	制造费用

操作步骤:

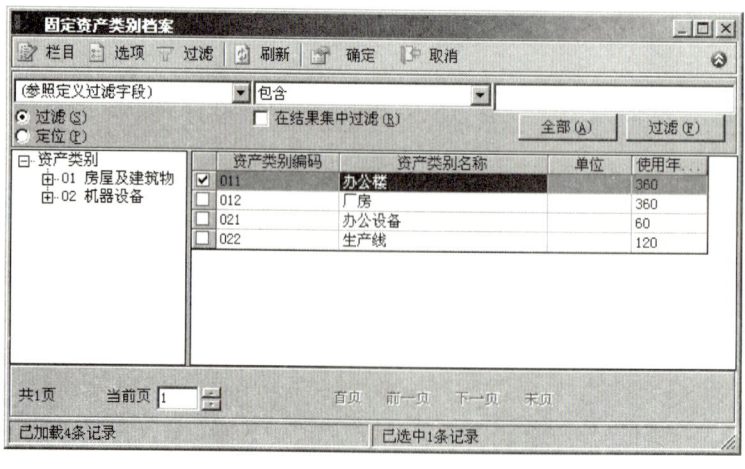

图 7-20 "固定资产类别档案"对话框

(1)执行"卡片"→"录入原始卡片"命令,打开"固定资产类别档案"对话框,如图 7-20 所示。

(2)选择"011 办公楼"前的复选框,回车或单击"确定"按钮,进入"固定资产卡片[录入原始卡片:00001 号卡片]"窗口,在"固定资产名称"栏录入"1 号楼",如图 7-21 所示。

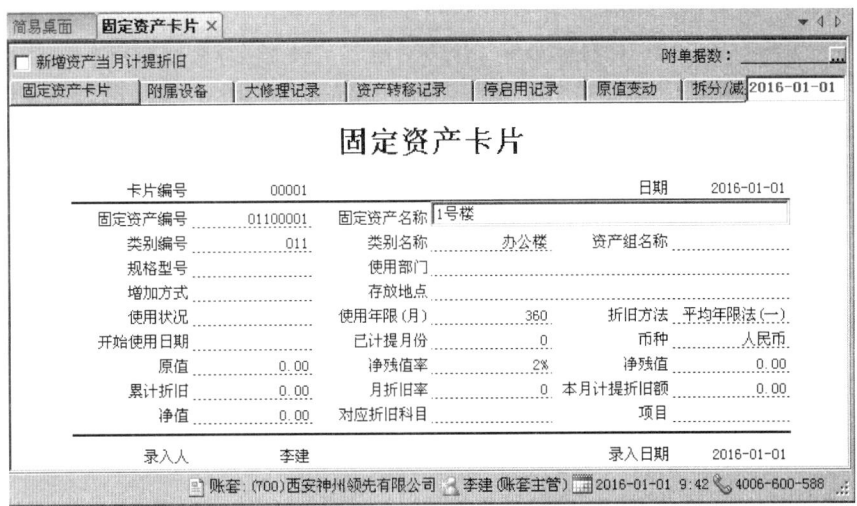

图 7-21　"固定资产卡片[录入原始卡片:00001 号卡片]"窗口

（3）单击"使用部门"栏,再单击"使用部门"
按钮,打开"固定资产—本资产部门使用方式"对
话框,如图 7-22 所示。

（4）单击"确定"按钮,打开"部门基本参照"
窗口,如图 7-23 所示。

（5）选择"综合部"双击确认或单击"确认"
按钮。

（6）单击"增加方式"栏,再单击"增加方式"

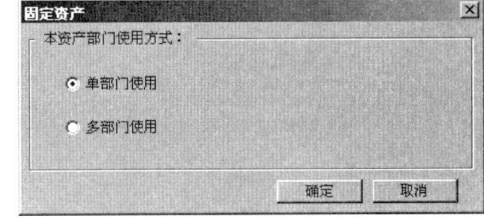

图 7-22　"固定资产—本资产部门
使用方式"对话框

按钮,打开"固定资产增加方式"对话框,选择"105 在建工程转入",双击确认,如图 7-24 所示。

图 7-23　"部门基本参照"窗口

（7）单击"使用状况"栏,再单击"使用状况"按钮,打开"使用状况参照"对话框。默认
"在用",单击"确定"按钮,如图 7-25 所示。

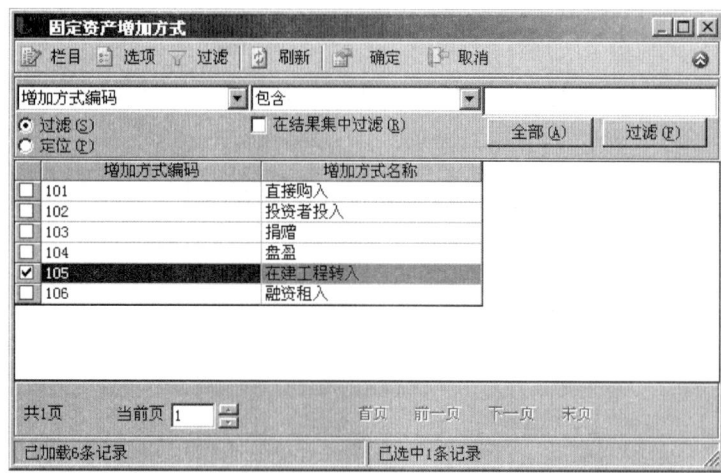

图 7-24 "固定资产增加方式"对话框　　　　图 7-25 "使用状况参照"对话框

（8）在"开始使用日期"栏录入"2013-01-08"，在"原值"栏录入"400 000"，在"累计折旧"栏录入"37 800"，如图 7-26 所示。

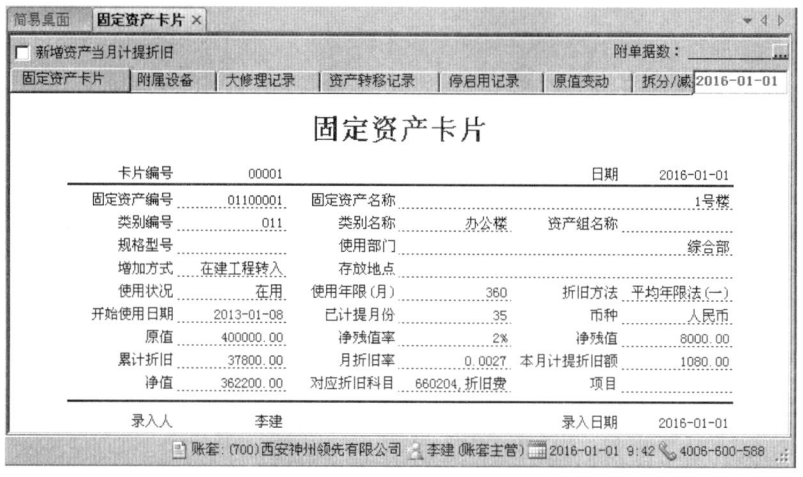

图 7-26 录入原始卡片

（9）单击"保存"按钮，系统提示"数据成功保存！"

（10）单击"确定"按钮。以此方法继续录入其他的固定资产卡片。

注意事项：

• 在"固定资产卡片"界面中，除"固定资产卡片"选项卡外，还有若干的附属选项卡，附属选项卡上的信息只供参考，不参与计算也不回溯。

• 在执行原始卡片录入或资产增加功能时，可以为一个资产选择多个使用部门。

• 当资产为多部门使用时，原值、累计折旧等数据可以在多部门间按设置的比例分摊。

• 单个资产对应多个使用部门时，卡片上的"对应折旧科目"处不能输入，默认为选择使用部门时设置的折旧科目。

• 录入完成后，可以执行"处理"→"对账"命令，验证固定资产系统中录入的固定资产明细资料是否与总账中的固定资产数据一致。

第三节　固定资产日常业务处理

固定资产管理系统主要完成企业固定资产日常业务的核算和管理,生成固定资产卡片,按月反映固定资产的增加、减少、原值变化及其他变动,并输出相应的增减变动明细账,按月自动计提折旧,生成折旧分配凭证,同时输出一些同设备管理相关的报表和账簿。

固定资产的日常业务处理主要包括资产增减、资产变动、生成凭证和账表查询。固定资产管理系统中资产的增加、减少以及原值和累计折旧的调整、折旧计提都要将有关数据通过记账凭证的形式传输到总账管理系统,同时,通过对账保持固定资产账目与总账的平衡,并可以修改、删除以及查询凭证。

一、修改固定资产卡片

知识讲解

当发现卡片有录入错误,或在资产使用过程中有必要修改卡片的一些内容时,可以通过卡片修改功能实现,这种修改也称为无痕迹修改。

【例 7-7】　参考提供的数据,完成固定资产卡片的修改:

2016 年 1 月 10 日将卡片编号为 00003 的固定资产(计算机)的折旧方式由"平均年限法(一)"修改为"双倍余额递减法"。

操作步骤:

(1) 执行"卡片"→"卡片管理"命令,打开"查询条件选择—卡片管理"对话框,修改开始使用日期为"2013-01-01",如图 7-27 所示。

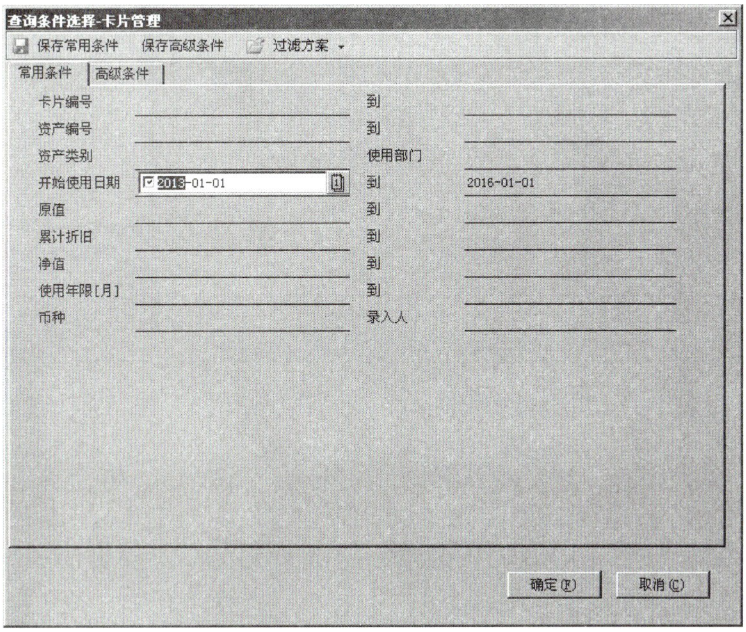

图 7-27　"查询条件选择—卡片管理"对话框

（2）单击"确定"按钮，进入"卡片管理"窗口，如图 7-28 所示。

图 7-28 "卡片管理"窗口

（3）选中"00003"所在行，再单击"修改"按钮，进入"固定资产卡片"窗口，如图 7-29 所示。

（4）单击"折旧方法"栏，再单击"折旧方法"按钮，打开"折旧方法参照"对话框，如图 7-30 所示。

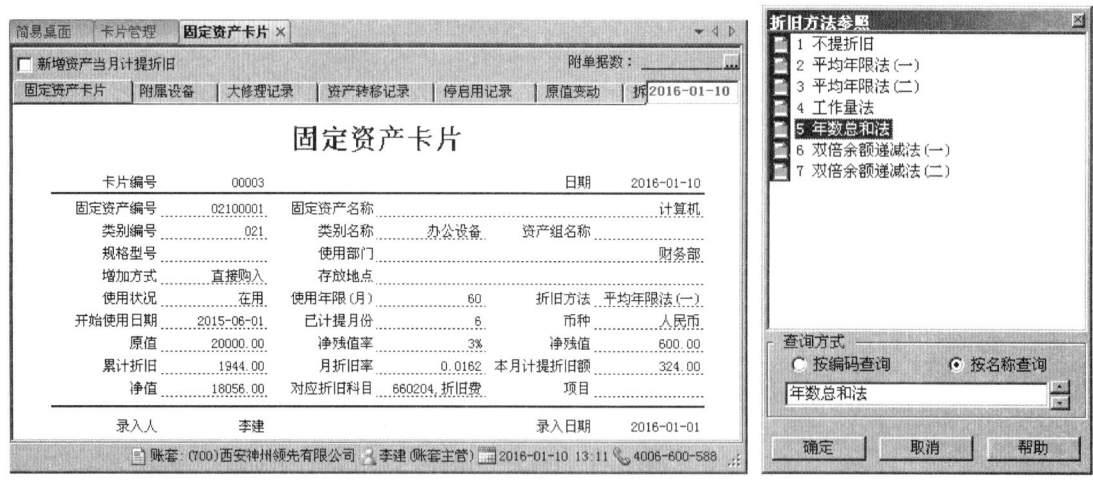

图 7-29 "固定资产卡片"窗口　　　　图 7-30 "折旧方法参照"对话框

（5）选中"双倍余额递减法"，单击"确定"按钮。

（6）单击"保存"按钮，系统提示"数据成功保存！"。

（7）单击"确定"按钮返回"卡片管理"窗口。

注意事项：

• 原始卡片的原值、使用部门、工作总量、使用状况、累计折旧、净残值（率）、折旧方法、使用年限、资产类别在没有做变动单或评估单的情况下，在录入当月可以无痕迹修改。如果做过变动单,只有删除变动单才能无痕迹修改。若各项目做过一次月末结账,则只能通过变动单或评估单调整,不能通过卡片修改功能改变。

- 通过资产增加录入系统的卡片在没有制作凭证和变动单、评估单的情况下,录入当月可以无痕迹修改。如果做过变动单,只有删除变动单才能无痕迹修改。如果已制作凭证,要修改原值或累计折旧,则必须删除凭证后,才能无痕迹修改。卡片上的其他项目,任何时候均可无痕迹修改。

- 非本月录入的卡片,不能删除。卡片做过一次月末结账后不能删除,做过变动单或评估单的卡片在删除时会提示先删除相关的变动单或评估单。

二、资产增加

知识讲解

资产增加是指购进或通过其他方式增加企业资产。资产增加需要输入一张新的固定资产卡片,与固定资产期初输入相对应。

【例7-8】　参考提供的数据,完成固定资产的增加:

2016年1月15日,直接购入并交付销售部使用一台计算机,预计使用年限为5年,原值为12 000元,净产值率为3%,采用"年数总和法"计提折旧。

操作步骤:

(1)执行"卡片"→"资产增加"命令,打开"固定资产类别档案"对话框。

(2)双击"021办公设备",进入"固定资产卡片"窗口。

(3)在"固定资产名称"栏录入"计算机";选择使用部门为"销售部";增加方式为"直接购入";使用状况为"在用";选择折旧方法为"年数总和法";在"原值"栏录入"12 000",如图7-31所示。

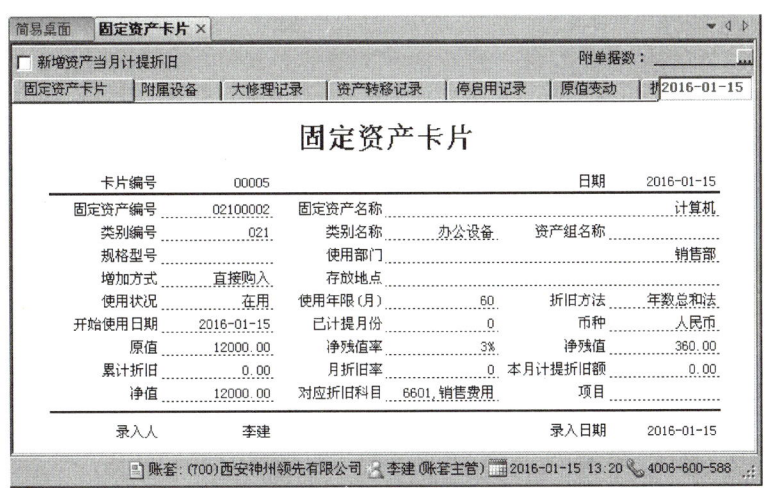

图7-31　新增固定资产

(4)单击"保存"按钮,系统提示"数据成功保存!"。

(5)单击"确定"按钮,完成新增固定资产录入。

注意事项：

• 新卡片录入的第一个月不提折旧,折旧额为空或为零。

• 原值录入的必须是卡片录入月初的价值,否则将会出现计算错误。

• 如果录入的累计折旧、累计工作量大于零,说明是旧资产,该累计折旧或累计工作量是进入本单位前的值。

• 已计提月份必须严格按照该资产在其他单位已经计提或估计已计提的月份数,不包括使用期间停用等不计提折旧的月份。

• 只有当资产开始计提折旧后才可以使用资产减少功能,否则,减少资产只有通过删除卡片来完成。

三、资产变动

知识讲解

资产变动主要是指对固定资产原值变动、部门转移、使用状况变动、使用年限调整、折旧方法调整、净残值(率)调整、工作总量调整、累计折旧调整等项目变动的管理。资产变动要求输入相应的"变动单"来记录资产调整结果。其他项目,如名称、编号、自定义项目等的变动等可直接在固定资产卡片上进行,也就是可以通过修改固定资产卡片来实现。

【例7-9】 根据提供的数据,完成固定资产的变动:

2016年1月28日,根据企业需要,将卡片号码为"00004"号的固定资产(生产线)的折旧方法由"平均年限法(一)"更改为"工作量法",工作总量为60 000小时,累计工作量为10 000小时。

操作步骤：

(1) 执行"卡片"→"变动单"→"折旧方法调整"命令,打开"固定资产变动单"窗口。

(2) 在"卡片编号"栏录入"00004",或单击"卡片编号"栏,选择"00004"。

(3) 单击"变动后折旧方法"栏,再单击"变动后折旧方法"按钮,选择"工作量法"。

(4) 单击"确定"按钮,打开"工作量输入"对话框,如图7-32所示。

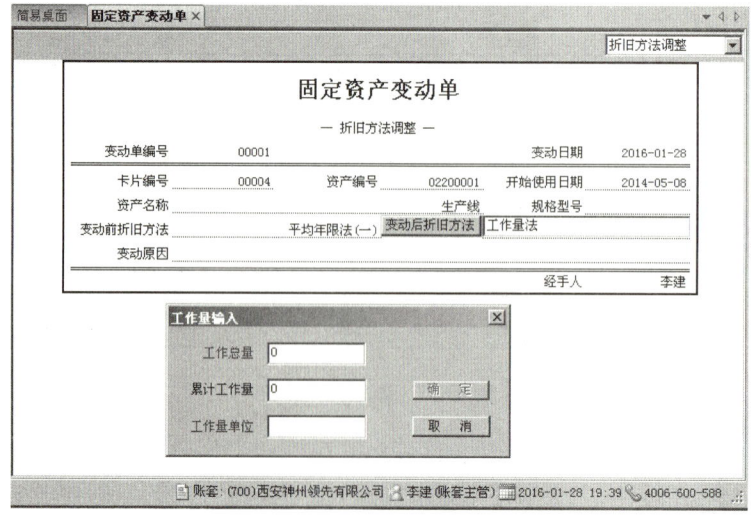

图7-32 固定资产变动单—折旧方法变动

（5）在"工作量输入"对话框中，在"工作总量"栏输入"60 000"，在"累计工作量"栏输入"10 000"，在"工作量单位"栏输入"小时"，单击"确定"按钮。

（6）在"变动原因"栏录入"工作需要"。

（7）单击"保存"按钮，系统提示"数据成功保存！"单击"确定"按钮。

注意事项：

- 资产折旧方法在1年之内很少改变，但是遇到特殊情况需改变调整的可以调整。
- 变动单管理可以对系统制作的变动单进行查询、修改、制单、删除等处理。
- 固定资产管理系统中，本月录入的卡片和本月增加的资产不允许进行变动处理，只能在下月进行。

四、资产减少

知识讲解

资产减少是指资产在使用过程中，会由于各种原因，如毁损、出售、盘亏等，退出企业，此时要做资产减少处理。资产减少需输入资产减少卡片并说明减少原因。

【例 7-10】 根据提供的数据，完成固定资产的减少：

2016年1月30日，将财务部使用的电脑"00003"号固定资产捐赠给希望工程。

操作步骤：

（1）执行"卡片"→"资产减少"命令，打开"资产减少"对话框。

（2）在"卡片编号"栏录入"00003"，或单击"卡片编号"栏对照按钮，选择"00003"。

（3）单击"增加"按钮，双击"减少方式"栏，再单击"减少方式"栏参照按钮，选择"204 捐赠转出"，如图 7-33 所示。

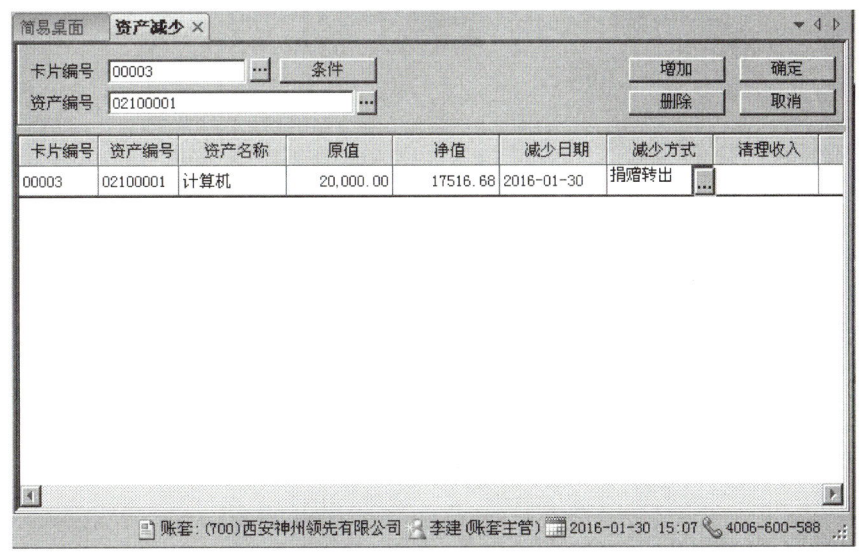

图 7-33 "资产减少"窗口

（4）单击"确定"按钮，系统提示"所选卡片已经减少成功！"。

（5）单击"确定"按钮。

注意事项：

• 只有当账套开始计提折旧后,才可以使用资产减少功能,否则减少资产只有通过删除卡片来完成。

• 对于误减少的资产,可以使用系统提供的纠错功能来恢复。只有当月减少的资产才可以恢复。如果资产减少操作已制作凭证,必须删除凭证后才能恢复。

• 只要卡片未被删除,就可以通过卡片管理中"已减少资产"来查看减少的资产。

五、制单处理

知识讲解

固定资产管理系统和总账管理系统之间存在着数据的自动传输,这种传输是由固定资产管理系统通过记账凭证向总账管理系统传递有关数据。例如,资产增加、减少、累计折旧调整以及折旧分配等记账凭证。制作记账凭证可以采取"立即制单"或"批量制单"的方法实现。

操作步骤：

(1) 执行"处理"→"批量制单"命令,打开"查询条件选择"对话框,单击"确定"按钮,进入"批量制单"窗口。

(2) 单击"全选"按钮,或双击"选择"栏,选中要制单的业务,如图 7-34 所示。

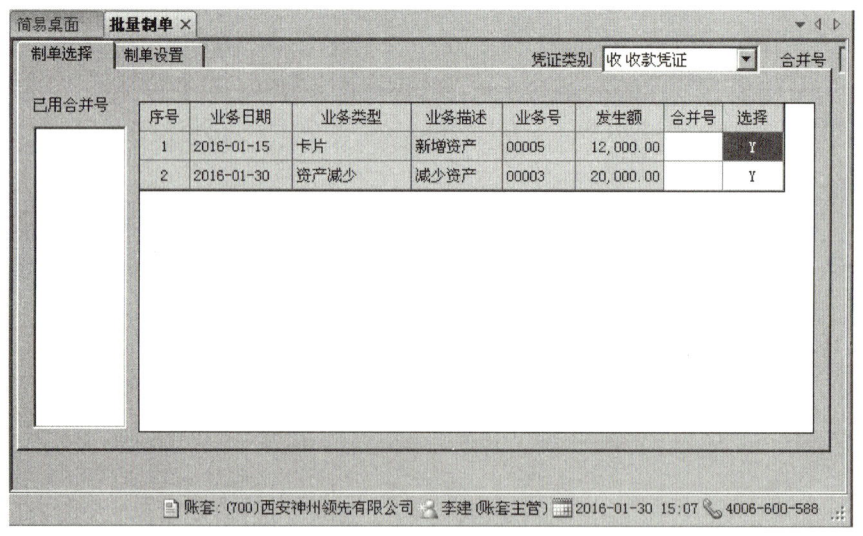

图 7-34　选择制单

(3) 单击打开"制单设置"选项卡,查看制单科目设置,如图 7-35 所示。

(4) 单击"凭证"按钮,修改凭证类别,录入摘要,单击"保存"按钮,依次生成凭证,如图 7-36 和图 7-37 所示。

(6) 单击"退出"按钮退出。

注意事项：

• "批量制单"功能可以同时将一批需要制单的业务连续制作凭证传递到总账系统。

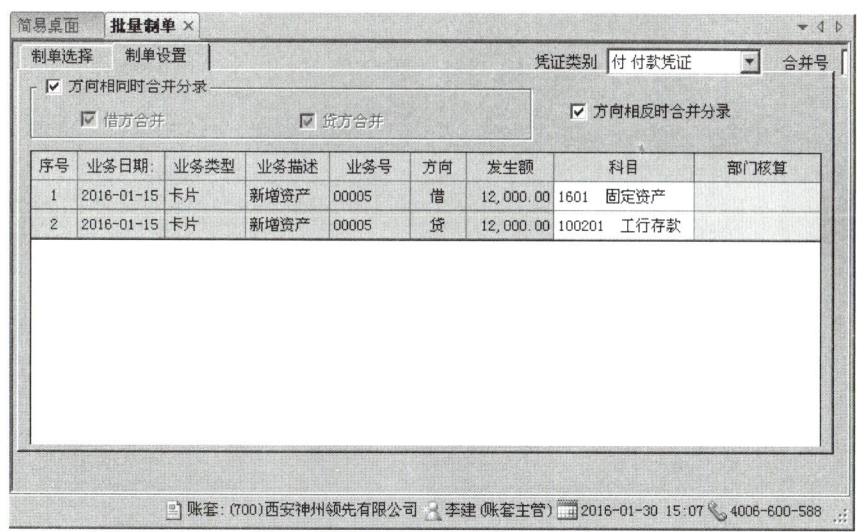

图 7-35　查看制单设置

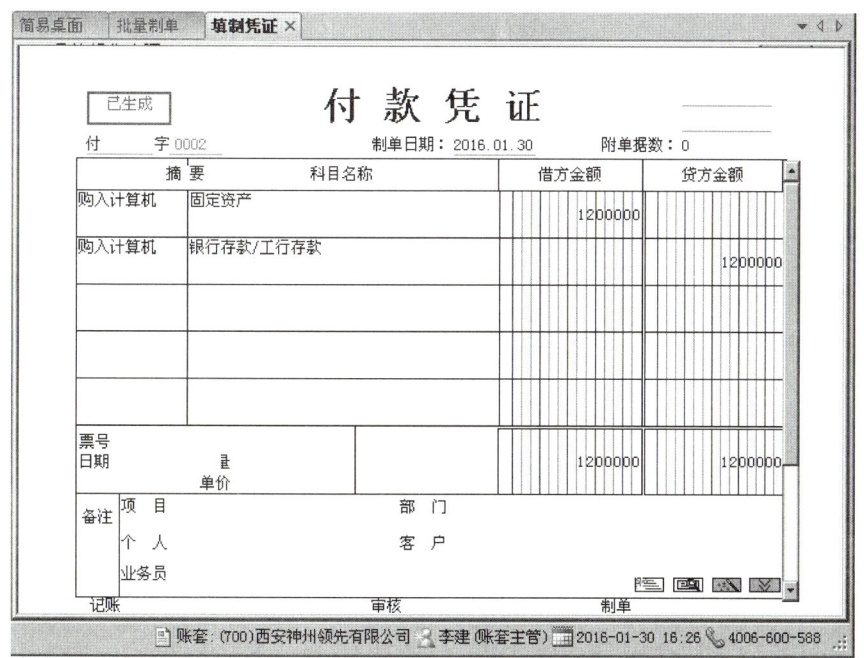

图 7-36　购入固定资产凭证生成

凡是业务发生时没有制单的,该业务自动排列到批量制单表中,表中列示应制单而没有制单的业务发生日期、类型、原始单据编号、默认的借贷方科目和金额,以及制单选择标志。

• 如果在选项中选择"业务发生时立即制单",摘要才根据业务情况自动输入;如果使用批量制单方式,则摘要为空,需要手工输入。

• 修改凭证时,能修改的内容仅限于摘要、用户自行增加的凭证分录、系统默认的分录的折旧科目,而系统默认的分录的金额与原始的不能修改。

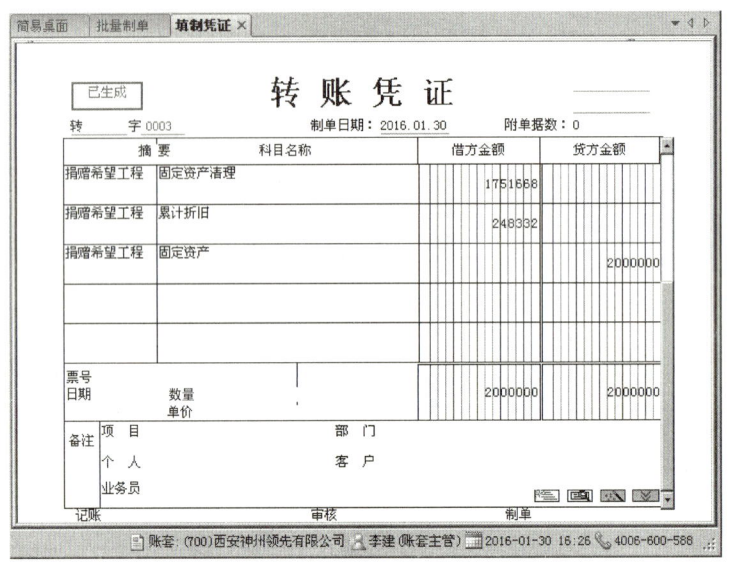

图 7-37　资产减少凭证生成

六、账表查询

知识讲解

可以通过系统提供的账表管理功能,及时掌握资产的统计、汇总和其他各方面的信息。账表包括账簿、折旧表、统计表、分析表四类。如果所提供的报表种类不能满足需要,系统还提供了自定义报表功能,可以根据实际要求进行设置。

【例 7-11】　请使用本系统提供的账表管理功能查询固定资产原值一览表。

操作步骤:

(1) 执行"账表"→"我的账表"命令,进入固定资产"报表"窗口。

(2) 单击"账簿"中的"统计表",如图 7-38 所示。

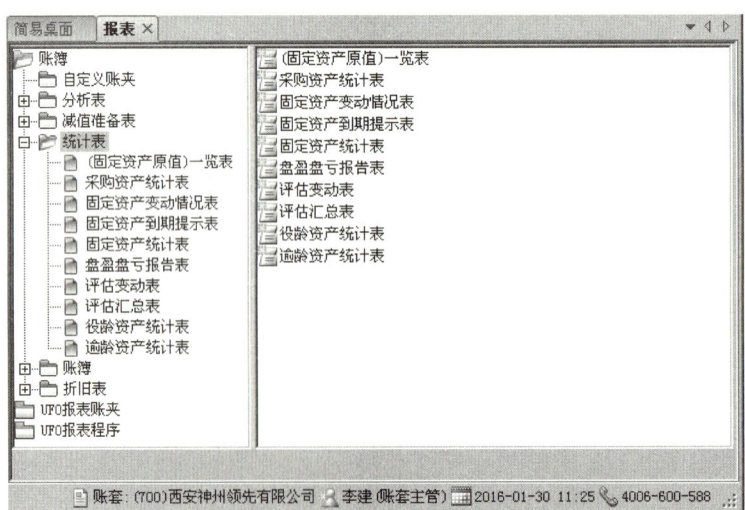

图 7-38　固定资产统计表

（3）双击"（固定资产原值）一览表"，打开"条件—（固定资产原值）一览表"对话框，如图 7-39 所示。

（4）单击"确定"按钮，进入"（固定资产原值）一览表"窗口，如图 7-40 所示。

（5）单击"退出"按钮退出。

注意事项：

在固定资产系统中提供了九种统计表，包括"固定资产原值一览表""固定资产变动情况表""固定资产到期提示

图 7-39　"条件—（固定资产原值）一览表"对话框

表""固定资产统计表""评估汇总表""评估变动表""盘盈盘亏报告表""逾龄资产统计表"和"役龄资产统计表"。这些表从不同的侧面对固定资产进行统计分析，使管理者可以全面、细致地了解企业对资产的管理、分布情况，为及时掌握资产的价值、数量，以及新旧程度等指标提供依据。

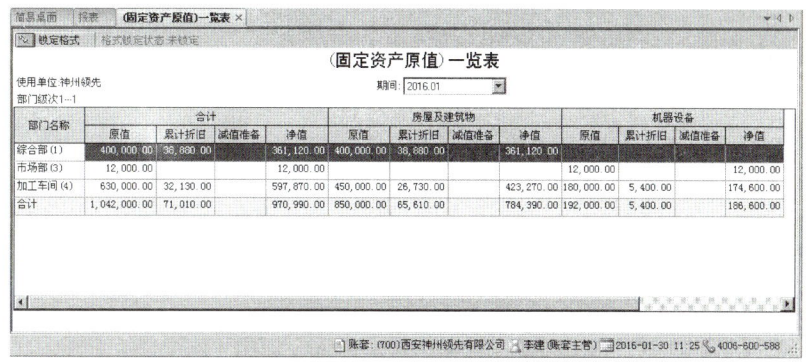

图 7-40　（固定资产原值）一览表

第四节　固定资产的期末处理

完成固定资产的日常业务处理之后，便可进入固定资产的期末处理阶段。固定资产管理系统的期末处理工作主要包括计提折旧、对账和月末结账等内容。

一、计提固定资产折旧

知识讲解

自动计提折旧是固定资产管理系统的主要功能之一。可以根据录入系统的资料，利用系统提供的"折旧计提"功能，对各项资产每期计提一次折旧，并自动生成折旧分配表，然后制作记账凭证，将本期的折旧费用自动登账。

操作步骤：

（1）执行"处理"→"计提本月折旧"命令，系统弹出"是否要查看折旧清单？"对话框，如图 7-41 所示。

（2）单击"是"按钮，系统提示"本操作将计提本月折旧，并花费一定时间，是否继续？"如图 7-42 所示。

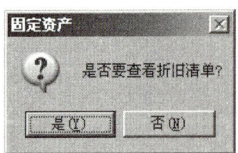

图 7-41　固定资产计提折旧信息提示 1　　　图 7-42　固定资产计提折旧信息提示 2

（3）单击"是"按钮，打开"折旧清单"窗口，如图 7-43 所示。

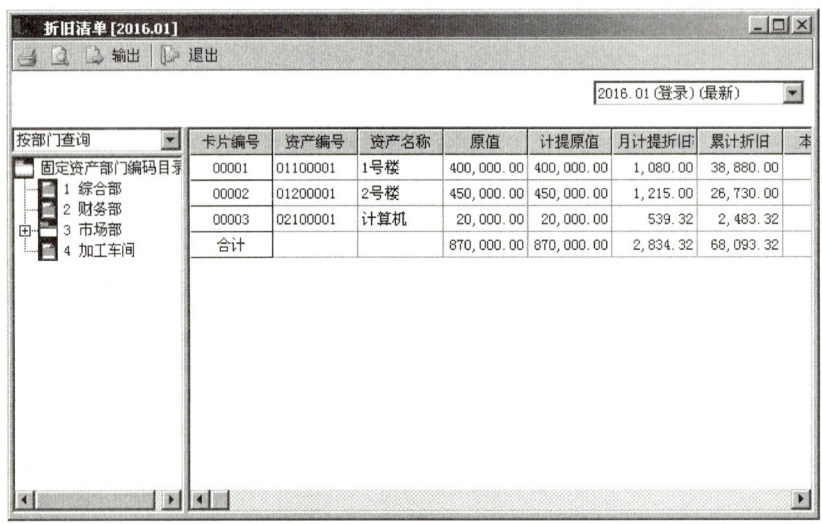

图 7-43　折旧清单

（4）单击"退出"按钮，打开"折旧分配表"窗口，如图 7-44 所示。

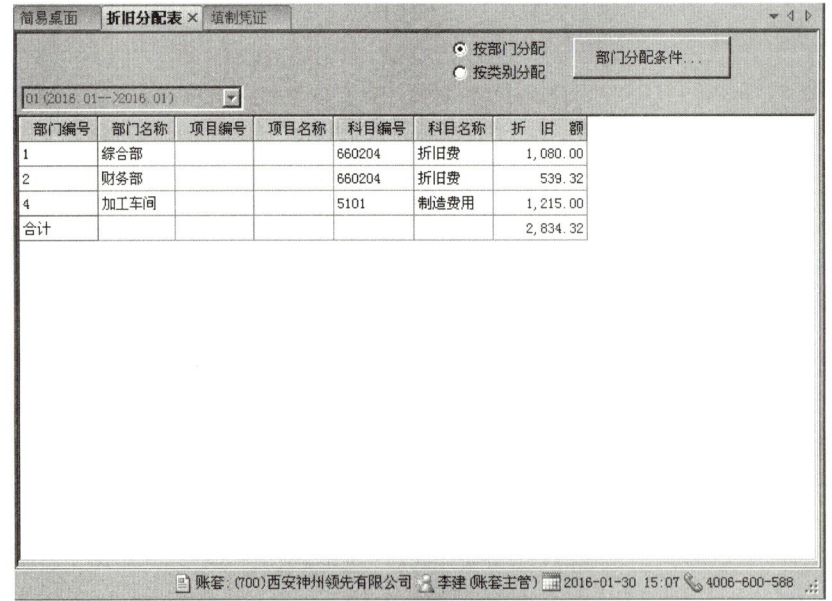

图 7-44　折旧分配表

（5）单击"凭证"按钮，生成一张记账凭证。

（6）修改凭证类别为"转账凭证"。

（7）单击"保存"按钮，凭证左上角出现"已生成"字样，表示凭证已传递到总账，如图7-45所示。

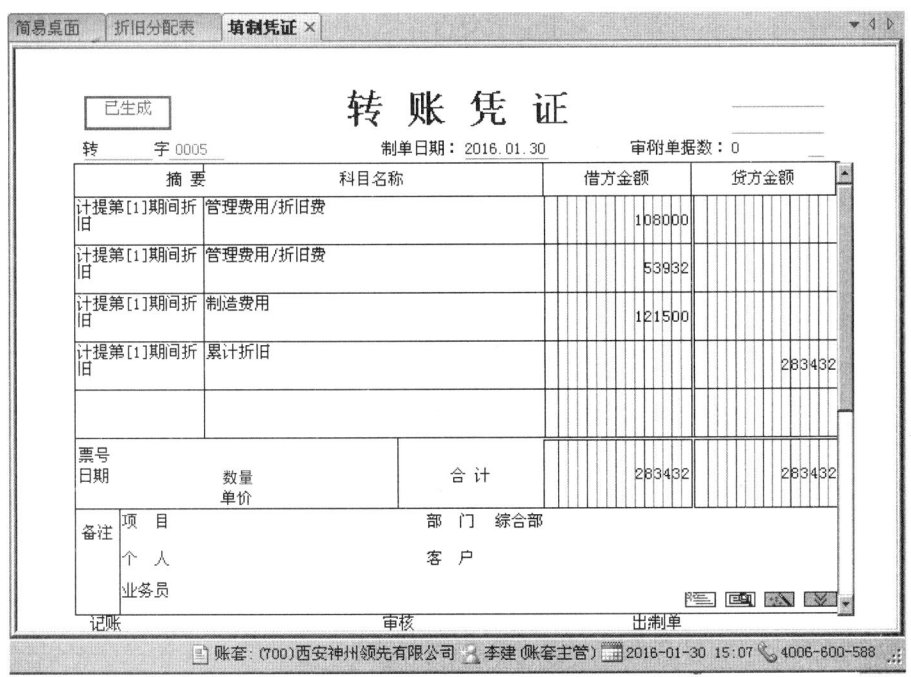

图 7-45　计提折旧转账凭证生成

（8）单击"退出"按钮退出。

注意事项：

• 计提折旧功能对各项资产每期计提一次折旧，并自动生成折旧分配表，然后制作记账凭证，将本期的折旧费用自动登账。

• 部门转移和类别调整的资产当月计提的折旧分配到变动后的部门和类别。

• 在一个期间内可以多次计提折旧，每次计提折旧后，只是将计提的折旧累加到月初的累计折旧上，不会重复累计。

• 若上次计提折旧已制单并已传递到总账系统，则必须删除该凭证才能重新计提折旧。

• 如果计提折旧后又对账套进行了影响折旧计算或分配的操作，必须重新计提折旧，否则系统不允许结账。

• 资产的使用部门和资产折旧要汇总的部门可能不同，为了加强资产管理，使用部门必须是明细部门，而折旧分配部门不一定分配到明细部门。不同的单位处理可能不同，因此，要在计提折旧后、分配折旧费用时作出选择。

• 在折旧费用分配表界面，可以单击"制单"按钮制单，也可以在以后利用"批量制单"功能进行制单。

二、对账

月末按照系统初始设置的账务系统接口，自动与账务系统进行对账。只有在初次启动固定资产的参数设置，或选项中的参数设置选择了"与账务系统对账"参数，才可使用本系统的对账功能。

为保证固定资产管理系统的资产价值与总账管理系统中固定资产科目的数值相等，可随时使用对账功能对两个系统进行审查。系统在执行月末结账时自动对账一次，并给出对账结果。

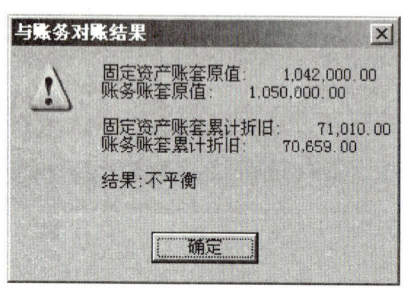

图 7-46　与账务对账结果

操作步骤：

（1）执行"处理"→"对账"命令，打开"与账务对账结果"对话框，如图 7-46 所示。

（2）单击"确定"按钮。

注意事项：

• 只有设置账套参数时选择了"与账务系统进行对账"，本功能才能操作。

• 如果对账不平，需要根据初始化是否选中"在对账不平情况下允许固定资产月末结账"来判断是否可以进行结账处理。

• 本期增加一台电脑，原值为 12 000 元，已经在固定资产系统中填制了记账凭证并传递到总账系统，但是总账系统尚未记账，所以出现相差 12 000 元原值的结果。

• 在固定资产系统中已经计提了折旧，但尚未在总账系统中记账，因此，出现了折旧的差额。

• 查明对账不平原因后，由相应的操作员登录总账系统，将两张由固定资产系统生成的记账凭证在总账中审核并记账。

（3）回到固定资产系统中，执行"处理"→"对账"命令，出现"与账务对账结果"对话框，如图 7-47 所示。

（4）单击"确定"按钮。

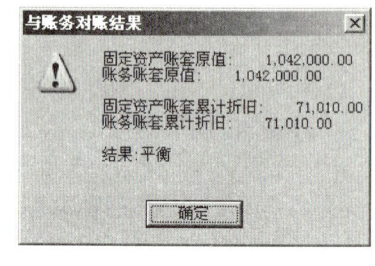

图 7-47　与账务对账结果

三、结账

当固定资产管理系统完成了本月全部制单业务后，可以进行月末结账，月末结账每月进行一次，结账后当期数据不能修改。如有错必须修改，可通过系统提供的"恢复月末结账前状态"功能反结账，再进行相应修改。

本期不结账，将不能处理下期的数据；结账前一定要进行数据备份，否则数据一旦丢失，将造成无法挽回的后果。

操作步骤：

（1）执行"处理"→"月末结账"命令，打开"月末结账"对话框，如图7-48所示。

（2）单击"开始结账"按钮，出现"与总账对账结果"对话框，如图7-49所示。

（3）单击"确定"按钮，出现系统提示，如图7-50所示。

（4）单击"确定"按钮，出现系统月末结账后系统提示信息，如图7-51所示。

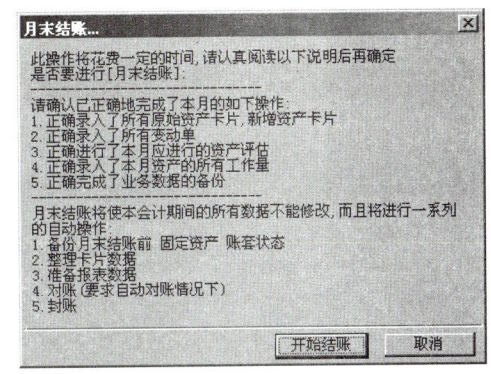

图 7-48　"月末结账"对话框

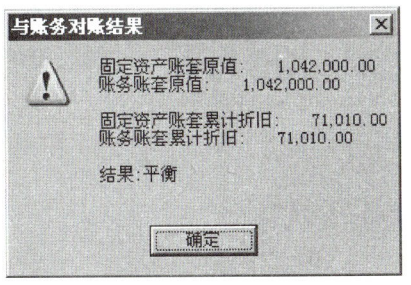

图 7-49　"与总账对账结果"对话框

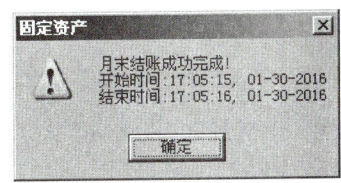

图 7-50　"月末结账成功完成！"提示信息

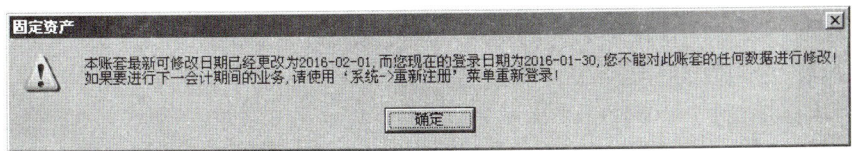

图 7-51　固定资产系统月末结账后系统提示信息

注意事项：

• 在固定资产系统中完成了本月全部制单业务后，可以进行月末结账。月末结账每月进行一次，结账后当期数据不能修改。

• 本期不结账，将不能处理下期的数据；结账前一定要进行数据备份，否则数据一旦丢失，将造成无法挽回的后果。

• 如果结账后发现有未处理的业务或者需要修改的事项，可以通过系统提供的"恢复月末结账前状态"功能进行反结账。但是不能跨年度恢复数据，即本系统年末结转后，不能利用本功能恢复年末结转。

• 恢复到某月月末结账前状态后，本账套对该月结账后所做的所有工作都可以无痕迹删除。

本章小结

我们通过本章的学习，可以了解到，固定资产系统是整个ERP财务管理系统中相对独立的一个子系统,在实际工作中的运用比较广泛。固定资产系统主要功能为:完成企业固定资产日常业务的核算和管理,生成固定资产卡片,按月反映固定资产的增加、减少、原值变化及其他变动,并输出相应的增减变动明细账,按月自动计提折旧,生成折旧分配凭证,输出一些同设备管理相关的报表和账簿。同时,其部分功能又与总账联系紧密,所以学习时还要了解固定资产系统与总账的关系,将固定资产系统与总账系统有机地结合起来,以便于了解企业的全面账务核算和管理。

典型题目及解析

【例题·多选题】 在固定资产系统中,( )是必须设置的基础信息。

A. 部门档案　　　　B. 资产分类　　　　C. 人员类别　　　　D. 项目大类

【答案及解析】 AB

部门档案和资产分类是固定资产核算的基础,资产折旧、统计管理等功能都要以此为依据。

【例题·单选题】 设置部门对应折旧科目的作用( )。

A. 生成相对应的凭证　　　　　　　　B. 生成相对应的报表

C. 便于会计人员的业务处理　　　　　D. 减少错误

【答案及解析】 A

设置部门对应折旧科目的主要是指各部门使用的资产在折旧时应归集入哪个科目,如管理部门对应"管理费用"。

【例题·多选题】 在固定资产系统中,预置的固定资产折旧方法有( )。

A. 年限平均法　　　B. 工作量法　　　C. 双倍余额递减法　　D. 加权平均法

【答案及解析】 ABC

固定资产系统一般提供几种常用的折旧方法供选择,主要包括平均年限法、年数总和法、双倍余额递减法、工作量法等。加权平均法是存货成本计算方法。

【例题·单选题】 本期有一台固定资产出售,在固定资产模块中应做( )处理。

A. 固定资产增加　　　B. 固定资产变动　　　C. 固定资产减少　　　D. 其他变动

【答案及解析】 C

固定资产出售导致固定资产实物减少,故应在系统中进入【固定资产管理】界面选择【清理】功能进行固定资产减少处理。由于选项中C项最接近题目要求。

【例题·单选题】 下列关于固定资产管理说法正确的是( )。

A. 固定资产系统自动生成的计提折旧凭证在总账系统中才可以修改

B. 固定资产系统中的初始数据可以传递到总账系统

C. 总账系统不能直接录入固定资产或累计折旧科目的记账凭证

D. 已经清理的固定资产其卡片可以直接删除

【答案及解析】 B

固定资产管理系统中,固定资产初始化产生的初始余额可以传递到总账系统,作为固定资产相关科目的初始余额;固定资产系统自动生成的计提折旧凭证只能在固定资产系统修改;允许在总账系统录入含有固定资产或累计折旧科目的记账凭证;已经清理的固定资产其卡片也不允许直接删除。

【例题·单选题】 下列不属于固定资产核算子系统功能的是( )。

A. 固定资产的增减变动　　　　　　B. 计提折旧

C. 月末结账　　　　　　　　　　　D. 凭证的审核与记账

【答案及解析】 D

【例题·单选题】 固定资产模块的固定资产增加功能可用于( )业务处理。

A. 固定资产盘盈　　　　　　　　　B. 固定资产出售

C. 固定资产盘亏　　　　　　　　　D. 固定资产报废

【答案及解析】 A

固定资产增加功能主要用于对企业取得的固定资产进行录入等管理。固定资产的取得,按其来源不同分为:购置的固定资产、自行建造的固定资产、投资者投入的固定资产、租入的固定资产、接受捐赠的固定资产和盘盈的固定资产等。故选A。

【例题·多选题】 在用友系统中,固定资产减少功能主要用于( )业务处理。

A. 固定资产盘盈　　　　　　　　　B. 固定资产出售

C. 固定资产盘亏　　　　　　　　　D. 固定资产报废

【答案及解析】 BCD

企业由于发生固定资产出售或转让、报废、损毁、对外投资转出、对外捐赠转出盘亏等情况,导致固定资产实物减少,一般称为固定资产减少,应进行固定资产清理处理。故选BCD。

【例题·多选题】 固定资产变动核算包括( )。

A. 调拨使用部门　　　　　　　　　B. 调整折旧率

C. 变更折旧方法　　　　　　　　　D. 增减固定资产

【答案及解析】 ABC

资产的变动包括:原值变动、部门转移、使用状况变动、使用年限调整、折旧方法调整、净残值(率)调整、工作总量调整、累计折旧调整、资产类别调整、变动单管理。资产增减有专门的模块来实现。

【例题·单选题】 甲企业于2011年2月购进一台摄像机,在2012年1月初开始使用电算化会计软件管理固定资产,初始化时其已提折旧期间数是( )。

A. 8个月　　　　　B. 9个月　　　　　C. 10个月　　　　　D. 11个月

【答案及解析】 C

当月购进的固定资产下月起计提折旧。因此2012年1月初初始化时其已提折旧期间数为2011年3到12月,共计12-2=10个月。故选C。

【例题·单选题】 在固定系统中每月可以进行多少次计提本月折旧操作( )。

A. 只能做一次　　　　　　　　　　B. 只能做两次

C. 在选项中可以进行控制计提折旧的次数　　D. 次数无限制

【答案及解析】 D

在一个期间内可以多次提折旧,每次提折旧以后,只是将计提的折旧累加到月初的累计折旧上,不会重复累计。

【例题·判断题】 在一个期间内可以多次提折旧,每次提折旧以后,只是将计提的折旧累加到月初的累计折旧上,不会重复累计。 （　　　）

【答案】 对

【例题·单选题】 固定资产系统生成的凭证在(　　　)进行调整。

A. 只能在固定资产系统

B. 只能在总账系统

C. 在固定资产系统和总账系统都可以

D. 在固定资产系统和总账系统都不可以

【答案及解析】 A

固定资产系统生成的凭证只能在固定资产系统修改,总账系统不能对子系统传来的机制凭证进行修改。

【例题·单选题】 固定资产管理系统中资产的增加、减少以及原值和累计折旧的调整、折旧计提都要将有关数据通过记账凭证的形式传输到(　　　)。

A. 报表系统　　　　　　　　　　　B. 工资管理系统

C. 总账系统　　　　　　　　　　　D. 往来管理系统

【答案及解析】 C

固定资产管理系统都要将有关数据通过记账凭证的形式传输到总账系统。

【例题·单选题】 关于固定资产系统结账说法正确的是(　　　)。

A. 必须在工资系统结账之前　　　　B. 必须在总账系统结账之前

C. 必须在工资系统结账之后　　　　D. 必须在总账系统结账之后

【答案及解析】 B

固定资产系统结账必须在总账系统结账之前,因为只有子系统结账后总账系统再结账就不会漏掉子系统的机制凭证,从而保证账簿的正确。

课 后 习 题

一、单项选择题

1. 固定资产在使用过程中,因内部调配而产生的变动应通过(　　　)方式操作。

A. 原始卡片录入　　B. 资产增加　　　　C. 资产变动　　　　　D. 部门转移

2. 固定资产管理中,计提折旧后,将根据(　　　)生成记账凭证。

A. 折旧清单　　　　　　　　　　　B. 折旧分析表

C. 折旧统计表　　　　　　　　　　D. 折旧分配表

3. 新购入一台机器设备,2009 年 2 月 5 日开始使用,系统录入时间是 2009 年 1 月 15 日,则该卡片必须通过(　　　)方式操作。

A. 原始卡片录入　　　　　　　　　B. 资产增加

C. 资产变动　　　　　　　　　　　D. 部门转移

4. 将本月固定资产的核算数据结转下月的操作是(　　　)。

A. 月末编制转账凭证　　　　　　　B. 固定资产卡片管理

C. 月末对账　　　　　　　　　　　D. 月末结账

二、多项选择题

1. 固定资产的代码采用群码方式,一般固定资产代码由(　　　)构成。

   A. 使用部门码

   B. 类别码

   C. 每项固定资产的顺序码

   D. 使用情况来源码

2. 固定资产管理系统具有的三个明显特点包括(　　　)。

   A. 固定资产数据存储量大

   B. 日常固定资产数据输入量大

   C. 日常固定资产数据输入量小

   D. 需要建立严格的固定资产变动数据采集制度

三、判断题

1. 固定资产管理系统可以提供分析表、统计表、账簿、折旧表和自定义表五类报表。(　　　)

2. 固定资产管理系统需要制单或修改凭证的情况包括资产增加、资产减少、卡片修改、资产评估、原值变动、累计折旧调整和折旧分配等。(　　　)

3. 固定资产的使用状况可分为在用、未使用、不需用、停用、封存五种,资产使用状况变化,将不影响设备折旧的计提。(　　　)

上机实验十三　固定资产初始化

【操作准备】

承"上机实验十二"的备份数据,将系统日期改为 2016 年 1 月 1 日,由操作员"LW（刘伟密码 1）"注册企业应用平台。

【操作要求】

(1) 启用"固定资产"系统(基础设置—基本信息—系统启用,启用日期:2016 年 1 月)。

(2) 建立固定资产账套。

(3) 设置部门对应折旧科目。

(4) 设置固定资产类别。

(5) 设置固定资产增减对应入账科目。

(6) 设置固定资产原始卡片。

【操作数据】

1. 固定资产账套核算参数

(1) 启用月份:2016-01。

(2) 固定资产用平均年限法一、计提折旧,折旧汇总分配周期为 1 个月,当(月初已计提月份＝可使用月份－1)时,要求将剩余折旧全部提足。

(3) 固定资产类别编码方式:2-1-1-2,固定资产编码方式:自动编码,按"类别编码＋序号",卡片序号长度为5。

(4) 与账务系统对账,固定资产对账科目:1601,累计折旧对账科目:1602,与总账对账不平衡时允许结账。

2. 部门对应折旧科目

公司部门对应折旧科目,如表 7-6 所示。

表 7-6 公司部门对应折旧科目

部门	对应折旧贷方科目
厂办	管理费用——折旧费(660204)
财务部	管理费用——折旧费(660204)
采购部	管理费用——折旧费(660204)
销售部	销售费用(6601)
生产车间	制造费用(5101)

3. 固定资产类别

公司固定资产类别,如表 7-7 所示。

表 7-7 公司固定资产类别

编码	类别名称	使用年限	净残值率	计提属性	折旧方法	卡片式样
01	房屋及建筑物				平均年限法一	通用
011	办公楼	50	2%	正常计提	平均年限法一	通用
012	厂房	50	2%	正常计提	平均年限法一	通用
02	机器设备				平均年限法一	通用
021	办公设备	5	3%	正常计提	平均年限法一	通用

4. 固定资产增减方式

公司固定资产增减方式,如表 7-8 所示。

表 7-8 公司固定资产增减方式

增加方式	对应入账科目
直接购入	银行存款——工行(100201)
投资者投入	实收资本(4001)
盘盈	待处理财产损溢(1901)
在建工程转入	在建工程(1604)

减少方式	对应入账科目
出售	银行存款——工行(100201)
报废	固定资产清理(1606)
投资转出	长期股权投资(1511)
盘亏	待处理财产损溢(1901)

5. 固定资产原始卡片

公司固定资产原始卡片,如表 7-9 所示。

表 7-9　公司固定资产原始卡片

卡片编号	资产类别	资产名称	部门	增加方式	使用状况	开始日期	原值	累计折旧	使用年限	折旧方法
00001	办公楼	1号楼	厂办	在建工程转入	在用	2004-12-01	400 000	84 480	50 年	平均年限法一
00002	厂房	装配车间	一车间	在建工程转入	在用	2005-03-01	450 000	92 880	50 年	平均年限法一
00003	办公设备	电脑	财务部	直接购入	在用	2014-06-01	5 000	1 458	5 年	平均年限法一

上机实验十四　固定资产业务处理

【操作准备】

承"上机实验十三"的备份数据,将系统日期改为 2016 年 1 月 31 日,由操作员"LW(刘伟密码 1)"注册企业应用平台。

【操作要求】

(1) 修改固定资产卡片。

(2) 增加固定资产。

(3) 计提折旧并生成凭证。

(4) 减少固定资产。

(5) 生成增加、减少资产凭证。

(6) 用"LFP 李飞鹏"的身份,在总账系统中对生成凭证进行审核记账。

(7) 月末结账。

(8) 查询 2016 年 1 月固定资产使用状况分析表。

【操作数据】

1. 修改固定资产卡片

将卡片编号"00003"的固定资产(电脑)的折旧方式由"平均年限法一"改为"双倍余额递减法"。

2. 增加固定资产

2016 年 1 月 25 日直接购入一台复印机并交付销售部门使用,预计使用年限 5 年,原值为 12 000 元,净残值为 3%,采用"年数总和法"计提折旧。

3. 计提折旧

计提 2016 年 1 月份折旧,生成折旧分配表,生成凭证。

4. 减少固定资产

2016 年 1 月 31 日,卡片编号"00003"的固定资产(电脑)报废。

操作答案：

1. 增加固定资产的结果见图7-52和图7-53。

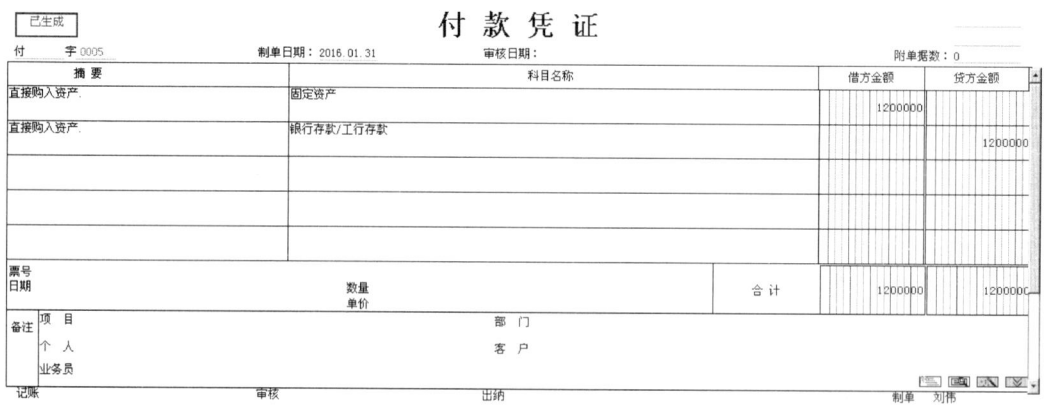

图7-52 增加固定资产卡片

图7-53 生成增加资产凭证

2. 计提折旧的结果见图7-54。

图7-54 生成计提折旧凭证

3. 减少固定资产的结果见图 7-55。

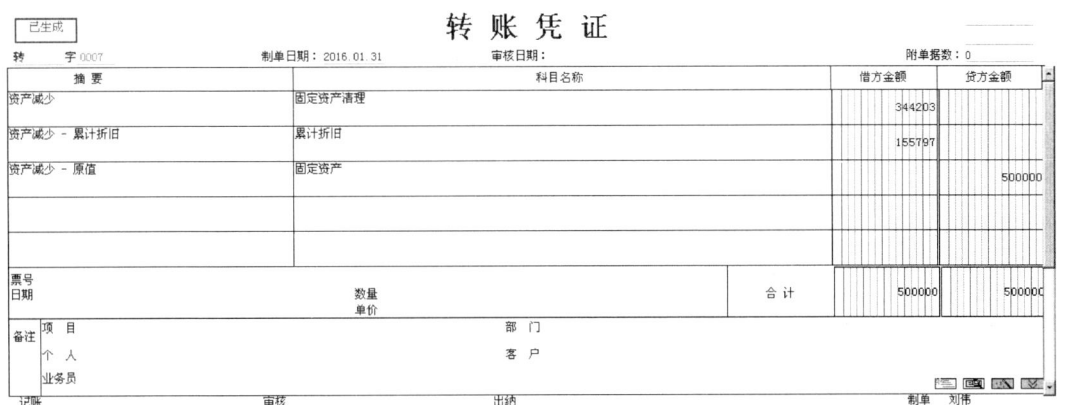

图 7-55　生成资产减少凭证

4. 查询固定资产使用状况分析表的结果见图 7-56。

使用状况分析表

使用单位:黄河有限责任公司　　　　　　　　　　　　　　　　　　　　期间: 2016.01

使用状况	原值		累计折旧		减值准备		净值	
	金额	占总值百分比%	金额	占总值百分比%	金额	占总值百分比%	金额	占总值百分比%
使用中(1)	862,000.00	100.00	178,720.00	100.00			683,280.00	100.00
在用(1001)	862,000.00	100.00	178,720.00	100.00			683,280.00	100.00
合计	862,000.00	100.00	178,720.00	100.00			683,280.00	100.00

图 7-56　固定资产使用状况分析表

第八章　应付款管理系统

　　系统学习应付款管理系统初始化的一般方法,学习应付款系统日常业务处理的主要内容和操作方法。要求掌握应付款系统与总账系统组合时,应付款系统的基本功能和操作方法,熟悉应付款系统账簿查询的作用和基本方法。

　　1. 掌握用友 ERP-U8 管理软件中应付款管理系统的相关内容。

　　2. 掌握应收款管理系统初始化、日常业务处理、月末处理的操作。

第一节　采购与应付系统结构和流程

一、采购与应付系统结构

采购与应付系统结构图,如图 8-1 所示。

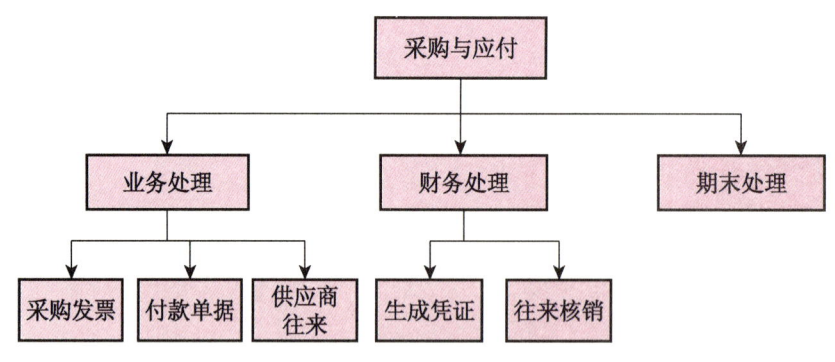

图 8-1　采购与应付系统结构图

二、采购与应付流程

　　采购系统中,要注意录入完毕期初采购单据,一旦记账,以后只能录入当期采购发票了。往来核销要到"往来"模块中处理。采购与应付流程图,如图 8-2 所示。

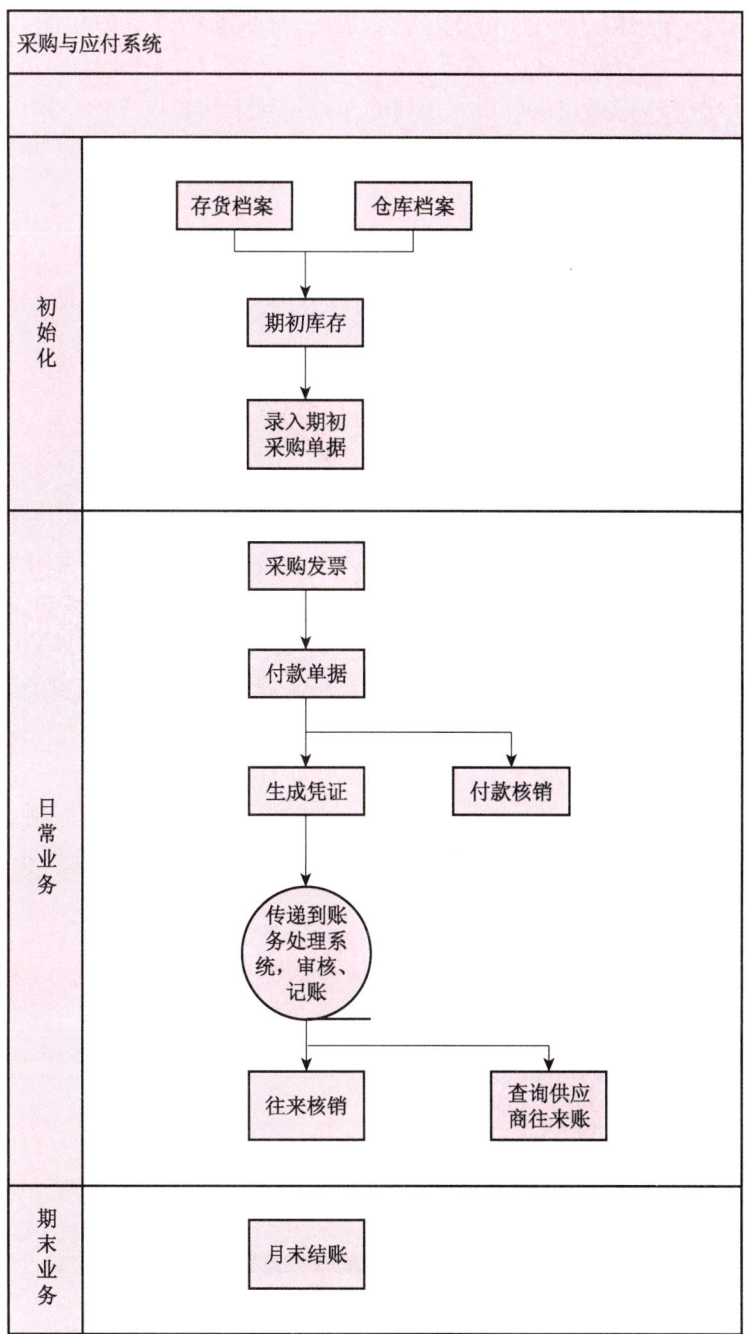

图 8-2　采购与应付流程图

第二节　应付款管理系统初始化

　　应付款管理系统主要实现企业与供应商之间业务往来账款的核算与管理。在应付款管理系统中,以采购发票、其他应付单等原始单据为依据,记录采购业务及其他业务所形成的往来款项,处理应付款项的支付和转账等情况,提供票据处理的功能,实现对应付款项的管理。

但是在运行本系统之前还需进行一系列的初始设置。初始设置的主要内容包括:设置系统参数、设置基本科目、设置结算方式科目、设置报警级别和录入期初采购发票等。

一、启用应付款管理模块

在使用应付款管理系统之前,应先启用应付款管理。启用方法有两种:一种是在建立账套后立即启用;另一种是在企业应用平台中启用。

二、设置系统参数

知识讲解

在运行应付款管理系统之前,应先设置运行所需要的系统参数。应付款管理的系统参数包括:应付款核销方式、单据审核日期依据、受控科目制单依据和启用供应商权限等。

【例 8-1】 根据本章节的需要,请在系统中设置:启用供应商权限,并且按信用方式根据单据提前 7 天自动报警。

操作步骤:

(1) 在企业应用平台中,执行"系统服务"→"权限"→"数据权限控制设置"命令,打开"数据权限控制设置"对话框。选中"供应商档案"复选框,如图 8-3 所示,单击"确定"按钮返回。

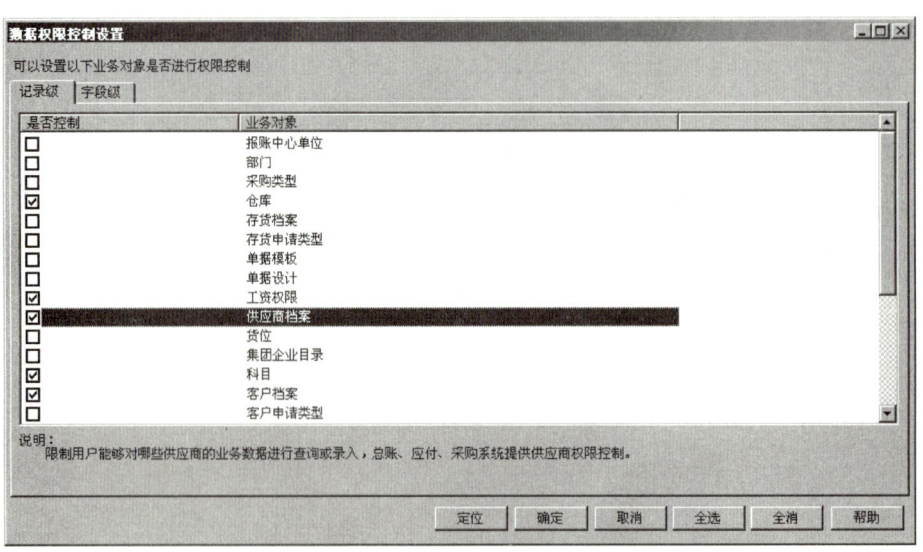

图 8-3 "数据权限控制设置"对话框

(2) 在企业应用平台中,执行"业务工作"→"财务会计"→"应付款管理"→"设置"→"选项"命令,打开"账套参数设置"对话框。

（3）打开"权限与预警"选项卡,选中"启用供应商权限"复选框,选择按照"信用方式"进行单据自动报警,在"提前天数"栏选择提前天数"7",如图8-4所示。

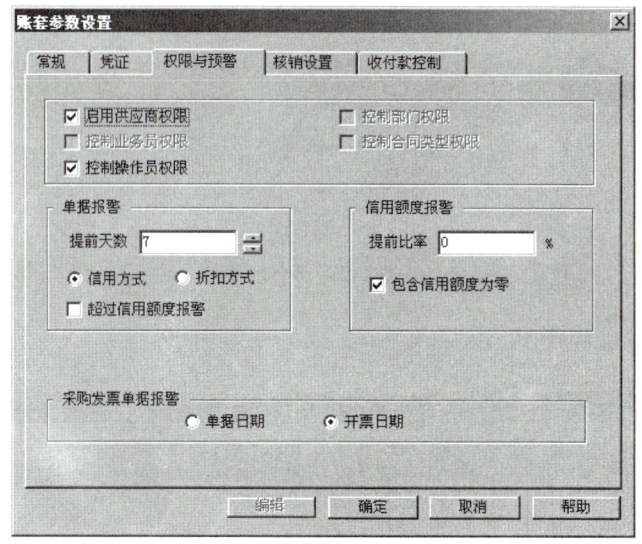

图8-4　"账套参数设置"对话框

（4）单击"确定"按钮。

三、设置存货分类

知识讲解

为了正常使用应付和应收款管理系统,请先在系统里设置存货的分类。

【**例8-2**】　根据表8-1的内容设置系统的存货分类。

表8-1　存货分类

存货分类编码	存货分类名称
1	原材料
2	辅助材料
3	库存商品

操作步骤:

（1）在企业应用平台中,执行"基础设置"→"基础档案"→"存货"→"存货分类"命令,打开"存货分类"窗口。

（2）单击"增加"按钮,在"分类编码"栏录入"01",在"分类名称"栏录入"原材料",单击"保存"按钮。同理依次录入其他存货分类,直到全部录入完毕,如图8-5所示。

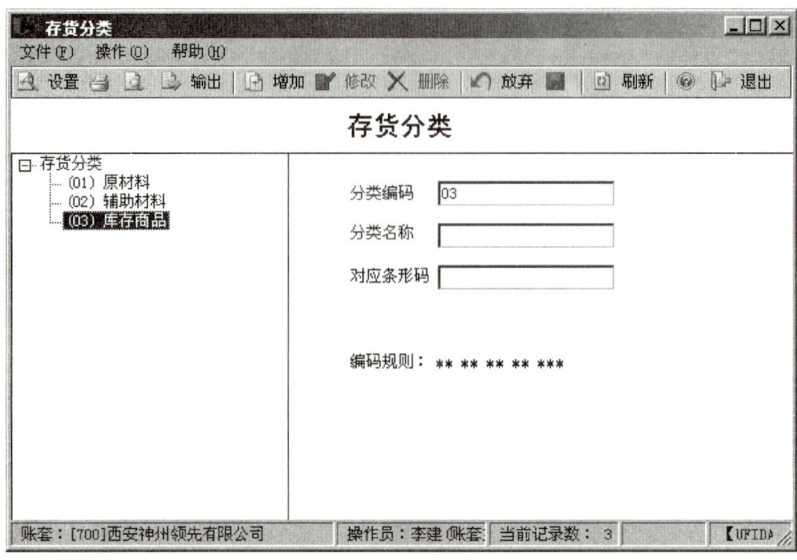

图 8-5　存货分类设置

四、设置计量单位

知识讲解

如果存货档案中没有备选的计量单位,存货档案将不能保存。所以在设置存货档案之前必须先到企业应用平台的基础档案中设置计量单位。

【例 8-3】　根据表 8-2 的内容设置系统的计量单位。

表 8-2　计量单位

计量单位组	计量单位
基本计量单位 （无换算率）	吨
	台

操作步骤:

(1)在企业应用平台中,执行"基础设置"→"基础档案"→"存货"→"计量单位"命令,打开"计量单位"窗口。

(2)单击"分组"按钮,打开"计量单位组"窗口。

(3)单击"增加"按钮,录入计量单位组编码"01",录入计量单位组名称"基本计量单位",单击"计量单位组类别"栏的下三角按钮,选择"无换算率",如图 8-6 所示。

(4)单击"保存"按钮,再单击"退出"按钮。

(5)单击"单位"按钮,进入"计量单位设置"窗口。

(6)单击"增加"按钮,录入计量单位编码"1",计量单位名称"吨",单击"保存"按钮。继续录入其他的计量单位内容,如图 8-7 所示。

(7)录入完成所有的计量单位之后,单击"退出"按钮。结果如图 8-8 所示。

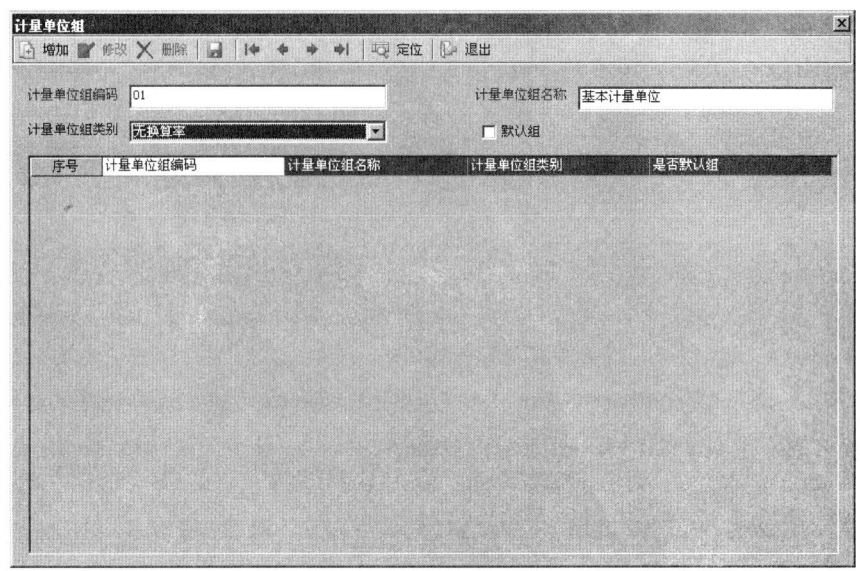

图 8-6 设置计量单位组

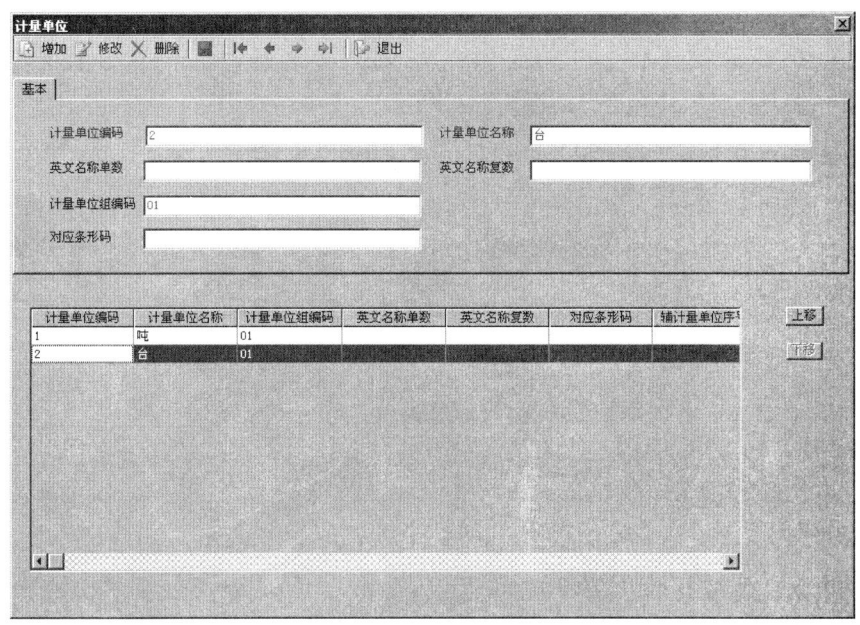

图 8-7 "计量单位设置"窗口

注意事项：

• 在设置计量单位时，必须先设置计量单位分组，然后再设置各个计量单位组中的计量单位。

• 计量单位组分为无换算率、固定换算率和浮动换算率三种类型。如果需要换算，一般将财务计价单位作为主计量单位。

• 计量单位可以根据需要随时增加。

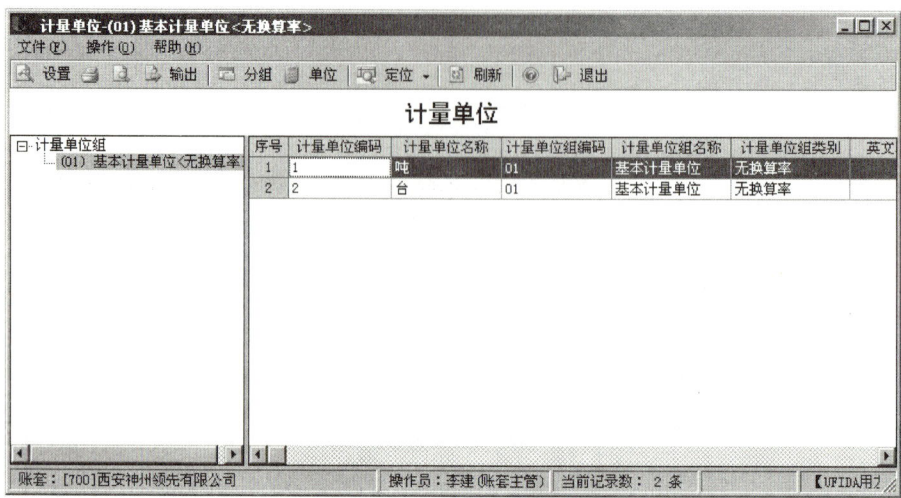

图 8-8 计量单位列表

五、设置存货档案

知识讲解

由于要在应收款管理系统中录入销售发票,所以,要在企业应用平台中设置存货档案。

【例 8-4】 根据表 8-3 内容设置的存货档案。

表 8-3 存货档案

存货编码	存货名称	所属分类码	计量单位	税率	存货属性
001	钢材	1	吨	17%	外购、生产耗用
002	甲产品	3	台	17%	自制、内销
003	乙产品	3	台	17%	自制、内销

操作步骤:

（1）在企业应用平台中,执行"基础设置"→"基础档案"→"存货"→"存货档案"命令,打开"存货档案"对话框。

（2）选择"存货分类"中的"原材料",再单击"增加"按钮;录入存货编码"001",存货名称"钢材";单击"计量单位组"栏的参照按钮,选择"基本计量单位",单击"主计量单位"栏的参照按钮,选择"吨";单击选中"外购"和"生产耗用"复选框,如图 8-9 所示。

（3）单击"保存"按钮,以此方法继续录入其他的存货档案。录入完成后,如图 8-10 所示。

注意事项:

• 如果只启用财务系统且并不在应收、应付系统中填制发票则不需要设置存货档案。

• 在录入存货档案时,如果存货类别不符合要求应重新进行选择。

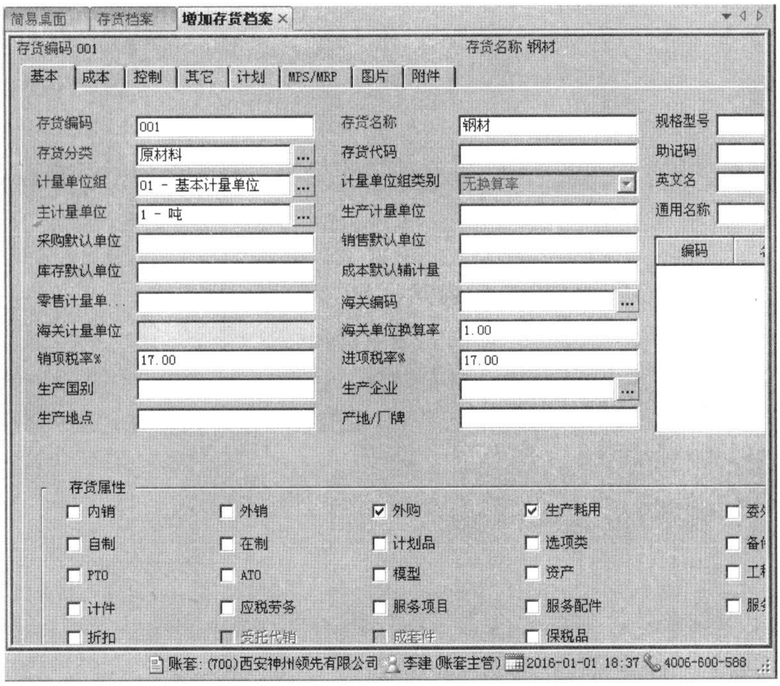

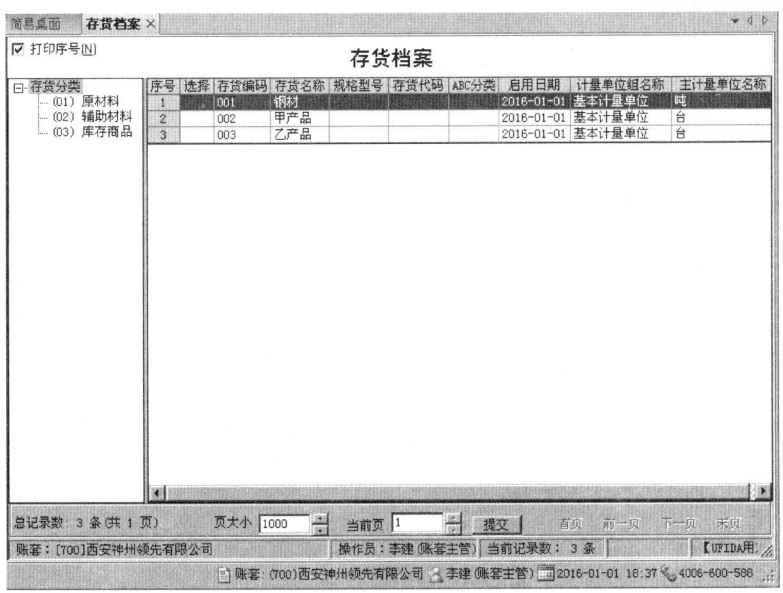

图 8-9 "增加存货档案"窗口

图 8-10 存货档案列表

• 在录入存货档案时,如果直接列示的计量单位不符合要求,应先将不符合要求的计量单位删除,再单击参照按钮就可以在计量单位表中重新选择计量单位。

• 存货档案中的存货属性必须选择正确,否则在填制相应单据时就不会在存货列表中出现。

六、设置基本科目

当企业的应付业务类型比较固定,并且生成的凭证类型也比较固定时,可以事先在此处将企业日常应付业务类型凭证中常用的科目预先设置好,以便简化系统中凭证生成的操作。

【例 8-5】 按照表 8-4 的内容,设置应收款管理系统的基本科目。

表 8-4　基本科目设置

基础科目种类	对应科目
应付科目	应付账款(2202)
预付科目	预付账款(1123)
采购科目	在途物资(1402)
税金科目	应交税费——应交增值税——进项税额(22210101)
商业承兑科目	应付票据(2201)

操作步骤:

(1)在应付款管理系统中,执行"设置"→"初始设置"命令,进入"初始设置"窗口。

(2)选择"基本科目设置",单击"增加"按钮,在"基础科目种类"栏选择"应付科目",在"科目"栏录入或选择"2202",同理增加其他的基本科目,直到全部科目设置完毕,如图 8-11 所示。

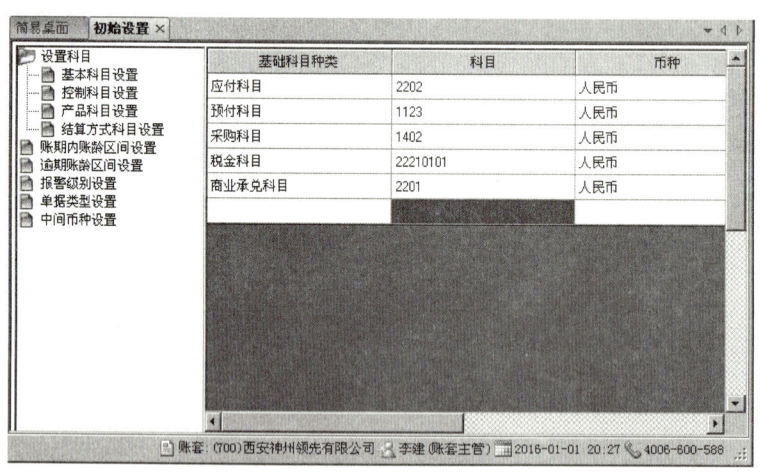

图 8-11　基本科目设置

注意事项:

• 在"基本科目设置"中所设置的应付科目"2202 应付账款"、预付科目"1123 预付账款"及"2201 应付票据",应先在总账系统中设置其辅助核算内容为"供应商往来",并且其受控系统为"应付系统",否则在此不能被选中。

• 只有在此设置了基本科目,在生成凭证时才能直接生成凭证中的会计科目,否则凭证中将没有会计科目,相应的会计科目只能手工录入。

• 如果应付科目、预付科目按不同的供应商或供应商分类分别设置,则可在"控制科目设置"中进行设置,在此可以不设置。

七、设置结算方式科目

知识讲解

结算方式科目设置是针对已经设置的结算方式设置相应的结算科目,也就是在执行付款业务时,只要告诉系统结算时使用的结算方式,就可以由系统自动生成该种结算方式所使用的会计科目。

【例 8-6】 根据表 8-5 提供的数据,设置应付款管理系统的结算方式科目。

表 8-5　结算方式科目设置

结算方式	对应结算方式科目
现金结算	库存现金(1001)
转账支票结算	工行存款(100201)

操作步骤:

(1)在"初始设置"窗口中,选择"结算方式科目设置"选项。

(2)单击"结算方式"栏的下三角按钮,选择"现金结算";单击"币种"栏,选择"人民币";在"科目"栏录入或选择"1001",回车。以此方法继续录入其他的结算方式科目,直到全部设置完毕,如图 8-12 所示。

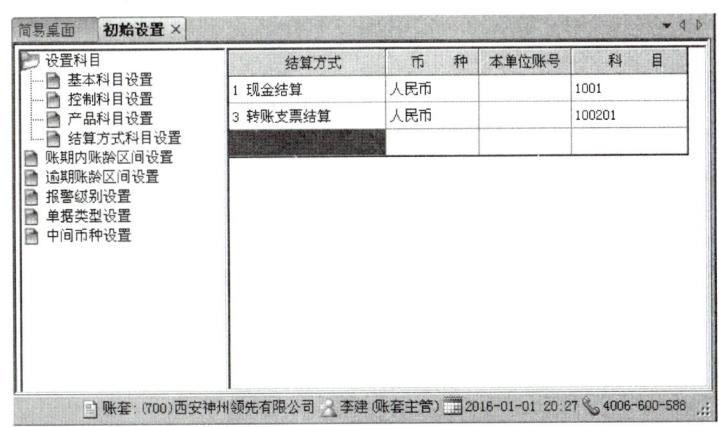

图 8-12　结算方式科目设置

注意事项:

• 结算方式科目设置是针对已经设置的结算方式设置相应的结算科目。即在付款时只要告诉系统结算时使用的结算方式,就可以由系统自动生成该种结算方式所使用的会计科目。

219

- 如果在此不设置结算方式科目,则在付款时可以手工输入不同的结算方式所对应的会计科目。

八、设置报警级别

知识讲解

为了方便掌握每个供应商的信用情况,可以通过设置报警级别,将供应商按照欠款余额与其授信额度的比例分为不同的类型。

【例8-7】 请设置本系统的报警级别:A级时的总比率为20%,B级时的总比率为40%,C级时的总比率为40%以上。

操作步骤:

(1)在"初始设置"窗口中,选择"报警级别设置"选项。

(2)在"总比率"栏录入"20",在"级别名称"栏录入"A",按回车键。以此方法继续录入其他的总比率和级别,如图8-13所示。

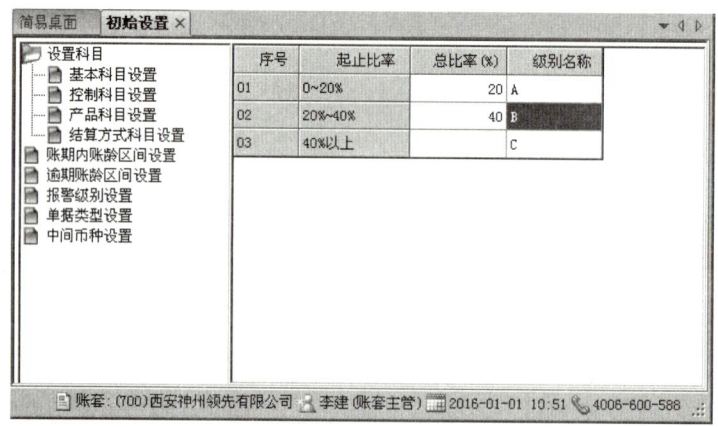

图8-13 报警级别设置

注意事项:

- 序号由系统自动生成,不能修改和删除。应直接输入该区间的最大比率及级别名称。
- 系统会根据输入的比率自动生成相应的区间。
- 单击"增加"按钮,可以在当前级别之前插入一个级别。插入一个级别后,该级别后的各级别比率会自动调整。
- 最后一个级别为某一比率之上,所以在"总比率"栏不能录入比率,否则将不能退出。
- 最后一个比率不能删除,如果录入错误则应先删除上一级比率,再修改最后一级比率。

九、录入期初采购发票

知识讲解

初次使用应付款管理系统时,要将系统启用之前的、未处理完的所有供应商的应付账款、预付账款、应付票据等数据,作为期初数据输入本系统之中,以便于以后的核销处理。

【例8-8】　根据表8-6内容录入系统的期初余额。

表8-6　期初余额表　　　　　　　　　　　　　单位:元

单据名称	方向	开票日期	供应商名称	采购部门	科目编码	货物名称	数量	无税单价	价税合计
采购专用发票	正	2015-12-28	广明公司	采购部	1123	钢材	10	1 200	14 040

操作步骤

（1）在应付款管理系统中,执行"设置"→"期初余额"命令,打开"期初余额—查询"对话框,如图8-14所示。

（2）单击"确定"按钮,进入"期初余额明细表"窗口。

（3）单击"增加"按钮,打开"单据类别"对话框,如图8-15所示。

（4）单击"确定"按钮,进入"采购专用发票"窗口。

（5）单击"增加"按钮,修改开票日期为"2015-12-28",在"供应商"栏录入"02",或

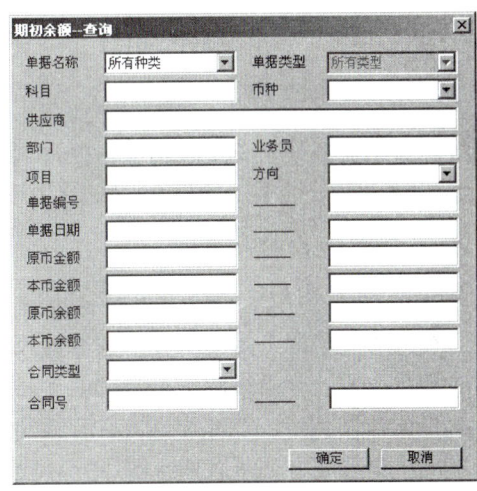

图8-14　"期初余额—查询"对话框

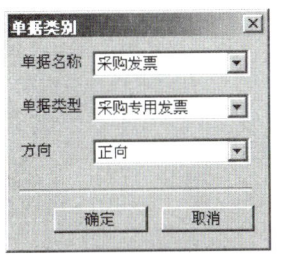

图8-15　"单据类别"对话框

单击"供应商"栏的参照按钮,选择"广明公司",在"部门"栏录入"采购部",在"存货编码"栏录入"001",或单击"存货编码"栏的参照按钮,选择"钢材";在"数量"栏录入"10",在"原币单价"栏录入"1 200",如图8-16所示。

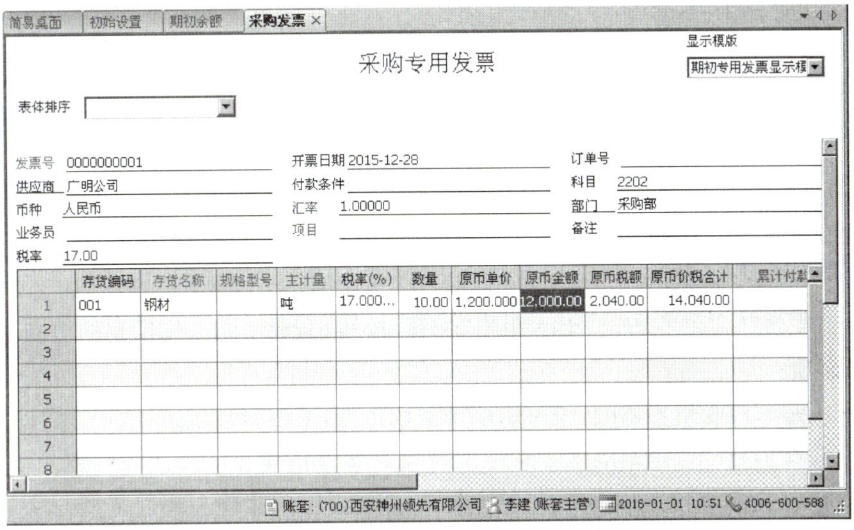

图8-16　录入期初采购发票

注意事项：

• 在录入期初余额时，一定要注意期初余额的会计科目，应付款系统的期初余额应与总账进行对账，如果科目错误将会导致对账错误。

• 系统默认的状态为不允许修改采购专用发票的编号，所以在填制采购专用发票时不允许修改采购专用发票的编号。若要修改，必须到"单据设置"中重新设置。

第三节　应付款管理日常业务处理

应付款管理系统主要实现企业与供应商之间业务往来款的核算与管理。应付款管理系统的日常业务处理主要包括应付处理、票据管理、制单处理和查询统计等操作。

一、填制采购专用发票

知识讲解

采购发票是应付账款日常核算的原始单据。采购发票是指采购业务中的各类普通发票和专用发票。如果同时使用应付款管理系统和采购管理系统，则采购发票产生的单据由采购系统录入、审核，自动传递到应付款管理系统，在本系统可以对这些单据进行查询、核销、制单。如果没有使用采购系统，则各类发票均应在应付款管理系统录入并审核。

【例8-9】 根据内容，在系统内填制销售专用发票。

2016年1月15日，向丽兴公司采购钢材，具体数据参照表8-7的内容。

表8-7　采购数据　　　　　　　　　　　　　　　　　　单位：元

单据名称	开票日期	供应商名称	采购部门	货物名称	数量	无税单价	税率
采购专用发票	2016-01-12	丽兴公司	采购部	钢材	10	1 100	17%

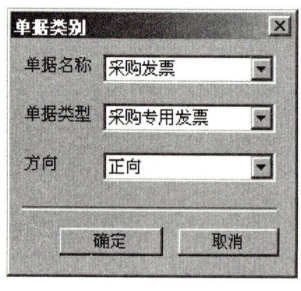

图8-17　"单据类别"对话框

操作步骤：

（1）在应付款管理系统中，执行"应付单据处理"→"应付单据录入"命令，打开"单据类别"对话框，如图8-17所示。

（2）单击"确定"按钮，打开"采购发票—专用发票"窗口。

（3）单击"增加"按钮，修改开票日期为"2016-01-12"，在"供应商"栏录入"01"，或单击"供应商"栏的参照按钮，选择"丽兴公司"；在"存货编码"栏录入"001"，在"存货名称"栏录入"钢材"，在"数量"栏录入"10"，在"原币单价"栏录入"1 100"，如图8-18所示。

（4）单击"保存"按钮，完成采购专用发票的填制。

注意事项：

• 在填制采购专用发票时，税率由系统自动生成，可以修改。

• 采购发票与应付单是应付款管理系统日常核算的单据。如果应付款系统与采购系统集成使用，采购发票在采购管理系统中录入，则在应付系统中可以对这些单据进行查询、核销及制单等操作，此时应付系统需要录入的只限于应付单。

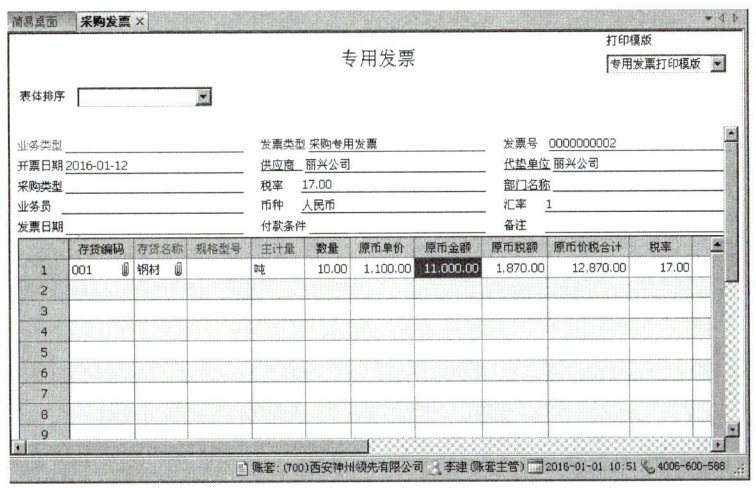

图 8-18　录入采购专用发票

- 如果没有使用采购系统,则所有发票和应付单均需在应付系统中录入。

- 已审核的单据不能修改或删除,已生成凭证或进行过核销的单据在单据界面中不再显示。

- 在录入采购发票后可以直接进行审核,在直接审核后系统会提示:"是否立即制单",此时可以直接制单。如果录入采购发票后不直接审核可以在审核功能中审核,再到制单功能中制单。

- 已审核的单据在未进行其他处理之前应取消审核后再进行修改。

二、填制付款单

知识讲解

付款单是支出款项而输入应付款管理系统的单据,包括支付货款、预付款等。

【例 8-10】 根据内容,在系统内填制付款单。

2016 年 1 月 15 日,以转账支票支付向丽兴公司购买 10 吨钢材的货税款 12 870 元。

操作步骤:

(1)在应付款管理系统中,执行"付款单据处理"→"付款单据录入"命令,进入"付款单"窗口。

(2)单击"增加"按钮。修改开票日期为"2016-01-15";在"供应商"栏录入"01",或单击"供应商"栏的参照按钮,选择"丽兴公司"、在"结算方式"栏录入"3",或单击"结算方式"栏的下三角按钮,选择"转账支票结算";在"金额"栏录入"12 870",在"摘要"栏录入"支付购买钢材的货税款",单击明细栏位后,结果如图 8-19 所示。

(3)单击"保存"按钮。完成付款单的填制。

注意事项:

- 在单击付款单的"保存"按钮后,系统会生成付款单表体的内容。

- 表体中的款项类型系统默认为"应付款",可以修改。款项类型还包括"预付款"和"其他费用"。

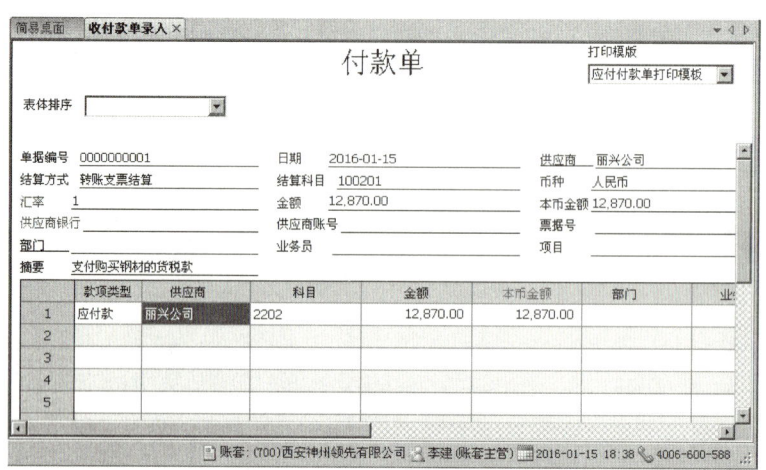

图 8-19　填制付款单

- 在填制付款单后,可以直接单击"核销"按钮进行单据核销的操作。

三、单据审核

知识讲解

录入采购发票、应付单据或收款单后可以直接审核,也可以到"应付单据审核"或"付款单据审核"功能中进行审核。审核后的单据将不允许修改或者删除。如果要取消单据审核,可以通过"弃审"功能实现。

【例 8-11】 请使用"付款单据审核"功能,审核[例 8-10]中填制的付款单。

操作步骤:

(1) 在应付款管理系统中,执行"付款单据处理"→"付款单据审核"命令,打开"付款单查询条件"对话框,如图 8-20 所示。

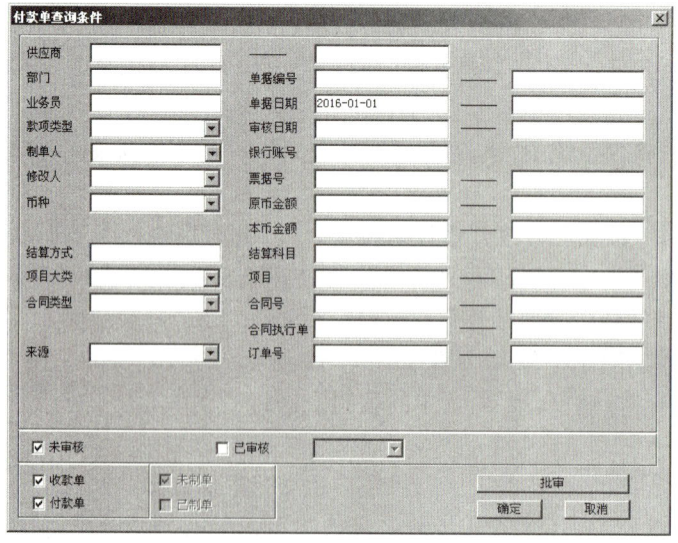

图 8-20　"付款单查询条件"对话框

（2）单击"确定"按钮，打开"收付款单列表"窗口。

（3）双击"选择"栏，选中本次要审核的单据，如图 8-21 所示。

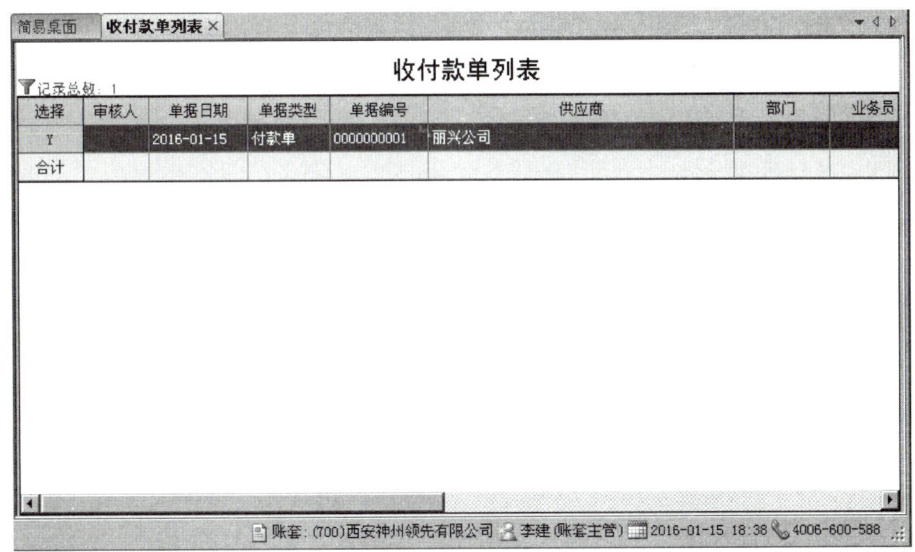

图 8-21　"收付款单列表"窗口

（4）单击"审核"按钮，系统提示："本次审核成功单据 1 张"。

（5）单击"确定"按钮，再单击"退出"按钮退出。

注意事项：

• 在"收付款单列表"窗口，可以单击"全选"按钮，审核所有付款单据，也可以双击单据行，打开单据界面进行单独审核。

• 如果要查看已经审核过的付款单据，必须在"付款单查询条件"窗口勾选"已审核"复选框，否则将不能找到相应单据。

四、核销付款单

知识讲解

核销付款单是指确定付款单与原始的发票、应付单之间的对应关系的操作，即需要指明每一次付款是付的哪几笔采购业务的款项。

【例 8-12】 核销填制的付款单。

操作步骤：

（1）在应付款管理系统中，执行"核销处理"→"手工核销"命令，打开"核销条件"对话框。在"供应商"栏中录入"02"，或单击"供应商"栏的参照按钮，选择"广明公司"，如图 8-22 所示。

（2）单击"确定"按钮，打开"单据核销"窗口。在下半部分的"本次结算"栏的第 1 行录入"12 870"，如图 8-23 所示。

（3）单击"保存"按钮，再单击"退出"按钮退出。

225

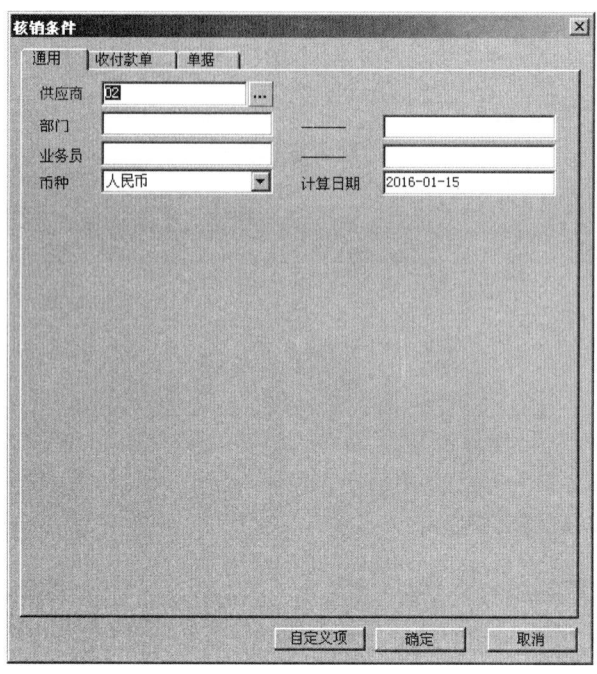

图 8-22 "核销条件"对话框

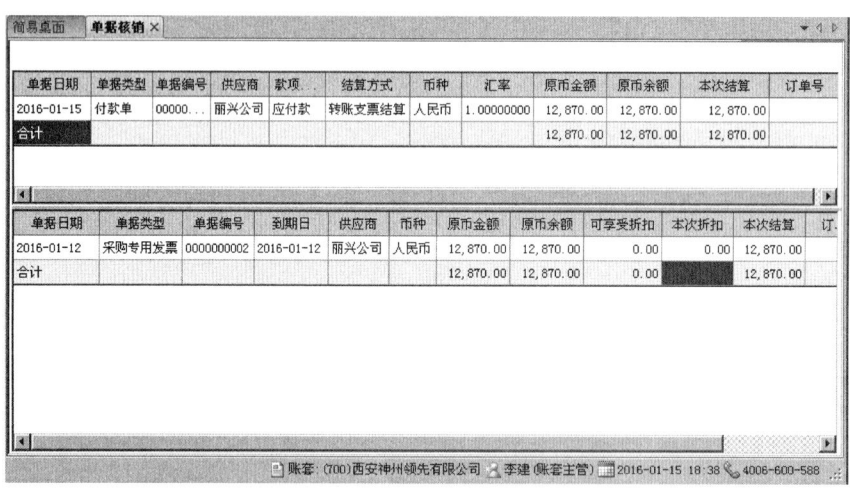

图 8-23 单据核销

注意事项:

• 在保存核销内容后,"单据核销"窗口中将不再显示已被核销的内容。

• 若要查看已被核销的内容,可以到"单据查询"中的"应收核销明细表"查看相关内容。

• 手工核销时一次只能显示一个客户的单据记录。

• 如果核销后未进行其他处理,可在"其他处理"的"取消操作"功能中取消该核销操作。

五、制单处理

制单处理分为立即制单和批量制单。立即制单是在单据处理、转账处理、票据处理等功能操作中,对保存后的单据直接进行审核时,系统会询问是否立即制单,选择"是"按钮,便立即生成凭证。批量制单是在所有业务发生完成后,使用制单功能进行批处理制单。

操作步骤:

(1) 在应付款管理系统中,双击"制单处理",打开"制单查询"窗口。

(2) 选择"发票制单"和"收付款单制单"复选框,如图 8-24 所示。

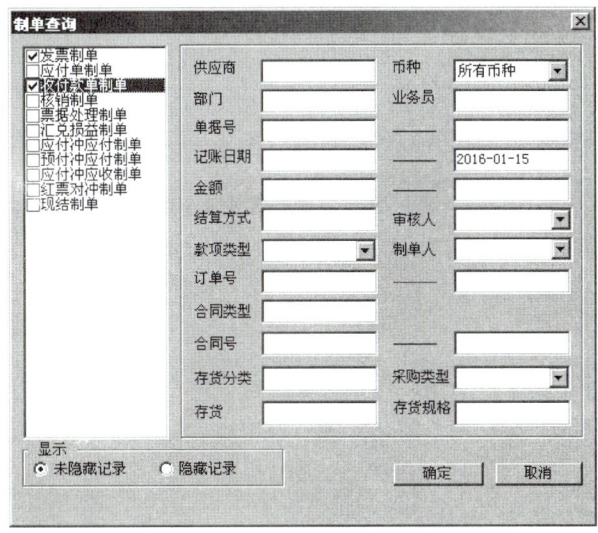

图 8-24　"制单查询"窗口

(3) 单击"确定"按钮,进入"应付制单"窗口,如图 8-25 所示。

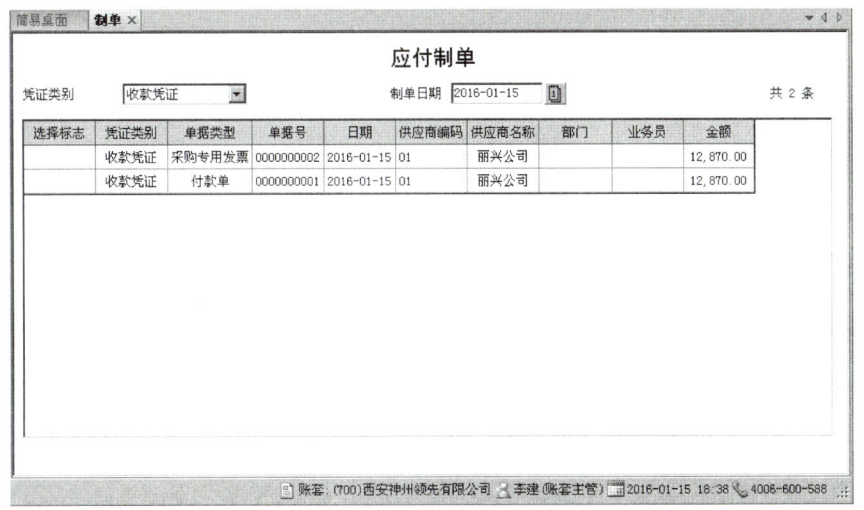

图 8-25　"应付制单"窗口

227

（4）单击"全选"按钮，再单击"制单"按钮，出现第一张记账凭证，修改凭证类别为"转账凭证"，单击"保存"按钮，保存第一张记账凭证，如图 8-26 所示。

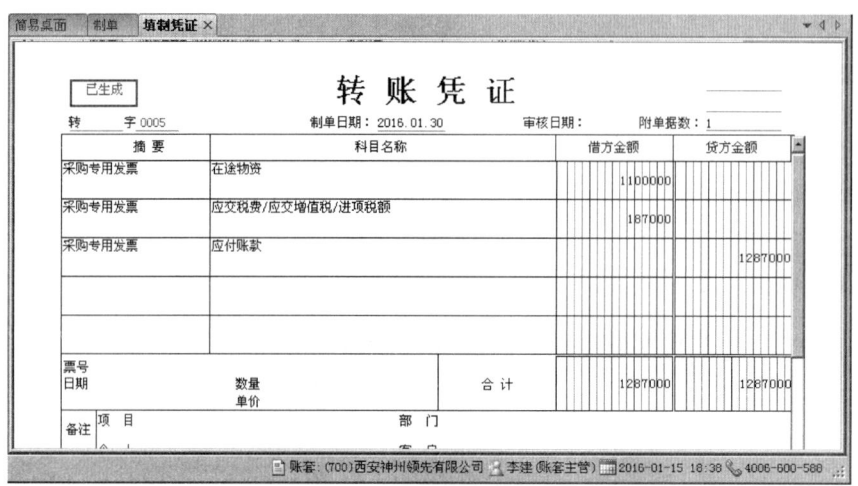

图 8-26　采购转账凭证生成

（5）单击"下张"按钮，出现第二张记账凭证，修改凭证类别为"付款凭证"，单击"保存"按钮，保存第二张记账凭证，如图 8-27 所示。

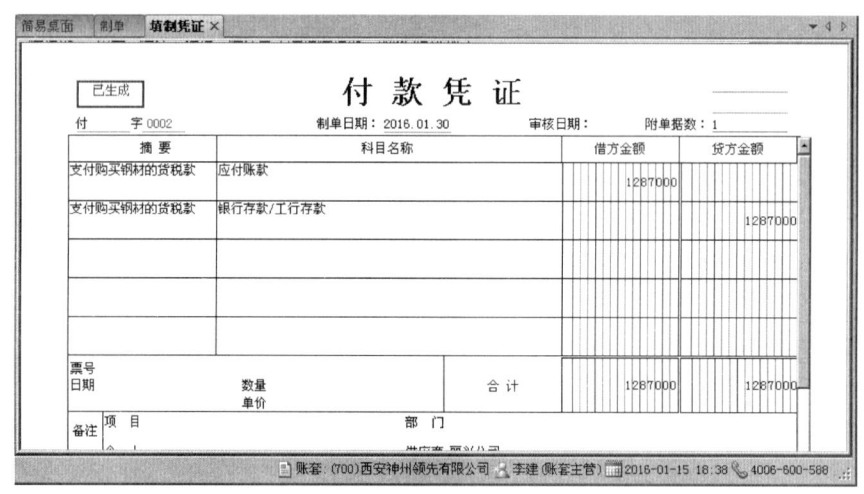

图 8-27　应付付款凭证生成

注意事项：

• 在"制单查询"对话框中，系统已默认制单内容为"发票制单"，如果需要选中其他内容制单，可以选中要制单内容前的复选框。

• 如果所选择的凭证类别有误，可以在生成凭证后再作修改。

• 如果一次生成多张记账凭证，可以通过单击"下张"按钮，依次对所生成的凭证进行修改和保存，直至全部保存完毕。若生成的凭证未被保存，将视为放弃本次凭证生成的操作。

• 当被保存后的凭证左上角出现"已生成"字样,说明此凭证已经传递到总账系统,可以在总账系统中进行审核和记账。

六、单据查询

知识讲解

单据的查询包括发票、应付单、结算单和凭证的查询。可以查询已经审核的各类型应付单据的付款结余情况;也可以查询结算单的使用情况;还可以查询本系统所生成的凭证,并且对其进行修改、删除和冲销等操作。

【例 8-13】 请使用"单据查询"功能查询系统中生成的凭证。

操作步骤:

(1)在应付款管理系统中,执行"单据查询"→"凭证查询"命令,打开"凭证查询条件"对话框,如图 8-28 所示。

(2)单击"确定"按钮,打开"凭证查询"窗口,如图 8-29 所示。

(3)单击"退出"按钮退出。

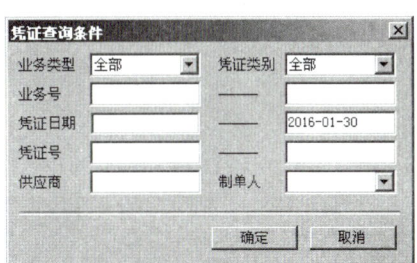

图 8-28 "凭证查询条件"对话框

图 8-29 "凭证查询"窗口

注意事项:

• 在"凭证查询"功能中,可以查看、修改、删除或冲销由应付款系统生成并传递到总账系统中的记账凭证。

• 如果凭证已经在总账系统中记账,又需要对形成凭证的原始单据进行修改,则可以通过冲销方式来冲销凭证,然后对原始单据进行其他操作后再重新生成凭证。

• 一张凭证被删除(或被冲销)后,它所对应的原始单据及相应的操作内容可以重新制单。

• 只有未在总账系统中审核的凭证才能删除,如果已经在总账系统中进行了出纳签字,应取消出纳签字后再进行删除操作。

七、业务账表查询

知识讲解

业务账表查询既可以进行总账、明细账、余额表和对账单的查询,也可以实现总账、明细账、单据之间的联查。

【例8-14】 请使用"业务账表"的"业务总账"功能查询应付总账。

操作步骤:

(1)在应付款管理系统中,执行"账表管理"→"业务账表"→"业务总账"命令,打开"应付总账表"对话框。

(2)单击"确定"按钮,进入"应付总账表"窗口,如图8-30所示。

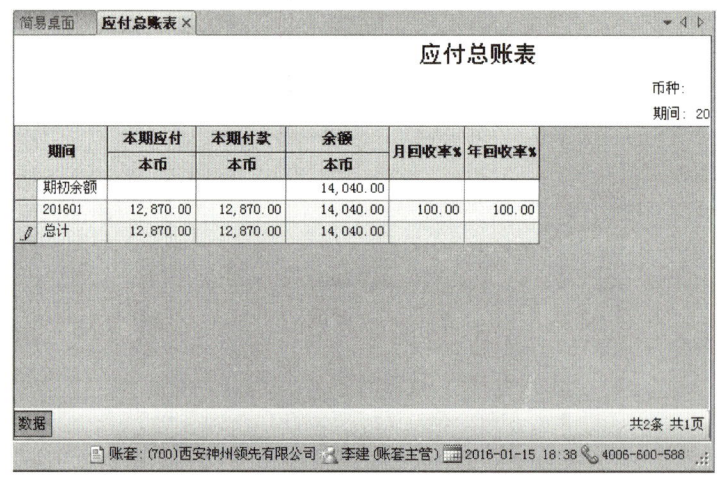

图8-30 "应付总账表"窗口

(3)单击"退出"按钮退出。

注意事项:

• 通过业务账表查询,可以及时了解一定期间内期期初应付款结存汇总情况,应付款发生、付款发生的汇总情况、累计情况及期末应付款结存汇总情况。

• 可以了解各个供应商期初应付款结存明细情况,应付款发生,付款发生的明细情况,累计情况及期末应付款结存明细情况,能及时发现问题,加强对往来款项的监督管理。

• 业务总账查询,是对一定期间内应付款汇总情况的查询。在业务总账查询的应付总账表中不仅可以查询"本期应付"款,还可以查询"本期支付"应付款及应付款的余额情况。

八、科目账表查询

知识讲解

科目账表查询包括科目余额表查询和科目明细表查询,并且可以通过一个"总账明细"的切换按钮进行联查,实现总账、明细账、凭证的联查。

【例 8-15】　请使用"科目账查询"功能查询供应商的往来科目明细。

操作步骤：

（1）在应付款管理系统中，执行"账表管理"→"科目账查询"→"科目明细账"命令，打开"供应商往来科目明细账"对话框。

（2）单击"确定"按钮，进入"科目明细账"窗口，如图 8-31 所示。

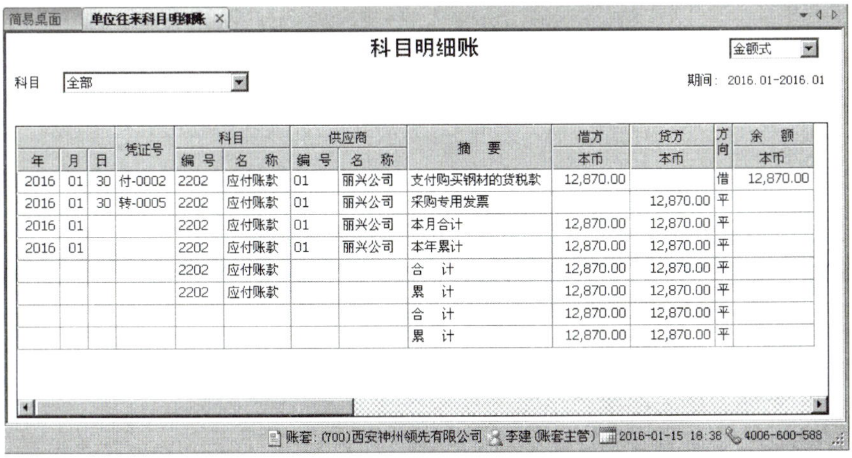

图 8-31　"科目明细账"窗口

（3）单击"退出"按钮退出。

注意事项：

• 科目账查询包括科目明细账和科目余额表。

• 科目明细账查询可以查询供应商往来科目下供应商的往来明细账。

• 科目余额表查询可以查询应付受控科目各个供应商的期初余额、本期借方发生额合计、本期贷方发生额合计、期末余额。

第四节　应付款管理期末业务处理

应付款管理系统处理完当月的全部业务工作，应进行期末业务处理。应付款管理系统的期末业务处理主要包括月末结账和取消月结两个功能。

一、月末结账

知识讲解

如果确认本月的各项业务处理已经结束，可以选择执行月末结账功能。结账后本月不能再进行单据、票据、转账等业务的增、删、改、审等处理。如果启用了采购管理系统，采购管理系统结账后，应付款管理系统才能结账。

操作步骤：

（1）在应付款管理系统中，执行"期末处理"→"月末结账"命令，打开"月末处理"对话

231

框,如图 8-32 所示。

(2)双击一月份"结账标志"栏,如图 8-32 所示。

(3)单击"下一步"按钮,出现"月末处理—处理情况"窗口,如图 8-33 所示。

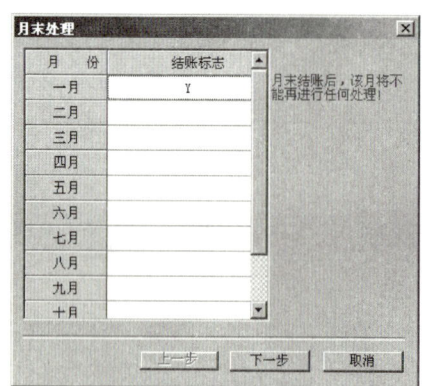

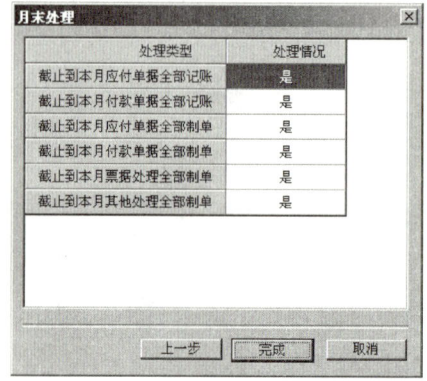

图 8-32 "月末处理"对话框   图 8-33 "月末处理—处理情况"窗口

(4)单击"完成"按钮,系统弹出"1 月份结账成功"信息提示框。

(5)单击"确定"按钮。

注意事项:

• 如果当月业务已经全部处理完毕,应进行月末结账。只有当月结账后,才能开始下月的工作。

• 进行月末处理时,一次只能选择一个月进行结账,前一个月未结账,则本月不能结账。

• 在执行了月末结账后,该月将不能再进行任何处理。

二、取消月结

知识讲解

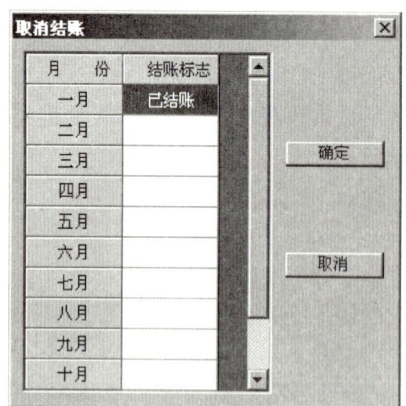

图 8-34 "取消结账"对话框

如果执行完月末结账功能后,发现月末结账有错误,可以取消月末结账。如果取消结账操作时总账已经结账,则不能执行该项操作。

操作步骤:

(1)在应收款管理系统中,执行"期末处理"→"取消月结"命令,打开"取消结账"对话框,如图8-34所示。

(2)单击"确定"按钮,系统弹出"取消结账成功"信息提示框。

(3)单击"确定"按钮,完成"取消结账"操作。

本章小结

我们通过本章的学习,可以了解到,应付款管理系统的主要功能是实现企业与供应商之间业务往来账款的核算与管理。应付款管理系统是以采购发票、其他应付单等原始单据为依据,记录采购业务及其他业务所形成的往来款项,处理应付款项的支付和转账等情况,提供票据处理的功能,实现对应付款的管理。由于应付款系统的功能比较全面,不同功能的模块组合将会导致应付款系统的功能出现不同实现方式,因此,在学习本章时,一定要先掌握应付款系统的基本功能,然后再系统地学习不同模块组合时,应付款系统录入数据或接收数据的方法以及相应的账务处理。

典型题目及解析

【例题·单选题】 对于应收应付模块的往来业务核销,下列说法错误的是(   )。

A. 一张发票可以对应一张收款或付款单分次核销

B. 能实现往来业务的部分核销

C. 一张发票可以对应多张收款或付款单核销

D. 一条记录也可以手工核销

【答案及解析】 D

往来核销时,发票和收/付款单之间的对应关系可以是一对一、一对多、多对一、多对多;但无论何种方式下,准备核销的应收/应付款的本次核销金额必须等于核销的收款/付款金额,所以至少应有两条记录。

【例题·多选题】 在应收应付模块中,往来业务核销方式主要有(   )。

A. 自动核销

B. 一对多核销

C. 多对多核销

D. 手工核销

【答案及解析】 AD

一对多和多对多指的是票据的对应方式。

【例题·判断题】 往来业务核销有手动和自动两种方式。   (   )

【答案及解析】 对

往来核销包括自动核销和手工核销两种方式。

【例题·单选题】 应付账款子系统和(   )子系统有数据传输。

A. 固定资产   B. 账务

C. 工资   D. 销售

【答案及解析】 B

应付账款系统接收采购管理系统传递来的发票单据,进行付款核算后编制记账凭证传递给账务系统,所以与采购和账务系统有数据传输关系。

课 后 习 题

一、单项选择题

1. 对于应收应付模块的往来业务核销,下列说法错误的是(　　)。
   A. 一张发票可以对应一张收款或付款单分次核销
   B. 只能实现往来业务的部分核销
   C. 一张发票可以对应多张收款或付款单核销
   D. 一条记录也可以手工核销

2. 设置的应收预警天数为 5,销售发票中单据日期为 2010 年 10 月 1 日,收款期限为 2010 年 10 月 11 日,则该笔收款首次预警日期为(　　)。
   A. 2010 年 10 月 1 日　　　　　　　　　B. 2010 年 10 月 6 日
   C. 2010 年 10 月 11 日　　　　　　　　 D. 2010 年 10 月 16 日

3. 应付账款子系统和(　　)子系统有数据传输。
   A. 固定资产　　　　B. 账务　　　　　　C. 工资　　　　　　　D. 销售

二、多项选择题

1. 应收应付账款模块初始化的基本内容有(　　)。
   A. 选项设置　　　　　　　　　　　　B. 应收账款核销
   C. 应付账款核销　　　　　　　　　　D. 期初数据录入

2. 下列各项中,属于应收系统的日常操作的有(　　)。
   A. 收款单据录入　　　　　　　　　　B. 收款条件设置
   C. 账款核销　　　　　　　　　　　　D. 账龄分析

3. 在应收应付模块中,往来业务核销方式主要有(　　)。
   A. 自动核销　　　B. 一对多核销　　　C. 多对多核销　　　D. 手工核销

4. 应收账款子系统与(　　)子系统有数据传输。
   A. 固定资产　　　　B. 账务　　　　　　C. 采购　　　　　　　D. 销售

三、判断题

往来业务核销有手动和自动两种方式。　　　　　　　　　　　　　　　　　(　　)

上机实验十五　采购与应付款管理初始化

【操作准备】

引入"上机实验十四"的备份数据。将系统日期改为 2016 年 1 月 1 日,由操作员"LW (刘伟密码 1)"注册企业应用平台。

【操作要求】

(1) 启用"应付款管理"模块、启用"应付款管理"模块,启用日期:2016-1-1。

(2) 设置存货分类。

（3）设置计量单位。

（4）存货档案。

（5）应付系统初始科目设置。

（6）录入期初采购单据。

【操作数据】

1. 存货分类

公司存货分类，如表8-8所示。

表8-8　公司存货分类

存货分类编号	存货分类名称
1	A类机床
2	B类机床
3	C类机床
4	配件

2. 计量单位

计量单位组，如表8-9所示。

表8-9　计量单位组

编码	名称	类别
01	无固定换算率组	无换算率

存货计量单位，如表8-10所示。

表8-10　存货计量单位

编码	名称	计量单位组
01	台	01
02	件	01

3. 存货档案

公司存货档案，如表8-11所示。

表8-11　公司存货档案

存货编号	存货代码	存货名称	单位	税率	存货属性	存货类别
1001	1001	TH-A机床	台	17％	销售、外购	1
1002	1002	TK-A机床	台	17％	销售、外购	1
2001	2001	TL-B机床	台	17％	销售、外购	2
2002	2002	LF-B机床	台	17％	销售、外购	2

4. 应付系统初始科目设置

基本科目设置,如表 8-12 所示。

表 8-12　基本科目设置

基础科目种类	对应科目
应付科目	应付账款(2202)
预付科目	预付账款(1123)
采购科目	材料采购(1401)
税金科目	应交税费——应交增值税——进项税额(22210101)

注:应付账款、预付账款科目应设置为"应付系统受控科目"。

结算方式科目设置,如表 8-13 所示。

表 8-13　结算方式科目设置

结算方式	对应结算方式科目
现金结算	库存现金(1001)
现金支票	工行存款(100201)
转账支票	工行存款(100201)

5. 期初采购发票

2015 年 12 月 8 日,采购部赵小静从供应商天山公司采购 2 台 TK-A 机床(1002),原币单价 320 000 元,货款未支付,赵小静将采购普通发票(发票号码 0001)交给财务部,财务部暂不支付货款。

上机实验十六　采购与应付款管理日常业务

【操作准备】

引入"上机实验十五"的备份数据。将系统日期改为 2016 年 1 月 31 日,由操作员"LW(刘伟密码 1)"注册企业应用平台。

【操作要求】

(1) 录入采购普通发票并审核、制单。

(2) 录入采购专用发票并审核、制单。

(3) 录入付款单。

(4) 核销往来账。

(5) 用"LFP 李飞鹏"的身份,将凭证审核并记账。

(6) 查询供应商"西安天地公司"往来明细账。

【操作数据】

(1) 2016 年 1 月 8 日采购部赵小静从供应商西安天地公司采购 20 台 LF-B 机床(2002),原币单价 3 200 元,货款未支付,赵小静将采购普通发票(发票号码 0002)交给财务部,财务部暂不支付货款。

(2) 2016 年 1 月 10 日采购部赵小静向天山公司采购 TL-B 机床 30 台,原币单价3 800 元;采购发票已经收到,但财务部暂不能支付货款,请录入采购专用发票(发票号码 0001)。

(3) 2016 年 1 月 18 日财务部对 1 月 10 日采购天山公司 30 台 TL-B 机床进行付款,付款方式工商银行转账支票,结算票号 0135,请填写并审核付款单,并进行核销处理。

操作答案:

1. 0002 号普通发票生成凭证(见图 8-35)

已生成

转 账 凭 证

转　字 0008　　制单日期：2016.01.31　　审核日期：　　附单据数：1

摘要	科目名称	借方金额	贷方金额
采购普通发票	材料采购	5312000	
采购普通发票	应交税费/应交增值税/进项税额	1088000	
采购普通发票	应付账款		6400000
票号 日期	数量 单价 合计	6400000	6400000

备注　项　目　　部　门
个　人　　客　户
业务员

记账　审核　出纳　制单　刘伟

图 8-35　操作数据(1)生成的凭证

2. 0001 号专用发票生成凭证(见图 8-36)

已生成

转 账 凭 证

转　字 0009　　制单日期：2016.01.31　　审核日期：　　附单据数：1

摘要	科目名称	借方金额	贷方金额
采购专用发票	材料采购	11400000	
采购专用发票	应交税费/应交增值税/进项税额	1938000	
采购专用发票	应付账款		13338000
票号 日期	数量 单价 合计	13338000	13338000

备注　项　目　　部　门
个　人　　客　户
业务员

记账　审核　出纳　制单　刘伟

图 8-36　操作数据(2)生成的凭证

3. 0001号付款单生成凭证(见图8-37)

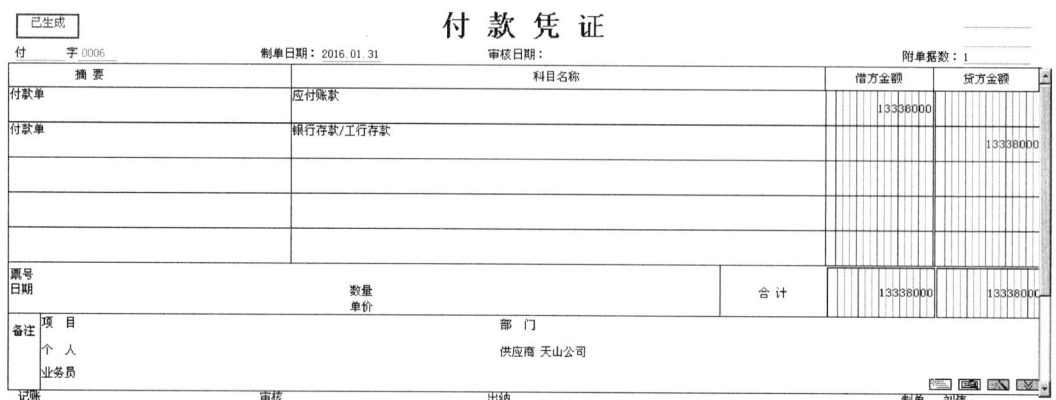

图 8-37 操作数据(3)生成的凭证

4. 在账簿查询中,查询供应商"西安天地公司"往来明细账(见图8-38)

供应商明细账

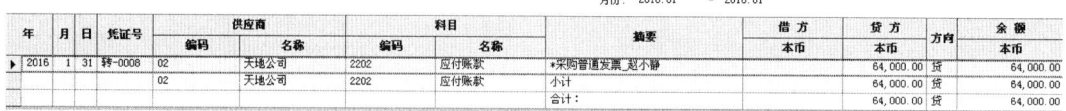

图 8-38 业务明细账查询结果

第九章　应收款管理系统

知识目标

系统学习应收款管理系统初始化的一般方法,学习应收款系统日常业务处理的主要内容和操作方法。要求掌握应收款系统与总账系统组合时应收款系统的基本功能和操作方法,熟悉应收款系统账簿查询的作用和基本方法。

实践目标

1. 掌握用友ERP-U8管理软件中应收款管理系统的相关内容。
2. 掌握应收款管理系统初始化、日常业务处理、月末处理的操作。

第一节　销售与应收系统结构和流程

一、销售与应收系统结构

销售与应收系统结构图,如图9-1所示。

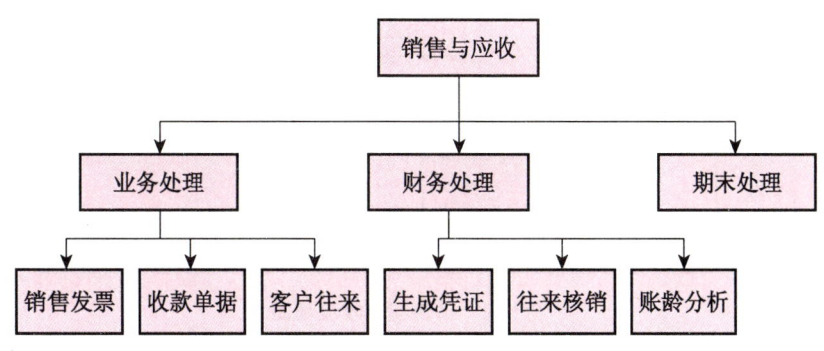

图 9-1　销售与应收系统结构图

二、销售与应收流程

销售系统中,要注意初始化库存期初后要记账。往来核销要到"往来"模块中处理。销售与应收流程图,如图9-2所示。

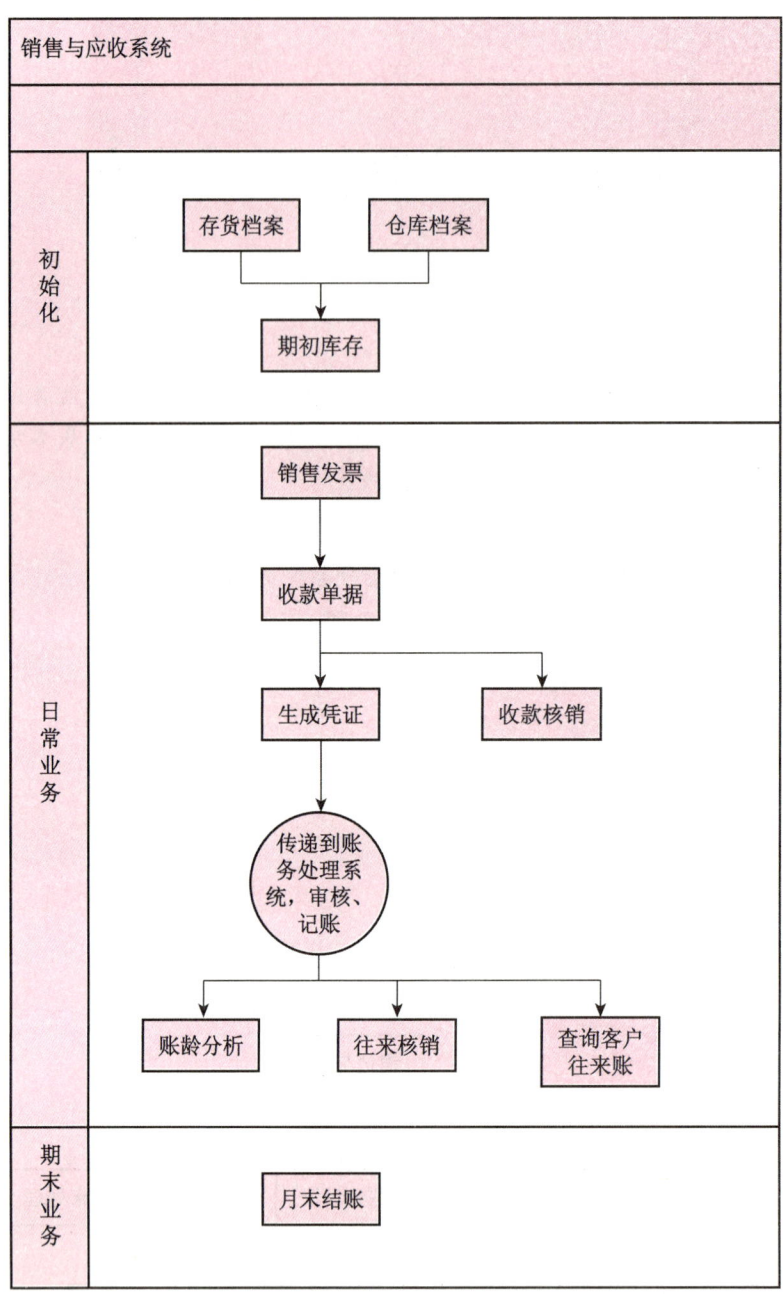

图 9-2　销售与应收流程图

第二节　应收款管理系统初始化

在用友 ERP-U8 管理软件中，应收款管理系统主要用于核算和管理客户往来款项，以发票、费用单、其他应收单等原始单据为依据，记录销售业务及其他业务所形成的往来款项，处理应收款项的收回、坏账、转账等情况，同时，提供票据处理功能。但是在运行本系统之前还需进行一系列的初始设置。初始设置的主要内容包括：设置控制参数、设置基础信息和录入期初余额。

一、启用应收款管理模块

在使用应收款管理系统之前，应先启用应收款管理。启用方法有两种：一种是在建立账套后立即启用；另一种是在企业应用平台中启用。

二、设置系统参数

知识讲解

在运行应收款管理系统之前，应先设置运行所需要的系统参数。应收款管理的系统参数包括：应收款核销方式、单据审核日期依据、坏账处理方式和启用客户权限等。

【例 9-1】 根据本章节的需要，请在系统中设置：单据审核日期依据为"单据日期"；坏账处理方式为"应收余额百分比法"；启用客户权限，并且按信用方式根据单据提前 7 天自动报警。

操作步骤：

（1）在企业应用平台中，执行"系统服务"→"权限"→"数据权限控制设置"命令，打开"数据权限控制设置"对话框。在"客户档案"选项前的方框中打"√"，如图 9-3 所示，单击"确定"按钮返回。

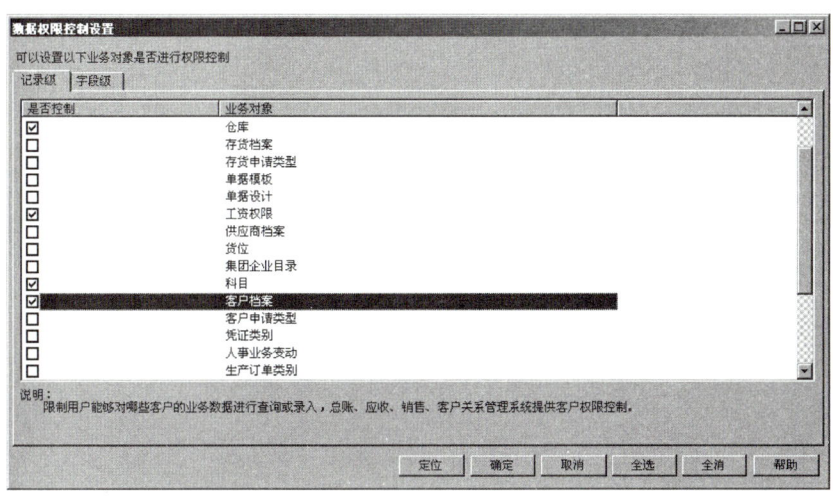

图 9-3 数据权限控制设置

（2）执行"业务工作"→"财务会计"→"应收款管理"→"设置"→"选项"命令，打开"账套参数设置"对话框。

（3）单击"编辑"按钮，打开"常规"选项卡，修改单据审核日期依据为"单据日期"单击"坏账处理方式"栏的下三角按钮，选择"应收余额百分比法"，如图 9-4 所示。

（4）打开"权限与预警"选项卡，选中"控制客户权限"复选框；单据报警选择"信用方式"，在"提前天数"栏选择提前天数"7"，如图 9-5 所示。

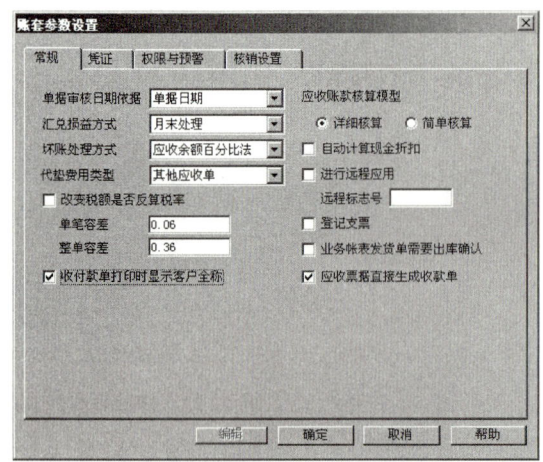

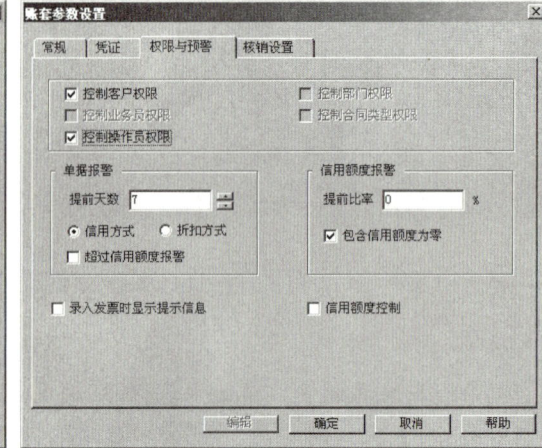

图 9-4　选择单据审核日期依据和坏账处理方式

图 9-5　设置权限与预警

（5）单击"确定"按钮。

注意事项：

• 在账套使用过程中可以随时修改账套参数。

• 如果选择单据日期为审核日期,则月末结账时单据必须全部审核。

• 关于应收账款核算模型,在系统启用时或者还没有进行任何业务处理的情况下才允许从"简单核算"改为"详细核算";从"详细核算"改为"简单核算"随时可以进行。

三、设置基本科目

知识讲解

当企业的应收业务类型比较固定,并且生成的凭证类型也比较固定时,可以事先在此处将企业日常应收业务类型凭证中常用的科目预先设置好,以便简化系统中凭证生成的操作。

【例 9-2】　按照表 9-1 的内容,设置应收款管理系统的基本科目。

表 9-1　基本科目设置

基础科目种类	对应科目
应收科目	应收账款(1122)
销售收入科目	主营业务收入(6001)
税金科目	应交税费—应交增值税—销项税额(22210102)
销售退回科目	主营业务收入(6001)
商业承兑科目	应收票据(1121)

操作步骤：

（1）在应收款管理系统中,执行"设置"→"初始设置"命令,打开"初始设置"窗口。

（2）选中"设置科目"下的"基本科目设置"选项，单击"增加"按钮，双击"基本科目种类"对应栏，从"基本科目种类"列表中选择"应收科目"，如图 9-6 所示。

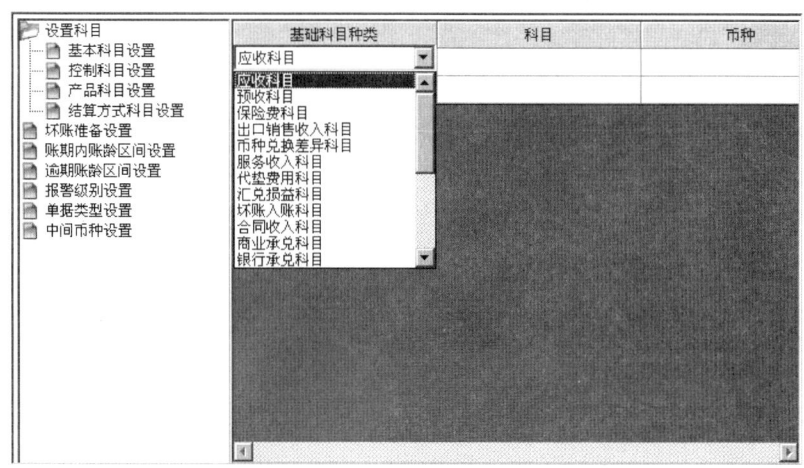

图 9-6　从"基本科目种类"列表中选择"应收科目"

（3）双击"科目"对应栏，选择科目"1122"；同理增加其他的基本科目，直到全部科目设置完毕，如图 9-7 所示。

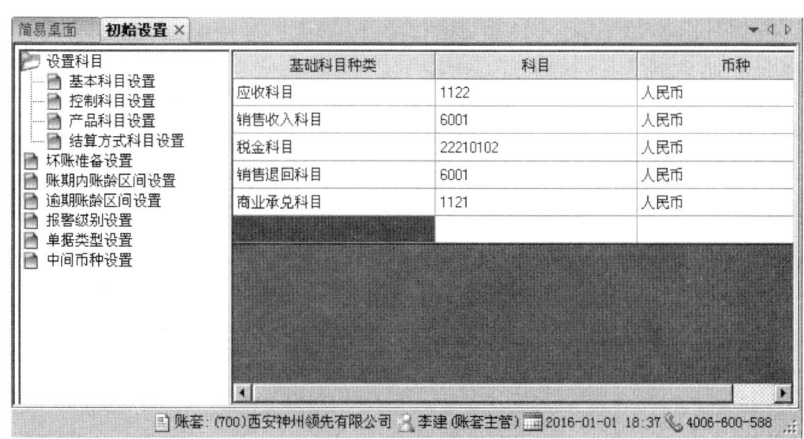

图 9-7　基本科目设置

注意事项：

• 在基本科目设置中所设置的应收科目"1122 应收账款"、预收科目"2203 预收账款"及"1121 应收票据"，应在总账系统中设置其辅助核算内容为"客户往来"，并且其受控系统为"应收系统"。否则在这里不能被选中。

• 只有在这里设置了基本科目，在生成凭证时才能直接生成凭证中的会计科目，否则凭证中将没有会计科目，相应的会计科目只能手工再录入。

• 如果应收科目、预收科目按不同的客户或客户分类分别设置，则可在"控制科目设置"中设置，在此可以不设置。

四、设置结算方式科目

知识讲解

结算方式科目设置是针对已经设置的结算方式设置相应的结算科目，也就是在执行收款业务时，只要告诉系统结算时使用的结算方式，就可以由系统自动生成该种结算方式所使用的会计科目。

【例9-3】 根据表9-2提供的数据，设置应收款管理系统的结算方式科目。

表9-2 结算方式科目设置

结算方式	对应结算方式科目
现金结算	库存现金(1001)
现金支票结算	库存现金(1001)
转账支票结算	工行存款(100201)

操作步骤：

（1）在"初始设置"窗口中，单击"结算方式科目设置"栏，进入"结算方式科目设置"窗口。

（2）单击"增加"按钮，在"结算方式"栏下拉列表中选择"现金结算"；单击"币种"栏，选择"人民币"；在"科目"栏录入或选择"1001"，回车。以此方法继续录入其他的结算方式科目，直到全部设置完毕，如图9-8所示。

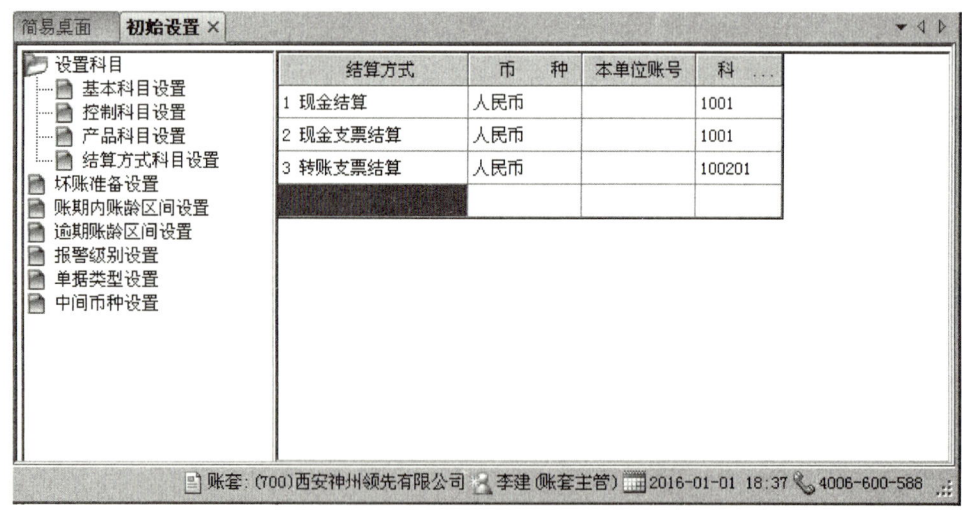

图9-8 结算方式科目设置

注意事项：

• 如果在此不设置结算方式科目，那么，在执行收款业务或付款业务时，则需手工输入不同结算方式对应的会计科目。

• 在此处的结算方式科目设置，只是针对系统内已经设置好的结算方式来设置对应的结算科目。如果系统内没有事先设置的结算方式，那么，在此将无法设置其对应的结算科目。

五、设置坏账准备

知识讲解

通过坏账准备的设置，应收款管理系统可以根据企业发生的应收业务情况，提供自动计提坏账准备的功能。计提坏账的处理方式包括应收余额百分比法、销售余额百分比法和账龄分析法。

【例 9-4】　在此处的坏账准备设置中采用的是应收余额百分比法。请设置坏账准备的参数：提取比例为 0.5%，坏账准备期初余额为 0，坏账准备科目为"坏账准备（1231）"，坏账准备对方科目为"管理费用（660205）"。

操作步骤：

（1）在"初始设置"窗口中，单击"坏账准备设置"栏，打开"坏账准备设置"窗口，录入提取比率"0.5"，坏账准备期初余额"0"，坏账准备科目"1231"，坏账准备对方科目"660205"。

（2）单击"确定"按钮，如图 9-9 所示。

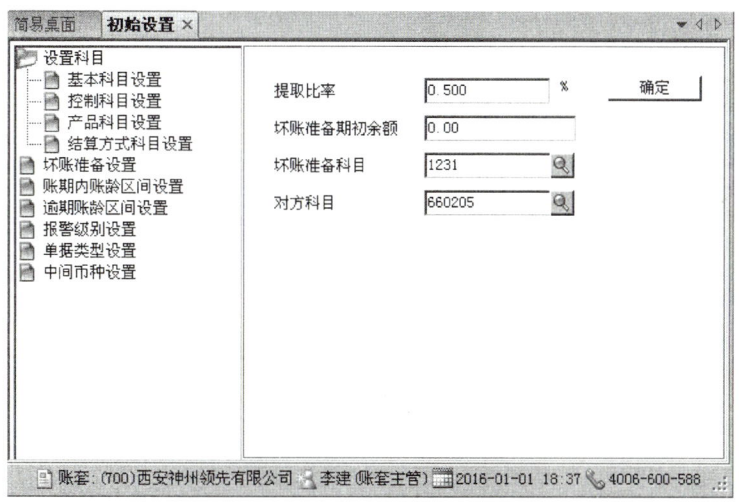

图 9-9　坏账准备设置

注意事项：

• 如果未事先在选项中选择"应收余额百分比法"作为坏账处理的方式，那么，在此处就不能录入"应收余额百分比法"所需要的初始设置，即此处的初始设置是与选项中所选择的坏账处理方式相对应的。

• 坏账准备的期初余额应与总账系统中所录入的坏账准备的期初余额相一致。由于系统没有坏账准备期初余额的自动对账功能，所以，只能进行人工核对。坏账准备的期初余额如果在借方，则用"－"号表示。如果没有期初余额，应将期初余额录入"0"，否则，系统将不予确认。

• 坏账准备期初余额被确认后,只要进行了坏账准备的日常业务处理就不允许再修改,下一年度使用本系统时,可以修改提取比率、区间和科目。

六、设置账龄区间

账龄区间的设置,主要是通过对应收账款的账龄分析来评估客户的信誉,并按照一定的比例来估计坏账损失。系统内的应收款的账龄设置分为两部分:账期内账龄区间设置和逾期账龄区间设置。

【例9-5】 请设置系统的账期内账龄区间为:总天数分别为90天和120天。

操作步骤:

(1)在"初始设置"窗口中,单击"账期内账龄区间设置"栏,进入"账期内账龄区间设置"窗口。

(2)在"总天数"栏录入"90",回车,再在"总天数"栏录入"120"后回车,如图9-10所示。

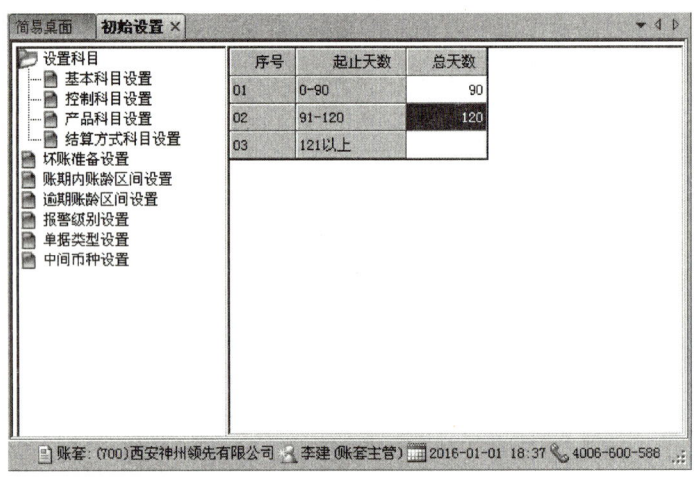

图9-10 账龄区间设置

注意事项:

• 序号由系统自动生成,不能修改和删除。总天数直接输入截止该区间的账龄总天数。

• 最后一个区间不能修改和删除。

七、设置报警级别

为了方便掌握每个客户的信用情况,可以通过设置报警级别,将客户按照客户欠款余额与其授信额度的比例分为不同的类型。

【例9-6】 请设置本系统的报警级别:A级时的总比率为10%,B级时的总比率为20%,C级时的总比率为20%以上。

操作步骤：

（1）在"初始设置"窗口中，单击"报警级别设置"栏，进入"报警级别设置"窗口。

（2）在"总比率"栏录入"10"，在"级别名称"栏录入"A"，回车。以此方法继续录入其他的总比率和级别，如图 9-11 所示。

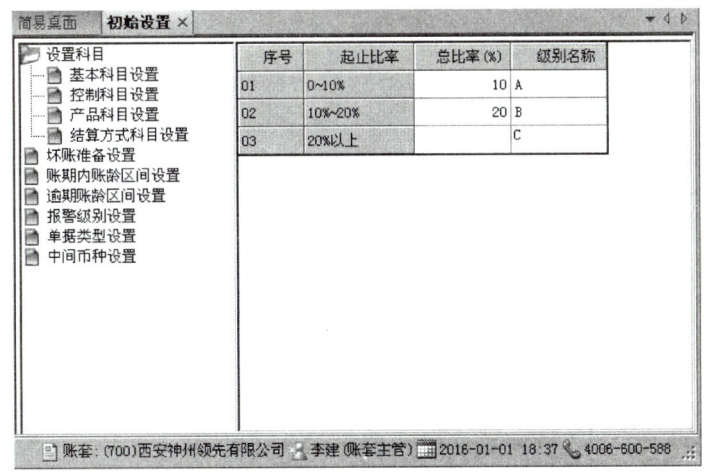

图 9-11　报警级别设置

（3）单击"退出"按钮。

注意事项：

• 序号由系统自动生成，不能修改、删除。应直接输入该区间的最大比率及级别名称。

• 系统会根据输入的比率自动生成相应的区间。

• 单击"增加"按钮，可以在当前级别之前插入一个级别。插入一个级别后，该级别后的各级别比率会自动调整。

• 删除一个级别后，该级别后的各级比率会自动调整。

• 最后一个级别为某一比率之上，所以在"总比率"栏不能录入比率，否则将不能退出。

• 最后一个比率不能删除，如果录入错误则应先删除上一级比率，再修改最后一级比率。

八、录入期初余额

知识讲解

　　初次使用应收款管理系统时，要将系统启用之前的，未处理完的所有客户的应收账款、预收账款、应收票据等数据，作为期初数据输入本系统中，以便于以后的核销处理。

　　【例 9-7】　根据表 9-3 内容录入系统的期初余额。

表 9-3　期初余额表　　　　　　　　　　　　　单位:元

单据名称	方向	开票日期	客户名称	销售部门	科目编码	货物名称	数量	无税单价	价税合计
销售专用发票	正	2015-12-25	毅力公司	销售部	1122	甲产品	2	2 000	4 680

图 9-12 "期初余额—查询"窗口

操作步骤：

（1）打开应收款管理系统，执行"设置"→"期初余额"命令，打开"期初余额—查询"窗口，如图 9-12 所示。

（2）单击"确定"按钮，打开"期初余额明细表"窗口。

（3）单击"增加"按钮，打开"单据类别"对话框。选择"单据名称"为"销售发票"，"单据类型"为"销售专用发票"，如图 9-13 所示。

（4）单击"确定"按钮，打开"销售专用发票"窗口。

（5）单击"增加"按钮，修改单据日期为"2015-12-

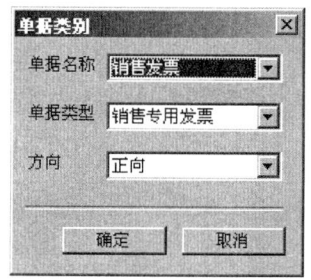

图 9-13 "单据类别"对话框

25"；在"客户名称"栏录入"03"，或单击"客户"栏的参照按钮，选择"毅力公司"，系统自动带出客户相关信息；在"税率"栏录入"17"，在"销售部门"栏录入"销售部"，在"货物编号"栏录入"002"，或单击"货物编号"栏的参照按钮，选择"甲产品"，在"数量"栏录入"2"，在"无税单价"栏录入"2 000"，如图 9-14 所示。

（6）单击"保存"按钮。

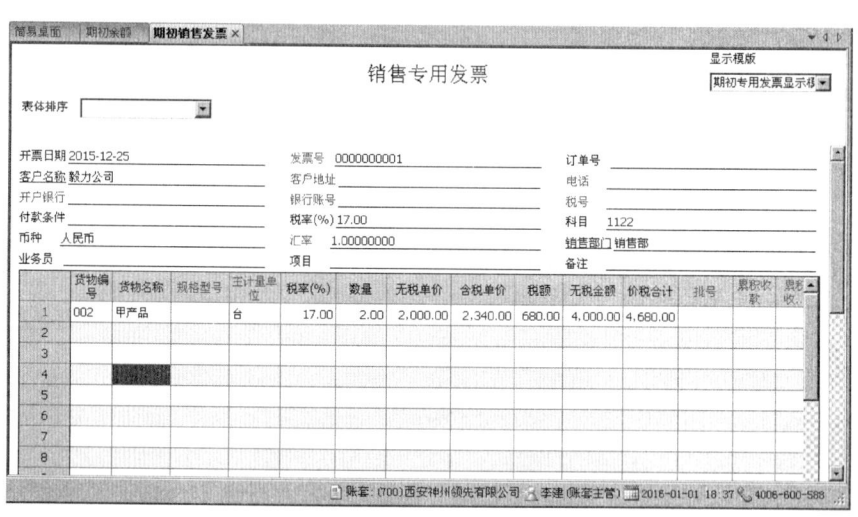

图 9-14 录入期初销售专用发票

注意事项：

• 由于应收系统的期初余额应与总账进行对账，所以期初余额的会计科目必须录入正确，否则将会导致对账错误。

• 系统默认的状态为不允许修改销售专用发票的编号，所以在填制销售专用发票时不允许修改销售专用发票的编号。若要修改，必须到"单据设置"中重新设置。

第三节　应收款管理日常业务处理

应收款管理系统主要实现企业与客户之间业务往来款的核算与管理。应收款管理系统的日常业务处理主要包括应收处理、票据管理、坏账处理、制单处理和查询统计等操作。

一、填制销售专用发票

知识讲解

销售发票是应收账款日常核算的原始单据。销售发票是指销售业务中的各类普通发票和专用发票。如果同时使用应收款管理系统和销售管理系统，则销售发票产生的单据由销售系统录入、审核，自动传递到应收款管理系统，在本系统可以对这些单据进行查询、核销、制单。如果没有使用销售系统，则各类发票均应在应收款管理系统录入并审核。

【**例9-8**】　在系统内填制销售专用发票：

2016年1月15日，向通达公司销售甲产品，具体数据参照表9-4的内容。

表9-4　销售数据

单位：元

单据名称	开票日期	客户名称	销售部门	货物名称	数量	无税单价	税率	销售类型	出库类别	本单位开户银行
销售专用发票	2016-01-15	通达公司	销售部	甲产品	3	1 900	17%	普通销售	出库—销售出库	工商西安分行小寨分理处

操作步骤：

（1）在应收款管理系统中，执行"应收单据处理"→"应收单据录入"命令，打开"单据类别"对话框。确认"单据名称"栏为"销售发票"，"单据类型"栏为"销售专用发票"，如图9-15所示。

（2）单击"确定"按钮，打开"销售专用发票"窗口。单击"增加"按钮，修改开票日期为"2016-01-15"。

（3）单击"销售类型"的参照按钮，进入"销售类型基本参照"窗口。单击"编辑"按钮，进入"销售类型"窗口。单击"增加"按钮，输入销售类型编码"01"，销售类型名称"普通销售"，如图9-16所示。

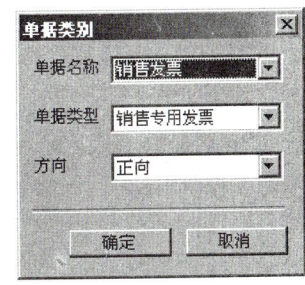

图9-15　"单据类别"对话框

（4）单击"出库类别"的参照按钮，进入"收发类别档案基本参照"窗口。单击"编辑"按钮，进入"收发类别"窗口，单击"增加"按钮，录入收发类别编码"1"，收发类别名称"出库"，保存；同理，在出库类别下增加"11销售出库"，如图9-17所示。

（5）单击"退出"，选择"出库类别"为"销售出库"。

（6）单击"退出"，选择"销售类型"为"普通销售"。

（7）在"客户简称"栏录入"02"，或单击"客户简称"栏的参照按钮，选择"通达公司"。

（8）在"存货编码"栏录入"002"，或单击"存货名称"栏的参照按钮，选择"甲产品"；在"数量"栏录入"3"，在"无税单价"栏录入"1 900"，如图9-18所示。

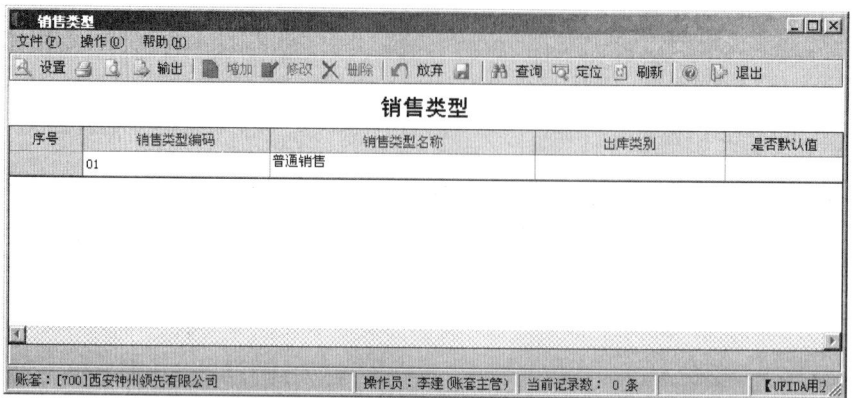

图 9-16 "销售类型"编辑窗口

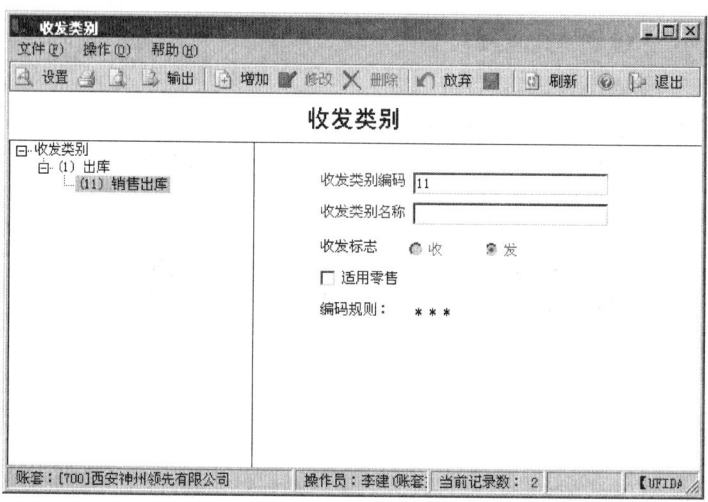

图 9-17 "收发类别"编辑窗口

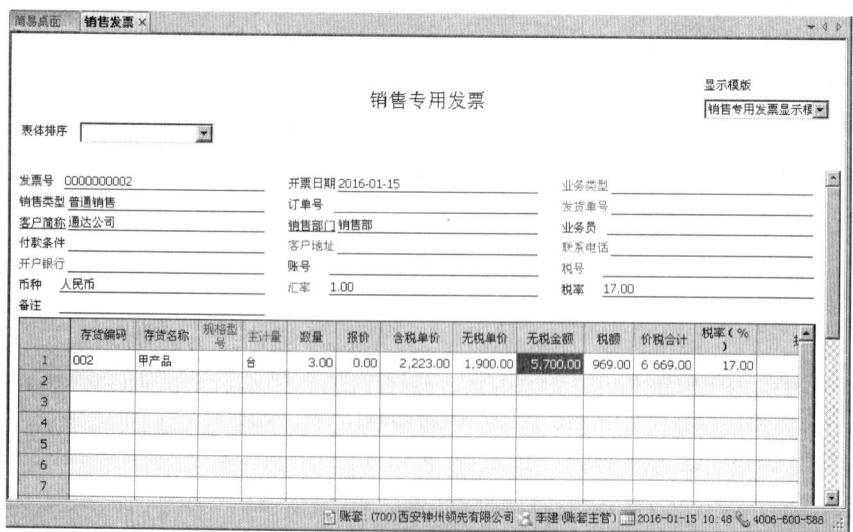

图 9-18 录入销售专用发票

（9）单击"本单位开户银行"的参照按钮,进入"开户银行档案基本参照"窗口。单击"编辑"按钮,进入"本单位开户银行"编辑窗口。单击"增加"按钮,进入"增加本单位开户银行"窗口,录入编码"1",录入银行账号"000123456789",录入开户银行"工商西安分行小寨分理处",单击"所属银行编码"栏的参照按钮,选择"中国工商银行",如图 9-19 所示。

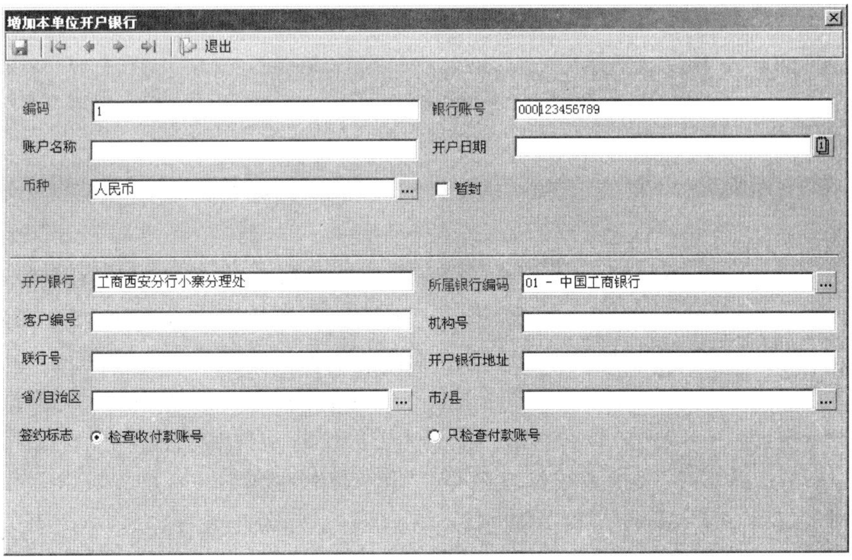

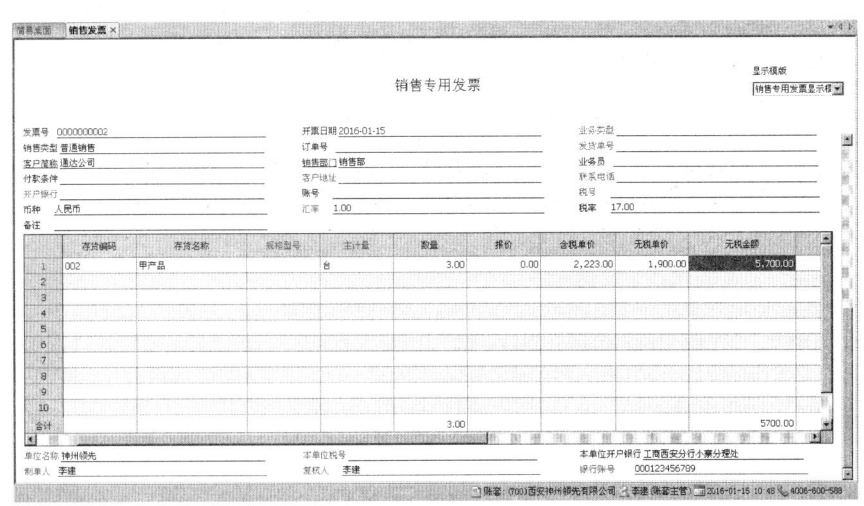

图 9-19 "增加本单位开户银行"窗口

（10）执行"保存"→"退出"→"退出"→"确定"命令,选择"本单位开户银行"为"工商西安分行小寨分理处",如图 9-20 所示。

图 9-20 填写完整的销售专用发票

（11）单击"保存"按钮,完成销售发票的录入。
注意事项:
• 如果没有启用销售系统,则所有发票和应收单均需在应收系统中录入。

• 单据已经审核则不能修改或删除。如果已审核的单据还未进行其他处理,取消审核以后可以修改或删除。已经生成凭证或进行过核销处理的单据将不在单据界面中显示。

• 在录入销售发票后,可以直接进行审核,在直接审核后系统会提示"是否立即制单",此时可以直接制单。如果录入销售发票后不直接审核,可以在审核功能中审核,再到制单功能中制单。

二、审核应收单据

知识讲解

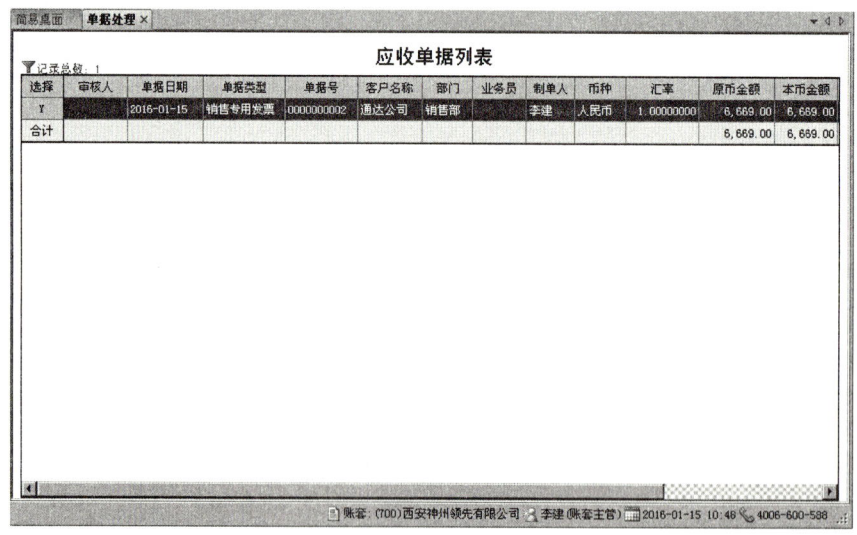

图 9-21 "应收单查询条件"对话框

录入销售发票或应收单据后可以直接审核,也可以到"应收单据审核"功能中进行审核。审核后的单据将不允许修改或者删除。如果要取消单据审核,可以通过"弃审"功能实现。

【例 9-9】 请使用"应收单据审核"功能,审核销售专用发票。

操作步骤:

(1)在应收款管理系统中,执行"应收单据处理"→"应收单据审核"命令,打开"应收单查询条件"对话框,如图 9-21 所示。

(2)单击"确定"按钮,进入"应收单据列表"窗口。

(3)双击"选择"栏,选择本次要审核的单据,如图 9-22 所示。

选择	审核人	单据日期	单据类型	单据号	客户名称	部门	业务员	制单人	币种	汇率	原币金额	本币金额
Y		2016-01-15	销售专用发票	0000000002	通达公司	销售部		李建	人民币	1.00000000	6,669.00	6,669.00
合计											6,669.00	6,669.00

图 9-22 应收单据列表

（4）单击"审核"按钮，系统提示"本次审核成功单据 1 张"。

（5）单击"确定"按钮，再单击"退出"按钮退出。

注意事项：

• 在"应收单据列表"窗口，可以单击"全选"按钮，审核所有应收单据，也可以双击单据行，打开单据界面进行单独审核。

• 如果要查看已经审核过的应收单据，必须在"应收单查询条件"窗口勾选"已审核"复选框，否则将不能找到相应单据。

三、填制收款单

知识讲解

收款单是收到款项而输入应收款管理系统的单据，包括收到货款、预收款、代付款等。

【例 9-10】 在系统内填制收款单。

2016 年 1 月 20 日，收到通达公司交来的转账支票一张，支付销售甲产品的货款为 5 000 元。

操作步骤：

（1）在应收款管理系统中，执行"收款单据处理"→"收款单据录入"命令，打开"收款单"窗口。

（2）单击"增加"按钮。修改开票日期为"2016-01-20"；在客户名称栏录入"02"，或单击"客户"栏参照按钮，选择"通达公司"；在"结算方式"栏录入"3"，或单击 "结算方式"栏的下三角按钮，选择"转账支票结算"；在"金额"栏录入"5 000"，在"摘要" 栏录入"收到货款"。

（3）单击"保存"按钮，单击"审核"按钮，如图 9-23 所示。

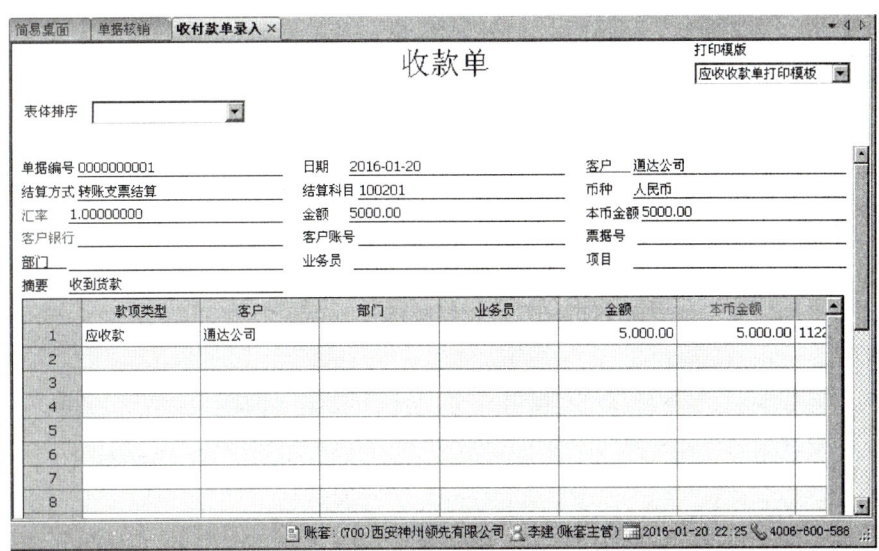

图 9-23　填制收款单

注意事项：

• 单击收款单的"保存"按钮后，系统会自动生成收款单表体的内容。

• 表体中的款项类型系统默认为"应收款"，可以修改，款项类型还包括"预收款"和

"其他费用"。

- 若一张收款单中,表头客户与表体客户不同,则视表体客户的款项为代付款。
- 在填制收款单后,可以直接单击"核销"按钮进行单据核销的操作。若收款单保存后没有进行审核,那么在核销时系统将不能检索到这张收款单。
- 如果是退款给客户,则可以单击"切换"按钮,填制红字收款单。

四、核销收款单

知识讲解

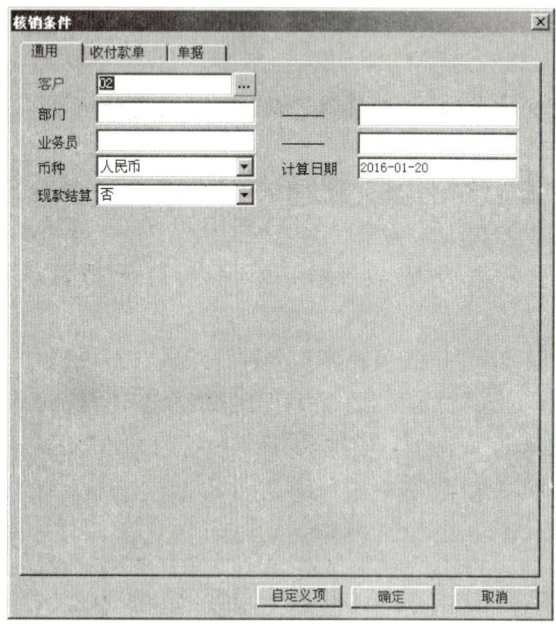

图 9-24 "核销条件"对话框

核销收款单是指确定收款单与原始的发票、应收单之间的对应关系的操作,即需要指明每一次收款是收的哪几笔销售业务的款项。

【例 9-11】 将填制的销售专用发票与收款单进行核销。

操作步骤:

(1) 在应收款管理系统中,执行"核销处理"→"手工核销"命令,打开"核销条件"对话框。

(2) 在"客户栏"中录入"02",或单击"客户"栏的参照按钮,选择"通达公司",如图 9-24 所示。

(3) 单击"确定"按钮,进入"单据核销"窗口。在"单据核销"窗口中,将下半部分的"本次结算"栏的第 1 行录入"5 000",如图 9-25 所示。

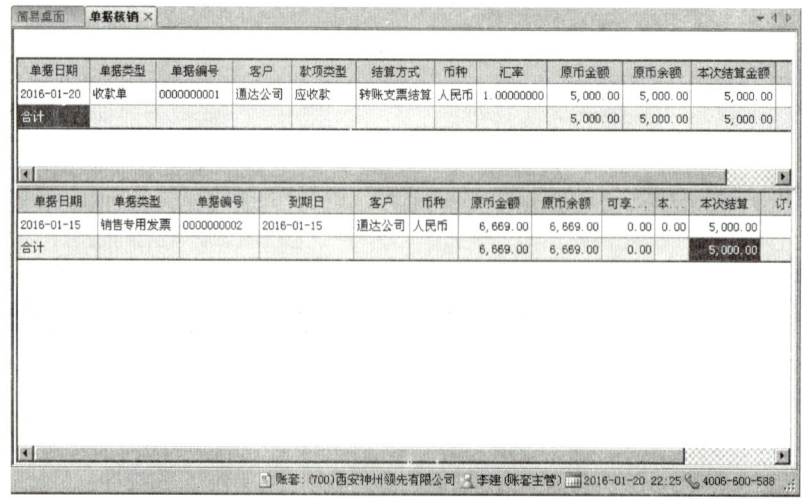

图 9-25 应收款管理—单据核销

（4）单击"保存"按钮，如图9-26所示，当前界面显示未核销的应收款为"1 669"。

单据日期	单据类型	单据编号	客户	款项类型	结算方式	币种	汇率	原币金额	原币余额	本次结算金额
合计										

单据日期	单据类型	单据编号	到期日	客户	币种	原币金额	原币余额	可享...	本...	本次结算	订...
2016-01-15	销售专用发票	0000000002	2016-01-15	通达公司	人民币	6,669.00	1,669.00	0.00			
合计						6,669.00	1,669.00				

账套: (700)西安神州领先有限公司　李建(账套主管)　2016-01-20 22:25　4006-600-588

图9-26　本次未被核销的款项

（5）再单击"退出"按钮退出。

注意事项：

- 在保存核销内容后，"单据核销"窗口中将不再显示已被核销的内容。
- 若要查看已被核销的内容，可以到"单据查询"中的"应收核销明细表"查看相关内容。
- 手工核销时一次只能显示一个客户的单据记录。

五、制单处理

知识讲解

制单处理分为立即制单和批量制单。立即制单是在单据处理、转账处理、票据处理及坏账处理等功能操作中，有许多地方系统询问是否立即制单，可以选择"是"按钮，便立即生成凭证。批量制单是在所有业务发生完成后，使用制单功能进行批处理制单。

操作步骤：

（1）在应收款管理系统中，选择"制单处理"，打开"制单查询"窗口。

（2）选择"发票制单"和"收付款单制单"复选框，如图9-27所示。

（3）单击"确定"按钮，进入"应收制

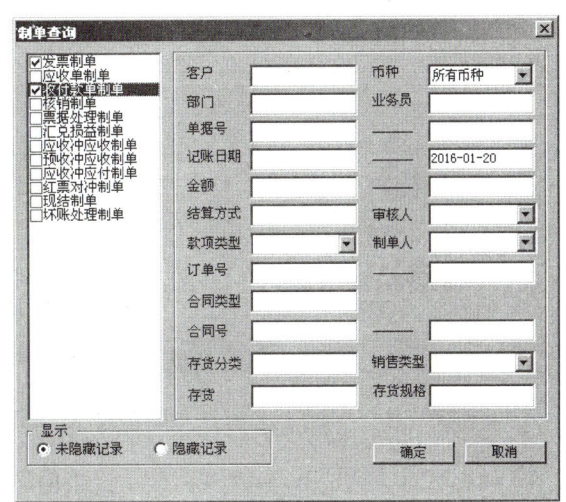

图9-27　"制单查询"窗口

单"窗口。

（4）双击第一行的"选择标志"栏，选中第一行信息。单击"凭证类别"栏的下三角按钮，选择"转账凭证"，如图9-28所示。

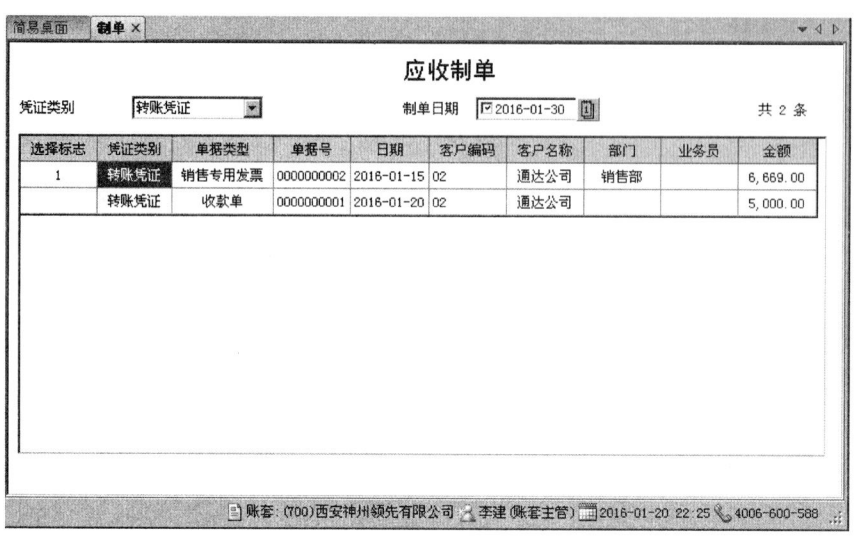

图9-28　"应收制单"窗口——销售专用发票

（5）单击"制单"按钮，生成第一张凭证。

（6）单击"保存"按钮，如图9-29所示。

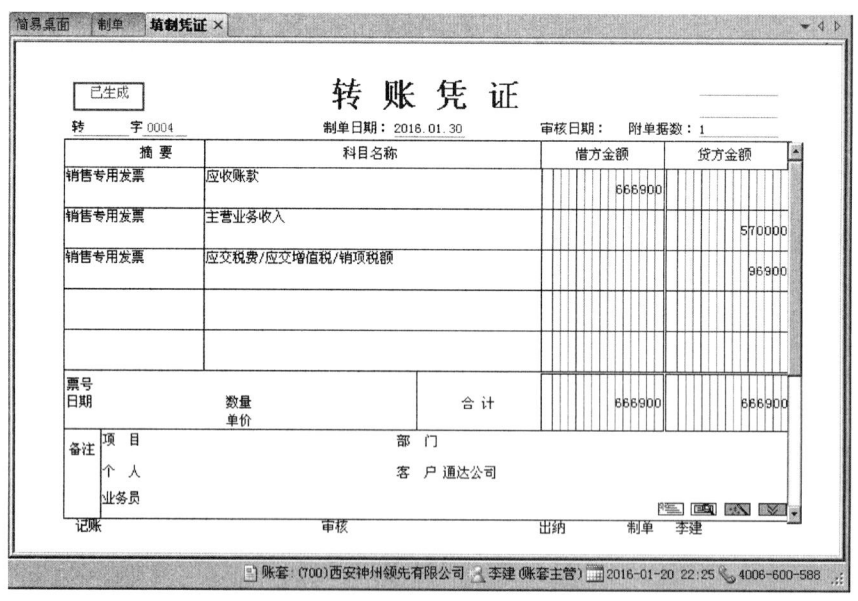

图9-29　生成销售业务凭证

（7）返回"制单"窗口，继续选择下一条信息，单击"凭证类别"栏的下三角按钮，选择"收款凭证"，如图9-30所示。

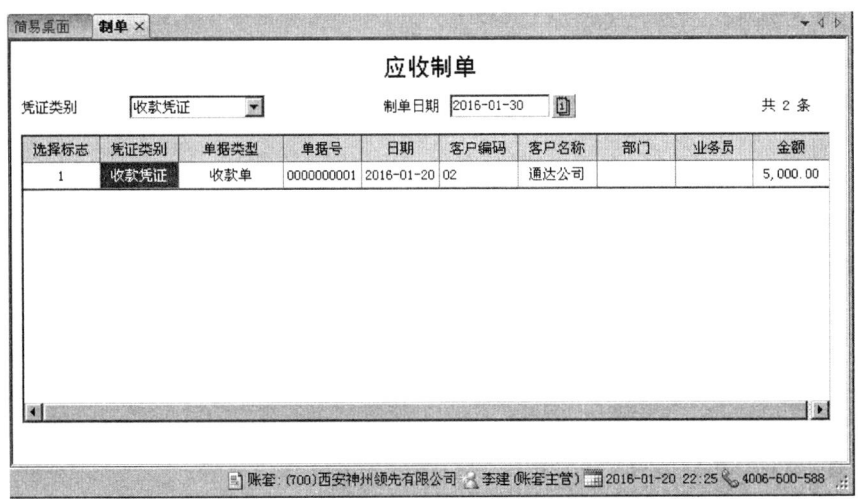

图 9-30 "应收制单"窗口——收款单

(8) 单击"制单"按钮,生成第二张凭证。

(9) 再单击"保存"按钮。如图 9-31 所示。

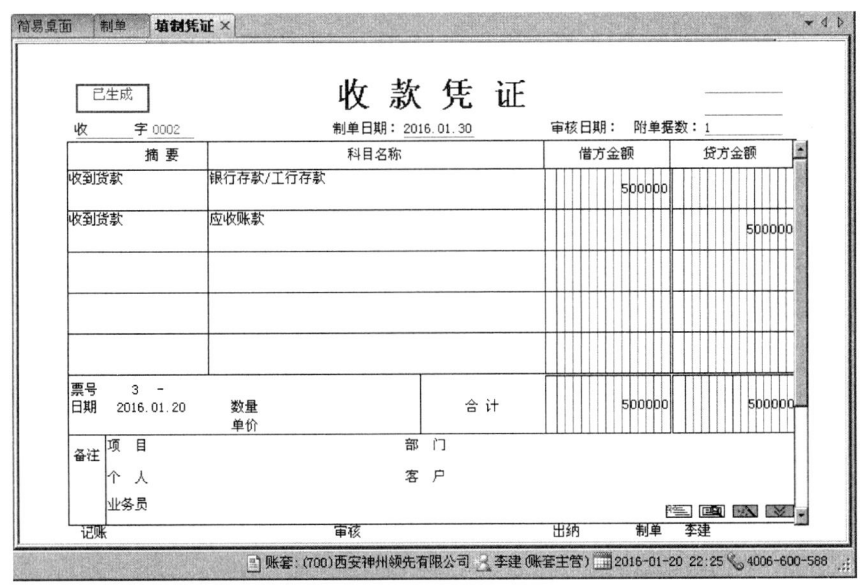

图 9-31 生成收款业务凭证

注意事项

• 在"制单查询"对话框中,系统已默认制单内容为"发票制单",如果需要选中其他内容制单,可以选中要制单内容前的复选框。

• 在以上例子中,由应收单所生成的凭证,要根据生成凭证的实际情况选择对应的凭证类别,否则系统将不予保存。

• 凭证一经保存就传递到总账系统,再在总账系统中进行审核和记账等。若生成的凭证有误,必须到"单据查询"的"凭证查询"功能中去修改或者删除。

六、单据查询

单据的查询包括发票、应收单、结算单和凭证的查询。可以查询已经审核的各类型应收单据的收款结余情况；也可以查询结算单的使用情况；还可以查询本系统所生成的凭证，并且对其进行修改、删除、冲销等操作。

请使用"单据查询"的"发票查询"功能查询系统中所有的发票。

操作步骤：

（1）在应收款管理系统中，执行"单据查询"→"发票查询"命令，打开"查询条件选择—发票查询"对话框。

（2）单击"发票类型"栏的下三角按钮，选择"销售专用发票"；修改单据日期从"2015-01-01"到"2016-01-30"，如图 9-32 所示。

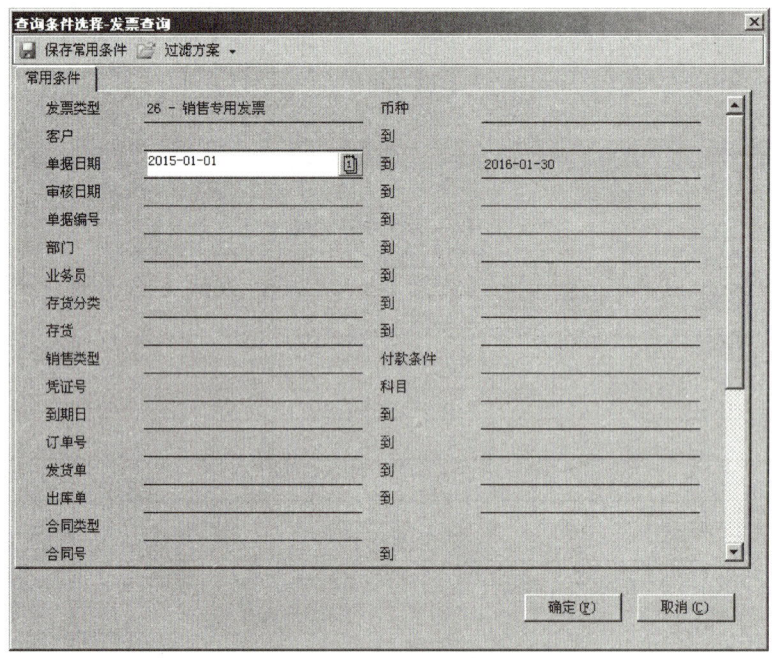

图 9-32 "查询条件选择—发票查询"对话框

（3）单击"确定"按钮，进入"发票查询"窗口，如图 9-33 所示。

注意事项：

• 在"发票查询"功能中可以分别查询"已审核""未审核""已核销"及"未核销"的发票，还可以按"发票号""单据日期""金额范围"或"余额范围"等条件进行查询。

• 在"发票查询"窗口中，单击"查询"按钮，可以重新输入查询条件；单击"单据"按钮，可以调出原始单据卡片；单击"详细"按钮，可以查看当前单据的详细结算情况；单击"凭证"按钮，可以查询单据所对应的凭证；单击"栏目"按钮，可以设置当前查询列表的显示栏目、栏目顺序、栏目名称、排序方式，可以保存设置内容。

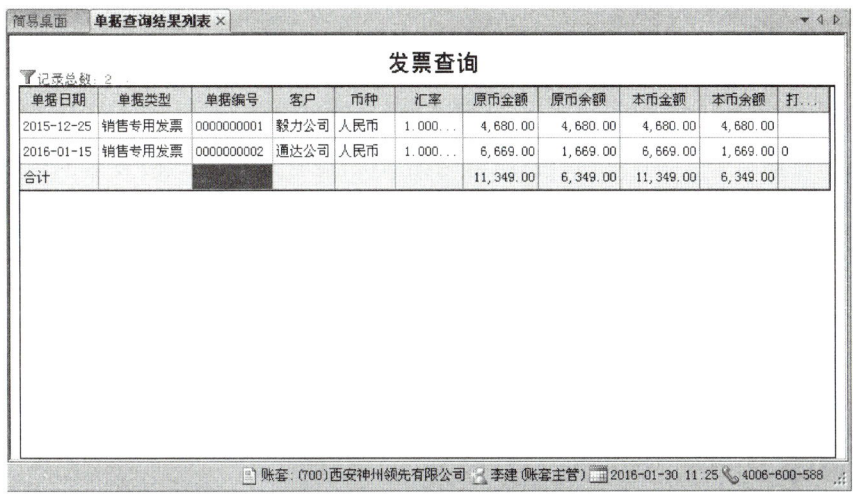

图 9-33 "发票查询"窗口

七、业务账表查询

知识讲解

业务账表查询既可以进行总账、明细账、余额表和对账单的查询,也可以实现总账、明细账、单据之间的联查。

【例 9-12】 请使用"业务账表"的"业务总账"功能查询应收总账。

操作步骤:

(1)在应收款管理系统中,执行"账表管理"→"业务账表"→"业务总账"命令,打开"应收总账表"对话框。

(2)单击"确定"按钮,打开"应收总账表"窗口,如图 9-34 所示。

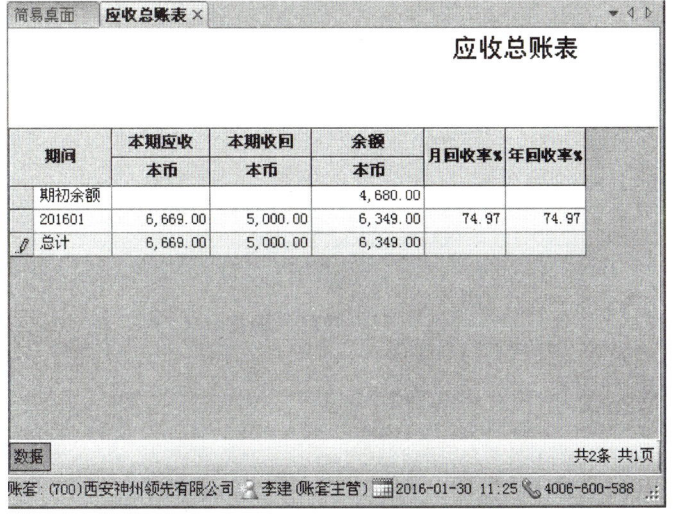

图 9-34 "应收总账表"窗口

（3）单击"退出"按钮退出。

注意事项：

• 通过业务账表查询，可以及时了解一定期间内期初应收款结存汇总情况，应收款发生、收款发生的汇总情况、累计情况，及期末应收款结存汇总情况。

• 可以了解各个客户期初应收款结存明细情况，应收款发生、收款发生的明细情况、累计情况，以及期末应收款结存明细情况，及时发现问题，加强对往来款项的监督管理。

• 业务总账查询是对一定期间内应收款汇总情况的查询。在业务总账查询的应收总账表中不仅可以查询"本期应收"款、"本期收回"应收款及应收款的"余额"情况，还可以查询到应收款的月回收率及年回收率。

八、科目账表查询

知识讲解

科目账表查询包括科目余额表查询和科目明细表查询，并且可以通过一个"总账明细"的切换按钮进行联查，实现总账、明细账、凭证的联查。

【例 9-13】 请使用"科目账查询"功能查询客户的往来科目余额。

操作步骤：

（1）在应收款管理系统中，执行"账表管理"→"科目账查询"→"科目余额表"命令，打开"客户往来科目余额表"对话框。

（2）单击"确定"按钮，打开"科目余额表"，如图 9-35 所示。

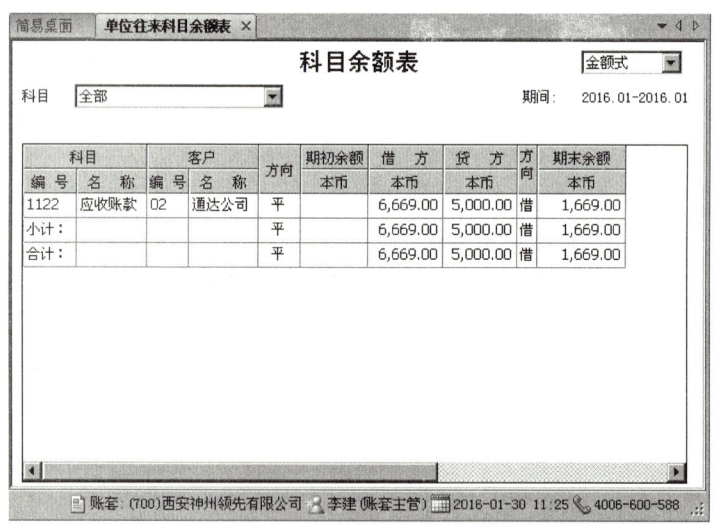

图 9-35　科目余额表

（3）单击"退出"按钮退出。

注意事项：

• 科目账查询包括科目明细账和科目余额表。

• 科目余额表查询可以查询应收受控科目各个客户的期初余额、本期借方发生额合计、本期贷方发生额合计、期末余额。

第四节　应收款管理期末业务处理

应收款管理系统的期末处理工作主要包括月末结账和取消月结。如果客户往来有外币核算，且在总账管理系统中"账簿选项"选取客户往来由"应收系统"核算，则在期末处理时还要进行汇兑损益处理。在这里，重点介绍月末结账和取消结账的相关概念和具体操作。

一、月末结账

知识讲解

如果确认本月的各项业务处理已经结束，可以选择执行月末结账功能。结账后本月不能再进行单据、票据、转账等业务的增、删、改、审等处理。如果启用了销售管理系统，销售管理系统结账后，应收款管理系统才能结账。

操作步骤：

（1）在应收款管理系统中，执行"期末处理"→"月末结账"命令，打开"月末处理"对话框。

（2）双击一月份"结账标志"栏，如图9-36所示。

（3）单击"下一步"按钮，出现"月末处理—处理情况"窗口，如图9-37所示。

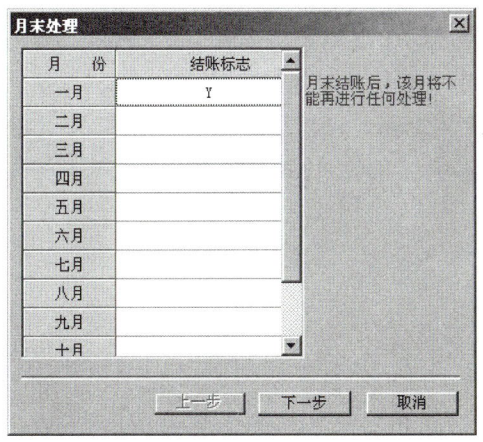

图9-36　"月末处理"对话框

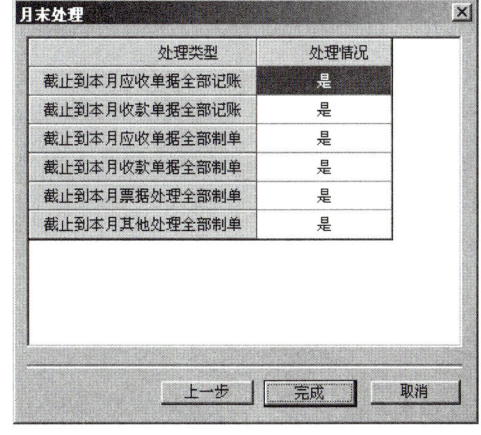

图9-37　"月末处理—处理情况"窗口

（4）单击"完成"按钮，系统弹出"1月份结账成功"信息提示框。

（5）单击"确定"按钮。

注意事项：

• 如果当月业务已经全部处理完毕，应进行月末结账。只有当月结账后，才能开始下月的工作。

• 进行月末处理时，一次只能选择一个月进行结账，前一个月未结账，则本月不能结账。

• 在执行了月末结账后，该月将不能再进行任何处理。

二、取消月结

知识讲解

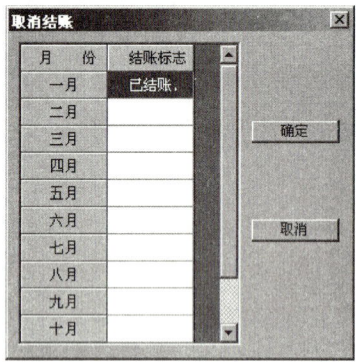

图9-38 "取消结账"对话框

如果执行完月末结账功能后,发现月末结账有错误,可以取消月末结账。如果取消结账操作时总账已经结账,则不能执行该项操作。

操作步骤:

(1)在应收款管理系统中,执行"期末处理"→"取消月结"命令,打开"取消结账"对话框,如图9-38所示。

(2)单击"确定"按钮,系统弹出"取消结账成功"信息提示框。

(3)单击"确定"按钮,完成"取消结账"操作。

本 章 小 结

我们通过本章的学习,可以了解到,应收款管理系统的主要功能是实现企业与客户之间业务往来账款的核算与管理。应收款管理系统是以发票、费用单、其他应收单等原始单据为依据,记录销售业务及其他业务所形成的往来款项,处理应收款的收回、坏账、转账等情况,同时提供票据处理功能,实现对应收款的管理。由于应收款系统的功能比较全面,不同功能的模块组合将会导致应收款系统的功能出现不同实现方式,因此,在学习本章时,一定要先弄清应收款系统的基本功能,然后再系统地学习不同模块的组合、应收款系统录入数据或接收数据的方法和相应的账务处理。

典型题目及解析

【例题·单选题】 设置的应收预警天数为5,销售发票中单据日期为2010年10月1日,收款期限为2010年10月11日,则该笔收款首次预警日期为(   )。

A. 2010年10月1日　　　　　　B. 2010年10月6日

C. 2010年10月11日　　　　　　D. 2010年10月16日

【答案及解析】 B

应收预警为提前报警,即在应收款的收款期限来到之前提前若干天提醒用户。所提前的天数成为预警天数。所以首次预警日期的计算是在收款期限的基础上倒推预警天数得出。本题收款期限为10月11日,11减去预警天数5天为6。

【例题·多选题】 应收账款子系统与下列(   )子系统有数据传输。

A. 固定资产　　　B. 账务　　　　　C. 采购　　　　　　　D. 销售

【答案及解析】 BD

应收账款系统接收销售管理系统传递来的发票单据,进行收款核算后编制记账凭证传递给账务系统。所以与销售和账务系统有数据传输关系。

课后习题

一、单项选择题

1. 与应收系统有关的业务是(   )。
   A. 销售系统　　　B. 工资系统　　　C. 固定资产系统　　　D. 采购系统
2. 为了方便用户使用和保持数据一致性、对销售订单、销售发票、收款单等,应该(   )。
   A. 允许互相生成　　　　　　　B. 不允许互相生成
   C. 允许单项生成　　　　　　　D. 不允许单项生成
3. 应收子系统中使用的库存产品代码(   )。
   A. 不允许在销售系统中进行设置
   B. 两组代码是不同的概念
   C. 必须与库存管理子系统中的代码保持一致
   D. 两组代码互不相关

二、多项选择题

1. 客户代码一般使用群码方式进行编码,通常应包含客户(   )。
   A. 所属国家　　　B. 所属地区　　　C. 单位性质　　　D. 银行账号
2. 应收子系统数据输入设计应注意(   )。
   A. 用户界面尽量与手工单据格式一致
   B. 相互关联的凭证可以由系统自动互相生成
   C. 凡是在初始设置中进行过设置的项目应采用参照输入的方法
   D. 通过输入的原始数据计算生成的数据采用计算机自动计算并填入对应项目

三、判断题

1. 存货的编码可以根据存货的分类按级别进行设置。　　　　　　　　　　(   )
2. 应收子系统中,客户编码必须连续。　　　　　　　　　　　　　　　　(   )

上机实验十七　销售与应收款管理初始化

【操作准备】

引入"上机实验十五"的备份数据。将系统日期改为2016年1月1日,由操作员"LW(刘伟密码1)"注册企业应用平台。

【操作要求】

(1) 应收系统初始科目设置。

(2) 录入期初销售单据。

【操作数据】

(1) 应收系统初始科目设置,基本科目设置和结算方式科目设置如表9-5和表9-6所示。

表 9-5　基本科目设置

基础科目种类	对应科目
应收科目	应收账款(1122)
销售收入科目	主营业务收入(6001)
税金科目	应交税费——应交增值税——销项税额(22210102)

表 9-6　结算方式科目设置

结算方式	对应结算方式科目
现金结算	库存现金(1001)
现金支票结算	工行存款(100201)
转账支票结算	工行存款(100201)

(2) 2015 年 12 月 25 日销售部王涛销售给陕西汉江公司 12 台 TK-A 机床,含税单价 380 000 元,货款未收,请根据业务录入期初销售普通发票(发票号码 0001)。

上机实验十八　销售与应收业务管理日常业务

【操作准备】

引入"上机实验十七"的备份数据。将系统日期改为 2016 年 1 月 31 日,由操作员"LW (刘伟密码 1)"注册企业应用平台。

【操作要求】

(1) 录入销售专用发票并审核。

注意:需要编辑设置"收发类型"和"销售类型",如表 9-7 和表 9-8 所示。

表 9-7　收发类型

编码	类别名称	标志
1	采购入库	收
2	销售出库	发

表 9-8　销售类型

编码	类型名称	出库类别
01	批发	2
02	零售	2

(2) 录入收款单并核销。

(3) 生成销售应收款凭证和收款核销凭证。

(4) 用"LFP 李飞鹏"的身份,将凭证审核并记账。

【操作数据】

(1) 2016 年 1 月 9 日销售部李海波零售销售给山东宝蓝公司(开户行:工行济南市支行

清泉分理处,账号 123456789012)2 台 TH-A 机床,含税单价 450 000 元,货款未收,请根据业务录入销售专用发票(发票号码 0001),生成应收账款凭证。

(2) 2016 年 1 月 24 日财务部收到山东宝蓝公司工行转账支票,票号 1209,货款900 000元,请填写收款单,生成收款凭证,并进行核销处理。

操作答案:

1. 0001 销售专用发票生成的凭证(见图 9-39)

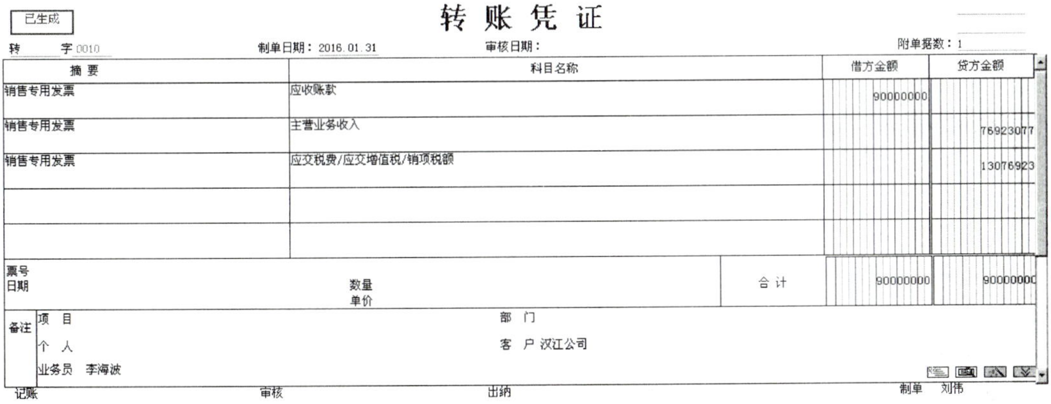

已生成

转账凭证

转　字 0010　　制单日期:2016.01.31　　审核日期:　　附单据数:1

摘要	科目名称	借方金额	贷方金额
销售专用发票	应收账款	90000000	
销售专用发票	主营业务收入		76923077
销售专用发票	应交税费/应交增值税/销项税额		13076923
票号 日期　数量 单价	合计	90000000	90000000

备注　项目　　部门
个人　　客户 汉江公司
业务员 李海波

记账　审核　出纳　制单 刘伟

图 9-39　操作数据(1)生成的凭证

2. 生成收款凭证(见图 9-40)

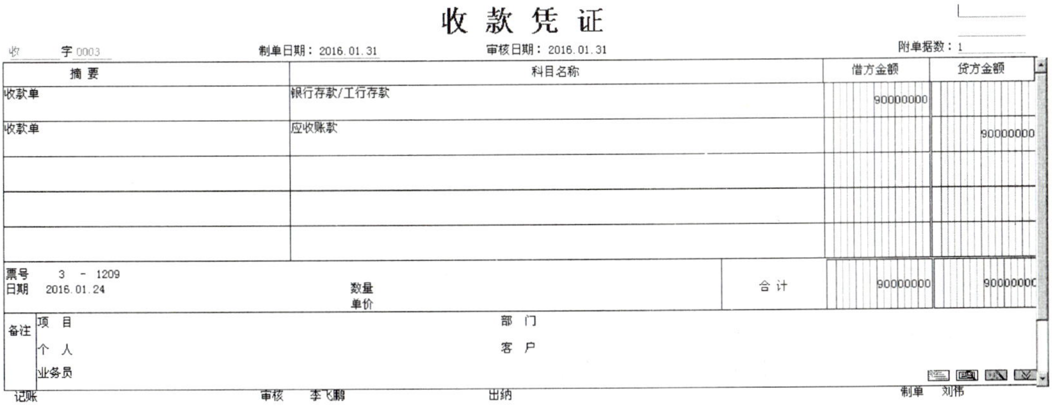

收款凭证

收　字 0003　　制单日期:2016.01.31　　审核日期:2016.01.31　　附单据数:1

摘要	科目名称	借方金额	贷方金额
收款单	银行存款/工行存款	90000000	
收款单	应收账款		90000000
票号 3 - 1209 日期 2016.01.24　数量 单价	合计	90000000	90000000

备注　项目　　部门
个人　　客户
业务员

记账　审核 李飞鹏　出纳　制单 刘伟

图 9-40　操作数据(2)生成的凭证

上机实验十九　结账

【操作准备】

引入"上机实验十八"的备份数据。将系统日期改为 2016 年 1 月 31 日,由操作员"LW(刘伟密码 1)"注册企业应用平台。

【操作要求】

(1) 应收系统结账。

(2) 应付系统结账。

(3) 薪资系统结账。

(4) 固定资产系统结账。

(5) 总账系统中结转期间损益,并将生成的凭证审核记账。

(6) 总账系统结账。

操作答案:

1. 生成的结转期间损益凭证(见图9-41)

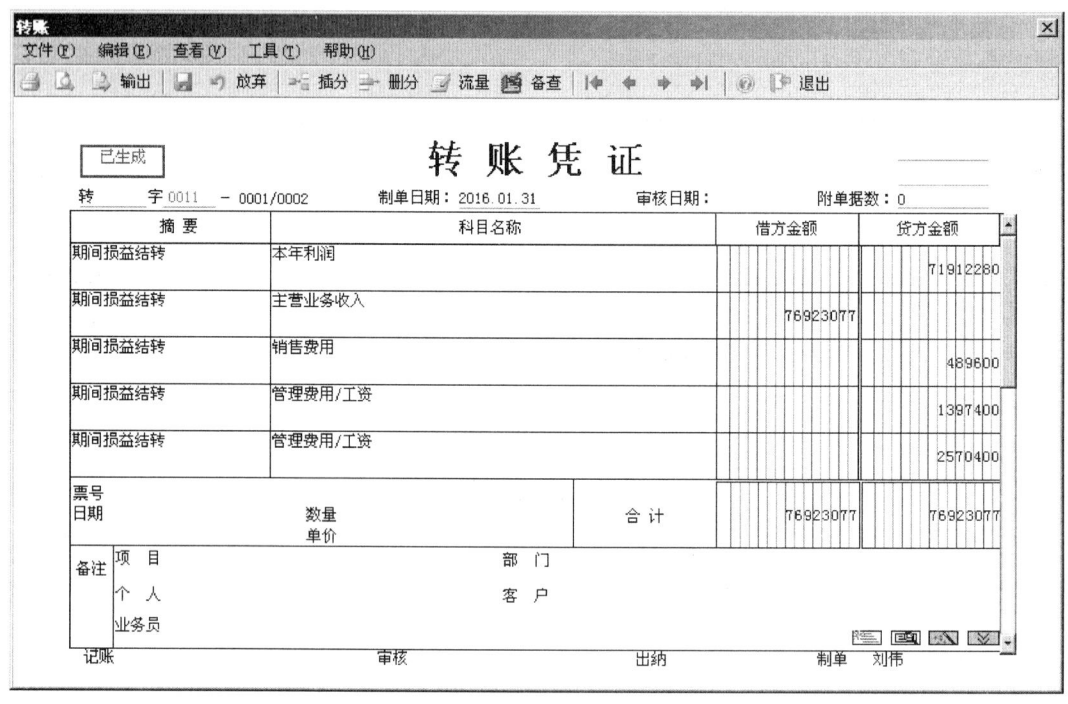

图 9-41　结转期间损益生成的凭证

2. 总账系统结账成功(见图9-42)

图 9-42　结账

第十章　会计信息系统实战训练

本章使用企业的财务数据,完整、详细地将会计信息化大赛或无纸化考试上机操作题的考点融入其中,以便读者能从更实际的角度掌握本课程的内容,不但练习了考试考点,又能真正把握电算化这门技能,一举两得。

本章分两部分:

第一部分——系统初始化资料,这部分考点少,主要作用是给考试题目提供初始数据。这部分内容,读者可以按照提供的操作步骤和操作示范图示,上机操作完成后,将数据备份出来,这样就可以随时在安装有软件的电脑中,来做第二部分实战训练部分了。

第二部分——实战训练,这部分列出了信息化大赛或无纸化上机考试的考点,根据考点设计出题面供学员练习,并配有评价标准和操作示范,做完后的对错,读者可以加以对照。读者练习时容易犯的错误,在每个题目操作步骤后,配有注意事项,帮读者扫除操作中的障碍。只要能刻苦认真地练习这些题目,并达到一定的熟练程度,就一定能取得好成绩。

第一节　会计软件整体业务流程

为方便读者全面认识会计电算化软件的整体业务流程,现将业务流程列示如图 10-1 所示。

第二节　系统初始化资料(不用作答)

一、新建账套

(1)账套信息。账套号:888;账套名称:西安铭威科技有限公司;采用默认账套路径;启用会计期间:2016 年 1 月;会计期间设置:1 月 1 日至 12 月 31 日。

(2)单位信息。西安铭威科技有限公司(简称:铭威);位于西安市高新区;联系电话和传真均为:029-88668866;纳税人识别号:02945678900。

(3)核算类型。该企业的记账本位币为人民币(RMB);企业类型为商业;行业性质为 2007 新会计准则;账套主管为 demo;按行业性质预置科目。

(4)基础信息。该企业有外币核算,进行经济业务处理时,存货分类,客户、供应商不分类。

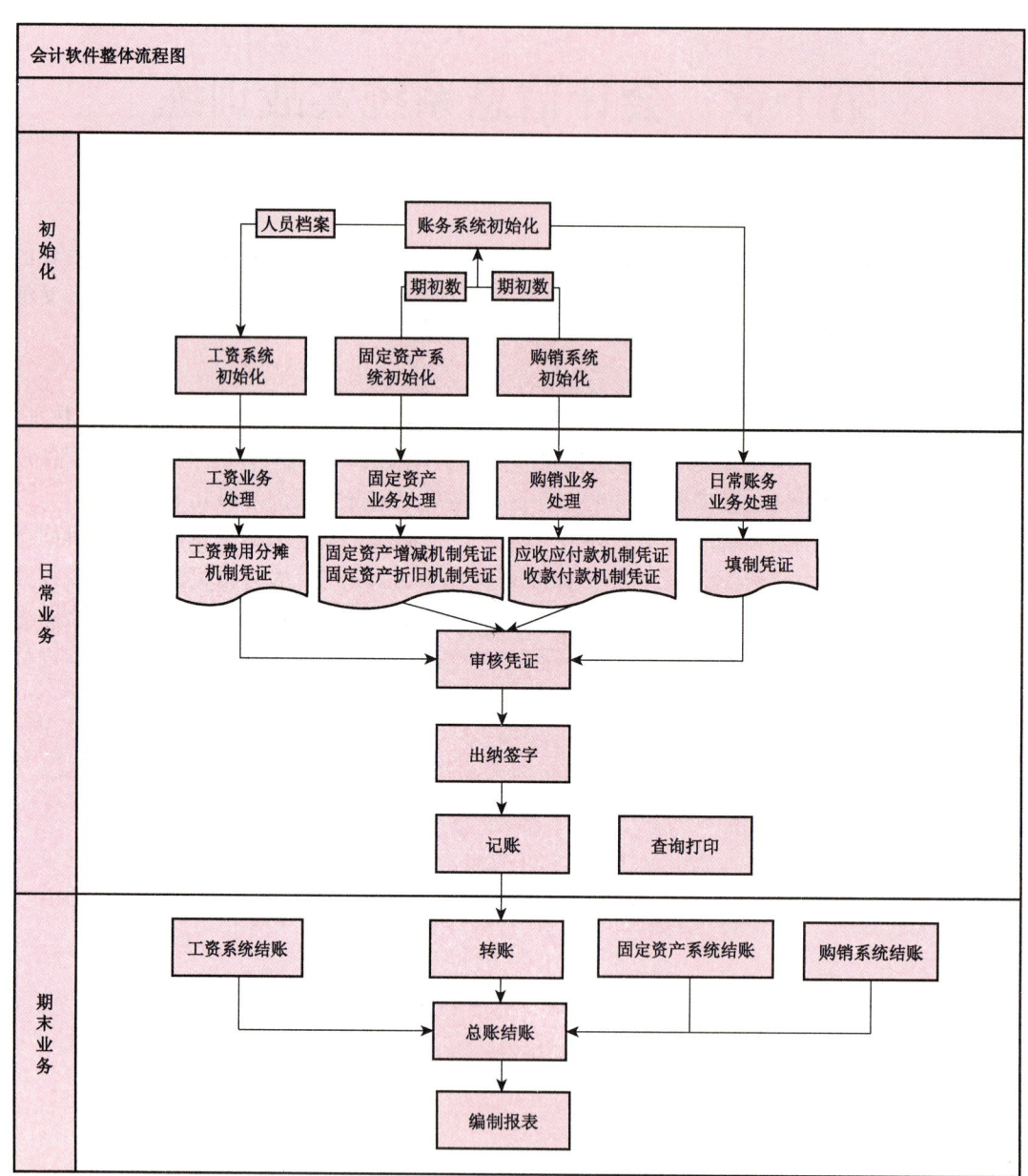

图 10-1 会计软件整体业务流程

（5）分类编码方案。科目编码：42222；部门：22；收发类别：11；存货分类 22；其他采用系统默认。

（6）数据精度。采用系统默认。

（7）系统启用。启用固定资产模块、总账模块、应收模块、工资管理模块、应付模块，启用日期统一为：2016 年 1 月 1 日。

操作步骤：

（1）执行"开始"→"程序"→"初级电算化教学软件"→"系统管理"命令，进入"〖系统管理〗（考试专版）"窗口。

（2）执行"系统"→"注册"命令，打开"注册〖控制台〗"对话框。

（3）输入用户名：admin；密码：（空），如图 10-2 和图 10-3 所示。

（4）执行"账套→建立"命令，打开"创建账套"对话框，如图 10-4 所示。

（5）输入账套信息，如图 10-5 至图 10-11 所示。

操作示范：

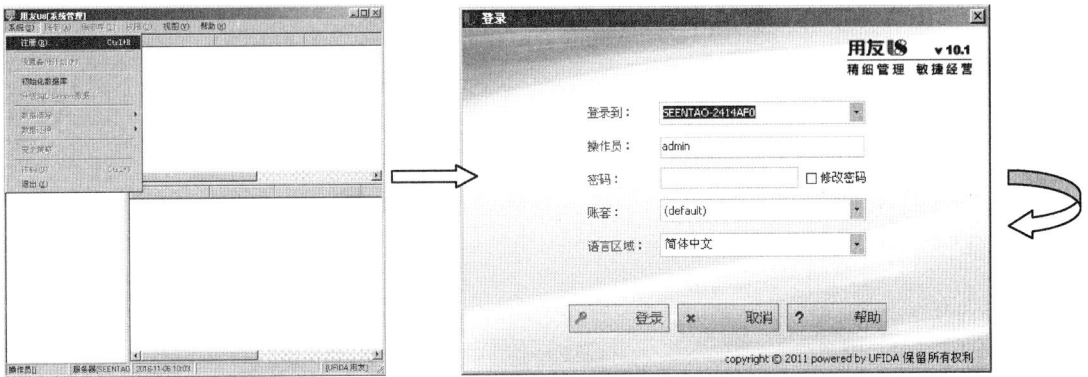

图 10-2　　　　　　　　　　　　　　　　　　图 10-3

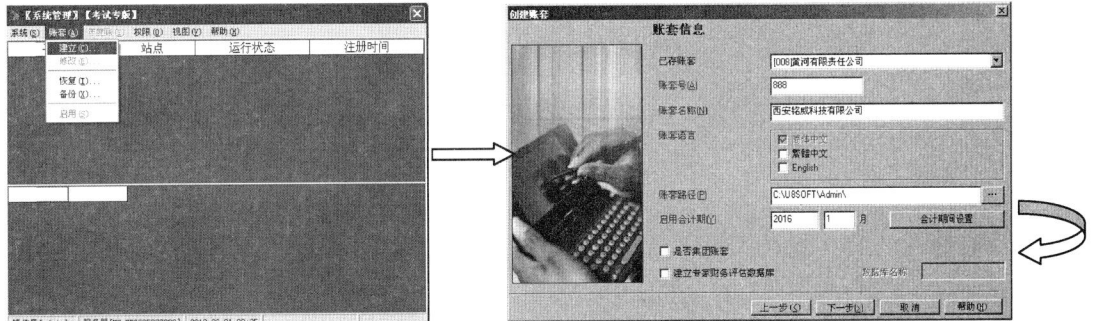

图 10-4　　　　　　　　　　　　　　　　　　图 10-5

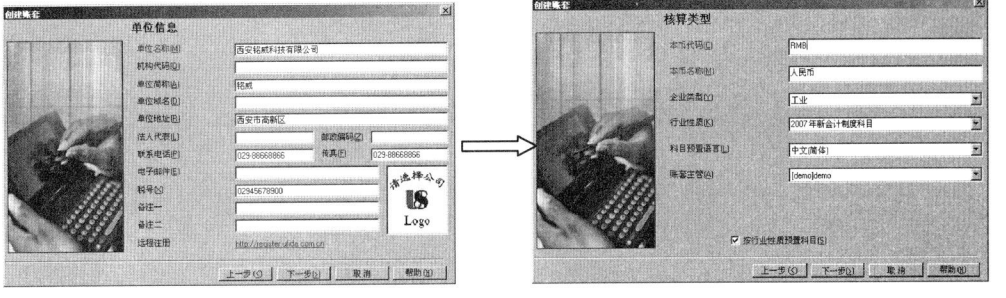

图 10-6　　　　　　　　　　　　　　　　　　图 10-7

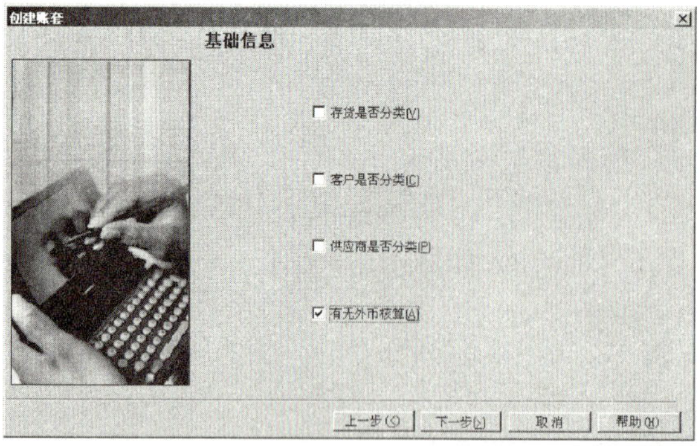

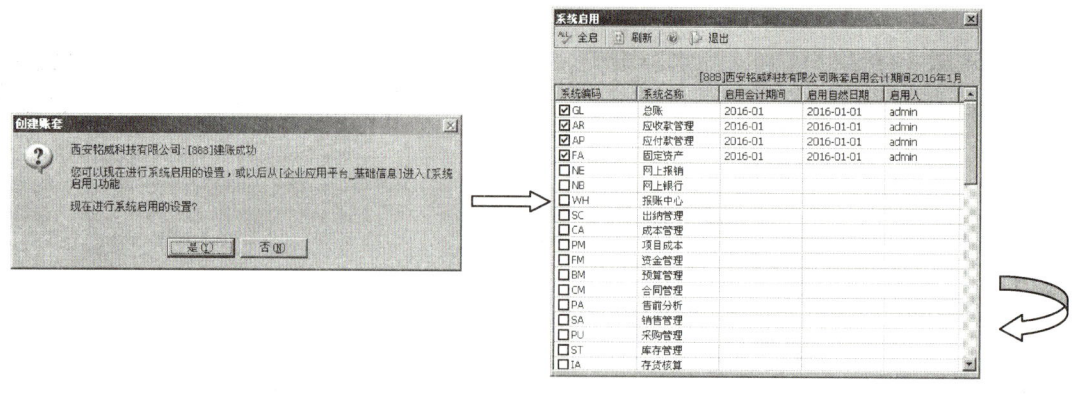

图 10-8 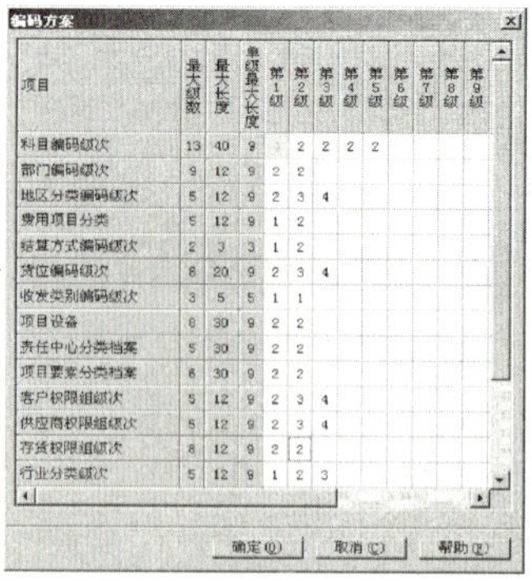   图 10-9

图 10-10   图 10-11

二、增加用户及权限

公司用户及权限,如表 10-1 所示。

表 10-1   公司用户及权限

编号	姓名	口令	所属部门	权限
LM	罗明	空	财务部	账套主管

操作步骤:

(1) 执行"权限"→"操作员"命令,进入"操作员管理"窗口。

(2) 单击工具栏中的"增加"按钮,打开"增加操作员"对话框。

(3) 输入数据。

(4) 执行"权限"→"权限"命令,进入"操作员权限"窗口。

(5) 选择 888 账套;2013 年度。

(6) 从操作员列表中选择 LM,选中"账套主管"复选框,系统弹出"设置操作员:[001]账套主管权限吗?",单击"是"按钮。

操作示范：

操作示范如图 10-12 和图 10-13 所示。

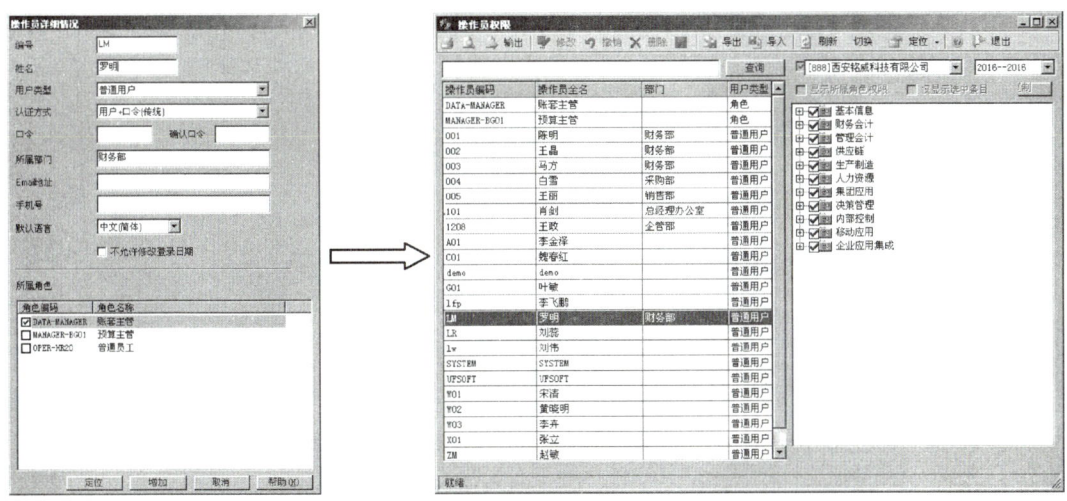

图 10-12　　　　　　　　　　　　　　　　　　　　图 10-13

三、基础档案

1. 部门档案

公司部门档案，如表 10-2 所示。

表 10-2　公司部门档案

部门编码	部门名称	部门编码	部门名称
01	总经理办公室	04	人力资源部
02	财务中心	05	采购中心
03	营销中心	06	库管中心

操作步骤：

（1）执行"开始"→"程序"→"用友 U8 10.1"→"企业应用平台"命令，打开"注册"对话框。

（2）输入或选择数据。用户名"LM"；密码（空）；选择账套；会计年度"2016"；操作日期"2016-01-01"。

（3）执行"基础设置→基础档案→机构设置→部门档案"命令，打开"部门档案"窗口。

（4）在"部门档案"窗口中，单击"增加"按钮。

（5）输入数据。

操作示范：

操作示范如图 10-14 至图 10-16 所示。

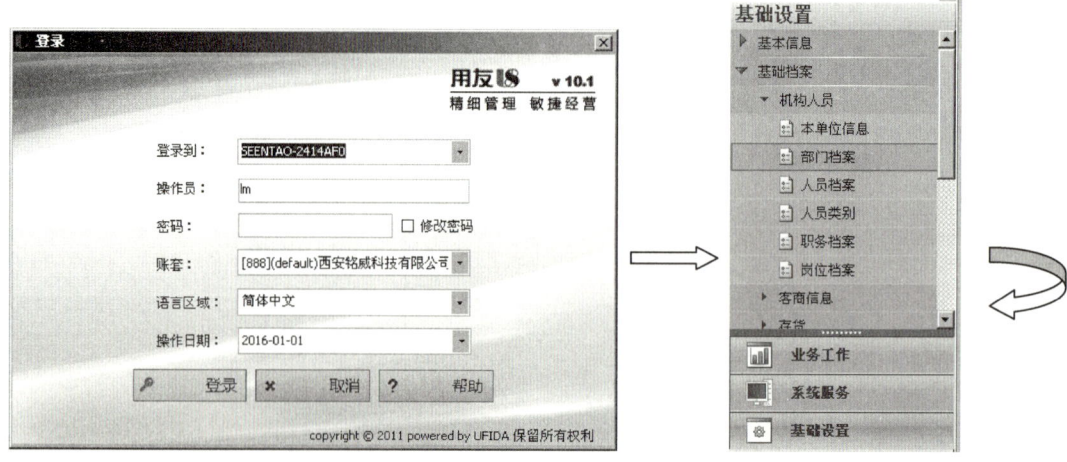

图 10-14

图 10-15

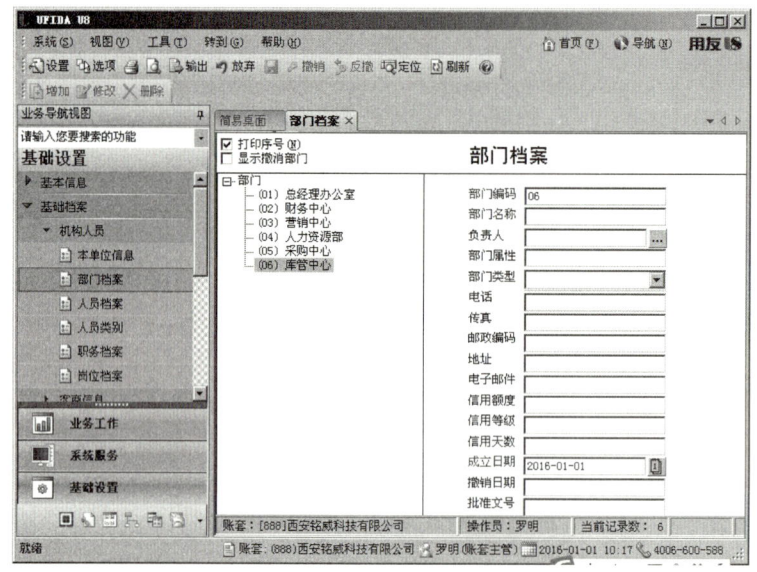

图 10-16

2. 职员档案

公司职员档案,如表 10-3 所示。

表 10-3　公司职员档案

人员编号	人员姓名	性别	行政部门	雇佣状态	人员类别
001	张翔	男	总经理办公室	在职	正式工
002	张磊	男	总经理办公室	在职	正式工
003	康兵	男	财务中心	在职	正式工
004	邓森	男	财务中心	在职	正式工
005	赵艳	女	营销中心	在职	正式工
006	吴静	女	营销中心	在职	正式工

操作步骤：

（1）执行"基础设置"→"基础档案"→"机构设置"→"职员档案"命令，打开"职员档案"窗口。

（2）单击"增加"按钮。

（3）输入职员信息。

操作示范：

操作示范如图 10-17 和图 10-18 所示。

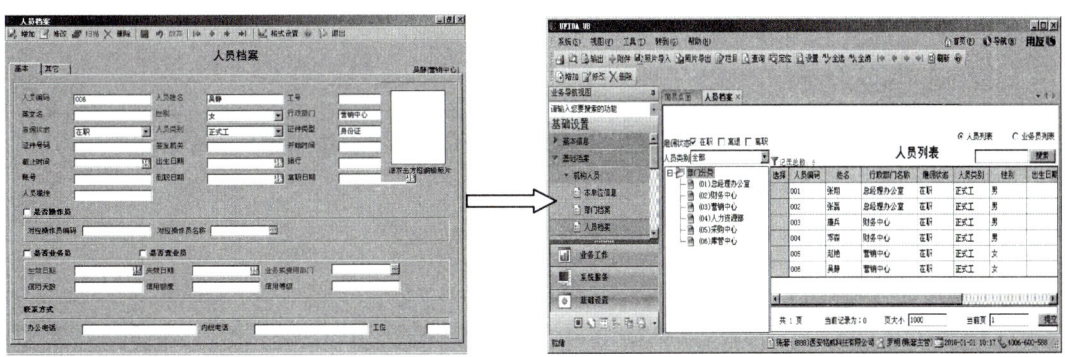

图 10-17　　　　　　　　　　　　　图 10-18

3. 客户档案

公司客户档案，如表 10-4 所示。

表 10-4　公司客户档案

编　号	客户名称	简　称	开户行及账号
C01	西安飞扬通讯公司	飞扬通讯	中行西安分行雁塔分理处 601111333399
C02	上海明讯信息公司	明讯信息	中行上海分行徐家汇分理处 202222333388
C03	深圳联易通公司	深圳联易通	中行深圳分行清湖分理处 703333555599
C04	中关村手机商贸中心	手机商贸	中行北京分行朝阳分理处 101111333377
C05	苏州迅捷公司	苏州迅捷	中行苏州分行方圆分理处 502222333399

操作步骤：

（1）执行"基础设置"→"基础档案"→"客商信息"→"客户档案"命令，打开"客户档案"窗口。

（2）在"客户档案"窗口中，单击"增加"按钮，打开"增加客户档案"对话框。

（3）输入客户档案信息。

操作示范：

操作示范如图 10-19 至图 10-21 所示。

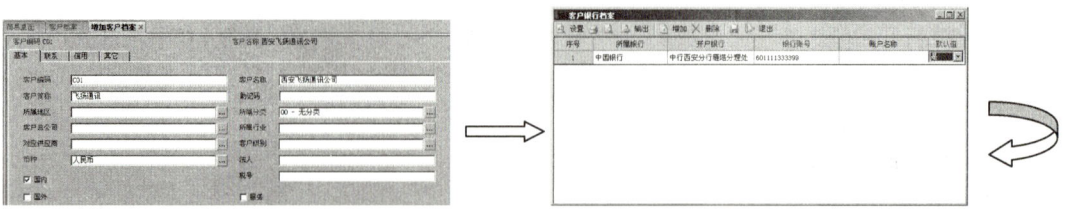

图 10-19   图 10-20

图 10-21

4. 供应商档案

公司供应商档案,如表 10-5 所示。

表 10-5　公司供应商档案

编号	供应商名称	简称
001	西安神州电脑科技公司	西安神州
002	数据盈通股份公司	数据盈通
003	丰盈科技中心	丰盈科技

操作步骤：

（1）执行"基础设置"→"基础档案"→"客商信息"→"供应商档案"命令,打开"供应商档案"窗口。

（2）在"供应商档案"窗口中,单击"增加"按钮,打开"增加供应商档案"对话框。

（3）输入供应商档案信息。

操作示范：

操作示范如图 10-22 和图 10-23 所示。

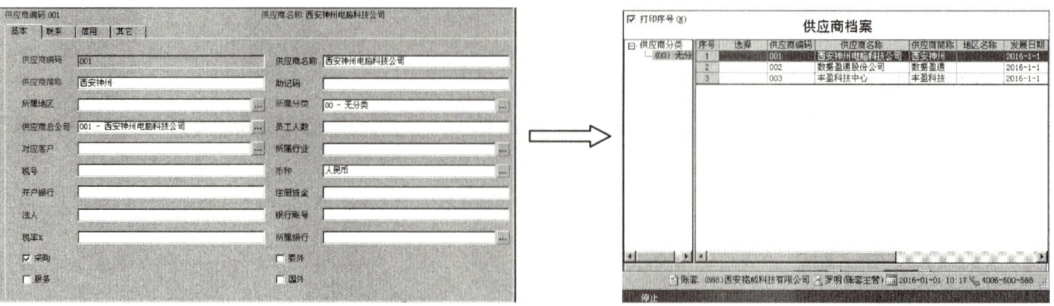

图 10-22   图 10-23

5. 存货分类

公司存货分类,如表 10-6 所示。

表 10-6　公司存货分类

存货分类编号	存货分类名称
01	手机
0101	苹果手机
0102	HTC 手机
0103	诺基亚手机
2	配件

操作步骤:

(1) 执行"基础设置"→"基础档案"→"存货"→"存货分类"命令,打开"存货分类"窗口。

(2) 在"存货分类"窗口中,单击"增加"按钮,打开"增加存货分类"对话框。

(3) 输入存货分类信息。

操作示范:

操作示范如图 10-24 所示。

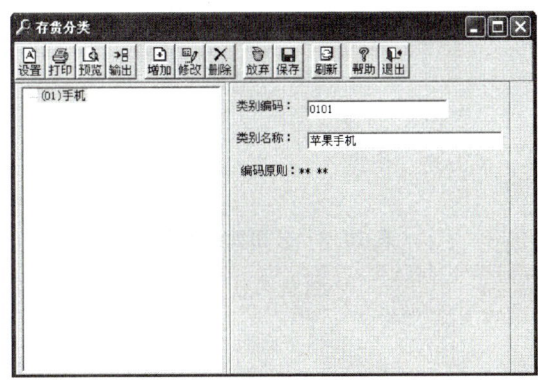

图 10-24

6. 存货档案

公司存货档案,如表 10-7 所示。

表 10-7　公司存货档案

存货编码	存货名称	单位	税率	存货属性
0101001	苹果 iPhone　4S　16G	台	17%	销售、外购
0101002	苹果 iPhone　4S　32G	台	17%	销售、外购
0102001	HTC G14	台	17%	销售、外购
0102002	HTC G23 One X	台	17%	销售、外购

操作步骤:

(1) 执行"基础设置"→"存货"→"存货档案"命令,打开"存货档案"窗口。

（2）在"存货档案"窗口中，单击"增加"按钮，打开"增加存货档案"对话框。

（3）输入存货档案信息。

操作示范：

操作示范如图 10-25 所示。

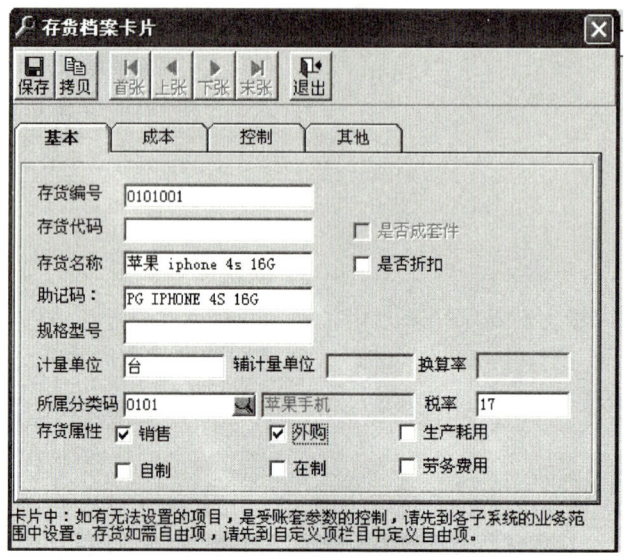

图 10-25

7. 凭证类型

公司凭证类型，如表 10-8 所示。

表 10-8　公司凭证类型

凭证类别	限制类型	限制科目
收款凭证	借方必有	1001,1002
付款凭证	贷方必有	1001,1002
转账凭证	凭证必无	1001,1002

操作步骤：

（1）执行"基础设置"→"财务"→"凭证类别"命令，打开"凭证类别预制"对话框。

（2）单击"收款凭证、付款凭证、转账凭证"单选按钮。

（3）单击"确定"按钮，进入"凭证类别"窗口。

（4）单击收款凭证"限制类型"的下三角按钮，选择"借方必有"；在"限制科目"栏输入"1001,1002"。

（5）同理，设置付款凭证的限制类型"贷方必有"、限制科目"1001,1002"；转账凭证的限制类型"凭证必无"、限制科目"1001,1002"。

操作示范：

操作示范如图 10-26 和图 10-27 所示。

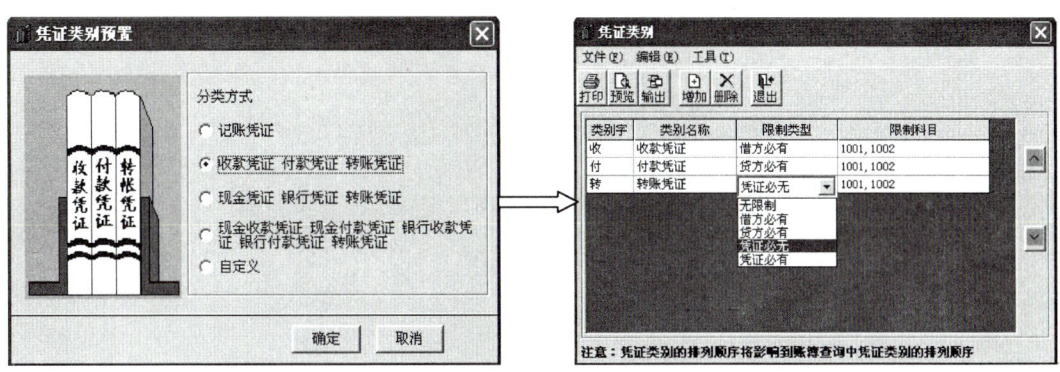

图 10-26　　　　　　　　　　　　　　图 10-27

8. 结算方式

公司结算方式,如表 10-9 所示。

表 10-9　公司结算方式

编　号	结算名称
1	现金结算
2	现金支票
3	转账支票

操作步骤:

(1) 执行"基础设置"→"收付结算"→"结算方式"命令,进入"结算方式"窗口。

(2) 按要求输入企业常用结算方式。

操作示范:

操作示范如图 10-28 所示。

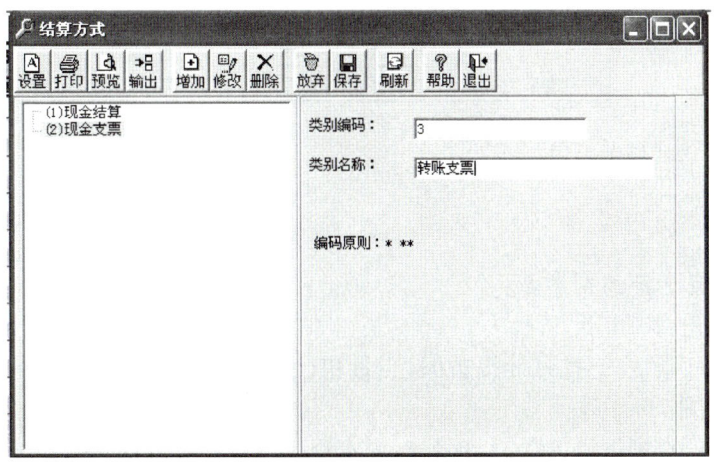

图 10-28

9. 科目设置

公司科目设置,如表 10-10 所示。

表 10-10　公司科目设置

科目代码	科目姓名	外币核算	核算项目
100201	工商银行		
660201	差旅费		部门
660202	折旧费		部门
660203	业务招待费		部门
660204	技术转让费		
660205	水费		

操作步骤：

（1）执行"基础设置"→"财务"→"会计科目"命令，进入"会计科目"窗口，显示所有"按新会计制度"预置的科目。

（2）单击"增加"按钮，进入"会计科目——新增"窗口。

（3）输入明细科目相关内容。

操作示范：

操作示范如图 10-29 和图 10-30 所示。

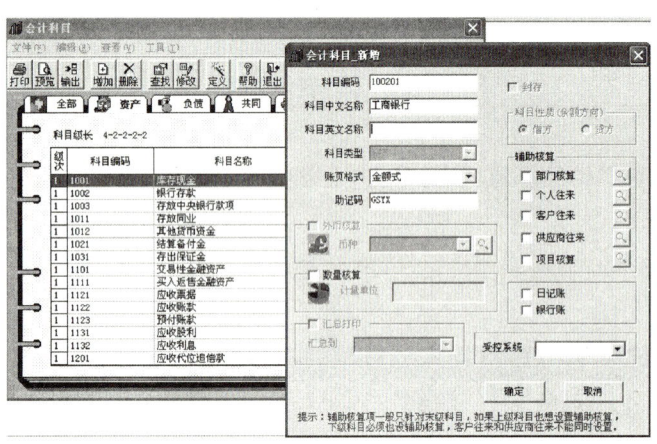

图 10-29　　　　　　　　　　　　　图 10-30

四、各模块初始设置

1. 设置固定资产控制参数

（1）启用月份：2016.1。

（2）用平均年限法二、按月计提折旧，当月初已计提月份＝可使用月份－1 时，要求将剩余折旧全部提足。

（3）固定资产类别编码方式：2-1-1-2，固定资产编码方式：自动编码，按"类别编码＋序号"，卡片序号长度为 5。

（4）与账务系统对账，固定资产对账科目：1601，累计折旧对账科目：1602，与总账对账不平衡时允许结账。

（注意：初始数据输入完毕，若需要修改，选择"固定资产"—"设置"—"选项"）

操作步骤：

初次使用固定资产模块时，执行"固定资产"命令，进入"向导"窗口，按向导步骤一步步设置即可。

操作示范：

操作示范如图 10-31 和图 10-32 所示。

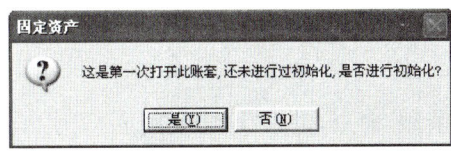 

图 10-31 图 10-32

2. 建立工资账套

（1）参数设置：单个工资类别，币别：人民币。

（2）扣税设置：代扣个人所得税。

（3）扣零设置：扣零处理，扣零至元。

（4）人员编码：人员编码长度为 5 位，本账套启用日期 2016-1-1。

（注意：初始数据输入完毕，若需要修改，选择"工资"—"设置"—"选项"）

操作步骤：

初次使用工资模块时，执行"工资"命令，进入"向导"窗口，按向导步骤一步步设置即可。

操作示范：

五、2016 年 1 月初会计科目期初余额（注意：不需要试算平衡）

2016 年 1 月初公司会计科目期初余额，如表 10-11 所示。

表 10-11 2016 年 1 月初公司会计科目期初余额 单位：元

科目名称	方 向	期初余额
库存现金（1001）	借	43 000.00
银行存款（1002）	借	1 080 000.00
工商银行（100201）	借	1 080 000.00
应收账款（1122）	借	（数据在后面题目中）
应收股利（1131）	借	7 860.00
坏账准备（1231）	贷	800.00
在途物资（1402）	借	320 000.00
库存商品（1405）	借	2 500 000.00
固定资产（1601）	借	903 800.00
累计折旧（1602）	贷	354 600.00
应付账款（2202）	贷	（数据在后面题目中）
应付职工薪酬（2211）	贷	10 800.00

（续表）

科目名称	方　　向	期初余额
长期借款(2501)	贷	800 000.00
实收资本(4001)	贷	3 000 000.00
资本公积(4002)	贷	879 200.00

注：该表目前试算不平衡。

操作步骤：

（1）执行"总账"→"设置"→"期初余额"命令，进入"期初余额录入"窗口。

（2）单击"工商银行"的期初余额栏，输入"银行存款——工商银行"的明细余额信息，其总账金额自动累加明细生成。

（3）其余科目同上。

操作示范：

操作示范如图10-33所示。

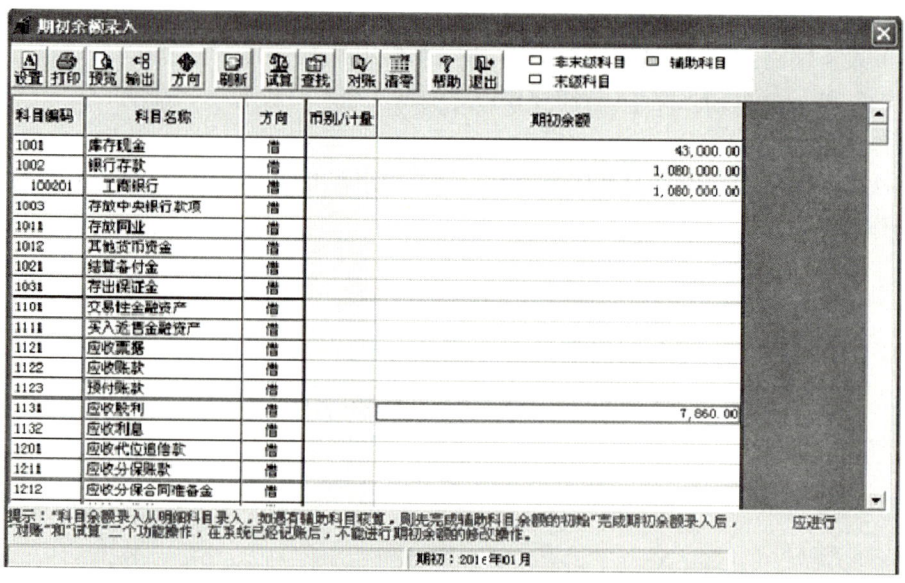

图 10-33

第三节　实战答题

一、系统初始化

1．账套基础信息维护

1）操作员管理

题面：

新增操作员刘峰,编号 LF:拥有"公用目录设置""固定资产""总账""工资""应收""应付"中的所有权限。

评价标准:操作员编号、姓名、权限设置正确得分。

答题步骤:

(1) 用 admin 登录系统管理。

(2) 权限—用户—增加,在弹出页面输入操作员编号与姓名。

(3) 权限—权限,选中操作员,单击修改,将题目要求的权限赋予操作员,保存。

2)修改账套

题面:

账套主管罗明修改账套,增加法定代表人:张翔;有外币核算。

评价标准:有外币核算设置正确。

答题步骤:

(1) 账套主管 LM,密码:空,2016 年,登录系统管理。

(2) 账套—修改—增加法定代表人信息—选择有外币核算—确定。

2. 基础档案设置

1)定义外币及汇率

题面:

币符:$;币名:美元;固定汇率;2016 年 1 月记账汇率 6.40,其他默认。

评价标准:定义币符、外币名称、汇率正确可得分。

答题步骤:

(1) LM,2016-01-01,登录企业应用平台。

(2) 基础设置—基础档案—财务—外币种类。

(3) 录入币符、币名,确认。

(4) 录入 2016-01,记账汇率 6.40,回车。

(注意:必须在英文状态下录入币符 $,否则中文状态下会录入为¥,就错了!)

2)增加会计科目

题面:

增加会计科目"建设银行"(100202),再新增下级"美元户"科目(10020201),要求美元外币核算。

评价标准:新增科目编码,科目名称、编号、美元核算属性正确得分。

答题步骤:

(1) LM,2016-01-01,登录企业应用平台。

（2）基础设置—财务—会计科目—增加。

（3）在新增会计科目页面中，输入科目编码、科目名称，勾选外币核算；选择币种为美元，单击确定，保存信息退出。

（注意：增加科目时应先增加上级科目，才能增加其下级科目）

3）设置指定科目

题面：

> 设置指定科目，指定"现金总账科目 1001"，"银行总账科目 1002"。

评价标准：指定科目正确。

答题步骤：

（1）基础设置—财务—会计科目—编辑—指定科目。

（2）现金科目中指定 1001、银行科目指定 1002。

（3）确定，退出。

（注意：设置时必须一个总账选一个科目，绝对不能将 1001、1002 都指定给现金总账科目。）

4）设置开户银行

题面：

> 按照表 10-12 内容设置本单位开户银行。

表 10-12　开户行资料

编号	开户银行	银行账号
B01	工行高新支行	874318964391

评价标准：本单位开户银行编号、银行账号、开户银行正确得分。

答题步骤：

（1）基础设置—收付结算—单位开户行。

（2）增加，按照题目要求正确输入信息后，保存，退出。

5）修改会计科目。

题面：

> 会计科目如表 10-13 所示。

表 10-13　修改科目资料

科目编码	科目名称	核算项目
1122	应收账款	客户往来
1221	其他应收款	个人往来
2202	应付账款	供应商往来
5101	制造费用	部门核算

评价标准:修改科目核算项目正确得分。

答题步骤:

(1) LM,2016-01-01,登录企业应用平台。

(2) 基础设置—基础档案—财务—会计科目—修改。

(3) 在修改会计科目页面中,选择各科目核算项目后,单击确定,保存信息退出。

(注意:为了快速修改,可以先查找需要修改的科目,再进行修改。)

6) 设置付款条件

题面:

> 付款信息如下:
> 编码:01;付款条件:5/10,2/15,n/30。

评价标准:编码,信用天数、优惠天数、优惠率正确得分。

答题步骤:

(1) 基础设置—收付结算—付款条件。

(2) 单击"增加"按钮,输入付款条件编码"01",信用天数"30",按资料输入优惠天数及优惠率,单击"保存"按钮。

7) 固定资产选项设置

题面:

> 根据下面要求,设置固定资产选项内容:
> 设置固定资产、累计折旧入账科目:固定资产入账科目:"1601 固定资产";累计折旧入账科目"1602 累计折旧";业务发生后立即制单。

评价标准:设置对账科目,每科目正确;业务发生后立即制单。

答题步骤:

(1) 固定资产—设置—选项。

(2) 与财务系统接口—按照题面要求设置对账科目。

(3) 与财务系统接口—勾选业务发生后立即制单。

(4) 确定,退出。

8) 应收账款期初余额录入

题面:

> 应收账款期初余额:
> 要求录入期初销售专用发票,总账期初余额进行引入,应收账款期初余额如表10-14所示。

表 10-14 应收账款(1122)期初余额　　　　单位:元

日　期	客户名称	摘　要	方　向	余　额
2015-08-05	中关村手机商贸中心	客户欠款	借	138 600.00
2015-11-24	苏州迅捷公司	客户欠款	借	98 740.00

评价标准:应收账款期初余额录入,第一、第二条录入正确,并将应收账款期初余额正确引入总账系统。

答题步骤:

第一步:录入期初应收单。

(1)应收款管理—设置—期初数据。

(2)"期初余额"对话框—单据名称选"销售专用发票"—确定。

(3)进入期初余额明细表—增加—正确录入2张期初销售专用发票。

第二步:引入总账。

(1)总账—设置—期初余额。

(2)双击应收账款的期初余额—往来明细—引入—退出。

(注意:期初应收单录入时,一定要输入"科目编号"为1122,否则无法引入总账对应的科目期初数据。切记!)

9)应付账款期初余额录入

题面:

应付账款期初余额,如表10-15所示。

要求在应付账款录入期初采购专用发票,总账期初余额进行引入。

表10-15　应付账款(2202)期初余额　　　　单位:元

日期	供应商名称	摘要	方向	余额
2015-01-12	数据盈通股份公司	欠供应商款	贷	17 600.00
2015-11-23	西安神州电脑科技公司	欠供应商款	贷	29 000.00

期初余额录入完毕,请进行试算平衡。

评价标准:

应付账款期初余额录入,第一、第二条录入正确,并将应付账款期初余额正确引入总账系统并进行试算平衡。

答题步骤:

第一步:录入期初应付单。

(1)应付款管理—设置—期初数据。

(2)"期初余额"对话框—单据名称选"采购专用发票"—确定。

(3)进入期初余额明细表—增加—正确录入2张期初采购专用发票。

第二步:引入总账。

(1)总账—设置—期初余额。

(2)双击应付账款的期初余额—往来明细—引入—退出。

第三步:总账期初余额—试算平衡。

(注意:期初应付单录入时,一定要输入"科目编号"为2202,否则无法引入总账对应的科目期初数据。切记!)

二、日常业务处理

根据业务需要,自行选择相关产品模块进行操作,以下业务均由罗明(LM)操作完成。

1. 填制凭证

题面:

> 2016 年 1 月 1 日公司从工商银行提取现金 21 000 元备用金,现金支票票号 6488。

评价标准:填写凭证:凭证类别、日期、科目、金额、票号正确得分。

答题步骤:

(1) 总账—凭证—填制凭证。

(2) 增加—按照题目要求填写日期、摘要、科目、金额、结算方式、票号—保存。

(注意:①此凭证为付款凭证;②日期一定要填制正确,因日期要序时控制,否则以后各张凭证日期都会错误的;③必须录入结算方式和票号。)

2. 填制凭证

题面:

> 2016 年 1 月 2 日营销中心吴静报销业务招待费 680 元,现金付讫。

评价标准:填写凭证:凭证类别、日期、科目、金额、辅助核算项正确得分。

答题步骤:

(1) 总账—凭证—填制凭证。

(2) 增加—按照题目要求填写日期、摘要、科目、辅助核算项、金额—保存。

(注意:①此凭证为付款凭证;②必须录入部门信息。)

3. 填制凭证

题面:

> 2016 年 1 月 3 日由于企业使用外单位高新技术,所以需要每月工商银行现金支票(本月票号 5566)支付技术转让费 6 800 元。

评价标准:填写凭证:日期、科目、金额、票号正确得分,生成常用凭证正确。

答题步骤:

(1) 总账—凭证—填制凭证。

(2) 增加—按照题目要求填写日期、摘要、科目、票号、金额—保存。

(注意:此凭证为付款凭证。)

4. 修改凭证

题面:

> 发现付字 0003 号凭证有误,需要修改"2016-01-04,支付金额为 68 000 元"。

评价标准:修改凭证:先查找付 0003,日期、金额改正确得分。

答题步骤:

(1) 总账—凭证—填制凭证。

(2) 按"查询"—录入凭证类别—凭证号。

(3) 按照题目要求修改日期、金额—保存。

5. 填制凭证

题面:

> 2016 年 1 月 5 日银行代发上月工资 10 800 元(现金支票,票号 2867)。

评价标准:填写凭证:科目、金额、票号正确得分。

答题步骤:

(1) 总账—凭证—填制凭证。

(2) 增加—按照题目要求填写日期、摘要、科目、金额—保存。

(注意:此凭证为付款凭证。)

6. 删除凭证

题面:

> 将"付 0004 号"彻底删除。

评价标准:删除凭证:先查询凭证,再作废并整理凭证,正确则得分。

答题步骤:

(1) 总账—凭证—填制凭证。

(2) 按"查询"—录入凭证类别—凭证号。

(3) 制单—作废凭证—整理凭证。

7. 新增科目并填制凭证

题面:

> 2016 年 1 月 6 日营销中心赵艳因去杭州考察,预借费用 2 000 元,以现金支付。
> (科目编号:122101,科目名称,单位个人,辅助核算:个人往来,需要考生新增科目)

评价标准:新增会计科目:编号、名称、辅助核算项正确得分;填制凭证:日期、科目、金额正确得分。

答题步骤:

(1) 基础设置财务—会计科目—新增—按照题目要求正确新增科目。

(2) 总账—凭证—填制凭证。

(3) 增加—按照题目要求填写日期、摘要、科目、金额—保存。

8. 填制凭证

题面:

2016 年 1 月 06 日公司各个部门报销差旅费,发生金额分别为:总经理办公室 1 800 元;财务中心 520 元;采购中心 1 200 元;人力资源部 1 800 元;营销中心 1 500 元;库管中心 920 元;财务现金付讫。

评价标准:填写凭证:日期、科目、金额、辅助核算项目正确得分。

答题步骤:

(1) 总账—凭证—填制凭证。

(2) 增加—按照题目要求填写日期、摘要、科目、金额、辅助核算项目—保存。

(注意:①录入部门时,先删掉对话框中原有部门,再选择新部门;②贷方合计数应该用"="录入,这样可以自动取对方科目合计数,简化计算。)

9. 填制凭证

题面:

2016 年 1 月 22 日营销中心吴静报销差旅费 2 000 元,现金付讫。

评价标准:填写凭证的日期、科目、金额、辅助核算项正确得分。

答题步骤:

(1) 总账—凭证—填制凭证。

(2) 增加—按照题目要求填写日期、摘要、科目、金额、辅助核算项—保存。

10. 查询凭证

题面:

查询 2016 年 1 月大于"付 0003 号"且金额大于 1 000 的记账凭证并显示。

评价标准:录入的条件准确并显示凭证得分。

答题步骤:

(1) 总账—凭证—查询凭证—打开"凭证查询"查询条件对话框。

(2) 选择"付款凭证"凭证类别,输入凭证号"0001"。

(3) 单击"辅助条件"按钮,可输入更多辅助查询条件。

(4) 单击"确认"按钮,进入"查询凭证"列表窗口。

三、采购与应付、销售与应收

根据题面提供信息,即时更改日期,由操作员罗明(LM)进行如下操作。

1. 填写采购普通发票并生成凭证

题面:

2016 年 1 月 8 日营销中心赵艳从供应商西安神州采购 20 个 HTC G23 One X,原币单价 3 200 元,货款未支付,赵艳将采购普通发票(发票号码0001)交给财务中心,财务中心暂不支付货款,生成应付款凭证。

评价标准:

(1) 填制采购普通发票,数量、金额、供应商正确得分。

(2) 采购普通发票审核。

(3) 生成凭证。

答题步骤:

(1) 用 2016-01-08 注册企业应用平台。

(2) 应收款管理—应收票据录入—采购发票—打开"采购普通发票"对话框。

(3) 单击"增加"按钮右侧的下箭头,选择采购普通发票—按照题目要求正确填写采购普通发票。

(4) 单击"保存"按钮。

(5) 审核后,会提示是否自动生成凭证。

(6) 保存,提示"已生成"字样。

(注意:①一定要先期初记账,否则就填成"期初采购发票";②若生成凭证时,提示"凭证日期不能小于单据日期",应先取消发票审核,用 2016-01-08 重注册系统,即可。)

2. 填写销售普通发票并生成凭证

题面:

> 2016 年 1 月 9 日营销中心吴静销售给中关村手机商贸中心 100 台苹果 iPhone 4S 16G,含税单价 4 500 元,货款未收,请根据业务录入销售普通发票(发票号码 0001),生成应收账款凭证。

评价标准:

(1) 填制销售普通发票,数量、金额、客户、存货档案正确。

(2) 销售普通发票审核。

(3) 生成凭证。

答题步骤:

(1) 用 2016-01-09 注册企业应用平台。

(2) 销售—销售发票—打开"销售普通发票"对话框。

(3) 单击"增加"按钮右侧的下箭头,选择销售普通发票—按照题目要求正确填写销售普通发票。

(4) 单击"保存"按钮。

(5) 审核后,会提示是否自动生成凭证。

(6) 保存,提示"已生成"字样。

3. 填写采购专用发票并生成凭证

题面:

> 2016 年 1 月 10 日营销中心赵艳向数据盈通采购苹果 iPhone 4S 32G 30 个,原币单价 3 800 元;货已到库,采购发票已经收到,但财务中心暂不能支付货款,请录入采购专用发票(发票号码 0002),并生成相关应付凭证。

评价标准：

(1) 填制采购专用发票，数量、金额、供应商正确得分。

(2) 采购专用发票审核。

(3) 生成凭证。

答题步骤：

(1) 用 2016-01-10 注册企业应用。

(2) 采购—采购发票—打开"采购专用发票"对话框。

(3) 单击"增加"按钮右侧的下箭头，选择采购专用发票—按照题目要求正确填写采购专用发票。

(4) 单击"保存"按钮。

(5) 审核后，会提示是否自动生成凭证。

(6) 保存，提示"已生成"字样。

4. 填写付款单并生成凭证

题面：

2016 年 1 月 18 日财务中心对 1 月 10 日采购数据盈通的 30 个苹果 iPhone 4S 32G 进行付款，付款方式工商银行现金支票，结算票号 0135，请填写并审核付款单，生成相关财务凭证，并进行核销处理。

评价标准：

(1) 填制付款单，金额、供应商正确得分。

(2) 生成付款凭证。

(3) 核销处理。

答题步骤：

(1) 用 2016-01-18 注册企业应用平台。

(2) 采购—供应商往来—付款结算—打开"付款单"对话框。

(3) 输入供应商"数据盈通"—单击"增加"按钮，按照题目要求正确填写付款单。

(4) 单击"保存"按钮。

(5) 单击"核销"按钮，输入本次结算金额 133 380 元。

(6) 审核后，会提示是否自动生成凭证。

(7) 保存，提示"已生成"字样。

5. 填写收款单并生成凭证

题面：

2016 年 1 月 24 日财务中心收到西安飞扬通讯公司现金支票，货款 10 000 元，其他货款下月付清，请填写收款单，生成收款凭证，并进行核销处理。

评价标准：

(1) 填制收款单，金额、客户正确得分。

(2)生成收款凭证。

(3)核销处理。

答题步骤：

(1)用 2016-01-24 注册企业应用平台。

(2)销售—客户往来—收款结算—打开"收款单"对话框。

(3)输入客户"飞扬通讯"—单击"增加"按钮,按照题目要求正确填写收款单。

(4)单击"保存"按钮。

(5)单击"核销"按钮,输入本次结算金额 10 000 元。

(6)审核后,会提示是否自动生成凭证。

(7)保存,提示"已生成"字样。

四、固定资产

2016 年 1 月 31 日,根据提供信息,由操作员罗明(LM)进行如下操作。

1. 设置资产类别

题面：

资产类别如表 10-16 所示。

表 10-16　固定资产类别资料

编码	类别名称	净残值率	计提属性	折旧方法	卡片式样
01	房屋建筑类	10	正常计提	平均年限法二	通用
02	工器具	10	正常计提	平均年限法二	通用
03	办公设备	10	正常计提	平均年限法二	通用

评价标准：资产类别设置,每个类别设置正确。

答题步骤：

(1)固定资产—设置—资产类别,进入"类别编码表"窗口。

(2)单击"单张视图"选项卡。单击"增加"按钮—按照题目要求录入资产类别—保存。

2. 设置部门对应折旧科目

题面：

部门及对应折旧科目如表 10-17 所示。

表 10-17　部门及对应折旧科目

部　门	对应折旧科目
总经理办公室	660202"管理费用——折旧费"
采购中心	660202"管理费用——折旧费"
财务中心	660202"管理费用——折旧费"
营销中心	6601"销售费用"
库管中心	660202"管理费用——折旧费"
人力资源部	660202"管理费用——折旧费"

评价标准:部门对应折旧科目不设采分点,与折旧凭证生成一同判断。

答题步骤:

(1)固定资产—设置—部门对应折旧科目。

(2)单击"操作"按钮—按照题目要求设置部门的对应折旧科目—保存。

3.设置增减方式的入账科目

题面:

增减方式如表10-18所示。

表 10-18 增减方式

增减方式目录	对应入账科目
增加方式:直接购入	100201"银行存款——工商银行"
减少方式:报废	1606"固定资产清理"

评价标准:增减方式设置,每个增减设置正确得分。

答题步骤:

(1)固定资产—设置—增减方式。

(2)按照题目要求录入增减方式对应入账科目—保存。

4.录入固定资产原始卡片并对账

题面:

录入2016年1月初原始卡片,如表10-19所示。

表 10-19 录入 2016 年 1 月初原始卡片   单位:元

编号	固定资产名称	类别编号	所在部门(存放地点)	增加方式	使用年限月	开始使用日期	原值	12月份止累计折旧
01001	办公楼	01	总经理办公室	直接购入	840	2008-08-01	750 000	月折旧额×已提折旧月份
02001	信号测试仪	02	库管中心	直接购入	120	2010-03-12	62 300	月折旧额×已提折旧月份
02002	功率测试器	02	库管中心	直接购入	96	2011-01-01	31 000	月折旧额×已提折旧月份
02003	频率示波仪	02	采购中心	直接购入	60	2010-06-12	43 000	月折旧额×已提折旧月份
03001	办公用电脑	03	人力资源	直接购入	60	2010-11-01	6 500	月折旧额×已提折旧月份
03002	复印机	03	总经理办公室	直接购入	72	2009-03-13	11 000	月折旧额×已提折旧月份
合计							903 800	月折旧额×已提折旧月份

(注意:固定资产存放地点均为本部门内部,使用状况均为在用;录入完原始卡片,进行

固定资产对账。)

评价标准:固定资产原始卡片录入,每张卡片录入正确得分。

答题步骤:

(1) 固定资产—卡片—录入原始卡片,进入"资产类别参照"窗口。

(2) 选择固定资产类别—单击"确认"按钮,进入"固定资产卡片录入"窗口—按照题目要求录入原始卡片—保存。

(3) 弹出"数据成功保存"信息提示框。

(4) 单击"确定"按钮。

(5) 固定资产—处理—对账。

(注意:卡片如果输入有误,可通过"卡片管理"菜单来修改和删除卡片。)

5. 固定资产增加

题面:

2016 年 1 月 27 日总经理办公室购入办公用固定资产 DELL 服务器一台,使用年限 5 年,净残值率 10%;存放在办公室,价值 11 900 元,工商银行现金支票支付,票号 66892;生成资产购入凭证。

评价标准:录入固定资产卡片正确,生成凭证:制单日期、金额、科目正确得分。

答题步骤:

(1) 固定资产—卡片—资产增加—进入"资产类别参照"窗口。

(2) 选择资产类别,单击"确认"按钮,进入"固定资产卡片新增"窗口。

(3) 按照题目要求录入增加的固定资产—保存。

(4) 生成凭证。

6. 设置卡片管理中卡片列头

题面:

在卡片管理中,设置卡片列头编辑,要求显示卡片编号、固定资产名称、使用部门、原值、累计折旧、净残值。

评价标准:卡片列表头设置正确。

答题步骤:固定资产—卡片—卡片管理—编辑—列头编辑—根据题目要求设置列头。

7. 计提固定资产折旧

题面:

2016 年 1 月 31 日计提 1 月份折旧,生成折旧凭证。

评价标准:生成凭证:金额、科目正确得分。

答题步骤:

(1) 固定资产—处理—计提本月折旧—确定,弹出"本操作将计提本月折旧,并花费一定时间,是否要继续?"提示框。

（2）单击"是"按钮，弹出"是否要查看折旧清单？"提示框。

（3）单击"是"按钮，进入"折旧清单窗口"。

（4）单击"退出"按钮，进入"折旧分配表"窗口。

（5）单击"凭证"按钮，进入"凭证填制"窗口。

（6）选择凭证类型"转账凭证"。单击"保存"按钮。

（注意："折旧分配表"是生成折旧凭证的原始凭证，若没有及时生成凭证，也可以先查询折旧分配表，生成凭证即可。）

8. 减少固定资产

> 2016 年 1 月 27 日将"信号测试仪"作报废处理。

评价标准：录入固定资产卡片减少信息正确，生成凭证：制单日期、金额、科目正确得分。

答题步骤：

（1）固定资产—卡片—资产减少—进入"资产减少"窗口。

（2）选择资产卡片编码，单击"增加"按钮。

（3）按照题目要求录入固定资产减少方式为"报废"，清理原因为"报废"，确定。

（4）生成凭证。

（注意：因为减少的资产，当月要照提折旧，所以减少资产操作必须在当月提折旧后完成。）

9. 固定资产模块月末结账

题面：

> 固定资产模块月末结账。

评价标准：固定资产月末结账。

答题步骤：固定资产—处理—月末结账。

（注意：固定资产结账时，与总账对账不平衡，是因为生成的固定资产业务凭证还没有记入总账。）

五、薪资管理业务

2016 年 1 月 31 日，由操作员罗明处理薪资业务。

1. 设置人员档案

题面：

> 先批量增加人员档案，然后建立下列人员档案，如表 10-20 所示。

表 10-20　人员档案资料

人员编码	人员姓名	部门名称
00007	李路	财务中心

评价标准：人员档案录入正确得分。

答题步骤：

（1）工资管理—设置—人员档案，进入"人员档案"窗口。

（2）单击"批量增加"按钮，选择要添加人员的部门，确定。

（3）单击"增加"按钮，打开"人员档案"对话框。

（4）在"基本信息"选项卡中，输入人员档案数据。

2. 设置个人所得税税率

题面：

个人所得税按"应发合计"扣除"3 500"元后计税，个人所得税税率表（工资、薪金所得适用）。

评价标准：本题扣税基数设置正确得分。

答题步骤：

（1）工资—业务处理—扣缴所得税，弹出"个人所得税申报表"。

（2）按"税率表"按钮，在"税率表"对话框中，按照题目要求设置。

3. 设置工资项目

题面：

工资项目如表10-21所示。

表10-21　工资项目资料

项目名称	类型	长度	小数位数	增减项
基本工资	数字	8	2	增项
岗位工资	数字	8	2	增项
奖金	数字	8	2	增项

评价标准：设置工资项目：基本工资、岗位工资、奖金每个设置正确得分。

答题步骤：

（1）工资—设置—工资项目设置，打开"工资项目设置"对话框。

（2）单击"增加"按钮，工资项目列表中增加一空行。

（3）单击"名称参照"下拉列表框，从下拉列表中选择"基本工资"工资项目或直接输入"基本工资"。

（4）双击"类型"栏，单击下拉列表框，从下拉列表中选择"数字"选项。

（5）"长度"采用系统默认值"8"。双击"小数"栏，单击增减器的上三角按钮，将小数设为"2"。

（6）双击"增减项"栏，单击下拉列表框，从下拉列表中选择"增项"选项。

（7）重复以上操作，完成其他项目的增加。

4. 设置工资项目的计算公式

题面：

公司规定，奖金为基本工资的 20%，请设置奖金计算公式。

评价标准：设置缺勤扣款公式。

答题步骤：

（1）工资—设置—工资类别，打开"工资项目设置"对话框。

（2）单击"公式设置"选项卡，单击"增加"按钮，在工资项目列表中增加一空行。

（3）单击下拉列表框选择"奖金"选项。

（4）在"公式定义"文本框中输入公式"奖金＝基本工资×0.2"。

（5）单击"公式确认"按钮。

5. 录入工资变动数据

题面：

参照如下工资信息，录入工资变动，如表 10-22 所示。

表 10-22　工资变动资料　　　　单位：元

人员编码	姓名	部门	人员类别	基本工资	岗位工资	奖金
001	张翔	总经理办公室	在职人员	3 500	1 500	
002	张磊	总经理办公室	在职人员	3 500	1 500	
003	康兵	财务中心	在职人员	3 500	1 000	
004	邓森	财务中心	在职人员	3 500	1 000	

评价标准：工资变动、实发计算正确、合计正确得分。

答题步骤：

工资—业务处理—工资变动—录入题面所给信息—计算—退出。

6. 设置福利费分摊并生成凭证

题面：

以应发工资 14% 计提本企业福利费，生成相关计提费用凭证。

评价标准：设置福利费分摊正确；生成凭证：科目、金额正确得分。

答题步骤：

（1）工资—业务处理—工资分摊，打开"工资分摊"对话框。

（2）单击"工资分摊设置"按钮，打开"分摊类型设置"对话框。

（3）单击"增加"按钮，打开"分摊计提比例设置"对话框。

（4）输入计提类型名称"应付福利费"，分摊计提比例"14%"。

（5）单击"下一步"按钮，打开"分摊构成设置"对话框。

（6）根据资料，输入"部门名称""人员类别""项目""借贷方科目"等数据。

（7）制单—生成凭证—检查凭证内容—保存。

7．工资管理模块月末结账

题面：

> 工资管理模块月末结账。

评价标准：工资管理模块结账。

答题步骤：

工资—业务处理—月末处理。

六、月末处理及报表生成

1．出纳签字、审核凭证、记账

题面：

> 2016 年 1 月 31 日由操作员刘峰对所有业务凭证进行出纳签字、审核凭证、记账的业务处理。

评价标准：完成凭证出纳签字、审核、记账得分。

答题步骤：

（1）由操作员刘峰（LF）登录信息门户。

（2）总账—凭证—出纳签字—对所有凭证进行出纳签字工作。

（3）总账—凭证—审核凭证—对所有凭证进行审核凭证工作。

（4）总账—凭证—记账—对所有凭证完成记账工作。

2．结转损益

题面：

> 2016 年 1 月 31 日由操作员罗明设置期间损益结转并结转本年利润，收入、支出类生成一张凭证即可，并把本张凭证由刘峰进行审核、记账的操作。

评价标准：凭证生成，金额、科目正确得分。

（注意：该操作分为四步：凭证定义、凭证生成、审核、记账）

答题步骤：

（1）由罗明 LM 登录信息门户。

（2）总账—期末，单击菜单"期末—转账定义"，再选择其下级菜单中的"期间损益结转设置"，屏幕显示期间损益设置窗。

（3）输入本年利润的入账科目。

（4）单击"转账生成—期间损益结转"，则屏幕显示要结转期间损益的损益类科目。

（5）选择需要结转的科目，可按【全选】按钮，按【确定】，即按计算结果生成转账凭证。

（6）由刘峰 LF 登录信息门户。

（7）总账—凭证—审核凭证。

（8）总账—凭证—记账。

3. 结账

题面：

> 所有业务模块结账，应收应付、固定资产、总账模块结账。

评价标准：总账结账。

（注意：①子系统先结账，总账系统才能结账；②可进行反结账处理，总账反结账用 Ctrl＋Shift＋F6。）

答题步骤：

（1）由罗明 LM 登录信息门户。

（2）应收款管理—月末结账—按向导操作即可。

（3）应付款管理—月末结账—按向导操作即可。

（4）固定资产管理—月末结账—按向导操作即可。

（5）总账—期末—结账。

4. 报表

题面：

> 2016 年 1 月 31 日操作员罗明在 UFO 报表中，利用报表模板编制 1 月份资产负债表、利润表，命名为：1 月资产负债表. rep、1 月利润表. rep，保存在默认文件夹中。

评价标准：编制资产负债表正确、编制利润表正确。

答题步骤：

（1）在格式状态下，执行"格式"→"报表模板"命令，打开"报表模板"对话框。

（2）选择"一般企业（2007 新会计准则）"模板中的"资产负债表"。

（3）单击"确认"按钮，弹出"模板格式将覆盖本表格式！是否继续？"提示框。

（4）单击"确定"按钮，即可打开"资产负债表"模板。

（5）单击"保存"按钮，在指定的文件夹输入报表文件名"1 月资产负债表. rep"，再单击"保存"按钮。

（6）生成"资产负债表"数据：单击左下角"格式"按钮，在数据状态下，执行"数据"→"关键字"→"录入"命令。

（7）输入关键字：年"2016"，月"01"，日"31"。单击"确认"按钮，弹出"是否重算第 1 页？"提示框。

（8）单击"是"按钮，系统会自动根据单元公式计算 1 月份数据。

（9）利润表生成步骤同（1）～（8）步。

附录一　财政部关于印发《企业会计信息化工作规范》的通知

财会〔2013〕20 号

各省、自治区、直辖市、计划单列市财政厅(局),新疆生产建设兵团财务局,有关企业:

为推动企业会计信息化,节约社会资源,提高会计软件和相关服务质量,规范信息化环境下的会计工作,我部制定了《企业会计信息化工作规范》(以下简称工作规范)。现予印发,请遵照执行。

工作规范施行前已经投入使用的会计软件不符合工作规范要求的,应当自工作规范施行之日起 3 年内进行升级完善,达到要求。

附件:企业会计信息化工作规范

财政部
2013 年 12 月 6 日

企业会计信息化工作规范

第一章　总　　则

第一条　为推动企业会计信息化,节约社会资源,提高会计软件和相关服务质量,规范信息化环境下的会计工作,根据《中华人民共和国会计法》《财政部关于全面推进我国会计信息化工作的指导意见》(财会〔2009〕6 号),制定本规范。

第二条　本规范所称会计信息化,是指企业利用计算机、网络通信等现代信息技术手段开展会计核算,以及利用上述技术手段将会计核算与其他经营管理活动有机结合的过程。

本规范所称会计软件,是指企业使用的,专门用于会计核算、财务管理的计算机软件、软件系统或者其功能模块。会计软件具有以下功能:

(一) 为会计核算、财务管理直接采集数据;

(二) 生成会计凭证、账簿、报表等会计资料;

(三) 对会计资料进行转换、输出、分析、利用。

本规范所称会计信息系统,是指由会计软件及其运行所依赖的软硬件环境组成的集合体。

第三条　企业(含代理记账机构,下同)开展会计信息化工作,软件供应商(含相关咨询服务机构,下同)提供会计软件和相关服务,适用本规范。

第四条　财政部主管全国企业会计信息化工作,主要职责包括:

(一) 拟订企业会计信息化发展政策;

（二）起草、制定企业会计信息化技术标准；

（三）指导和监督企业开展会计信息化工作；

（四）规范会计软件功能。

第五条　县级以上地方人民政府财政部门管理本地区企业会计信息化工作，指导和监督本地区企业开展会计信息化工作。

第二章　会计软件和服务

第六条　会计软件应当保障企业按照国家统一会计准则制度开展会计核算，不得有违背国家统一会计准则制度的功能设计。

第七条　会计软件的界面应当使用中文并且提供对中文处理的支持，可以同时提供外国或者少数民族文字界面对照和处理支持。

第八条　会计软件应当提供符合国家统一会计准则制度的会计科目分类和编码功能。

第九条　会计软件应当提供符合国家统一会计准则制度的会计凭证、账簿和报表的显示和打印功能。

第十条　会计软件应当提供不可逆的记账功能，确保对同类已记账凭证的连续编号，不得提供对已记账凭证的删除和插入功能，不得提供对已记账凭证日期、金额、科目和操作人的修改功能。

第十一条　鼓励软件供应商在会计软件中集成可扩展商业报告语言（XBRL）功能，便于企业生成符合国家统一标准的 XBRL 财务报告。

第十二条　会计软件应当具有符合国家统一标准的数据接口，满足外部会计监督需要。

第十三条　会计软件应当具有会计资料归档功能，提供导出会计档案的接口，在会计档案存储格式、元数据采集、真实性与完整性保障方面，符合国家有关电子文件归档与电子档案管理的要求。

第十四条　会计软件应当记录生成用户操作日志，确保日志的安全、完整，提供按操作人员、操作时间和操作内容查询日志的功能，并能以简单易懂的形式输出。

第十五条　以远程访问、云计算等方式提供会计软件的供应商，应当在技术上保证客户会计资料的安全、完整。对于因供应商原因造成客户会计资料泄露、毁损的，客户可以要求供应商承担赔偿责任。

第十六条　客户以远程访问、云计算等方式使用会计软件生成的电子会计资料归客户所有。

软件供应商应当提供符合国家统一标准的数据接口供客户导出电子会计资料，不得以任何理由拒绝客户导出电子会计资料的请求。

第十七条　以远程访问、云计算等方式提供会计软件的供应商，应当做好本厂商不能维持服务情况下，保障企业电子会计资料安全以及企业会计工作持续进行的预案，并在相关服务合同中与客户就该预案做出约定。

第十八条　软件供应商应当努力提高会计软件相关服务质量，按照合同约定及时解决用户使用中的故障问题。

会计软件存在影响客户按照国家统一会计准则制度进行会计核算问题的，软件供应商应当为用户免费提供更正程序。

第十九条　鼓励软件供应商采用呼叫中心、在线客服等方式为用户提供实时技术支持。

第二十条　软件供应商应当就如何通过会计软件开展会计监督工作,提供专门教程和相关资料。

第三章　企业会计信息化

第二十一条　企业应当充分重视会计信息化工作,加强组织领导和人才培养,不断推进会计信息化在本企业的应用。

除本条第三款规定外,企业应当指定专门机构或者岗位负责会计信息化工作。

未设置会计机构和配备会计人员的企业,由其委托的代理记账机构开展会计信息化工作。

第二十二条　企业开展会计信息化工作,应当根据发展目标和实际需要,合理确定建设内容,避免投资浪费。

第二十三条　企业开展会计信息化工作,应当注重信息系统与经营环境的契合,通过信息化推动管理模式、组织架构、业务流程的优化与革新,建立健全适应信息化工作环境的制度体系。

第二十四条　大型企业、企业集团开展会计信息化工作,应当注重整体规划,统一技术标准、编码规则和系统参数,实现各系统的有机整合,消除信息孤岛。

第二十五条　企业配备的会计软件应当符合本规范第二章要求。

第二十六条　企业配备会计软件,应当根据自身技术力量以及业务需求,考虑软件功能、安全性、稳定性、响应速度、可扩展性等要求,合理选择购买、定制开发、购买与开发相结合等方式。

定制开发包括企业自行开发、委托外部单位开发、企业与外部单位联合开发。

第二十七条　企业通过委托外部单位开发、购买等方式配备会计软件,应当在有关合同中约定操作培训、软件升级、故障解决等服务事项,以及软件供应商对企业信息安全的责任。

第二十八条　企业应当促进会计信息系统与业务信息系统的一体化,通过业务的处理直接驱动会计记账,减少人工操作,提高业务数据与会计数据的一致性,实现企业内部信息资源共享。

第二十九条　企业应当根据实际情况,开展本企业信息系统与银行、供应商、客户等外部单位信息系统的互联,实现外部交易信息的集中自动处理。

第三十条　企业进行会计信息系统前端系统的建设和改造,应当安排负责会计信息化工作的专门机构或者岗位参与,充分考虑会计信息系统的数据需求。

第三十一条　企业应当遵循企业内部控制规范体系要求,加强对会计信息系统规划、设计、开发、运行、维护全过程的控制,将控制过程和控制规则融入会计信息系统,实现对违反控制规则情况的自动防范和监控,提高内部控制水平。

第三十二条　对于信息系统自动生成、且具有明晰审核规则的会计凭证,可以将审核规则嵌入会计软件,由计算机自动审核。未经自动审核的会计凭证,应当先经人工审核再行后续处理。

第三十三条　处于会计核算信息化阶段的企业,应当结合自身情况,逐步实现资金管理、资产管理、预算控制、成本管理等财务管理信息化。

处于财务管理信息化阶段的企业，应当结合自身情况，逐步实现财务分析、全面预算管理、风险控制、绩效考核等决策支持信息化。

第三十四条　分公司、子公司数量多、分布广的大型企业、企业集团应当探索利用信息技术促进会计工作的集中，逐步建立财务共享服务中心。

实行会计工作集中的企业以及企业分支机构，应当为外部会计监督机构及时查询和调阅异地储存的会计资料提供必要条件。

第三十五条　外商投资企业使用的境外投资者指定的会计软件或者跨国企业集团统一部署的会计软件，应当符合本规范第二章要求。

第三十六条　企业会计信息系统数据服务器的部署应当符合国家有关规定。数据服务器部署在境外的，应当在境内保存会计资料备份，备份频率不得低于每月一次。境内备份的会计资料应当能够在境外服务器不能正常工作时，独立满足企业开展会计工作的需要以及外部会计监督的需要。

第三十七条　企业会计资料中对经济业务事项的描述应当使用中文，可以同时使用外国或者少数民族文字对照。

第三十八条　企业应当建立电子会计资料备份管理制度，确保会计资料的安全、完整和会计信息系统的持续、稳定运行。

第三十九条　企业不得在非涉密信息系统中存储、处理和传输涉及国家秘密，关系国家经济信息安全的电子会计资料；未经有关主管部门批准，不得将其携带、寄运或者传输至境外。

第四十条　企业内部生成的会计凭证、账簿和辅助性会计资料，同时满足下列条件的，可以不输出纸面资料：

（一）所记载的事项属于本企业重复发生的日常业务；

（二）由企业信息系统自动生成；

（三）可及时在企业信息系统中以人类可读形式查询和输出；

（四）企业信息系统具有防止相关数据被篡改的有效机制；

（五）企业对相关数据建立了电子备份制度，能有效防范自然灾害、意外事故和人为破坏的影响；

（六）企业对电子和纸面会计资料建立了完善的索引体系。

第四十一条　企业获得的需要外部单位或者个人证明的原始凭证和其他会计资料，同时满足下列条件的，可以不输出纸面资料：

（一）会计资料附有外部单位或者个人的、符合《中华人民共和国电子签名法》的可靠的电子签名；

（二）电子签名经符合《中华人民共和国电子签名法》的第三方认证；

（三）满足第四十条第（一）项、第（三）项、第（五）项和第（六）项规定的条件。

第四十二条　企业会计资料的归档管理，遵循国家有关会计档案管理的规定。

第四十三条　实施企业会计准则通用分类标准的企业，应当按照有关要求向财政部报送 XBRL 财务报告。

第四章 监 督

第四十四条 企业使用会计软件不符合本规范要求的,由财政部门责令限期改正。限期不改的,财政部门应当予以公示,并将有关情况通报同级相关部门或其派出机构。

第四十五条 财政部采取组织同行评议,向用户企业征求意见等方式对软件供应商提供的会计软件遵循本规范的情况进行检查。

省、自治区、直辖市人民政府财政部门发现会计软件不符合本规范规定的,应当将有关情况报财政部。

任何单位和个人发现会计软件不符合本规范要求的,有权向所在地省、自治区、直辖市人民政府财政部门反映,财政部门应当根据反映开展调查,并按本条第二款规定处理。

第四十六条 软件供应商提供的会计软件不符合本规范要求的,财政部可以约谈该供应商主要负责人,责令限期改正。限期内未改正的,由财政部予以公示,并将有关情况通报相关部门。

第五章 附 则

第四十七条 省、自治区、直辖市人民政府财政部门可以根据本规范制定本地区具体实施办法。

第四十八条 自本规范施行之日起,《会计核算软件基本功能规范》(财会字〔1994〕27号)、《会计电算化工作规范》(财会字〔1996〕17号)不适用于企业及其会计软件。

第四十九条 本规范自 2014 年 1 月 6 日起施行,1994 年 6 月 30 日财政部发布的《商品化会计核算软件评审规则》(财会字〔1994〕27 号)、《会计电算化管理办法》(财会字〔1994〕27号)同时废止。

附录二　会计证书无纸化考试模拟题

一、单项选择题

1. 应收、应付管理模块以( )为依据,记录销售、采购业务所形成的往来款项,处理应收、应付款项的收回、支付和转账,进行账龄分析和坏账估计及冲销等功能。
   A. 发票
   B. 费用单据
   C. 其他应收、应付单据
   D. 以上都是

   正确答案:D

   解析:应收、应付管理模块以发票、费用单据、其他应收单据、应付单据等原始单据为依据,记录销售、采购业务所形成的往来款项,处理应收、应付款项的收回、支付和转账,进行账龄分析和坏账估计及冲销,并对往来业务中的票据、合同进行管理,同时提供统计分析、打印和查询输出功能,以及与采购管理、销售管理、账务处理等模块进行数据传递的功能。

2. 利用信息技术对会计数据进行采集、存储和处理,完成会计核算任务,并提供会计管理、分析与决策相关的系统是( )。
   A. ERP 系统　　B. 会计电算化系统　　C. 会计信息系统　　D. 管理信息系统

   正确答案:C

   解析:会计信息系统是指利用信息技术对会计数据进行采集、存储和处理,完成会计核算任务,并提供会计管理、分析与决策相关的会计信息的系统。

3. 将高级语言源程序翻译成计算机能识别的目标程序的是( )。
   A. 操作系统　　B. 语言处理程序　　C. 数据库管理系统　　D. 支撑软件

   正确答案:B

   解析:语言处理程序的任务是将用汇编语言或高级语言编写的程序,翻译成计算机硬件能够直接识别和执行的机器指令代码。

4. ( )的缺点在于费用较高,应用软件较少,主机负载过大,容易形成拥塞。
   A. 单机机构　　B. 多机松散结构　　C. 多用户结构　　　　D. 微机局域网络

   正确答案:C

   解析:多用户结构的缺点在于费用较高,应用软件较少,主机负载过大,容易形成拥塞,主要适用于输入量大的企业。选项 A,单机结构的缺点在于集中输入速度低、不能同时允许多个成员进行操作,并且不能进行分布式处理;选项 B,多机松散结构的缺点在于数据共享性能差、系统整体效率低;选项 D,微机局域网络中,客户机/服务器的缺点在于系统客户端软件安装维护的工作量大,且数据库的使用一般仅限于局域网的范围内,浏览器/服务器的缺点在于应用服务器运行数据负荷较重。

303

5. 局域网的作用范围通常是( )。

    A. 几十公里到几百公里   B. 几米到几公里

    C. 5 到 50 公里   D. 几百到几千公里

正确答案:B

解析:局域网是一种在小区域内使用的,覆盖范围通常局限在 10 千米(公里)范围之内,属于一个单位或部门组建的小范围网。

6. ( )表示的是区域运算符。

    A. 冒号   B. 空格   C. 逗号   D. "&"

正确答案:A

解析:选项 B,空格表示的是交叉运算符;选项 C,逗号表示的是联合运算符;选项 D 表示"与"号,连接两个文本字符串。

7. 下列各项中,属于联合运算符的是( )。

    A. *   B. ,   C. :   D. =

正确答案:B

解析:":"(冒号)区域运算符,产生对包括在两个引用之间的所有单元格的引用(B5:B15);","(逗号)联合运算符,将多个引用合并为一个引用(SUM(B5:B15,D5:D15))。

8. 在 Excel 菜单中,如果命令选项后面有"…"符号,表示选择这个命令时将( )出现。

    A. 有子菜单   B. 有快捷菜单   C. 有对话框   D. 什么也没有

正确答案:C

解析:命令后面带有"…",表示选择了这一命令后,将打开该命令的对话框,命令后面带有"?"的,表示该选项后面带有一个子菜单。

9. ( )是供应商出具的,是应付管理模块日常核算的原始单据。

    A. 应付单   B. 付款单   C. 采购发票   D. 销售发票

正确答案:C

解析:采购发票是供应商出具的,据以付款、记账、纳税的依据,是应付管理模块日常管理的原始单据。

10. 下列各项中,与应收/应付账款核算不直接相关的单据是( )。

    A. 销售发票   B. 采购发票   C. 收款单   D. 产品出库单

正确答案:D

解析:产品出库单在库存模块中填写生成。

二、多项选择题

11. 下列关于报表管理模块的表述,正确的有( )。

    A. 提供对外报表的编制、生成、浏览、打印、分析功能

    B. 运用各种专门的分析方法,完成对企业财务活动的分析

    C. 提供对内报表的编制、生成、浏览、打印、分析功能

    D. 在网络环境下,很多报表管理模块同时提供远程报表的汇总功能

正确答案:ACD

解析:报表管理模块与其他模块相连,可以根据会计核算的数据,结合会计准则和会计

制度的要求以及企业管理的实际需求,生成各种内部报表、外部报表、汇总报表,并根据报表数据分析报表,以及生成各种分析图等。在网络环境下,很多报表管理模块同时提供了远程报表的汇总、数据传输、检索查询和分析处理等功能。选项B是财务分析模块的功能。

12. 委托外部单位开发这种会计软件配备方式很少使用的原因有( )。

    A. 委托开发费用较高

    B. 开发人员对会计业务不熟悉,会延长开发时间

    C. 开发系统的实用性差

    D. 外部单位的服务与维护承诺不易做好

正确答案:ABCD

解析:本题考核委托外部单位开发配备方式的缺点。委托外部单位开发方式委托开发费较高;开发时间长;开发系统实用性差;外部单位的服务与维护承诺不易做好,所以委托外部单位开发方式已经很少使用。

13. 下列软件中,属于应用软件的有( )。

    A. 操作系统   B. SQL Server   C. 会计核算软件   D. 企业管理软件

正确答案:CD

解析:会计核算软件和企业管理软件属于应用软件。SQL Server属于数据库管理系统,与操作系统同属于系统软件。

14. 多机松散结构中每台微机都是单机结构,各台微机可通过( )传送数据。

    A. 磁盘   B. 光盘   C. U盘   D. 移动硬盘

正确答案:ABCD

解析:多机松散结构中每台微机都是单机结构,各台微机不发生直接的数据联系,可通过磁盘、光盘、U盘、移动硬盘等传送数据。

15. 会计软件进行升级的原因包括( )。

    A. 因改错而升级版本

    B. 因功能改进和扩充而升级版本

    C. 因运行平台升级而升级版本

    D. 经对比审核,新版本软件更能满足实际需要,需要进行升级

正确答案:ABCD

解析:对会计软件进行升级的原因主要有:因改错而升级版本;因功能改进和扩充而升级版本;因运行平台升级而升级版本。经过对比审核,如果新版软件更能满足实际需要,企业应该对其进行升级。

16. 关于分类汇总,叙述正确的是( )。

    A. 分类汇总前首先应按分类字段的值进行排序

    B. 分类汇总只能按一个字段分类

    C. 只能对数值型字段分类

    D. 汇总方式只能求和

正确答案:AB

解析:分类汇总前必须先对数据清单按要分类的字段进行排序排序,分类的字段一般是

文本字段,一次只能针对同一个分类字段进行汇总,汇总方式包括求和、平均值、计数等。

17. 任务窗格默认位于 Excel 窗口的右边,用于集中放置最常用的功能和快捷方式,下列( )在任务窗格列示。

    A. 开始工作　　　B. 帮助　　　　　　C. 剪贴画　　　　　D. 模板帮助

    正确答案:ABCD

    解析:任务窗格具体包括开始工作、帮助、搜索结果、剪贴画、信息检索、剪贴板、新建工作簿、模板帮助、共享工作区、文档更新和 XML 源等 11 个任务窗格。

18. EXCEL 编辑区是( )构成的。

    A. 名称框　　　B. 取消输入按钮　　　C. 确认输入按钮　　　D. 编辑栏

    正确答案:ABCD

    解析:编辑区由名称框、取消输入按钮、确认输入按钮、插入函数按钮和编辑栏构成。

19. 应付账款中的账表查询主要包括( )。

    A. 往来总账　　　　　　　　　　B. 往来明细账

    C. 往来余额表　　　　　　　　　D. 往来总账与明细账的联查

    正确答案:ABCD

    解析:应付账款中的账表查询主要是针对往来总账、往来明细账、往来余额表的查询,以及总账、明细账、单据之间的联查。

20. 报表格式设置的具体内容一般包括( )。

    A. 定义报表尺寸　　　　　　　　B. 画表格线

    C. 定义组合单元　　　　　　　　D. 设置关键字

    正确答案:ABCD

    解析:报表格式设置的具体内容一般包括定义报表尺寸、定义报表行高列宽、画表格线、定义单元属性、定义组合单元、设置关键字等。

三、判断题

21. 对于信息系统自动生成且具有明晰审核规则的会计凭证,可以将审核规则嵌入会计软件,由计算机自动审核。未经自动审核的会计凭证,应该先经人工审核再进行后续处理。　　　　　　　　　　　　　　　　　　　　　( )

    Y. 对　　　　　　　　　　　　　N. 错

    正确答案:Y

    解析:本题考核信息化条件下的会计资料管理。

22. 通用会计核算软件,业务流程简单的企业可能感到不易操作。　　　　( )

    Y. 对　　　　　　　　　　　　　N. 错

    正确答案:Y

    解析:采用通用会计核算软件的缺点是为保证通用性,软件功能设置往往过于复杂,业务流程简单的企业可能感到不易操作。

23. 欺骗是一种被动式攻击,它将网络上的某台计算机伪装成另一台不同的主机。 ( )

    Y. 对　　　　　　　　　　　　　N. 错

正确答案:N

解析:欺骗是一种主动式攻击,它将网络上的某台计算机伪装成另一台不同的主机。

24. 运算器和控制器构成了中央处理器CPU。 （　　）

　　Y. 对　　　　　　　　　　　　　　　N. 错

正确答案:Y

解析:CPU由运算器和控制器两部分组成。

25. 在会计软件中,鼠标一般用来完成会计数据或相关信息的输入工作。 （　　）

　　Y. 对　　　　　　　　　　　　　　　N. 错

正确答案:N

解析:在会计软件中,键盘一般用来完成会计数据或相关信息的输入工作。

26. 图表只能和数据源放在同一个工作表中。 （　　）

　　Y. 对　　　　　　　　　　　　　　　N. 错

正确答案:N

解析:图表可以引用其他工作表中的数据,单独存放。

27. Excel中,乘方"^"的运算级次优先于乘"×"。 （　　）

　　Y. 对　　　　　　　　　　　　　　　N. 错

正确答案:Y

解析: Excel中运算符的优先级次从高到低依次是冒号、空格、逗号、负号、百分比、乘方、乘和除、加和减、&、等于、大于和小于、大于等于、小于等于、不等于。

28. Excel 2007中,每张工作表由1 048 576行和16 384列组成。 （　　）

　　Y. 对　　　　　　　　　　　　　　　N. 错

正确答案:Y

解析:无

29. 通过账龄分析,可以使企业及时收回往来款项。 （　　）

　　Y. 对　　　　　　　　　　　　　　　N. 错

正确答案:N

解析:通过账龄分析,可以及时发现问题,加强对往来款项动态的监督管理,但不一定能够及时收回款项。

30. 如果应付管理模块与采购管理模块同时使用,对于采购发票可以在应付管理模块填制也可以在采购管理模块填制。 （　　）

　　Y. 对　　　　　　　　　　　　　　　N. 错

正确答案:N

解析:如果应付管理模块与采购管理模块同时使用,采购发票必须在采购管理模块中填制,并在审核后自动传递给应付管理模块,应付管理模块中需要录入未计入采购货款和税款的其他应付单数据。

四、实务操作题

31.（操作员:李会计;账套:103;操作日期:2014年1月31日）
增加固定资产卡片。

卡片编号:0001　　　固定资产编码:2001　　　固定资产名称:复印机

固定资产类别:电子产品及通讯设备　　　使用状态:使用中　　　增加方式:购入

原值:45 000　　　增加日期:2014-01-18　　　使用部门:办公室

折旧费用科目:6602-01 折旧费　　　使用方法:平均年限法　　　预计使用年限:20 年

32. 建立账套。

账套名称:益军股份有限公司　　会计制度:采用小企业会计制度(2013)的单位

所属行业:小企业会计制度(2013)　　是否生成预设科目:否

本位币编码:RMB　　本位币名称:人民币　　启用会计期间:2014 年 3 月

账套启用日期:2014 年 3 月 1 日

33. (操作员:系统主管;账套:北京新时代传媒有限公司;操作日期:2014 年 1 月 1 日)

增加操作员:

姓名	口令
王露	为空
赵雪	2

34. (操作员:系统主管;账套:103;操作日期:2014 年 1 月 1 日)

设置外币及汇率。

币符:USD　　　币名:美元　　　1 月 1 日记账汇率:6.25　　　币种小数位:3

其他默认

35. (操作员:系统主管;账套:103;操作日期:2014 年 1 月 1 日)

删除会计科目"6531 退保金"。

36. (操作员:系统主管;账套:103;操作日期:2014 年 1 月 1 日)

增加付款方式。

付款方式编码	付款方式名称	票据管理
09	银行本票	需要

37. (操作员:系统主管;账套:北京新时代传媒有限公司;操作日期:2014 年 1 月 31 日)

将"记 0002"凭证的附件数改为 2,摘要改为"收到货款"。

38. (操作员:李会计;账套:204;操作日期:2014 年 1 月 31 日)

1 月 23 日,购复印机一台,价税合计 2 600 元。填制并保存记账凭证。

摘要:购入固定资产

　　借:固定资产(1601)　　　　　　　　　　　　　　　　　　　　　　　　　　2 600

　　　贷:银行存款——工行存款(1002-01)　　　　　　　　　　　　　　　　2 600

39. (操作员:系统主管;账套:102;操作日期:2014 年 1 月 31 日)

1 月 23 日,企业购买材料一批,价款 4 000 元,增值税 680 元,货款尚未支付。填制并保存转账凭证。

摘要:购买材料款未付

借:原材料(1403)	4 000
应交税费——应交增值税(进项税额)(2221-01-02)	680
贷:应付账款(2202)	4 680

40. (操作员:系统主管;账套:102;操作日期:2014 年 1 月 1 日)

输入期初余额。

科目名称:1604　　　　在建工程　　　　期初余额:20 000

41. (操作员:张主管;账套:103 账套;操作日期:2014 年 1 月 1 日)

输入下列科目的期初余额。

库存现金 1 000

42. (操作员:系统主管;账套:北京新时代传媒有限公司;操作日期:2014 年 1 月 31 日)

1 月 20 日,职工报销招待费 280 元,以现金付讫。填制并保存记账凭证。

摘要:报销招待费

借:管理费用——招待费(6602-02)	280
贷:库存现金(1001)	280

43. 打开报表平台,新建一张报表,选择 A1 单元格,设置列宽为 15,并将该报表以"全年销售费用明细表"保存在考生文件夹下。

44. (操作员:李会计;账套:103;操作日期:2014 年 1 月 31 日)

1 月 10 日,×公司欠货款 75 000 元,请录入应收单(此处不考虑增值税)。

摘要:应收所欠货款;部门:销售部;职员:广美和

应收科目:1122 金额:75 000

对方科目:6001 金额:75 000

45. (操作员:张主管;账套:203 账套;操作日期:2014 年 1 月 31 日)

将"管理人员"的工资表名称修改为"2014 年 1 月份工资表"。

参 考 文 献

［1］刘宁.会计电算化[M].北京:北京师范大学出版社,2013.

［2］袁放建.会计信息系统[M].上海:立信会计出版社,2011.

［3］汪刚,王新玲,牛海霞.会计信息系统[M].北京:清华大学出版社,2016.